飞行技术专业系列教材

航空安全管理

（第2版）

主　编　周长春
副主编　谭　鑫　陈勇刚　杨晓强
　　　　颜　影　杨文锋

西南交通大学出版社
·成　都·

内容提要

本书结合安全科学技术、民航运输、管理学和航空工程相关知识，根据国际民航组织、中国民用航空局、美国联邦航空局和民航企事业单位对航空安全的要求和民航系统安全生产和管理的主要做法编写而成。

本书阐述了民航安全状况、民航安全观、航空安全管理基本知识和理论、民航安全管理组织机构、法律体系、差错管理、风险管理、航空安全审计和评估、航空安全信息管理、航空事故调查与分析以及现代航空安全管理方法和技术等，并对航空安全管理的理论与方法在飞行、空中交通管理、机务维修和机场等领域的具体应用进行了简要介绍。

本书内容深入浅出，理论联系实际，可作为民航安全工程、飞行技术、空中交通管理和飞机维修等专业的教材或教学参考书，也可以作为民航企事业单位安全管理人员、安全技术人员和其他人员的培训教材和自学用书。

图书在版编目（CIP）数据

航空安全管理/周长春主编. —2版. —成都：西南交通大学出版社，2017.2（2022.1 重印）
飞行技术专业系列教材
ISBN 978-7-5643-5262-2

Ⅰ.①航… Ⅱ.①周… Ⅲ.①民用航空－航空安全－安全管理－教材 Ⅳ.① F560.69

中国版本图书馆 CIP 数据核字（2017）第 020506 号

飞行技术专业系列教材

航空安全管理

（第 2 版）

主编　周长春

责 任 编 辑	孟秀芝
封 面 设 计	刘海东
出 版 发 行	西南交通大学出版社 （四川省成都市二环路北一段 111 号 西南交通大学创新大厦 21 楼）
发行部电话	028-87600564　028-87600533
邮 政 编 码	610031
网　　　址	http://www.xnjdcbs.com
印　　　刷	四川森林印务有限责任公司
成 品 尺 寸	185 mm × 260 mm
印　　　张	16.75
字　　　数	415 千字
版　　　次	2017 年 2 月第 2 版
印　　　次	2022 年 1 月第 11 次
书　　　号	ISBN 978-7-5643-5262-2
定　　　价	45.00 元

课件咨询电话：028-81435775
图书如有印装质量问题　本社负责退换
版权所有　盗版必究　举报电话：028-87600562

总　序

民航是现代综合交通运输体系的有机组成部分，以其安全、快捷、通达、舒适等独特优势确立了独立的产业地位。同时，民航在国家参与经济全球化、推动老少边穷地区发展、维护国家统一和民族团结、保障国防和经济安全、加强与世界不同文明沟通、催生相关领域科技创新等方面都发挥着难以估量的作用。因此，民航业已成为国家经济社会发展的战略性先导性产业，其发达程度直接体现了国家的综合实力和现代化水平。

自改革开放以来，我国民航业快速发展，行业规模不断扩大，服务能力逐步提升，安全水平显著提高，为我国改革开放和社会主义现代化建设做出了突出贡献。可以说，我国已经成为名副其实的民航大国。站在新的历史起点上，在2008年的全国民航工作会议上，民航局提出了全面推进建设民航强国的战略构想，拉开了我国由民航大国迈向民航强国的序幕。

要实现民航大国向民航强国的转变，人才储备是最基本的先决条件。长期以来，我国民航业发展的基本矛盾是供给能力难以满足快速增长的市场需求。而其深层次的原因之一，便是人力资源的短缺，尤其是飞行、空管和机务等专业技术人员结构不合理，缺乏高级技术、管理和安全监管人才。有鉴于此，国务院在《关于促进民航业发展的若干意见》中明确指出，要强化科教和人才支撑，要实施重大人才工程，加大飞行、机务、空管等紧缺专业人才的培养力度。

正是在这样的大背景下，作为世界上最大的航空训练机构，作为中国民航培养飞行员和空中交通管制员的主力院校，中国民航飞行学院以中国民航可持续发展为己任，勇挑历史重担，结合自身的办学特色，整合优势资源，组织编写了这套"飞行技术专业系列教材（空中交通管理系列教材）"，以解当下民航专业人才培养的燃眉之急。在这套教材的规划、组织和编写过程中，教材建设团队全面贯彻落实《国家中长期教育改革和发展规划纲要（2010—2020年）》，以培养适应民航业岗位需要的、具有"工匠精神"的应用型高素质人才为目标，创新人才培养模式，突出民航院校办学特色，坚持"以飞为主，协调发展"的方针，深化"产教融合、校企合作"，强化学生实践能力培养。同时，教材建设团队积极推进课程内容改革，在优化专业课程内容的基础上，加强包括职业道德、民航文化在内的人文素养教育。

由中国民航飞行学院编写的这套教材，高度契合民航局颁布的飞行员（空中交通管制员）执照理论考试大纲及知识点要求，对相应的内容体系进行了完善，从而满足了民航专业人才培养的新要求。可以说，本系列教材的出版恰逢其时，是一场不折不扣的"及时雨"。

由于飞行技术专业（空中交通管理专业）涉及的知识点多，知识更新速度快，因此教材的编写是一项极其艰巨的任务。但令人欣喜的是，中国民航飞行学院的教师们凭借严谨的工作作风、深厚的学术造诣以及坚韧的精神品质，出色地完成了这一任务。尽管这套教材在模式创新方面尚存在瑕疵，但仍不失为当前民航人才培养领域的优秀教材，值得大力推广。我们相信，这套教材的出版必将为我国民航人才的培养做出贡献，为我国民航事业的发展做出贡献！

是为序。

中国民航飞行学院
教材编写委员会
2016 年 7 月 1 日

前　言

　　本书考虑民航安全工程专业、飞行技术专业、飞行器适航技术专业、空中交通管理专业和飞机维修专业等的培养目标，根据国际民航组织、中国民用航空局、美国联邦航空局和民航企事业单位对航空安全的要求和民航系统安全生产和管理的主要做法编写而成。

　　航空运输是一个复杂的系统工程，安全是航空业永恒的主题。航空安全管理涉及人、机械、环境、管理和系统等诸多方面，需要掌握安全科学技术、民航专业学科和管理学等多方面知识。民航业的特点决定了安全管理的难度和复杂性。全书共十五章：第一章为绪论，第二章为安全管理基本理论，第三章为风险管理，第四章为航空中人的因素与人的差错管理，第五章为航空安全管理组织体系，第六章为民用航空安全法律体系，第七章为航空安全审计与评估，第八章为航空安全信息管理，第九章为航空事故调查与分析，第十章为安全管理体系，第十一章为国家航空安全纲要，第十二章为飞行安全管理，第十三章为空管安全管理，第十四章为机务安全管理，第十五章为机场安全管理。在编写中，本书着重阐明基本概念，突出航空安全管理实际应用，结合典型实例分析，从人-机-环-管诸要素阐明安全管理，强调系统观念，力求反映当前国内外航空安全管理的实际情况以及先进理念、方法和手段。

　　希望通过相关知识的介绍，本书能够帮助读者了解安全科学相关知识，了解航空安全管理基本理论和方法，掌握航空安全管理技术，树立正确的安全观念，形成良好的安全意识，注重安全管理实践，切实提高民航业的安全生产水平。

　　本书第一章、第九章、第十二章由中国民用航空飞行学院周长春教授编写；第二章、第三章由陈勇刚副教授编写；第四章、第七章由谭鑫副教授编写；第八章、第十章由杨晓强副教授编写；第五章、第六章由颜影副教授编写；第十一章由杨文锋教授编写；第十三章、第十四章、第十五章由周长春教授和颜影副教授共同编写。全书由周长春教授统稿。

　　本书在组织编写过程中，得到了中国民用航空局、民航西南地区管理局、中国民用航空飞行学院、中国民航大学、中国民航干部管理学院、中国民航科学研究院、民航局事故调查中心、中国国际航空股份公司、四川航空公司和吉祥航空公司等有关专家学者的大力支持和帮助，在此我们向所有支持、帮助过我们的单位和个人表示衷心的感谢。

　　限于编者的理论水平和实践经验，书中难免有疏漏之处，欢迎读者批评指正。

编　者

2016 年 10 月

目　录

第一章　绪　论 ··· 1
　第一节　我国民用航空的基本概况 ··· 1
　第二节　我国民航的安全管理工作 ··· 6

第二章　安全管理基本理论 ·· 12
　第一节　安全管理基本理论概述 ·· 12
　第二节　安全管理的基本理论 ·· 17
　第三节　安全生产管理方法 ·· 28

第三章　风险管理 ··· 31
　第一节　风险管理的相关概念 ·· 31
　第二节　风险管理过程 ··· 35
　第三节　风险管理方法 ··· 46
　第四节　风险管理决策 ··· 51

第四章　航空中人的因素与人的差错管理 ······························ 55
　第一节　航空中人的因素与人的差错概述 ··························· 55
　第二节　人的差错的理论、模型与分类 ······························· 58
　第三节　人的差错的原因 ··· 64
　第四节　航空中人的差错管理 ·· 69

第五章　航空安全管理组织体系 ··· 75
　第一节　安全管理的责任 ··· 75
　第二节　我国航空安全管理组织体系 ··································· 79
　第三节　美国航空安全管理体系 ·· 85

第六章　民用航空安全法律体系 ··· 92
　第一节　国家安全生产法律体系 ·· 92
　第二节　国际航空法 ··· 96
　第三节　我国民用航空安全法律体系 ··································· 101

第七章　航空安全审计与评估 107
    第一节　安全审计概述 107
    第二节　国际民航组织安全监督审计计划 111
    第三节　安全审计的实施步骤与程序 113
    第四节　中国民航的安全审计 119

第八章　航空安全信息管理 127
    第一节　安全信息的基本概念和特征 127
    第二节　安全信息管理 131
    第三节　民航安全信息管理 134
    第四节　中国民航安全信息管理概述 142
    第五节　飞行数据分析（FDA）方案 148

第九章　民用航空器事故调查与分析 159
    第一节　民用航空器事故概念和特性 159
    第二节　事故调查的目的和意义及其发展 164
    第三节　事故调查的组织和法规 167
    第四节　事故调查和分析技术 170
    第五节　事故原因分析 171

第十章　安全管理体系 180
    第一节　安全管理体系简介 180
    第二节　安全管理体系的关键要素 183
    第三节　安全管理体系的特点 185
    第四节　加拿大安全管理体系实施概况 191
    第五节　中国民航安全管理体系建设 191

第十一章　国家航空安全纲要 193
    第一节　国家航空安全纲要的背景及框架 193
    第二节　国家航空安全纲要与民航企事业单位的关系 199
    第三节　我国国家航空安全纲要介绍 204

第十二章　飞行安全管理 216
    第一节　我国民航飞行安全面临的主要问题 216
    第二节　提高飞行安全的措施与建议 220

第十三章　空管安全管理 224
    第一节　空中交通安全管理各部门的职能 224
    第二节　空中交通服务安全管理体系 226

第十四章 机务安全管理 ……………………………………………… 236

第一节 维修中的安全管理 ……………………………………… 236
第二节 对在维修中的程序偏离进行管理 ……………………… 238
第三节 安全管理人员关注的问题 ……………………………… 240
第四节 影响维修工作的因素 …………………………………… 240
第五节 维修差错决断工具（MEDA） ………………………… 241

第十五章 机场安全管理 ……………………………………………… 246

第一节 机场安全管理框架 ……………………………………… 247
第二节 机场安全管理 …………………………………………… 248

参考文献 ……………………………………………………………… 255

第一章 绪 论

第一节 我国民用航空的基本概况

一、民用航空的定义和特点

（一）民用航空的定义

民用航空是指使用各类航空器从事除了军事性质（包括国防、警察和海关）以外的所有性质的航空活动，包括商业航空和通用航空两大部分。

商业航空也称为航空运输，是指以航空器进行经营性的客货运输的航空活动。它的经营性表明这是一种商业活动，以赢利为目的。它又是运输活动，是交通运输的一个组成部门，与铁路、公路、水路和管道运输共同组成了国家的交通运用系统。由于速度快、远距离运输能力强及效益高，航空运输在交通运用中的地位、作用和总产值的排名不断提升，而且在经济全球化的浪潮中和国际交往中发挥着不可替代的、越来越大的作用。

通用航空是指使用民用航空器从事公共航空运输以外的民用航空活动，包括从事工业、农业、林业、渔业和建筑业的作业飞行以及医疗卫生、抢险救灾、气象探测、海洋监测、科学实验、教育训练和文化体育等方面的飞行活动。其主要领域为：① 工业航空，包括使用航空器进行工矿业有关的各种活动，具体的应用有航空摄影、航空遥感、航空物探、航空吊装、石油航空、航空环境监测等。② 农业航空，包括为农、林、牧、渔各行业的航空服务活动。③ 航空科研和探险活动，包括新技术的验证、新飞机的试飞以及利用航空器进行的气象天文观测和探险活动。④ 飞行训练，除培养空军驾驶员外，培养各类飞行人员的学校和俱乐部的飞行活动。⑤ 航空体育运动，用各类航空器开展的体育活动，如跳伞、滑翔机、热气球以及航空模型运动。⑥ 公务航空，大企业和政府高级行政人员用单位自备的航空器进行公务活动。⑦ 通勤航空，是一种专门为方便偏远地区村镇、社区、企业和矿山等地方的居民日常出行和经济往来的航空运输方式，常使用 30 座以下的小飞机，以定期或不定期航班的方式，高频次往返于飞行距离常在 400 千米以内的客源地机场、支线或部分干线机场。⑧ 私人航空，私人拥有航空器进行航空活动。

（二）民用航空的组成

民用航空由三大部分组成：政府部门、民航企业和民航机场。

1. 政府部门

中国民用航空局（CAAC），是中华人民共和国国务院主管民用航空事业的国家局。民航业涉及国家主权和交往的事务多，要求迅速的协调和统一的调度，因而几乎各个国家都设有独立的政府机构来管理民航事务，我国的民航事务是由中国民用航空局来负责管理的。中国民用航空局的管理职责主要是：

（1）制定民用航空各项法规、条例，并监督这些法规、条例的执行。

（2）对航空企业进行规划、审批和管理。

（3）对航路进行规划和管理，并对日常的空中交通实行管理，保障空中飞行安全、有效、迅速地实行。

（4）对民用航空器及相关技术装备的制造、使用技术标准进行审核、发证，监督安全，调查处理民用飞机的飞行事故。

（5）代表国家管理国际民航的交往、谈判，参加国际组织内的活动，维护国家的利益。

（6）对民航机场进行统一的规划和业务管理。

（7）对民航的各类专业人员制定工作标准，颁发执照，并进行考核，培训民航工作人员。

2. 民航企业

民航企业指从事和民航业有关的各类企业，其中最主要的是航空运输企业，即我们常说的航空公司。它们掌握航空器从事生产运输，是民航业生产收入的主要来源。其他类型的航空企业如油料、维修、航材、销售和信息等，都是围绕着运输企业开展活动的。航空公司的业务主要分为两个部分：一是航空器的使用（飞行、维修和管理等），二是公司的经营和销售。

3. 民航机场

机场是指在陆地上或水面上一块划定的区域（包括各种建筑物、装置和设备），其全部或部分可供飞机着陆、起飞和地面活动之用。机场是民用航空和整个社会的结合点，机场也是一个地区的公众服务设施。因此，机场既带有赢利的企业性质同时又带有为地区公众服务的事业性质，因而世界上大多数机场是地方政府管辖下的半企业性质的机构。主要为航空运输服务的机场称为航空港或简称空港，空港是国家运输系统中的重要结合点，是这一地区通向国内重要经济中心和通向国际的门户。使用空港的一般是较大的运输飞机，空港要有为旅客服务的地区（候机楼）和相应的设施。

（三）民用航空的特点

民用航空具有科技含量程度高、资金密集程度高、运营风险程度高、国际化程度高和系统高度复杂的特点。

1. 科技含量程度高

民航业科技含量高、产业链条长，其中，现代航空器、空中交通管理系统和通信、导航等设备和设施，高度集成了大量先进科技。民用航空器本身就是高科技的产物，可以说，最好的材料、最新的工艺、最尖端的技术都应用在航空上了。同时，航空业的发展还会带动材料、冶金、化工、机械制造、特种加工、电子、信息等产业的发展和创新，是一国经济发展的战略性行业以及先导性高技术产业，也是一国现代化、工业化、科学技术和综合国力的重要标志。另外，保障航空安全运行的程序、规范等，都是通过反复论证，不断总结和提升，力求科学合理。

2. 资金密集程度高

民用航空业需要大量的资金投入。现代先进的大型运输飞机价格昂贵，如 BOEING737 和 AIRBUS320 系列单架飞机动辄上亿美元。要保证飞机正常运行，所需的维修、航材和油料等消耗，更需大量资金投入。通常来讲，一个航空公司成本费用主要包括主营业务成本、销售费用、管理费用、财务费用、主营业务税金及附加和民航基础设施建设基金等。

主营业务成本：各航空公司维持正常业务必须支出的费用，包括直接运营成本和间接运营成本。

销售费用：一是航空公司销售部门的费用，以及驻国内外办事处的费用。它包括航空公司本部售票处和派驻国内外销售机构人员的工资、福利费、制服费、业务费、广告费、运输费、保险费、租赁费、票证印刷费、驻外交际费、差旅费等。二是客货代理手续费。

管理费用：包括管理人员的工资和福利费、折旧、制服费、工会费、业务招待费、房产税、土地使用税、车船使用税、职工教育费、劳动保险费等。

财务费用：包括利息支出净额、汇兑净损失、金融机构手续费、调剂外汇手续费等。

主营业务税金及附加：此项目反映的是航空公司根据实现收入的一定比例计提的营业税、城建税和教育附加总额。

民航基础设施建设基金：根据财政部的规定，航空公司要按照收入的一定比例来计提上缴民航基金，但为了保证收入核算的完整性，单列一项"转作民航基金"项目作为收入扣减，来反映应上缴国家的民航基金数。

所以，从经济角度讲，可以说民用航空业是一个投入资金大、回报周期长的行业。民用航空业的发展状况和发达程度对内体现了一个国家和地区的现代化水平、经济结构和开放水平等状况，对外则是提升国家、区域经济竞争力的重要因素。

3. 运营风险程度高

从安全的角度看，很多因素会引发航空事故或者事故征候，如人的因素、机械因素、环境因素和管理因素。统计与分析表明，人的差错与失误、机械故障与缺陷、恶劣气象条件、管理不善和系统不完善，均是引发航空事故或者事故征候的原因。因此，必须从人-机-环-管理-系统等诸要素和航空运营各环节中寻找危险源，排查安全隐患，降低运营风险，保证航空安全。

4. 国际化程度高

民用航空业是国际化程度非常高的一个行业，具有天然的国际性的特点。民用航空器及其机载设备本身、航空运行规范和程序，无不具有国际化的特点。民航是区域经济进入全球经济的快速通道，在促进区域经济结构调整、产业升级方面，发挥着基础性和先导性作用。

5. 系统高度复杂

民用航空是一个复杂的巨系统，包含人-机械-环境-管理等诸多方面和要素，人、机械、环境和管理等各系统又包含若干子系统。系统各要素之间既相对独立又相互依存，构成一个有机的整体。

二、我国民用航空发展概况

1949年11月2日，中国民用航空局成立，揭开了我国民航事业发展的新篇章。从这一天开始，中国民航迎着共和国的朝阳起飞，从无到有，由小到大，由弱到强，经历了不平凡的发展历程。特别是中共十一届三中全会以来，我国民航事业在运输航空、通用航空、机群更新、机场建设、航线布局、航行保障、飞行安全、人才培训等方面都持续快速发展，取得了举世瞩目的成就。

中国民航发展至今主要历经四个阶段：

1. 第一阶段：1949—1978年

1949年11月，民用航空局设立，由人民革命军事委员会领导，受空军指导。11月9日，中国航空公司、中央航空公司两公司在香港光荣起义，12架飞机飞回北京、天津，为新中国民航建设提供了一定的物质和技术力量。1950年，中国民航初创时，仅有30多架小型飞机，年旅客运输量仅1万人，运输总周转量仅157万吨公里。

1958年2月，中国民用航空局划归交通部领导。

1960年11月，经国务院编制委员会讨论通过，决定中国民用航空局改称"交通部民用航空总局"。它成为部属一级管理全国民用航空事业的综合性总局，负责经营管理运输航空和专业航空，直接领导地区民用航空管理局的工作。

1962年4月，第二届全国人民代表大会常务委员会第五十三次会议决定民航局名称改为"中国民用航空总局"。

1962年4月，中央决定将民用航空总局由交通部属改为国务院直属局，其业务工作、党政工作、干部人事工作等均直归空军负责管理。这一时期，民航由于领导体制几经改变，航空运输发展受政治、经济影响较大，1978年，航空旅客运输量仅为231万人，运输总周转量3亿吨公里。

2. 第二阶段：1978—1987年

1978年10月，邓小平同志指示民航要用经济观点管理。1980年2月，邓小平同志指出："民航一定要企业化。"同年3月，中国政府决定民航脱离军队建制，把中国民航局从隶属于空军改为国务院直属机构，实行企业化管理。这期间中国民航局是政企合一，既是主管民航事务的政府部门，又是以"中国民航（CAAC）"名义直接经营航空运输、通用航空业务的全国性企业。下设北京、上海、广州、成都、兰州（后迁至西安）、沈阳6个地区管理局。1980年全民航只有140架运输飞机，且多数是20世纪50年代或40年代生产制造的苏式伊尔14、里-2型飞机，载客量仅20~40人；载客量100人以上的中大型飞机只有17架；机场只有79个。1980年，我国民航全年旅客运输量仅343万人；全年运输总周转量4.29亿吨公里，居新加坡、印度、菲律宾、印度尼西亚等国之后，列世界民航第35位。

3. 第三阶段：1987—2002年

1987年，中国政府决定对民航业进行以航空公司与机场分设为特征的体制改革。其主要内容是将原民航的北京、上海、广州、西安、成都、沈阳6个地区管理局的航空运输和通用航空相关业务、资产和人员分离出来，组建了中国国际航空公司、中国东方航空公司、中国南方航空公司、中国西南航空公司、中国西北航空公司、中国北方航空公司等6个国家骨干航空公司，实行自主经营、自负盈亏、平等竞争。此外，以经营通用航空业务为主并兼营航空运输业务的中国通用航空公司也于1989年7月成立。

在组建骨干航空公司的同时，国务院调整组建了民航华北、华东、中南、西南、西北和东北6个地区管理局以及北京首都机场、上海虹桥机场、广州白云机场、成都双流机场、西安西关机场（现已迁至咸阳，改为西安咸阳机场）和沈阳桃仙机场。6个地区管理局既是管理地区民航事务的政府部门，又是领导管理各民航省（区、市）局和机场的企业。

航空运输服务保障系统也按专业化分工的要求相应进行了改革。1990年，在原民航各级供油部门的基础上组建了专门从事航空油料供应保障业务的中国航空油料总公司，该公司通过设在各机场的分支机构为航空公司提供油料供应。属于这类性质的单位还有从事航空器材（飞机、发动机等）进出口业务的中国航空器材公司，从事全国计算机订票销售系统管理与开发的计算机信息中心，为各航空公司提供航空运输国际结算服务的航空结算中心，以及飞机维修公司、航空食品公司等。

1993年4月，中国民用航空局改称中国民用航空总局，属国务院直属机构。12月，中国民用航空总局的机构规格由副部级调整为正部级。

20多年中，我国民航运输总周转量、旅客运输量和货物运输量年均增长分别达18%、16%和16%，高出世界平均水平两倍多。2002年，民航行业完成运输总周转量165亿吨公里、旅客运输量8594万人、货邮运输量202万吨，国际排位进一步上升，成为令人瞩目的民航大国。

4. 第四阶段：2002年至今

2002年3月，中国政府决定对中国民航业再次进行重组。其主要内容有：

（1）航空公司与服务保障企业的联合重组。民航总局直属航空公司及服务保障企业合并后于2002年10月正式挂牌成立，组建六大集团公司，分别是：中国航空集团公司、东方航空集团公司、南方航空集团公司、中国民航信息集团公司、中国航空油料集团公司、中国航空器材进出口集团公司。成立后的集团公司与民航总局脱钩，交由中央管理。

（2）民航政府监管机构改革。民航总局下属7个地区管理局（华北、东北、华东、中南、西南、西北和新疆）和多个管理局的派出机构安全监督管理局，对民航事务实施监管。

（3）机场实行属地管理。按照政企分开、属地管理的原则，对民航机场进行了属地化管理改革，民航总局直接管理的机场下放所在省（区、市）管理，相关资产、负债和人员一并划转；民航总局与地方政府联合管理的民用机场和军民合用机场，属民航总局管理的资产、负债及相关人员一并划转所在省（区、市）管理。首都机场、西藏自治区区内的民用机场继续由民航总局管理。2004年7月，随着甘肃机场移交地方，机场属地化管理改革全面完成，也标志着民航体制改革的全面完成。

（4）2008年，中国民用航空总局划归交通部托管，更名为中国民用航空局。"海陆空一体化"的国家综合交通运输体系建设加紧实施和推进。

截至2015年年底，我国民航已经拥有运输航空公司52家，在用运输飞机2670架；通用航空公司299家，在用通用飞机2130架；颁证运输机场204个，通用航空机场和临时起降点399个；所飞航线达3150多条，航程710多万千米；运输总周转量750多吨公里；旅客周转量39195万人次；货邮运输量594.1万吨；机场旅客吞吐量8.32亿人次。其中，首都机场0.86亿人次，世界第二；浦东机场货邮吞吐量318.72万吨，世界第三；运输机场起降793.31

万架次；国内通航城市 198 个，国际通航 51 个国家 127 个城市。

航空运输平均增长速度达 14%，远高于 GDP 的增长速度和其他运输方式的增长速度。中国南方航空公司、中国国际航空公司及中国东方航空公司均进入世界客运量排行榜前 25 名之列。

我国民航在国际民航组织缔约国中的排名从 1978 年的第 37 位上升至第 2 位，成为仅次于美国的全球第二大航空运输系统。

2004 年 10 月，在国际民航组织第 35 届大会上，中国以高票首次当选该组织一类理事国。

第二节　我国民航的安全管理工作

一、民航安全工作方针和政策

安全是社会文明与进步的标志。安全需求历来是人类生存的基本需要，更是民航工作和大多数行业永恒的主题。安全工作是民航工作的重中之重，保证航空安全是实现民航业可持续发展的前提条件。民航事业的发展不能以牺牲安全为代价，必须建立在保障能力不断增强、管理水平持续提高的基础之上。

安全是民航永恒的主题。民航企事业单位必须在确保安全的前提下开展生产活动，进而拓展自己的发展空间；民航政府部门必须不断改进安全监管工作，努力为行业持续发展创造良好的生产环境。

"安全第一、预防为主、综合治理"是民航系统一贯的工作方针。在此方针的指引下，民航业努力提高行业安全管理水平，创造更好的安全业绩，促进民航持续健康发展。

经过多年努力，民航系统注重总结分析历史上多起事故的教训，注重学习借鉴国际上航空安全管理的先进经验，在航空运输持续快速发展的情况下，坚持"标本兼治、重在治本"，着力创新安全管理方法和手段，安全管理形成科学化、规范化、系统化，安全水平不断提高。

二、我国民航安全形势

民用航空已成为最为安全的运输方式。飞机是目前世界上最安全的交通工具，它绝少发生重大事故，造成多人伤亡的事故率约为三百万分之一甚至更低。

现在飞机的事故率已经降至汽车的 1/20，火车的 1/10，但安全性始终是航空运输要处理的首要问题。据 20 世纪 80 年代美国运输部公布的资料显示，美国私用和公用汽车运输旅客周转量占总运输周转量的 84%，而死亡人数却占死亡总数的 95.5%；航空运输旅客周转量占 14.5%，但死亡人数仅占 0.043%；铁路旅客运输周转量占 0.7%，死亡人数占 0.69%。

中国民航自 1949 年 11 月 2 日成立到 2015 年年底，66 年间共发生了 130 多起二等和重大及以上飞行事故。

1996—2005 年全行业完成运输飞行 17 891 398 小时，比前十年增长了 264%，但运输事故次数减少了43.8%（其中重大以上事故次数下降了46.2%）。

"十五"期间，我国民航的运输飞行重大事故率下降到0.29次/百万飞行小时，比"九五"期间降低了55%。与国际同期相比，全球每百万飞行小时的事故率为0.7，美国为0.169，我国民航的安全水平已高于世界平均水平，逐步接近世界先进水平。

2004年11月22日至2007年9月9日，我国民航连续安全运行33个月零18天、870万飞行小时，创造了我国民航历史上最长的安全纪录。期间，我国民航飞行总量比历史上最长的安全周期增长了2.2倍，飞机日平均起落架次比历史上最长的安全周期增长了2倍，达到12 000架次。2004年11月22日至2010年8月23日，我国民航连续安全运行2102天、2100万飞行小时，创造了我国民航历史上最长的安全纪录。2010年8月24日，发生了伊春空难，造成42人遇难，构成一起特别重大飞行事故。2010年8月25日至2016年9月30日，我国民航安全运行2230天、4380万飞行小时，安全生产水平持续提高。

三、民航系统在安全管理方面的主要做法

（一）创新安全管理理念

科学理念是实现民航业持续安全的灵魂。

民航安全管理理念的演变经历了三个阶段：① 在航空发展的早期，安全管理的重点是技术改进；② 自20世纪70年代中期，解决航空安全问题的主要手段逐渐从技术角度向人为因素转变；③ 进入20世纪90年代后，人们开始探索从组织的角度来解决安全问题。

长期以来，中国民航系统从"飞飞整整""八该一反对""四严一保证"到"关口前移""事前管理"等，积累了丰富的安全管理经验。近年来，在引入国际上以"风险控制""闭环管理"为核心的先进管理理念的同时，创造性地提出了"五严"（严在组织领导、严在规章标准、严在监督检查、严在教育培训、严在系统完善）和持续安全要求为主要内容的系统安全管理理念。在这些理念的引领下，凝聚安全共识，转变管理观念，创新方法手段，在建立健全安全生产长效机制上下工夫，使安全生产工作呈现常态化，实现长效收益。从2006年起，我国民航开始建设安全管理体系（Safety Management System，SMS），SMS在全行业广泛运用，系统管理理念正在指导全行业的安全管理工作。

（二）健全安全管理组织体系

2002年体制改革后，我国民航系统形成了民航局、地区管理局、安全监督管理局的政府监管主体责任。

1. 政府的安全管理组织体系

政府的安全管理活动主要集中在立法决策、组织实施以及监督检查等宏观管理层面，如综合协调管理全行业的飞行安全、空防安全和航空地面安全，组织协调行业的"系统安全"管理工作；评估检查民航企事业单位贯彻执行保证航空安全的方针、政策、法规、安全生产责任制及命令、指令情况；全面掌握全行业的航空安全情况，定期分析安全形势，提出安全建议，起草安全指令和安全通报；负责拟定事故调查的法规及标准，按规定组织航空事故调查，提出预防事故的建议和措施；组织协调国际民航组织安全审计及有关航空安全方面的事

务,开展民用航空安全管理和信息方面的国际交流合作等工作。

2. 企业的安全管理组织体系

民航企业的安全管理活动则主要集中在组织实施、检查和执行操作等微观管理层面,如:负责公司航空安全检查与日常监督工作;航空安全内部审计工作;公司内部航空不安全事件的调查与处理工作;公司飞行品质监控管理工作;公司航空安全奖惩工作;参与公司的航空安全教育、安康杯和劳动竞赛等活动;协调、参与政府部门、集团以及公司所属各单位间的航空安全相关工作等。

(三)强化安全生产责任制的落实

民航系统于1997年起以层层签订责任书的形式在全行业建立了安全生产责任制。安全生产责任制是根据我国的安全生产方针"安全第一,预防为主,综合治理"和安全生产法规建立的各级领导、职能部门、工程技术人员、岗位操作人员在劳动生产过程中对安全生产层层负责的制度。

安全生产责任制是企业岗位责任制的一个组成部分,是企业中最基本的一项安全制度,也是企业安全生产、劳动保护管理制度的核心。实践证明,凡是建立、健全了安全生产责任制的企业,各级领导重视安全生产、劳动保护工作,切实贯彻执行国家和行业的安全生产、劳动保护方针、政策和国家的安全生产、劳动保护法规,在认真负责地组织生产的同时,积极采取措施,改善劳动条件,工伤事故和职业性疾病就会减少。

(四)重视规章标准建设

民航业规章标准是对安全生产规律、工作经验和民航运行实践的理性归纳和系统总结,是安全管理及运行工作的重要准则和基本依据。规章标准是规范民航企事业单位安全生产行为的准绳以及实施监督检查的标尺,严格执行规章标准是适应民航形势发展的迫切要求。统计数据表明,当前大多数事故、事故征候多是因为违反规章标准造成的。

民航系统逐步加大国内规章标准与国际民航组织标准和建议措施的接轨力度。20世纪90年代以来,我国民航逐步建成了较为完善的规章标准体系,且现有的119部规章中有83部直接与安全管理有关。此外,还出台了大量安全管理文件及程序。

这些规章和标准为民航进一步做好安全工作提供了基本的法制保证。各级行政管理部门科学制订安全监察计划,依法行政、依法监管,各企事业单位依法依规完善安全运行手册体系和管理制度,依法生产、遵章运行,从业人员按手册和规程操作,民航安全工作在法治的轨道上运行。

(五)强化专业技术人员的培养和培训工作

教育培训是人类利用智慧进行的传递思想、传递知识、传递技能,提高文化素质和劳动技能的重要活动。教育培训是落实"科教兴业,人才强业"战略的根本途径,为民航可持续发展提供强有力的人力资源保障,可以普及安全理念和知识,营造良好的安全生产环境,教育培训有助于促进行业安全文化建设。作为一个科技含量程度高、资金密集程度高、运营风险程度高、国际化程度高和系统高度复杂的行业,民航必须加强教育培训工作,建立学习型组织,营造良好的安全文化氛围,推进人才队伍建设,培养各类合格的人才,为民航的持续发展提供人才保障和智力支持。

随着行业的发展，民航更加重视专业技术人员的培养和培训工作：一是充分发挥民航院校在培养民航特殊专业人才方面的基础作用，积极改革和创新，注重提高教学质量。二是建立和完善各类专业技术人员的培养和培训机制，组建培训机构，规范在职人员的岗位培训工作。三是在法规规章中增加和提高有关培训的要求，如增加了飞行人员的训练计划小时数，提高了副驾驶转大型和重型飞机的准入条件，增加了转大型或者重型飞机机长的操作航段次数要求，并对本场训练做出了明确规定。四是组建了以航空监察员、检查员为主体的安全监察人员队伍，并加强了安全监察和技术检查人员的培训。五是开展了民航特有工种职业技能鉴定工作，规范并推行就业资格准入制度。

（六）积极采用现代科技手段

以科技促安全，以科技保安全。近年来，一批安全新技术得到充分应用，科技对行业安全发展的贡献率日趋明显。大部分运输机场具备 PBN 飞行程序，ADS-B 也在加紧建设和投入使用。民航局运行监控中心建成，民航统一指挥、监控、协调和应急处置的能力进一步增强。民航科技项目和安全能力建设项目的成果得到推广应用，应用科技成为民航安全运行品质和安全管理水平提升的有力支撑。全行业强制推进飞行品质监控工作，全面加强飞行人员技能的监控；强制要求所有运输飞机安装机载防撞系统（ACASⅡ）和增强型近地警告系统（EGPWS），以及在空管雷达系统中增加最低安全高度告警（MSAW）和短期冲突告警（STCA）等功能；加速我国民航雷达管制的实施进程；积极推进空地数据链、RNP/RNAV、远程故障监控、飞机健康监控及管理等新技术的应用。

（七）启动实施航空安全审计工作

安全审计是在民航局的统一组织领导下，由各地区审计员联合对民航企事业单位进行的周期性、强制性、系统性的安全管理手段。2006 年，民航局正式启动了安全审计工作，目前安全审计已经在全行业全面展开。

（八）大力推进安全管理体系建设

建立健全安全管理体系（SMS)，既是国际民航组织的强制性要求，又是民航系统实施积极主动的系统安全管理、保障航空系统安全发展的内在需要。2006 年以来，民航系统正式启动了安全管理体系建设工作。目前，SMS 在全行业广泛运用，并发挥着重要作用。

（九）突出抓好专项整治工作

2005 年以来，民航局在全行业分四个阶段集中开展了安全生产专项整治工作。由民航局领导挂帅，机关各部门领导抓调研、抓方案制订、抓落实。仅 2005 年对"机场运行条件与使用许可证不符"问题这一项专项整治就解决了 1618 个问题。

四、我国民航安全工作面临的主要困难

（1）人力资源短缺问题依然十分突出。飞行、机务、空管等关键岗位专业技术人才短缺

的状况，难以在短期内缓解。

（2）现有基础设施状况及其效能的发挥尚不能完全满足航空运输快速发展的需要。中西部地区、部分东部地区中小机场的设施设备还相对简陋。

（3）空域资源紧缺的矛盾日益尖锐，空管运行环境日趋复杂。

（4）我国民航业在安全管理理念、安全法制设、基础设施建设、人才队伍建设、科技支撑能力和安全文化建设等方面与航空发达国家仍然存在一定差距，我国民航在推行国际民航标准、实施全球一体化的航空安全路线图方面任重而道远。

（5）按照我国目前航空运输发展速度和近十年运输飞行平均重大事故率推算，在2010年、2015年和2020年，中国民航分别发生重大运输飞行事故1.5次、3.1次和4.6次，这是国家、社会和公众都难以接受的。

五、未来民航安全管理上的主要举措

1. 进一步落实安全生产的两个主体责任

进一步强化安全责任意识，认真组织学习《中华人民共和国刑法修正案（六）》和《安全生产领域违法违纪行为政纪处分暂行规定》，进一步增强落实安全责任的自觉性和紧迫感。

进一步落实企事业安全生产主体责任，明确界定企事业第一责任人与企事业主要负责人、业务分管负责人的安全生产责任，将安全生产职责落实情况纳入领导干部业绩考核的重要内容。进一步完善企事业内部安全责任制，健全考核制度和考核指标体系，把安全责任落实到每个环节、每个岗位、每个员工。

进一步落实政府安全监管责任，加强对全行业安全状况的宏观监测与预警，加大对企事业安全生产依法持续监督的力度，及时掌握安全生产的信息，准确把握安全生产态势，进一步督促、指导企事业单位建立"自我监督、自我约束、自我完善"的安全管理机制。

2. 全面抓好安全审计工作

未来，民航系统将着力抓好政府对企事业单位的安全审计，确保企事业单位的规章程序与政府规定相符（即文文相符）；确保企事业单位的安全生产符合政府规章程序的要求（即文实相符）。民航局将对审计结果进行分类，并将审计结果向社会公布。此外，民航局将督促企事业单位建立内部安全审计制度，由企事业单位对遵守政府规章标准、履行安全责任的状况进行系统性的自我评估，查找和纠正自身存在的安全缺陷。

3. 全面推进航空安全管理体系建设

安全管理体系（SMS）是一个系统的、清晰的和全面的安全风险管理过程，它综合了运行、技术系统和财政、人力资源管理、面向与航空营运人或经批准的维修组织审定有关的所有活动。民航系统在2006年安全管理体系建设试点的基础上，全面推进安全管理体系的建设，进一步完善行业安全政策，建立安全指标体系，鼓励员工主动报告安全信息和改进安全工作的建议，增加行业风险识别和风险控制的能力，努力实现闭环安全管理。

4. 大力加强教育培训工作

教育培训是人类所特有的一种社会现象，是人类利用智慧进行的传递思想、传递知识、传递技能,提高文化素质和劳动技能的重要活动。作为一个科技含量程度高、资金密集程度高、运营风险程度高、国际化程度高和系统高度复杂的行业,民航必须加强教育培训工作,建立学习型组织,营造良好的安全文化氛围,推进人才队伍建设,培养各类合格的人才,为民航的持续发展提供人才保障和智力支持。

为全面提高从业人员的素质,民航系统全面实施"教育创新工程",深化教育教学改革,形成分工合理的院校框架;实施"培训体系建设工程",完善培训体系,强化培训工作;实施"专业人才建设工程",建设一支技术精湛、具有国际水平相当的专业化人才队伍。

5. 加快推进安全科技体系建设

一是根据科技发展情况以及民航安全生产的需要,制订安全科技发展规划,指导我国民航的安全科技工作。二是设立民航安全科技发展专项经费,支持和推动安全科学技术研究和安全新产品的开发利用。三是加快飞行安全科研基地的建设。四是集中民航内外的科技资源,积极引进和消化吸收国外先进安全科学技术成果,全面增强自主创新能力,努力掌握核心技术和关键技术。

6. 继续完善安全生产投入机制

未来,民航系统将进一步加大安全投入,拓宽投入渠道。除继续加大基础设施投入外,将加大法规标准建设、教育培训和安全理论研究等软件建设的资金投入。此外,还将鼓励企事业将按照《安全生产法》[①]的要求,加大对安全生产的投入。

7. 进一步完善航空安全法规和标准体系

加强与国际民航组织等国际组织和各国政府民航管理部门的交流与合作,依据《民用航空法》和国家安全生产法律、法规,参照国际民航组织的标准,结合我国民航实际,进一步加强飞行标准、适航审定、空中交通管理、机场运行、航空保安等法规和标准建设,建立航空安全法规和标准反馈及分析系统,及时修订法规和标准并颁布配套实施细则。

8. 建设具有我国民航特色的先进安全文化

安全文化建设是未来我国民航安全管理上的重点工作。民航系统将注重总结和继承传统中华文化的精髓,积极吸纳国际上先进安全文化建设的有益经验,努力构建包括学习文化、报告文化和公正文化在内的先进的行业安全文化,营造保障安全的良好氛围。

[①] 全书涉及法律、法规、规章较多,为叙述简便,全书尽量使用简称,如《中华人民共和国安全生产法》的规范简称为《安全生产法》。

第二章　安全管理基本理论

生产活动是人类认识自然、改造自然过程中最基本的实践活动，它为人类创造着巨大的社会财富，是人类赖以生存和发展的必要条件。然而，自有生产活动以来，生产劳动过程中潜伏的各种不安全、不卫生因素也随之同行，若不采取有效的预防和保护措施，它所造成的危害将是严重的，甚至是不可挽回的。安全管理学便是将安全与管理学相结合而发展起来的一门新兴学科。它从安全问题的诱发因素入手，运用管理学相关知识和理论进行安全生产管理，以科学的管理方法和系统有效的管理机制扼制事故的发生，达到防患未然、安全生产的最终目的。

第一节　安全管理基本理论概述

一、安全管理定义及分类

（一）安全管理的定义

关于管理的概念，提法各种不同。最通行的是被称为"法国经营管理之父"的法约尔所提出的，他认为管理就是"计划、指挥、协调、控制"。根据法约尔的提法，可以把管理的定义完整地叙述为：管理就是管理者为了达到一定的目的，对管理对象进行的计划、组织、指挥、协调和控制的一系列活动。

在企业管理系统中，含有多个具有某种特定功能的子系统，安全管理就是其中的一个。这个子系统是由企业中有关部门的相应人员组成的。该子系统的主要目的就是通过管理的手段，实现控制事故、消除隐患、减少损失，使整个企业达到最佳的安全水平，为劳动者创造的工作环境。因而我们可以给安全管理下这样一个定义，即：安全管理就是管理者对安全生产进行的计划、组织、指挥、协调和控制的一系列活动。安全管理的内容是为贯彻执行国家安全生产的方针、政策、法律和法规，确保生产过程中的安全而采取的一系列组织措施。安全管理的目的是保护职工在生产过程中的安全与健康，保护国家财产不受到损失，促进社会主义建设顺利进行。

（二）安全管理的分类

从宏观和微观层面，对安全管理加以分类。

（1）宏观的安全管理：从总体上看，凡是保障和推进安全生产的一切管理措施和活动都属于安全管理的范畴，即泛指国家从政治、经济、法律、体制、组织等各个方面所采取的措施和进行的活动。作为一个安全管理工作者，对国家有关安全生产的方针、政策、标准、体制、组织结构以及经济措施等均应有深刻的理解、全面的掌握。

（2）微观的安全管理：指经济和生产管理部门以及企事业单位所进行的具体的安全管理活动。

从狭义和广义方面，对安全管理加以分类。

（1）狭义的安全管理：指在生产过程或与生产有直接关系的活动中防止意外伤害和财产损失的管理活动。

（2）广义的安全管理：泛指一切保护劳动者安全健康、防止国家财产受到损失的管理活动。从这个意义讲，安全管理不但要防止劳动中的意外伤亡，也要与危害劳动者健康的一切因素进行斗争。

二、安全管理发展历史及现状

（一）安全管理的发展

安全问题是伴随着社会生产而产生和发展的。我国古代在生产中就积累了一些安全防护的经验。隋代医学家巢元芳所著《诸病源候论》一书中就记有凡古井深洞，必须先放入羽毛，如观其旋转，说明有毒气上浮，便不得入内。明代科学家宋应星所著《天工开物》中记述了采煤时防止瓦斯中毒的方法，"深至丈许，方始得煤，初见煤端，毒气灼人，有将巨竹凿去中节，尖锐其末，插入炭中，其毒烟从中透上"就有安全管理的雏形。

18世纪中叶，蒸汽机的发明在世界范围内引起了一场工业革命。传统的手工业劳动逐渐为大规模的机器生产所代替，生产率大大提高。但工人们在恶劣的环境下，每天劳动10小时以上，伤亡事故接连发生，工人健康受到严重摧残。这迫使工人奋起反抗，维护自身的安全和健康。这些举动得到了社会进步人士的同情与支持。19世纪初，英国、法国、比利时等国相继颁布了安全法令，如英国1802年通过的纺织厂和其他工厂学徒健康风险保护法，1820年比利时制定的矿场检查法案及公众危害防止法案等。另外，由于事故造成的巨大经济损失以及在事故诉讼中所支付的巨额费用，资本家出自自身利益，也要考虑和关注安全问题，这些都在一定程度上促进了安全技术和安全管理的发展。

进入20世纪以后，工业发展速度加快，环境污染和重大工业事故相继发生，职业危害也日益严重。1986年1月，苏联基辅的切尔诺贝利核电站第4号反应堆爆炸起火，大量放射性物质外溢，造成7人死亡，也使对安全的呼声日益高涨。

与此同时，由于一系列恶性事故的发生，人们对"劳动安全与卫生"这一在现代科学技术和工业发展中的重大课题，给予越来越广泛的关注。1929年，美国的海因里希发表了著名的《工业事故预防》一书，比较系统地阐述了安全管理的思想和经验。美、英等发达国家，也相继在20世纪70年代初建立了职业安全卫生法规，设立了相应的执法机构和研究机构，加大了安全卫生教育的力度，包括在高等院校设立安全类专业、开设安全类课程等。并通过各类组织对各类人员采用了形式多样的培训方式，重视安全技术开发工作，提出了一系列的有关安全分析、危险评价和风险管理的理论和方法，使得安全管理水平有了较大的提高，也促使了这些国家的安全工作的飞速发展，取得了较好的效果。

20世纪90年代以来，国际上又进一步提出了"可持续发展"的口号，人们充分认识到了安全问题与可持续发展间的辩证关系，进而又提出了职业安全卫生管理体系（OHSMS）的基本概念和实施方法，使安全管理工作走向了标准化和现代化。

从安全管理的发展过程，我们可以看出，安全管理的发展是随着工业生产的发展和人们的安全需求的逐步提高而进行的。初期阶段的安全管理，可以说是纯粹的事后管理，即完全被动地面对事故，无奈地承受事故造成的损失。在积累了一定的经验和教训之后，管理者采用条例管理的方式，即事故后总结经验教训，制定出一系列的规章制度来约束人的行为，或采取一定的安全技术措施控制系统或设备的状态，避免事故的再发生，这时已经有了事故预防的概念。而职业安全卫生管理体系的诞生则成为现代化安全管理的重要标志。

我国的安全管理工作也经历了类似的过程。中华人民共和国成立以来，党和政府一直重视安全卫生工作，在劳动条件不断改善的同时，制定了一系列的安全法规和标准及较为严谨完善的安全管理体制，如安全生产责任制、安全一票否决制等，确定了"安全第一，预防为主"的安全生产方针，建立健全了各级安全管理组织机构。这些对促进我国安全工作起到了重要的作用，也使得我国的安全管理水平及职业安全卫生研究工作有了较大提高。

20世纪70年代末，为适应改革开放形式下企业管理工作的需要，人们努力探索新的管理原则和方法，引进了国外一些先进的安全管理理论、方法，并积极研究适合中国国情的安全管理模式，探索和推广了一系列的安全管理方法，如危险源辨识与管理、企业安全评价等，特别是以鞍山钢铁公司的"0123安全管理模式"为代表的、符合中国工业安全生产实际的安全管理模式的出现，反映了我国在安全管理理论和实践方面的快速进步。

但由于"十年动乱"等政治因素的影响，我国安全管理体制等诸方面都存在着一定缺陷，使得我国的安全卫生工作仍大大落后于发达国家。如事故死亡率比发达国家高出一倍以上，每年由于人为技术导致的意外事故（工伤事故和交通事故）致使10多万人丧生，其中最严重的是道路交通事故，每年死亡8万多人；其次是矿山事故，每年近2万人死亡；而职业病则更为严重，仅以尘肺病为例，我国尘肺病或疑为尘肺病的患者数量从1992年起，已接近世界其他各国的总和。近年来，更是恶性事故不断，在国际国内都造成了极大的负面影响，也与一个综合实力在国际上名列前茅的泱泱大国的身份极不相称。

（二）影响我国安全工作形势的因素

除了国际上共性的问题之外，以下诸因素也对我国安全工作形势有着相当大的影响。

1. 社会舆论

在任何一个国家，以新闻媒介为主的社会舆论所产生的影响都是相当大的。记者之所以号称"无冕之王"，正是因为其能了解并利用新闻媒介的导向作用披露更多的社会现象，影响人们对于某些问题的认识和看法。所以，社会舆论对安全问题的关注程度和剖析深度直接影响到人们，当然也包括各级领导对安全问题的重视程度。比如，新闻媒体片面地强调见义勇为的壮举，就会使不会游泳的青少年舍身却救不了人；而对安全隐患较大的环节予以曝光，就会使领导者或当事者对不顾安全的行为有所顾忌与收敛，使政府和企业更加重视安全。

2. 人的价值

生命是无价的，但在实际工作中，经营者们却回以金钱来衡量生命的价值，决定安全问题的取舍。如果工伤死亡一人花费数万元就可以了解，谁会花数十万、上百万元去搞安全整改呢？可喜的是，近年来我国的工伤索赔案例中，大额赔偿案例屡见不鲜，相信假以时日，一定会有所成效。美国福特汽车公司因设计上的一个小失误导致产品的安全缺陷，进而引发伤害事故，被政府一次罚款3亿美元，赔偿受害者1.9亿美元，企业能不在安全上加大投入以取得更好的效益吗？

3. 人员素质

人的素质，特别是安全素质对于安全管理的影响是不言而喻的，而产品及其工艺设计人员、管理人员、政府有关部门官员的安全素质最为重要。据调查表明，人的安全素质的高低并不完全与其受教育的程度成正比。遗憾的是，我们的高等教育却培养了大批不具备基本安全素质的各类"人才"，一方面，这些"人才"设计的产品、工艺，管理的企业不可避免地会存在着安全上的缺陷；另一方面，他们在从事科学研究、实验、技术开发等各类活动中，也因事故的屡屡发生而遭受伤害和损失。而其中相当一部分事故对于具备基本安全素质的人来说，却是完全可以避免的。此外，安全素质的高低也会在紧急状态下的反应能力上得到体现，冷静地面对正在发生的意外事件。采取正确的应对措施，与束手无策、听天由命相比，其结果可能会大相径庭。我国大多数恶性事故之所以造成重大伤亡，与这一点不无关系。

4. 法律的完善

在当今社会，法律对于约束人的行为、维护社会稳定至关重要，对安全问题也是如此。没有一个完善的安全法律法规体系，就不能有一个公正的竞争环境，就会助长短期行为，产生恶性事故。我国改革开放初期，一些来中国投资者就是钻了我国安全法规体系不完善的漏洞，使得工伤事故，特别是职业卫生问题日益严重，同时也严重挫伤了国际一流企业来我国投资的信心和积极性。美国1970年实施的《职业安全卫生法》，被美国安全界称之为"美国安全史上的里程碑"，也正是因为其体现了法制的重要地位。

5. 总体管理水平

安全管理体系是整个企业管理系统中的一个子系统，与企业管理水平，甚至政府管理水平的高低密切相关。当前国内总体管理水平的低下，势必会影响到安全管理水平，国内传统上重技术轻管理的观念也对安全管理影响巨大。不改进管理水平，安全管理水平也不可能有根本性的变化；而安全管理中安全与经济效益相脱节的问题就是管理水平较低的一种表现方式。

随着世界经济一体化潮流的冲击和信息社会与知识经济的到来，我国的安全管理工作将不得不面对比以往更大的挑战，在21世纪中尽快解决包括上述问题在内的相关问题，尽快缩短我国在安全管理工作方面与发达国家的差距，无疑是安全科学界近年来最重要的工作之一。只有做到了这一点，我国才能真正保持可持续发展，安全水平才能跃上新的台阶，接近世界先进水平；否则，就会影响整个国民经济的发展，甚至影响社会安定，我们必须深刻认识这一问题。

三、安全管理的重要性作用

安全管理在事故控制中起着极其重要的作用，这主要体现在以下三个方面。

（1）据对事故的分析可知，绝大多数事故的发生都是由各种原因引起的，而这些原因中的 85% 左右都与管理紧密相关。也就是说，如果我们改进安全管理，就可以有效控制 85% 左右的事故。举一个最简单的例子，某单位一员工在储藏室内登梯取物时因梯子断裂而受伤，经分析可以看出，其原因可能是由于没有要求对梯子进行常规检查（管理缺陷）、员工不知道该检查规则的存在（管理失误）、采购部门购买时未充分考虑梯子的用途和质量（管理失误）或财务部门没有提供足够的资金以购买合适的梯子（管理失误）等。上述任何一个原因都与管理者的疏忽、失误或管理系统的缺陷紧密相关。

（2）当今，"安全第一"的口号几乎已经响遍了世界各个角落，但几乎所有人，包括安全工作者都承认，对于一个企业来说，安全并不是也不可能是第一位的。经济效益、企业的发展、完成生产任务等永远是第一位的。安全之所以放在特殊的位置，正是由于其与效益的工作效率，只有减少事故的发生才有可能保证经济效益。

（3）从控制事故的效果讲，安全管理也是举足轻重的。一方面控制事故所采取的手段，包括技术手段和管理手段，是由于管理部门选择并确定的；另一方面在十分有限的资金投入及有限的技术水平的条件下，通过管理手段控制事故无疑是最有效、最经济的一种方式。诚然，控制事故的最佳手段解决问题，这在很大程度上可避免人为失误，但经济条件和现有的技术水平使这类方法受到很大程度的制约。当今，大多数企业之间设备安全水平差异有限，而事故却大小有异，主要问题就是管理问题。

四、安全管理学研究的对象、任务和方法

安全管理学是研究安全管理活动规律的一门科学，是管理学的分支，也是安全科学的一个分支。安全管理学研究的对象包括安全管理理论、原理，安全管理的组织机构、体系，管理方法、安全法规等。安全管理学是一门新兴的边缘学科，它与自然科学、社会科学及系统科学、行为科学等学科紧密联系，我们研究本学科时，还必须学习和研究相关学科的知识，以使安全管理学得以提高效益，并能深入理解安全管理学的规律。

安全管理学的基本任务是运用现代管理科学的理论和原理，探讨、揭示我国安全管理活动的规律，建立健全我国安全管理机构体制和安全管理的科学方法。以达到提高工作效益、实现安全生产的目的。具体地说，研究任务包括理论和实践两个方面。

（1）理论方面。研究安全管理学的本质规律，形成既体现管理又体现安全两个特色的我国自己的安全管理学。研究安全管理学自身的理论，为安全管理方法、措施、手段提供理论依据。

（2）实践方面。研究安全管理的决策、对策、系统科学的方法、控制论的方法、信息的开发和使用，安全法规、安全教育、安全检查等一系列管理方法，研究安全检测手段等。

安全管理学研究的方法包括调查研究法、系统分析法、数学模型法、目标决策法、因素分析法等。安全管理学研究必须掌握以下原则：客观性原则、实践性原则、系统性原则及发展性原则等。

第二节 安全管理的基本理论

安全管理作为管理的一个分支，遵循管理的普遍规律性，服从管理的基本原理。管理的基本原理高度抽象概括了管理的普遍规律，因而也就有广泛的适用性。它可以用来指导各方面的管理实践，既可以指导企业生产经营管理，也可以指导安全管理。

一、现代管理学理论与原则

一般地说，管理的基本要素包括人、财、物、信息、时间、机构和制度等，前五项是管理内容，后两项是管理手段。基本要素中的人既是被管理者，又是掌握管理手段的管理者，是身兼二任的。人具有巨大的能动性，是现代化管理中最为重要的因素。管理的基本原理就是研究如何正确而有效地处理上述要素及其相互关系，以达到管理的基本目标。

管理的基本原理有：系统原理、人本原理、整分合原理、反馈原理、封闭原理、弹性原理、能级原理、动力原理、激励原理。这九条原理中，系统原理和人本原理是一级原理，其他原理都是隶属于它们的二级原理，它们的关系如图2-1所示。

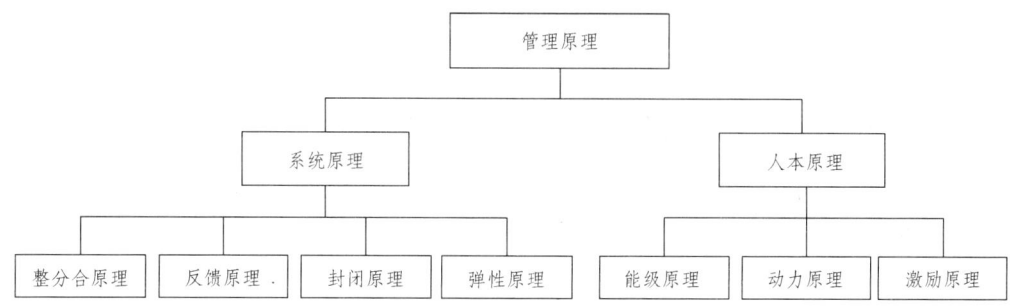

图 2-1 管理的基本原理

（一）系统原理

现代管理对象都是一个系统，它包含若干分系统（子系统），同时又和外界的其他系统发生着横向联系，为了达到现代化管理的优化目标，就必须运用系统理论，对管理进行充分的系统分析并使之优化，这就是管理的系统原理。

所谓系统，就是由若干相互作用又相互依赖的部分组合而成，具有特定功能，并处于一定环境中的有机整体。系统论的基本思想是整体性、综合性。整体效应是系统论最重要的观点，整体大于部分之和，系统的整体具有其组成部分在孤立状态中所没有的新质，如新的特性、新的功能、新的效果等。分子的化学性质不同于组成它的原子的性质的简单叠加。人体的功能不同于细胞功能的汇总。米格飞机的许多零部件，从单个来看并不先进，但其整机性能却是世界一流的。系统论要求人们从整体出发，而不是从局部出发去研究事物，在分析问题和解决问题时，应该把重点放在整体效应上。

根据系统原理，在研究管理问题时，必须对管理对象进行系统分析，这包括如下方面：① 系统要素。分析系统是由什么组成的，它的要素是什么，可以分为哪些子系统。② 系统结构。分析系统的内部组织结构如何，组成系统的各要素相互作用的方式是什么。③ 系统功能。弄清系统及其要素具有什么功能。④ 系统集合。弄清维持、完善与发展系统的源泉和因素是什么。⑤ 系统联系。研究此一系统同其他系统在纵横各方面的联系怎样。⑥ 系统历史。弄清系统是如何产生的，它经历了哪些阶段，发展的前景如何。

（二）整分合原理

现代高效率的管理必须在整体规划下明确分工，在分工基础上进行有效地综合，这就是整分合原理。整体规划就是在对系统进行深入、全面分析的基础上，把握系统的全貌及其运动规律，确定整体目标、制订规划与计划及各种具体规范。整体规划就是要求决策者高瞻远瞩，在系统建立的初期就对那些可能影响全局的问题认真地分析、预测，周到细致地规划部署，从而为实现最佳的整体效应奠定基础。

明确分工就是确定系统的构成，明确各个局部的功能，把整体的目标分解，确定各个局部的目标以及相应的责、权、利，使各局部都明确自己在整体中的地位和作用，从而为实现最佳的整体效应最大限度地发挥作用。

有效综合就是对各个局部必须进行强有力的组织管理，在各纵向分工之间建立起紧密的横向联系，使各个局部协调配合，综合平衡地发展，从而保证最佳整体效应的圆满实现。整体把握，科学分解，组织综合，这就是整分合原理的主要含义。

整体观点是大前提，不充分了解整体及其运动规律，分工必然是混乱而盲目的；但是分工是关键，没有分工的整体只是一团没有秩序的混沌物，没有分工的协作是吃大锅饭，只能导致每况愈下的低效率。然而分工不是管理的终结，它会带来许多新的问题，分工的各个局部往往在时间、空间、数量、质量等方面互相脱节，因此必须进行强有力的组织管理，使之协调平衡地发展。

系统在不断运动、变化，因此整、分、合不能一劳永逸，一成不变。优秀的管理者要善于把握时机，实行动态管理，及时调整计划，不断改善分工，适时综合协调。由整分合原理可见：① 企业的上层领导者，尤其是行政一把手，在进行企业宏观决策时必须把安全纳入其中，作为整体规划的一个重要内容加以考虑，才能保证整体效应的实现。譬如在确定重大技术改造时，必须进行系统安全分析和危险性评价，采取对策措施，实现本质安全。因宏观决策忽视安全，造成重大隐患而导致重大恶性事故是不乏其例的。② 有效的安全管理必须做到明确分工。要建立健全组织体系和责任制度，使每个部门每个人员都明确目标和责任，把全面、全员、全过程的安全管理在组织上落到实处。③ 要加强专职安全部门的职能，提高它的权威，保证强有力的协调控制，实现有效综合。

（三）反馈原理

现代高效率的管理，必须有灵敏、正确、有力的反馈，这就是反馈原理。管理实质就是一种控制，管理活动的过程是由决策指挥中心发出指令，由执行机构去执行，直到实现管理目标。决策指挥中心要实现既定的目标，就要随时掌握执行机构活动的情况，及时发现偏差并加以调整、控制，使之回到正确的轨道上来。决策指挥中心如何掌握执行机构活动的情况呢？这就需要反馈。把反馈信息与输出信息进行比较，用比较所得的偏差对信息的再输入发生影响，起到控制的作用，以达到预定的目的。

有两种类型的反馈控制：正反馈和负反馈。如果反馈使系统的输入对输出的影响增大，导致系统的运动加剧发散,这种反馈叫正反馈;反之,如果反馈使系统的输入对输出的影响减小,使系统偏离目标的运动收敛,趋向于稳定状态,则叫负反馈。一般而言,正反馈将外界干扰引起的偏差予以放大,从而导致系统的不稳定,而负反馈则是抵消外界因素的干扰,维持系统的稳定性。因此,为了使系统做合乎目的的运动,应该采用负反馈控制。

由此可见,有效的管理有赖于有效的反馈控制,而反馈控制的效果又取决于控制系统能否及时且准确地接收、处理、利用各种反馈信息。这里涉及两个方面的问题:一是控制系统本身接收、处理、利用各种信息的能力如何;二是反馈系统能否保证灵敏、正确、有力地反馈信息。反馈要"灵敏",就必须有敏锐的感受器,以便及时发现管理要求与变化着的客观实际之间的矛盾的信息;反馈要"正确",就必须有高效能的分析系统,以过滤和加工感受到的信息;反馈要"有力",就必须使分析了的信息化为指挥中心强有力的行动,以修正原来的管理动作,使之更符合实际情况,获得更大的效益,灵敏地感受、正确地分析、有力地决断,这就是高效率管理所要求的反馈控制所包含的三个过程。

为了做到灵敏、正确和有力,就必须使反馈成为一项独立的活动,必须建立专门的反馈系统,独立地行使职能,在现代化管理中,没有哪一个指挥中心可以不建立自己的反馈系统而能有效正确地进行指挥的。

反馈控制是以信息流动为基础的。为了使反馈灵敏、正确、有效,反馈系统必须建立健全可靠的信息系统,以保证信息的及时采集、加工、传递和发挥作用。依靠有效的反馈控制、决策、执行、反馈、再决策、再执行、再反馈……如此无穷地螺旋上升,使管理不断进步和完善。

反馈控制对于系统安全有着特别重大的意义。一个实际运转着的系统,当它指向安全目标的运动受到任何不安全因素的干扰时,其运动状态就要偏离给定的状态,趋于不稳定,乃至最后遭到破坏,导致事故和损失。为了维持系统的稳定,就应及时捕捉、反馈不安全信息,及时采取行动,消除或控制不安全因素,使系统的运动回到安全的轨道上来,达到安全生产的目的。

实际上,安全检查,隐患整改,事故原因的调查分析,事故的统计分析,安全工作的考核评价等都是反馈原理在安全管理中的应用。重要的是,如何建立专门的、有效的反馈系统和信息系统,使反馈控制更加灵敏、准确和有力。

(四)封闭原理

任何一个系统的管理手段、管理过程等必须构成一个连续封闭的回路,才能形成有效的管理运动,这就是封闭原理。

封闭,就是把管理手段,管理过程等加以分割,使各部分、各环节相对独立,各行其是,充分发挥自己的功能。然而又互相衔接、互相制约,并且首尾相连,形成一条封闭的管理链。首先,管理系统的组织结构体系必须是封闭的。任何一个管理系统必须具备决策指挥中心和执行机构,决策指挥中心发出指令,执行机构去执行。但是,仅有这些是不够的,因为执行机构能否准确无误地执行指令,执行的效果如何,能否确定地达到预定的目标,这些决策指挥中心均无从掌握。因此,还必须设置监督机构和反馈机构(或设置一个机构而兼顾两方面职能)。监督机构对执行机构进行监督;反馈机构感受执行效果的信息,并对信息进行处理,比较效果与指令的差距,再返送回决策指挥中心。决策指挥中心据此发出新的指令,这样就形成了一个连续封闭的回路,如图 2-2 所示。其次,管理法规的建立和实施也必须封闭。不仅要建立尽可能全面的执行法,还应建立对执行的监督法以及反馈法。执行机构按照执行法规划自己的行动,履行自己的职责;监督机构依据监督法对执行情况进行监督;反馈机构依据反馈法对执行结果加以反馈。各机构均有法可依。在实施过程中要做到执法必严,有法必依,违法必究,执法犯法者罪加一等,诬陷乱法者反坐,这样才能发挥法的管理威力。

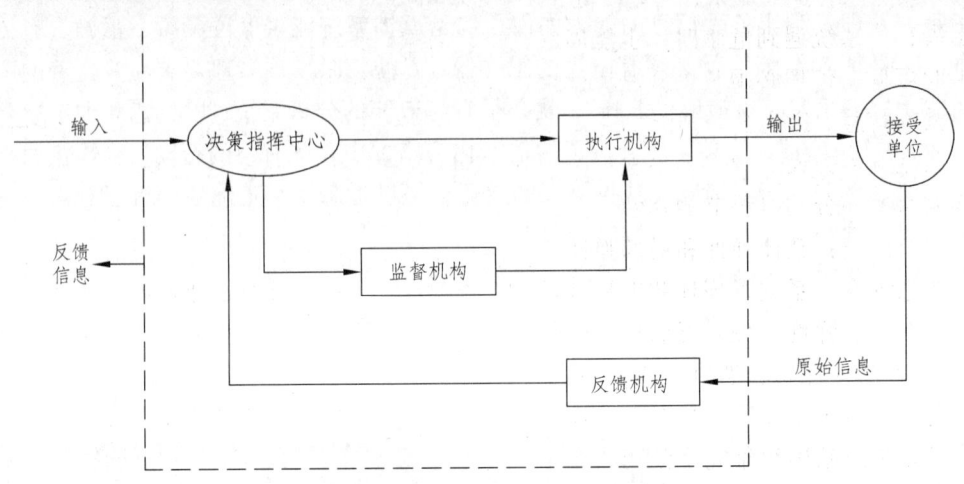

图 2-2　管理系统的基本封闭回路图

不封闭的管理,不但低效,而且有害。譬如,管理系统中如果缺少监督机构,执行机构就会依照自己的利益行事,就可能偏离正确的轨道,甚至明顶暗抗,使决策指挥中心的指令根本得不到贯彻执行。如果缺少反馈机构,则反馈职能变成由执行机构代为行使,自己执行,自己反馈,往往就会报喜不报忧,甚至弄虚作假,欺上瞒下。如果据此进行决策,肯定失误。由此可见,为了实现管理的封闭,不但必须设立监督和反馈机构,而且它们必须只对决策指挥中心负责,独立于执行机构,不受任何干扰地行使职权。例如,在企业的安全管理系统中,厂长是决策指挥中心,他对企业的生产经营和安全全面负责,从企业的全局利益、根本利益出发,理应把保证安全放在一切工作的首位。生产、经营、技术等厂长及他们分管的部门,都是分别承担某一方面任务的执行机构,而安技部门则是监督和反馈机构。根据封闭原理,安技部门只应听从厂长的指令,而对生产、经营等各个系统履行监督和反馈的职责。只有这样,安全管理才是封闭的,才能保证实现有效的安全管理。然而,现在有些企业却把安技部门仅仅置于生产厂长领导之下,一旦安全与生产发生矛盾往往重生产轻安全,以致事故隐患长期得不到解决,终至酿成大祸;更有甚者,有的企业竟然把安技部门附属于生产或设备等部门之中,导致安技部门形同虚设,很难发挥作用,不言而喻,这是完全错误的。

　　管理封闭是相对的。从空间上讲,封闭系统不是孤立系统,它要受到系统管理的作用,与上下左右各个系统都有着输入和输出的关系,只能与它们协调平衡地发展。从时间上讲,事物是不断发展的,永远不能做到完全预测未来的一切,因此必须根据事物发展的客观需要,不断地以新的封闭代替旧的封闭,求得动态的发展,在变化中不断前进。

（五）弹性原理

管理是在系统外部环境和内部条件千变万化的形势下进行的，管理必须要有很强的适应性和灵活性，才能有效地实现动态管理，这就是弹性原理。

管理有弹性就是当系统面临各种变化的情况时，管理能机动灵活地做出反应以适应变化，使系统得以生存并求得发展。具体地说，当系统面临有利形势时，管理应能抓住时机，发展力量，开拓进取，扩大成果；当系统处于不利形势时，应能保持力量，等待时机，创造条件，再求发展；当系统遇到危难时，也能周旋应付，采取对策，化险为夷，转危为安。

由此可见，管理必须凡事从最坏处着想，往最好处努力，三思而后行，留有余地；要充分发挥人的智慧，提高科学预测水平，一个目标，多种方案，力争最好的效果；要十分指标，十二分措施，多方面努力，多层次设防，确保万无一失。凡此种种，概括起来就是一句话，管理必须保持充分的可调节的弹性。

弹性有两类：整体弹性和局部弹性。整体弹性是指系统整体的可塑性或适应能力；局部弹性是指系统在一系列管理环节上具有弹性，特别是在关键的环节上要保持足够的弹性。应当指出，在应用弹性原理时要倡导积极弹性，反对消极弹性。要加强科学预测，遇事"多一手"，而不是消极保留，遇事"留一手"。

弹性原理对于安全管理具有十分重要的意义。安全管理所面临的是错综复杂的环境和条件，尤其是事故致因很难完全预测和掌握，因此安全管理必须尽可能保持好的弹性。一方面不断推进安全管理的科学化、现代化，加强系统安全分析、危险性评价，尽可能做到对危险因素的识别、消除和控制；另一方面要采取全方位、多层次的事故防范对策，实行全面、全员、全过程的安全管理，从人、物、环境等方面层层设防。此外，安全管理必须注意协调好上、下、左、右、内、外各方面的关系，尽可能取得理解和支持，一旦有事，应较容易得到配合和帮助。

（六）人本原理

管理以人为主体，以调动人的积极性为根本，这就是人本原理。

管理作为一种社会活动，是以人为主来展开的。人既是管理的主体（管理者），同时又是管理的客体（被管理者），每个人都处在一定的管理层次上，既管理他人，又被人管理，上下衔接形成一条以人为本体的管理链（图2-3）。离开人，就无所谓管理。在管理活动中，作为管理对象的诸要素和管理过程的诸环节，都是需要人去掌握和推动的。

钱、物、时间、信息等要素，如果没有人去合理、正确地运筹，就不能发挥应有的作用。作为管理要素的人，如果是管理者，则需要调动自身的能力，有效地发挥作用；如果是被管理者，则需要被人调动，积极地参与管理活动。至于机构和章法，则需要人去建立、制定、推动和实施。管理过程中的计划、组织、指挥、协调、控制等环节也都是靠人去实现的。由此可见，一切管理活动的核心是人，要实现有效的管理活动，必须

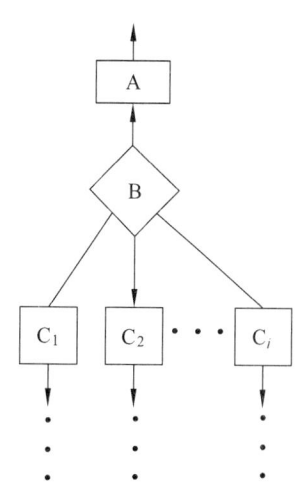

图2-3 以人为本的管理链

充分调动人的积极性。为了发挥人本原理的作用,充分调动人的积极性,就必须贯彻实施隶属于它的各二级原理,即能级原理、动力原理、激励原理。

(七) 能级原理

一个稳定而高效的管理系统必须是由若干具有不同能级、不同层次的系统有规律地组合而成的,这就是能级原理。

能级原理确定了系统建立组织结构和安排使用人才的原则。

首先,能级的确定必须保证管理结构具有最大的稳定性。管理系统中能级的划分不是随意的,它们的组合也不是随意的,必须按照一定的要求,有规律地建立起管理系统的能级结构。稳定的管理能级结构应该是一个具有适当大小顶角的正立三角形,如图2-4所示。

由图可见,管理三角形一般可分为四个层次。最高层是经营决策层,它处于最高的能级,是确定系统的大政方针的。第二层是管理层、它处于次高的能级,运用各种管理技术来实现决策层所作出的大政方针。第三层是执行层,它处于较低的能级,贯彻执行管理指令,直接调动和组织人、财、物等管理要素。第四层是操作层,它处于最低的能级,从事操作和完成各项具体任务。四个层次能级不同,使命不同,必须划分清楚,不可混淆。管理三角形顶角的大小必须适当,过钝,必然机构臃肿;过锐,则管理人员负荷太重。究竟多大合适,应该根据系统的实际情况,以取得最佳的管理效能而定。

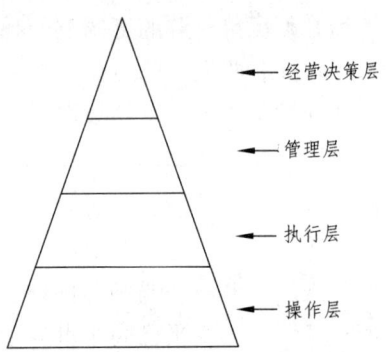

图2-4 稳定的管理能级结构图

其次,人才的配备使用必须能级对应。不同管理层次具有不同的能级,必须配备使用具有相应才能的人。譬如,经营决策层的人才应该具有高瞻远瞩的战略目光,有出众的组织才能,善于识人用人,善于判断,有永不枯竭的事业进取心。管理层中应配备各种类型的人才:反馈人才必须思想活跃敏锐,知识兴趣广泛,吸收新鲜事物快,综合分析能力强,敢于直言不讳,只有求实精神,没有权力欲望;监督人才必须公道正派,铁面无私,同时要熟悉业务,联系群众;执行层人才必须忠实坚决,善于领会上级意图,并具有一定的组织管理能力;操作层人才则必须埋头苦干,任劳任怨,技术业务熟练等。

人才和能级相对应,只有人尽其才,各尽所能,才会有最佳的管理效能。人的才能是不断地变化着的。通过学习和实践,人的才能得到提高;年迈力衰,知识老化,人的才能有所降低。这时,就要按照才能的变化更换不同能级的岗位,实现能级的动态对应。

最后,责、权、利应做到能级对等。对于在每个能级岗位上的人员,不但应该规定其应负的责任,同时也应授予相应的权力,给予相应的物质利益和精神荣誉,做到在其位,谋其政,行其权,尽其责,取其酬,获其荣,惩其误。因为一方面,只有做到责、权、利对等才是符合封闭原理的;另一方面,权力和利益本身就是能量的外在表现。在赋予责任的同时授予权力和给予利益,才能充分调动人的积极性,使其能量得到相应能级的发挥。

(八) 动力原理

管理必须有强大的动力,而且要正确地运用动力,才能使管理运动持续而有效地进行下去，这就是动力原理。

为了充分调动人的积极性，除了一些别的条件外，还必须有强大的动力。动力原理在很大程度上决定了其他原理的效能。例如，能级原理必须有充分的能源才能实现，没有强大的动力，能级就可能蜕化为封建等级。再如，反馈、封闭原理的实施都要靠人的活动，没有强大的动力去调动人的活动，这些原理也只能是纸上谈兵而已。

1. 物质动力

物质动力是最基本的动力。物质是人生存和发展的基本需求。社会主义生产的目的是最大限度地满足社会成员日益增长的物质和文化生活的需要（文化需要也要靠物质来保证），可见追求物质上的满足是一种当然的动力。

物质动力不能仅仅看成是物质的鼓励，还应包括社会经济效益，因为社会经济效益最终还是要转化为物质的。必须把物质鼓励和取得社会经济效益两者有机地结合起来，生产企业必须把生产的经济效益同企业和职工的物质利益联系起来，把经济效益转化为物质动力。正确实行按劳分配，发放必要的奖金，晋级加薪以及适当的奖惩等都是物质动力的具体体现。然而物质动力不是万能的，不恰当地理解和运用物质鼓励会产生副作用；过分地依赖物质动力还会产生相反的效果。

2. 精神动力

"人总是要有点精神的"，物质是基础，精神是支柱。人的精神需要是最高层次的需要，精神上的满足是最大的满足，精神上的追求能产生最强大的动力。当物质缺乏的时候，尤其需要精神力量的支持；在物质丰富时，也必须有精神力量的补充。精神力量来自理想和信念，来自鼓励和激励。要依靠正确的思想政治工作来启迪人的理想和信念；要采用恰当的方法来激励人的精神追求。

3. 信息动力

信息作为一种动力是客观存在的。就国家而言，通过掌握国外的信息，从比较中看到差距，从而奋发图强，急起直追，并从国际信息交流中获取"营养"，促使自身进步；就企业而言，为了在竞争中取胜，就必须高度重视对产、供、销以及技术进步等方面的信息进行搜集和处理，从中作出正确的决策并指导行动；就个人而言，信息能增加人的知识和才干，启迪人的智慧，激励人奋发进取。

21世纪是以信息的生产和交换作为重要特征的时代。信息量的增长日益迅猛，已经渗透到社会生活的各个方面。信息对于人们的生产和生活，对于促进各项事业的发展，日益发挥着巨大的作用。

4. 动力的正确运用

动力得不到正确运用，不仅会使效能降低，而且会起到相反的作用。

首先，三种动力要协调配合，综合使用。以精神激励为主、物质激励为辅，加上信息的启发诱导，就会催人向上，奋斗不息；反之，如果仅仅孤立地使用某一种动力，必然事倍功半，甚至事与愿违，适得其反。

其次，要正确认识和处理个体动力与集体动力的辩证关系。管理是社会化活动，是以集体目标为前提的，然而，集体是由个体组成的，他们彼此的动力并不总是一致的。如果个体动力不加约束，任其发展，导致互相抵消，集体动力就很有限；如果对个体动力限制过死，把个体动力的方面硬扭到统一的集体方面上，导致个体得不到舒展，动力减小甚至消失，集体动力也就不大。正确的做法是：大集中小自由，让个体在大方面基本一致的前提下充分地自由发展，最后综合的集体动力才可能是最大的，也是最稳定可靠的。

最后，在使用动力时，所加的"刺激量"要适当。动力的产生来自某种"刺激"。鼓励是正刺激，惩罚是负刺激。刺激量必须适当，才能取得好的效果。譬如违章罚款是一种刺激。适当罚款，并辅之以说服教育，使人心悦诚服后就变成了自觉纠正违章的动力；反之，如果动辄罚款，或罚得过重，造成"破罐子破摔"，不仅收不到预期的效果，甚至会产生破坏性的影响，走向事物的反面。

（九）激励原理

以科学的手段激发人的内在潜力，充分发挥出积极性和创造性，这就是激励原理。

什么叫激励？一般地说，激励就是利用某种外部诱因调动人的积极性和创造性；具体地说，激励就是使外部的刺激转化为人的自觉行动的过程。外部的适当的健康的刺激可以使人为达到某一目标的行为总是处于充满活力的状态，从而最大限度地发挥出内在的潜力（智力和体力），表现出高度的积极性和创造性。毫无疑问，这是为实现任何一项管理目标所期望的。

1. 激励过程

为了实现激励，必须研究人的行为规律。现代管理科学的研究表明，人的行为产生于动机，而动机产生于需要。当人们的某种需要产生时，心理上就会产生一种不安和紧张状态，即激励状态，从而造成一种内在的驱动力，这就是动机。动机导致行动，行动指向目标，目标达到后，需要既得到满足，激励状态解除，然后又会产生新的需要，如此周而复始，直至无穷。这一行为规律如图2-5所示。

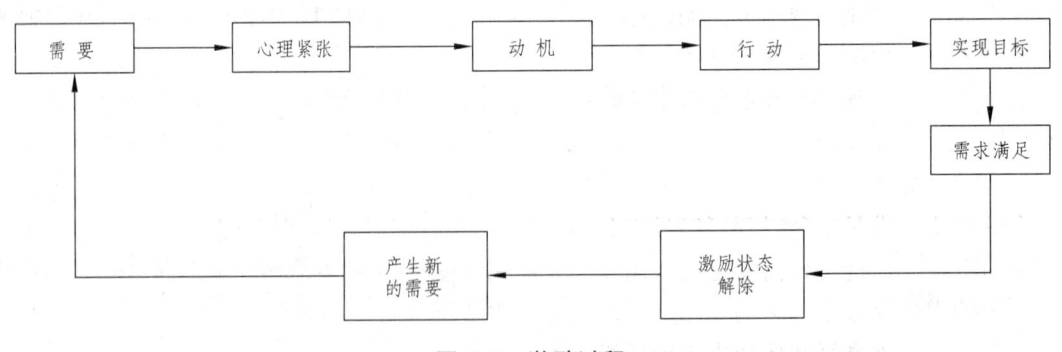

图 2-5　激励过程

由图可见，行为就是满足需要的活动，行为的过程就是从需要发生到需要满足的过程，而激励则是利用外部因素刺激诱导人的内在需要，从而唤起人的积极行动的过程。人的需要周而复始，永无止境，因此激励活动也应该永不停息。好的管理者必须清醒地意识到这一点，善于察觉人们内心深处的需求，利用激励原理，调动人们的自觉行动，使之永远处于充满活动的状态之中。

研究表明，在一般情况下，一个人只能发挥自己能力的 20%～30%。然而，如果受到充分的激励，就能发挥其能力的 80%～90%。其间存在着大约 60%左右的差距。可见，贯彻激励原理对发挥人的积极性有着多么大的作用。

2. 激励理论

有关激励的理论有多种，了解这些理论对于贯彻激励原理是十分必要的。现介绍其中的两种如下：

（1）需要层次论。

激励过程始于人的需要，美国的心理学家马斯洛（A. B. Maslow）把人类多种多样的需要，从低级到高级归纳划分为五个层次，即生理、安全、社交、尊重、自我实现这五种需要。五层次如图2-6所示。

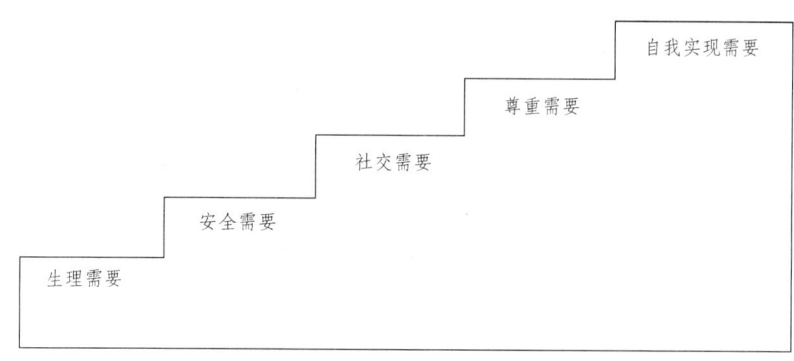

图 2-6 马斯洛的需要层次图

生理需要：是最基本、最原始的需要，包括衣、食、住、行、婚姻、医疗等需要。生理需要是维持人类生存的需要，如果得不到满足，其他需要则要受到影响。

安全需要：心理、身体、物质等方面的安全保障，如职业稳定、工作安全、防止疾病和意外事故等。

社交需要：归属与感情方面的需要，如得到集体的承认和依赖、家庭的温暖、同志和朋友的友谊，建立良好的人际关系等。

尊重需要：自尊与受尊重的需要，如独立、自由、自信、求知、才能表现、名誉、地位、权力、认可、受人尊敬等。

自我实现的需要：充分发挥才干，实现理想和抱负，在事业上取得成就的需要。这是最高层次的需要。满足这种需要可以最充分地发挥一个人的创造性和积极性。

马斯洛认为，这五种需要是由低向高逐级上升的。当低一级的需要得到相对满足后，追求上一级的需要就成了行为的驱动力。但是，如果高级需要能得到满足而低级需要却不能满足时，就宁可牺牲高级需要而去谋取低级需要。

马斯洛还认为，生理、安全等低级需要仅仅从外部使人得到满足，而其他的高级需要则从内部使人得到满足。只有高级需要才是人的行为的真正动力。

马斯洛的理论存在片面和唯心的弱点，在实际应用上也有一定的局限性；它也不能圆满地解释人的需要的许多复杂、特殊的情况。然而，它把人类千差万别的需要归纳为五个方面，并指出了它们的递进关系是具有一定的唯物成分并对人颇有启发的。尤其是他指出高级需要才能成为人的行为的真正动力，这对于选择激励的出发点是非常有价值的。

（2）双因素理论。

美国的心理学家赫兹伯格（P. Herzberg）从研究人的行为动机出发，提出了激发人的行为动机的因素有两类：

保健因素：包括工资待遇、工作条件、安全、地位、管理、政策、人际关系等，是属于人体外界环境的因素。它们起着安定情绪的作用，有如医学上"预防疾病，保障健康"的因素。它们是消极的因素，人得到了这些方面的满足，就会情绪正常地工作，但并不会因此而产生强大的进取的动力；反之，如果得不到满足，就会消极起来，甚至产生破坏性的不满情绪。

激励因素：包括工作富有挑战性，工作中取得成就，工作成绩得到承认和赏识，肩负责任的重大，能得到个人的发展等，是属于人体内部的心理因素。它们是积极的因素，如果得到满足，就能激励人奋发进取，充分发挥积极性，提高工作效率。而在缺乏时也不会使人产生很强的不满足感。可以看出，双因素理论与需要层次论颇有相似之处，实际上它是从另一个角度研究了人的需要。两者的对应关系如图2-7所示。

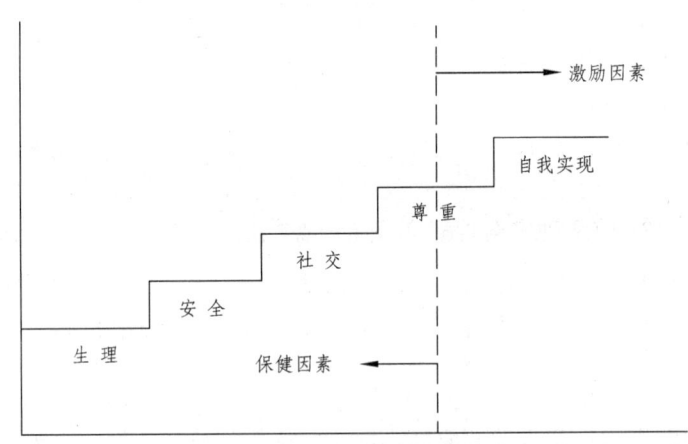

图2-7　赫兹伯格的双因素理论图

根据上述两种理论可以看出，要实行激励原理，就应把着眼点放在激励人的行为动机的积极因素上，引导人去追求高层次需要的满足，即精神需要的满足，同时兼顾满足低层次的需要，防止消极因素的破坏作用。

二、安全管理的原理与原则

安全管理是企业管理的重要组成部分。下述的两种适用于安全管理的原则及其相关原则有其独特性。

（一）预防原理

安全管理工作应当以预防为主，即通过有效的管理和技术手段，防止人的不安全行为和物的不安全状态出现，从而使事故发生的概率降到最低，这就是预防原理。实际上，要预防全部的事故发生是十分困难的，因此，采取充分的善后处理对策也是必要的。安全管理应该坚持"预防为主，善后为辅"的科学管理方法。

运用预防原理必须遵循以下原则：

（1）偶然损失原则。事故所产生的后果（人员伤亡、健康损害、物质损失等），以为后果的大小如何，都是随机的，是难以预测的。反复发生同类事故，并不一定产生相同的后果，这就是事故损失的偶然性。根据事故损失的偶然性，可得到安全管理上的偶然损失原则：无论事故是否造成了损失，为了防止事故损失的发生，唯一的方法是防止事故再次发生。这个原则强调在安全管理实践中，一定要重视各类事故（包括险肇事故），只有把险肇事故都控制住，才能真正防止事故损失的发生。

（2）因果关系原则。因果关系就是事物之间存在着一事物是另一事物发生的原因这种关系。掌握事故的因果关系，砍断事故因素的环链，就消除了事故发生的必然性，就可能防止事故的发生。事故的必然性中包含着规律性。从事故的因果关系中认识必然性，发现事故发生的规律性，变不安全条件为安全条件，把事故消灭在早期起因阶段，这就是因果关系原则。

（3）3E原则。造成人的不安全行为和物的不安全状态的主要原因可归结为四个方面：技术的原因、教育的原因、身体和态度的原因及管理的原因。针对这四个方面的原因，可以采取三种防止对策，即工程技术对策（engineering）、教育对策（educating）和法制对策（enforcement）。这三种对策就是所谓的3E原则。3E原则在应用时，首先是工程技术，然后是教育训练，最后才是法制。

（4）本质化原则。所谓本质上实现安全化（本质安全化）指的是设备、设施或技术工艺含有内在的能够从根本上防止发生事故的功能，它包含三个方面的内容：① 失误-安全功能；② 故障-安全功能；③ 前两种安全功能应该是设备、设施本身固有的，即在他们的规划设计阶段就被纳入其中，而不是事后补偿的。本质安全化是安全管理预防原理的根本体现，也是安全管理的最高境界，实际上目前还很难做到，但是我们应该坚持这一原则。

（二）强制原理

采取强制管理的手段控制人的意愿和行动，使个人的活动、行为等受到安全管理要求的约束，从而实现有效的安全管理，这就是强制原理。安全管理更需要强制性，这主要基于事故损失的偶然性、人的"冒险"心理以及事故损失的不可挽回性等三个方面的原因。

与强制原理有关的原则有下面两点：

（1）安全第一原则。安全第一就是要求在进行生产和其他活动的时候把安全工作放在一切工作的首要位置。这是安全管理的基本原则，也是我国安全生产方针的重要内容。该原则强调，必须把安全生产作为衡量企业工作好坏的一项基本内容，作为一项有"否决权"的指标，不安全不准进行生产。要坚持安全第一原则，就要建立和健全各级安全生产责任制，从组织上、思想上、制度上切实把安全工作摆在首位，常抓不懈，形成"标准化、制度化、经常化"的安全工作体系。

（2）监督原则。为了促使各级生产管理部门严格执行安全法则、法规、标准和规章制度，保护职工的安全与健康，实现安全生产，必须授权专门的部门和人员行使监督、检查和惩罚的职责，以揭露安全工作中的问题，督促问题的解决，追究和惩戒违章失职行为，这就是安全管理的监督原则。我国的安全监督分为国家监督（或监察）、企业监督、群众监督三个层次。这三个层次性质不同，地位不同，所起的作用也不同。它们相辅相成，构成了一个有机的监督体系。

第三节 安全生产管理方法

一、事故预防措施

事故预防与控制包括两部分内容,即事故预防和事故控制,前者是指通过采用技术和管理的手段使事故不发生;而后者是通过采用技术和管理手段,使事故发生后不造成严重后果或使损失尽可能地减少。最典型的例子是火灾的预防和控制,通过规章制度和采用不可燃或不易燃材料可以避免火灾的发生,而火灾报警、喷淋装置,应急疏散措施和计划等则是在火灾发生后控制火灾和损失的手段。

对于事故的预防与控制,应从安全技术、安全教育、安全管理三个方面入手,采取相应措施。为了防止事故发生,必须在上述三个方面实施事故预防与控制对策,而且还应始终保持三者间的均衡,合理地采取相应措施,或结合使用措施,才有可能搞好事故预防工作。因此,事故的预防主要有:① 采取安全法制措施,控制人的不安全行为;② 采取安全技术措施,控制物的不安全状态;③ 采取安全管理措施,提高系统整体的安全性。其中,安全法制措施是利用法律的强制性,通过建立、健全劳动卫生法律、法规,约束人们的行为,通过劳动安全卫生监督、监察,保证法律、法规的有效实施,从而达到预防事故发生的目的;工程技术措施是安全措施的首选措施,通过工程项目和技术改进,可实现本质安全化;安全管理措施主要是通过对安全工作的计划、组织、控制和实施实现安全目标,它是实现安全生产重要的、日常的、基本的措施。

这里,安全技术对策着重解决物的不安全状态问题;安全教育对策和安全管理对策则主要着眼于人的不安全行为问题,安全教育对策主要使人知道应该怎么做,而安全管理对策则是要求人必须怎么做。

从现代安全管理的观点出发,我们知道,安全管理不仅要预防和控制事故,而且要给劳动者提供一个安全舒适的工作环境。以此为出发点,我们可知安全技术对策理论上应是安全管理工作者的首选。即应尽可能地以技术的手段保证安全。因为无论是安全教育还是安全管理,都不可能完全避免人失误或者说人的不安全行为。当然,安全技术对策在技术和经济上的可行性也是我们必须关注的问题。

按照事故致因理论中事故因果关系的理论,事故发生的原因可以分为直接原因和间接原因。直接原因是指在时间上最接近事故发生的原因,通常又可以分为物的原因和人的原因。间接原因是引起直接原因的原因,可分为技术原因、教育原因、身体原因、精神原因、管理原因、社会原因等六种原因。

二、安全目标管理

所谓目标管理,就是根据目标进行管理,即围绕确定目标开展一系列的管理活动。目标在企业管理中具有导向作用、组织作用、激励作用、计划作用和控制作用,是一切管理活动的中心和方向,它决定了组织最终目的的执行时的行为导向、考核时的具体标准、纠正偏差时的依据。总之,在组织内部,依据组织的具体情况设定目标是管理工作的重要方法和内容。

目标管理的基本思想是：根据管理组织在一定时期的总方针，确定总目标；然后将总目标层层分解，逐级展开，通过上下协调，制定出各层次、各部门直至每个人的分目标，使总目标指导分目标，分目标保证总目标，从而建立起一个自上而下层层展开、自下而上层层保证的目标体系；最终把目标完成情况作为绩效考核的依据。

安全目标管理是目标管理方法在安全工作中的应用，是企业目标管理的重要组成部分，是围绕实施安全目标、开展安全管理的一种综合性较强的管理方法。其基本内容包括：安全目标体系的设定、安全目标的实施、安全目标的考核与评价。

安全目标设定的依据是：① 党和国家的安全生产方针、政策，上级部门的重视和要求；② 本系统本企业安全生产的中、长期规划；③ 工伤事故和职业病统计数据；④ 企业长远规划和安全工作的现状；⑤ 企业的经济技术条件。目标设定要突出重点，具有先进性、可行性、全面性、灵活性并尽可能数量化，与措施相对应。其内容包括目标和保证措施两部分。目标是指需达到的各项指标，保证措施则是指技术措施、组织措施以及措施进度和责任者。

企业的总目标设定以后，必须按层次逐级进行目标的分解落实，将总目标从上到下层层展开，从纵向、横向或时序上分解到各级、各部门直到每个人，形成自下而上层层保证的目标体系。这种对总目标的逐级分解或细分解称为目标分解。目标分解一般有三种形式：第一种，按管理层次纵向分解，即将总目标自上而下逐级分解为每个管理层次直至每个人的分目标；第二种，按职能部门横向分解，即将目标在同一层次上分解为不同部门的分目标；第三种，按时间顺序分解，即总目标按照时间的顺序分解为各时期的分目标。只有综合应用这三种方法，横向到边，纵向到底，结合不同时期的工作重点，才能构成科学、有效的目标体系。

实施安全目标管理应注意如下问题：① 加强各级人员对安全目标管理的认识；② 企业要有完善的系统的安全基础工作；③ 安全目标管理需要全员参与；④ 安全目标管理需要责、权、利相结合；⑤ 安全目标管理要与其他安全管理方法相结合。

三、安全技术措施计划

安全技术措施计划（即劳动保护措施计划）是企业为了保护职工在生产过程中的安全和健康，在本年度或一定时期内根据需要而确定的改善劳动条件的项目和措施。编制安全技术措施计划可以使企业劳动条件的改善计划化和制度化，可以合理使用有限资金，调动职工积极性，减少决策失误。

编制安全技术措施计划的依据是：① 党中央、国务院发布的有关安全生产的方针政策、法律法规等；② 国务院所属各部委与地方人民政府发布的行政法规和技术标准；③ 在安全卫生检查中发现尚未解决的问题；④ 因生产发展需要应采取的安全技术与劳动卫生技术措施；⑤ 安全技术革新的项目和职工提出的合理化建议。编制安全技术措施计划要从实际出发，区别轻重缓急，突出治理重点，要与技术改造、技术革新、工艺改造相结合，并纳入企业生产经营计划中。

安全技术措施计划应包括下列内容：① 措施名称及所在车间；② 目前安全生产状况及拟订采取的措施；③ 所需资金、设备、材料及来源；④ 项目完成后的预期效果；⑤ 设计施工单位或负责人；⑥ 开工及竣工日期。

四、安全教育和安全检查

安全教育是企业为提高职工安全技术水平和防范事故能力而进行的教育培训工作。它是企业安全管理的重要内容，与消除事故隐患、创造良好劳动条件相辅相成、不可或缺。开展安全教育是掌握各种安全知识、避免职业危害的主要途径，是企业发展经济的需要，是适应企业人员结构变化的需要，是搞好安全管理的基础性工作，也是发展、弘扬企业安全文化，把安全生产向广度和深度发展的需要。安全教育的内容主要包括安全生产思想教育，安全生产方针政策教育，安全技术和劳动卫生知识教育，典型经验和事故教训教育等。安全教育中应注意教育形式多样化，教育内容规范化，教育要有针对性，要充分调动职工的积极性等问题。

安全检查是企业根据生产特点，对生产过程中的安全进行经常性的、突击性的或者专业性的检查活动，是我国最早建立的安全生产的基本制度之一。安全生产检查可分为经常性安全检查、安全生产大检查、专业性检查、季节性检查和节假日前后的检查等几种。安全检查的内容概括地讲包括查思想认识、查现场、查隐患、查制度以及查整改。在进行安全检查前应组建安全检查组，做好思想和物质上的准备并明确检查目的和要求。检查中要把自查与互查相结合，坚持做到边查边改，认真落实整改工作。安全检查只是一种手段而非目的，开展监督检查，是为了使安全检查的最终目的得以实现，保障企业在安全的状态下进行生产。

思考题

1. 简述安全管理的定义和分类。
2. 简述影响我国安全工作形势的因素。
3. 管理的基本原理主要包含哪些原理？并简述激励理论。
4. 安全管理的原理与原则包含的内容是什么？
5. 造成人的不安全行为和物的不安全状态的主要原因是什么？3E原则指的是什么？
6. 现代安全生产管理的主要方法是哪些？

第三章 风险管理

航空业是一个高风险的行业，许多风险可能会危及经营人的生存，甚至对航空业构成威胁。事实上，风险是运营过程的副产品。并非所有的风险都能被排除，也不是所有可能的风险缓解措施在经济上都是可行的。航空中固有的风险和成本要求有一个合理的决策过程。每天都要实时地做出决定，权衡风险不利后果发生的可能性及严重性与接受风险后的预期利得之间的关系。这个过程被称作风险管理。风险管理和安全管理之间的区别：① 风险管理的内容较安全管理广泛。风险管理不仅包含预测和预防事故、灾害的发生、人机系统的管理等这些安全管理所包含的内容，而且还延伸到了保险、投资甚至政治风险等领域。② 安全管理强调的是减少事故，甚至消除事故。它将安全工作与人机工程结合，给从事工业生产的人们以最佳的工作环境；而风险管理的目标是为了尽可能地减少风险的经济损失。两者的着重点不同，也决定了它们控制方法的差异。风险管理有助于在所评估的风险和可行的风险缓解之间取得平衡。风险管理是安全管理的一个有机组成部分。

第一节 风险管理的相关概念

一、风险与危险

通俗地讲，风险就是发生不幸事件的概率，即一个事件产生我们所不期望的后果的可能性。风险分析就是分析它发生的可能性和它产生的后果，严格地说，风险和危险是不同的，危险只是意味着一种坏兆头的存在，而风险则不仅意味着这种坏兆头的存在，还意味着有发生这个坏兆头的渠道和可能性。因此，有时虽然有危险存在，但不一定要冒此风险。例如，人类要应用核能，就有受辐射的危险，这种危险是客观固有的，但在实践中，人类采取各种措施使其应用中受辐射的风险小些，甚至人绝对地与之相隔离，尽管它仍有受辐射的危险，但由于无发生的渠道，所以我们并没有受辐射的风险。这里说明了人们应该关心的是"风险"，而并非"危险"，因为直接与人发生联系的是"风险"，而"危险"是事物客观的属性，是风险的一种前提表征。又如航空公司运营过程中的危险要变成风险要受到人（态度、动机、感觉、能力等）、程序、航空器和设备、不可抵抗力等的影响。危险我们可以做到客观危险性很大，但实际承受的风险较小。

风险是指在特定客观情况下，在特定期间内，某一事件其预期结果与实际结果间的变动程度。

危险是一种现存的或潜在的条件（如人为的失误，设计误差和不合理，设备故障等），其发生可导致一个或一系列意外的事件，致使人员伤害、疾病或伤亡、设备或财产的损坏和破坏以及环境的危害等。危害是发生风险事故可能性很高的风险因素。

二、风险的分类

1．按其发生的机制划分

风险按其发生的机制可划分为常规风险、事故风险、潜在风险。

（1）常规风险：由于区域内各种技术措施常规运行时排放有害物质而危害环境、健康的风险称为常规风险。

（2）事故风险：人们在从事生产活动和社会活动时，由于种种原因，致使技术设施发生故障，产生人员伤亡、经济损失、环境受到损害的风险为事故风险。

（3）潜在风险：在区域环境内，那些具有发生环境危害而暂时没有发生的风险。按潜在风险发生的机制，潜在风险可分为三种类型。① 直接由人类活动产生的潜在风险，如区域内存有大量易燃易爆、有毒物质的仓库、运输工具、处理设备，这些仓库、处理设施有缺乏最必要的安全措施。② 直接由自然灾害产生的潜在风险，如在区域内历史上发生过大地震、大洪水、飓风等自然灾害。③ 由自然灾害引起的技术设施事故，如雷电引起油库爆炸、森林火灾，地震引起水坝缺口，从而引起洪涝灾害等。

2．按损失产生的原因划分

（1）自然风险：在自然力作用下，导致物质毁损或人员伤亡的风险，如地震、洪水、飓风等。

（2）人为风险：造成物质毁损或人员伤亡的直接作用力与人的活动有关。

三、风险的组成要素

风险因素、风险事件和风险结果是风险的基本构成要素。风险因素是风险形成的必要条件，是风险产生和存在的前提。风险事件是外界环境变量发生预料未及的变动从而导致风险结果的事件，它是风险存在的充分条件，在整个风险中占据核心地位。风险事件是连接风险因素与风险结果的桥梁，是风险由可能性转化为现实性的媒介。

（1）风险因素：风险因素是指能增加或产生损失频率和损失程度的条件，它是事故发生的潜在原因，是造成损失的内在原因或外在原因。高原飞行的风险因素大致可以分为人的风险因素、飞机设备的风险因素、环境的风险因素和管理的风险因素。根据性质不同，风险因素可分为实质风险因素、道德风险因素和心理风险因素三种类型。

（2）风险事件：风险事件是直接造成损失或损害的风险条件，既可能导致损失又可能导致盈利的不确定性事件。例如，跑道由于积水或者积雪引起跑道摩擦系数减小，进而造成飞机冲出跑道，跑道积水或者积雪就成为风险事件。

（3）损失：损失是指非故意的、非计划的和非预期的经济价值的减少。例如，发生空难的直接损失包括生命的伤亡和飞机的毁坏。间接损失则是由于空难发生引起公司的法律责任、未来效益降低和空难消息对行业的负面影响等。风险损失可以分为直接损失和间接损失两种。

从逻辑上说，风险因素、风险事件和损失三者之间的关系是风险因素→风险事件→损失的因果关系，从现实来说，每一步之间都需要一定的外部条件，是一定条件下的因果关系。风险只有通过风险事件的发生，才能导致损失。例如汽车刹车失灵酿成车祸，而导致人员伤亡，其中刹车失灵是风险因素，车祸是风险事件。

风险不同于危险，风险用于描述未来的随机事件，它不仅意味着危险的存在，更意味着不希望事件转化为意外事件的可能性。因此，有时虽然有危险存在，但不一定有风险。危险的存在是客观的、确定的，而风险的发生是不确定的。

四、风险成本

风险成本是指由于风险的存在和风险事故发生后，人们所必须支出的费用和预期经济利益的减少。

企业的成本（K）为生产过程总资料（C）和支付报酬（V）以及风险成本（R）的和，即：

$$K = C + R + V \tag{3-1}$$

风险成本包括风险损失的实际成本、风险损失的无形成本以及预防和处理风险的费用。

预防和处理风险的费用包括购置用于预防和减少损失的设备，以及其维修费、咨询费等。

五、风险率

风险率是衡量危险性的指标，综合考虑严重性和可能性，而对某一危害可能导致危险或严重后果的一种衡量。危险性在一定条件下发展成为事故，其后果受两个因素的影响，一个是事故发生的概率；另一个是发生事故造成后果的严重程度。如果事故发生的概率很小，即使后果十分严重，危险性也不是很大；如果事故发生的概率很大，即使每次事故的后果都不太严重，危险性也依然很大。为了比较危险性的大小，必须有一个衡量标准，这就是风险率。风险率也称危险度，可用以下定义：

$$风险率（R）= 事故发生概率（P）\times 损失严重度（S） \tag{3-2}$$

式中：P 表示在一定时间或生产周期内事故发生的次数；S 表示发生一起事故所造成的损失数值。

由于事故造成的损失可以用经济损失表示，也可以用人员死亡或负伤造成的损失工日数表示，因此，风险率可以用单位时间或单位生产周期内造成死亡人数（死亡人数/单位时间），或负伤损失工作日数（损失工作日数/单位时间），也可以用单位时间或单位生产周期内经济损失的金额表示（经济损失价值/单位时间），作为衡量风险率的尺度。风险率可以如下表示：

$$R = P \times S = \begin{cases} \dfrac{事故次数}{单位时间} \times \dfrac{死亡人数}{事故次数} = \dfrac{死亡人数}{单位时间} \\ \dfrac{事故次数}{单位时间} \times \dfrac{损失工作日数}{事故次数} = \dfrac{损失工作日数}{单位时间} \\ \dfrac{事故次数}{单位时间} \times \dfrac{经济损失价值}{事故次数} = \dfrac{经济损失价值}{单位时间} \end{cases} \quad (3\text{-}3)$$

六、风险管理与安全管理

风险管理是指通过风险识别、风险分析和风险评价去认识危险以及威胁到项目或系统的风险，并以此为基础合理地使用各种风险应对措施、管理方法、技术和手段对风险实行有效的控制，妥善处理风险事件造成的不利后果，以最少的成本保证项目或系统总体目标实现的管理工作。如一家商业航空公司，其风险管理就是要寻求识别、分析、评估并控制在航空公司运营中出现的风险，以达到最高标准的安全。当然必须承认绝对安全是不能达到的，而在整个运营中合理的安全是可以达到的。我们可以通过安全管理对飞行安全计划并努力实施其风险管理手段与方法，与商业航空公司运营相联系的危险和风险是能控制并减少到最低程度的。

由此定义表明：

（1）所讲的风险不局限于静态风险，也包括动态风险。研究风险管理是以静态风险和动态风险为对象的全面风险管理。

（2）风险管理的基本内容、方法和程序是共同构成风险管理的重要方面。

（3）强调风险管理应体现成本和效益关系，要从最经济的角度来处理风险，在主客观条件允许的情况下选择最低成本、效益最佳的方法，制定风险管理决策。

隐患、风险、事故呈单向线性关系，只要消除隐患和风险其中一个环节就可以阻止事故的发生。但很多隐患是客观存在的，是不以人的意志为转移的。

在实际工作中，安全工作人员一般将风险管理和安全管理视为同样的工作。其实，两者间关系虽然密切，但也有区别，主要体现在：

（1）风险管理的内容较安全管理广泛。风险管理不仅包括预测和预防事故、灾害的发生，人机系统的管理等这些安全管理所包含的内容，而且还延伸到了保险与投资甚至政治风险领域。

（2）安全管理强调的是减少事故甚至消除事故，是将安全生产与人机工程相结合，给劳动者以最佳工作环境。而风险管理的目标是尽可能地减少风险的经济损失。由于两者的着重点不同，也就决定了它们控制方法的差异。

风险管理的产生和发展造成了对传统安全管理体制的冲击，促进了现代安全管理体制的建立。它对现有安全技术的成效做出评判并提示新的安全对策，促进了安全技术的发展。

与传统的安全管理相比，风险管理的主要特点还表现于：

（1）确立了系统安全的观点。随着生产规模的扩大、生产技术的日趋复杂和连续化生产的实现，系统往往由许多子系统构成。为了保证系统的安全，就必须研究每一个子系统，另外，各个子系统之间的"接点"往往会被忽略而引发事故，因而"接点"的危险性不容忽视。

风险评价是以整个系统安全为目标的，因此不能孤立地对子系统进行研究和分析，而要从全局的观点出发，才能寻求到最佳的、有效的防灾途径。

（2）开发了事故预测技术。传统的安全管理多为事后管理，即从已经发生的事故中吸取教训，这当然是必要的。但是有些事故的代价太大，必须预先采取相应的防范措施。风险管理的目的是预先发现、识别可能导致事故发生的危险因素，以便于在事故发生之前采取措施消除、控制这些因素，防止事故的发生。

在某种意义上说，风险管理是一种创新，但它毕竟是从传统的安全分析和安全管理的基础上发展起来的。因此，传统安全管理的宝贵经验和从过去事故中汲取的教训对于安全风险管理依然是十分重要的。

第二节　风险管理过程

风险管理包括三个基本要素：风险（危险源）识别、风险评估和风险控制三个阶段，这三个阶段构成一个风险优先控制顺序，是一个持续循环的过程，简称风险管理三要素。风险管理的概念在飞行运行、空中交通管制、维修、机场管理和国家主管部门的决策过程中都同样适用。风险管理的内容及相互关系如图3-1所示，它是风险分析、风险评价和风险控制的整体，概括了风险管理过程的大致情况。

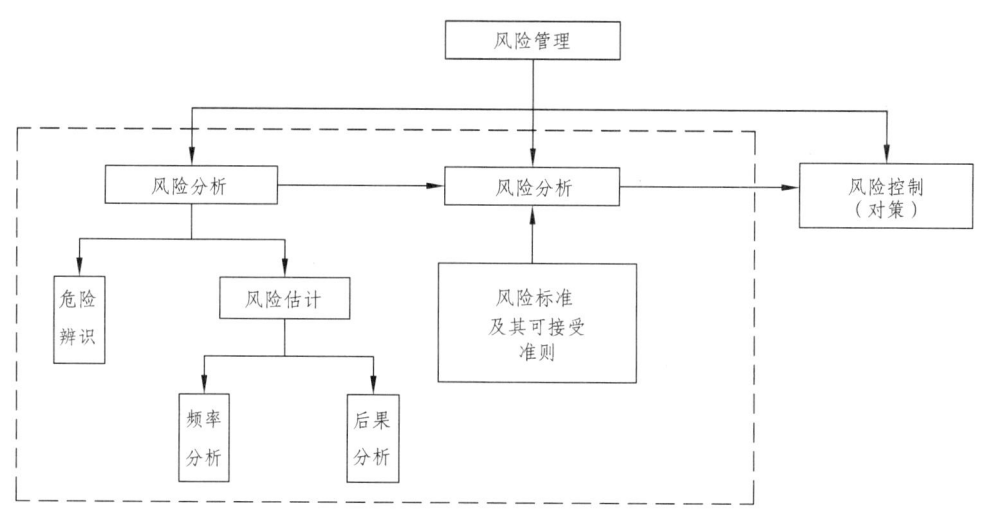

图 3-1　风险管理过程

一、风险分析

根据风险的定义，可导出风险分析（risk analysis）的主要内容。所谓风险分析就是研究风险发生的可能性及其所产生的后果和损失，是对特定的系统中进行危险辨识、频率分析、后果分析的全过程，如图3-2所示。危险辨识（hazard identification）：在特定的系统中确定危险并定义其特征的过程。频率分析（frequency analysis）：分析特定危险发生的频率或概率。

后果分析（consequence analysis）：分析特定危险在环境因素下可能导致的各种事故后果及其可能造成的损失，包括情景分析和损失分析。情景分析（scenario analysis）：分析特定危险在环境因素下可能导致的各种事故后果。损失分析（loss analysis）：分析特定后果对其他事物的影响；进一步得出其对某一部分的利益造成的损失；并进行定量化。

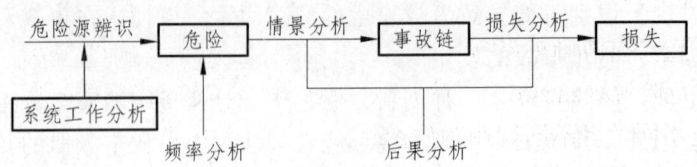

图 3-2　风险分析的内容

频率分析和后果分析合称风险估计（risk estimation）。通过风险分析，得到特定系统中所有危险的风险估计。在此基础上，需要根据相应的风险标准判断系统的风险是否可以接受，是否需要采取进一步的安全措施，这就是风险评价（risk evaluation）。风险分析和风险评价合称风险评估（risk assessment）。在风险评估的基础上，采取措施和对策降低风险的过程，就是风险控制（对策）（risk control）。而风险管理（risk management）是指包括风险评估和风险控制的全过程，它是一个以最低成本最大限度地降低系统风险的动态过程。故对于风险分析，本书只着重介绍系统工作分析和危险源识别。

（一）系统工作分析

系统工作分析应充分说明组成系统的硬件、软件、人员、环境相互间的影响，系统和工作描述应详细到足以识别危险源的程度，系统和工作分析应考虑系统组织结构、过程和程序，以及完成工作的人员、设备和设施构成等各领域的系统功能，以及功能所需人员的任务。系统需文件化，但没有特定的格式要求。如以民航维修单位系统系统工作分析为例，文件一般包括维修单位的手册系统、检查单、组织结构图和人员岗位说明等；维修单位的生产运行过程可分为：① 零部件、器材；② 资源管理（工具。设备、人员与厂房设施）；③ 技术数据；④ 维护和检查；⑤ 质量控制；⑥ 培训；⑦ 笔录管理；⑧ 协议维修。系统和工作分析只是详细到可用来进行危险源识别和风险分析即可。尽量有复杂的开发工具和方法可供使用，但是有管理者、监督检查人员和其他员工的简单的头脑风暴会议通常更为有效。

系统工作分析包括明确所要分析的系统对象、流程、要素。系统工作分析对象指的是运行体系下的各个系统、子系统、系统项目、具体工作和参考程序等，在机务维修单位中按照其功能及特征包括工程技术、维修管理、质量管理、生产保障、维修实施和机务培训六个子系统；系统要素最终都体现在系统（子系统）的各项流程之中，需要对系统中的要素及其相互关系进行分析，必须首先确定分析的对象；系统工作分析流程的梳理由熟悉各流程的专业人员，结合各系统管理和业务活动的特点及程序分类进行，比如在此过程之中，必须明确流程所要执行的功能和目标。根据系统管理理论，风险管理活动是一个系统工程，各个组成部分是一个有机整体，系统具有自我更新的功能。风险分析要素包括设计因素、程序运行、沟通交流、人力资源、组织因素、工作环境、规章管理因素、安全防护和个人表现。在进行风险分析与风险管理时，为保证流程功能的顺利实施和有效实现，应明确各要素之间的相互关系和作用。如要分析民航维修单位生产运行过程中存在的危险源，其分析范围应涵盖以下的维修单位生产运行过程及其支持过程：飞机定检维修；飞机航线维修；发动机、附件维修；维修合同管理；器材、工具设备采购；承修商、供应商管理；航材管理；生产计划、工程支援；资源管理（人员、工具设备、房屋设施）；培训。

（二）危险源识别

近年来，由于重大事故频繁发生，预防和控制事故也成为各国广泛关注的对象，与此同时，伴随出现了"危险源（hazard）""重大危险源（major hazard）"等概念，但究竟什么是危险源，到目前为止不同学者不同行业对危险源的定义也不相同。综合目前对危险源的观点以及安全、危险的概念，危险源依赖于生产系统中，存在于社会技术生产系统（人与技术积极并紧密地互动，以通过提供服务来完成生产目标的系统）的潜在薄弱环节中，是系统的必要组成部分。ICAO（国际民航组织）定义危险源的概念："可能造成人员伤亡、设备或结构受损、材料缺失或执行能力减弱的条件或物体"。可以看出，危险源并不一定会对系统造成损失，或是系统的负面组成部分。只有当危险源与系统的运行轨迹相遇时，它们才能形成破坏潜力，最终可能发展为事故。因而，危险源的存在是事故发生的根本原因，要防止事故的发生最根本手段就是要消除、控制系统中的危险源。

危险源可以通过实际发生的安全事件（事故或事故征候）加以认识，或者可以通过在酿成事件前识别险情的主动过程加以识别。危险源识别是风险管理的基础，是指对尚未发生的、潜在的以及客观存在的各种风险进行系统的、连续的识别和归类，并分析风险事故的原因。它是对拟议的设备或程序变更进行系统的分析，以在变更实施前，查明并减少薄弱环节。危险源识别主要有两方面的内容：一是感知风险，通过调查、了解，识别风险的存在；二是分析风险，即通过归类，掌握风险产生的原因和条件以及风险所具有的性质。根据被评价工程、系统情况，识别和分析危险、有害因素，确定危险、有害因素存在的部位、存在的方式、发生的原因，事故发生的途径及其变化规律。如航空中危险的范围是很广泛的，主要是设计因素、程序和操作、通信、人事因素、组织因素、工作环境因素、管理监督因素、防护机制等。风险识别的途径有两个：① 借助企业的外部力量，利用外界的风险信息、资料识别风险；② 依靠企业自身力量，根据企业特性识别风险。

借助于危险源识别理论和方法对危险源进行分析，找出危险源的动因并对危险源及可能后果进行描述。

危险源的动因：危险源的动因是导致所描述危险源产生的原因，一个危险源的动因很可能是多方面的、多层次的，既有可能来源于本流程内，也有可能来源于其他流程。

危险源描述与后果：危险源的本质是系统中的某种不安全状态。对危险源的描述可以借助危险源识别理论和方法按照要素本身的不稳定和相互之间的不匹配状态。危险源的后果指在合理的程度上，其可能引起的最差或最糟糕的后果。

1. 危险源分析的步骤

危险源分析的步骤为：① 确定最高危险源。最高危险源用于对某一安全问题的集中描述，同时可以简化对包括在最高危险源下的众多个体危险源的追踪和分类。② 将最高危险源分化为具体危险源或危险源的组成部分。每一个危险源很可能有着其独特的偶然部分，在本质上与其他危险源不同。③ 将具体的危险源与潜在的具体结果联系起来，包括潜在危险性分析和危险等级划分。危险源分级一般按危险源在触发因素作用下转化为事故的可能性大小与发生事故的后果的严重程度划分。危险源分级实质上是对危险源的评价。按事故出现可能性大小，危险源可分为非常容易发生、容易发生、较容易发生、不容易发生、难以发生、极难发生。根据危害程度可分为可忽略的、临界的、危险的、破坏性的等级别。

系统及其生产运行环境中存在的危险源必须被识别、记录和控制。界定危险源的分析过程应考虑系统的所有组成部分。系统及其运行的分析中的关键问题是"如果……会发生什么"。对此关键问题描述的详尽程度应适当。尽管识别出每一个可能的危险源是不现实的，如机务维修单位应努力识别其生产运营中重大的、可预见的危险。危险源样例见表3-1。

表 3-1　危险源样例

维修人员超出其授权范围工作
人员交接班时缺乏沟通
计量工具的精度不够
工作完成后未进行工时偏差分析
未做工作就签署工作单和放行
超校验期的工具设备没有有效隔离
器材运输过程中没有妥善保护
工作现场存放的器材没有标识
照明不能保证每项检查及维修工作有效进行
未有效控制适航性资料的有效性

2. 确定危险源

确定危险源可以通过安全事件（事故或事件）的发生来确定，或者通过那些能确认危险源的主动和预期程序来确定。有许多资源可以帮我们确认危险源。一些资源是企业内部的，另一些则是企业外部的。确定危险源的公司内部资源包括飞行数据分析、公司义务报告系统、安全检查、安全审计、日常运行监控计划、趋势分析、培训反馈、对报告的危险源和事件的调查和追踪。确定危险源的组织外部因素包括：事故报告、各级事件义务报告系统、各级自愿报告系统、各级审计、信息交换系统。危险源永久地存在于一个系统中，如果缺少危险源确定或者确定程序缺乏效率的话，危险源会发挥其破坏的潜力。缺少危险源确认通过是由下列原因导致的：不认为运行环境可能会释放危险源的潜在破坏力；不知道运行环境可能会释放危险源的潜在破坏力；对可能会释放危险源的潜在破坏力的运行环境，不愿意进行考虑或调查；不愿意对调查可能会释放危险源的潜在破坏力的运行环境支出。

3. 危险源的信息描述

危险源通过被动、主动和预测的方式及相应的安全信息收集方法来确定。在收集和确定之后，危险源的信息就测算成各种结果，其优先顺序、消除和战略的责任也将因此得出。所有这些信息，包括危险源、结果、优先顺序、责任和战略必须被纳入组织的"安全图书馆"。"安全图书馆"不仅要保存企业的安全记忆，而且要成为安全知识的来源，为组织作出安全决策提供参考。整合于"安全图书馆"的安全知识能够提供反馈和参考，以衡量危险源分析和结果管理、安全信息收集来源或方法的有效性。它也为安全趋势分析提供材料，同时也可用作安全教育（安全公告、报告、座谈会等）。

对危险源的信息正式文件描述是危险源确定的重要要求，也是成熟的安全管理的特征之一。安全信息（即经过分析的原始数据）和安全智能（即经过确认并加入大环境进行进一步分析后的安全信息）结合起来构成安全知识。对安全知识的正式积累，才能应对信息的反复变化。另外，一个有着安全知识历史的组织在做安全决策时，会基于事实而非个人观点。它将原始的运行安全信息转变为与危险源相关的知识。对这种知识的持续汇集和正式管理将成为组织的"安全图书馆"。为了获得关于危险源的知识并建立"安全图书馆"，在追踪并分析危险源时必须将如下因素标准化：术语的定义、对所使用的术语的理解、对所收集的安全信息的确认、报告（即组织希望得到些什么）对所收集的安全信息的衡量、对所收集的安全信息的管理。

4．危险源识别方法

风险分析方法很多，本书主要简要讲述经验调查法、安全检查表法、危险性预先分析、因果分析法、事故类型影响和致命度分析、事故树分析方法（FTA）、事件树分析方法（ETA）、原因－后果分析法、管理失误和风险树分析法、共同原因失效分析和人的因素分析法进行了简要介绍。

经验调查法包括：① 现场观察法，即通过对生产环境的现场观察，根据调查人员的经验和相关理论知识，对生产现场的具体环境进行分析，发现存在的危险源。② 问卷调查法，即要求被调查作业人员根据本岗位的设备情况、操作情况、自身素质情况、作业环境、操作规程的完善情况和本身的工作经验，找出本岗位的危险因素。③ 记录查阅法，即查阅生产单位的事故、职业病的记录及从有关类似单位、文献资料、专家咨询等方面获取有关危险信息，加以分析研究。④ 专家小组法，此方法要求选择有民航理论基础和实践经验，具有相当的安全管理理论基础和管理经验的人员组成专家组。经验调查法识别步骤为：① 收集事故案例、法律法规、标准、规范、规章制度、民航资料等，并进行必要的统计、分析；② 在第一步骤的基础上，结合危险源调查所取得的第一手材料，采用专家小组背对背法，专家小组成员各自根据所掌握的材料运用各自的知识与经验进行分析，详细列出各个辨识单元（子系统）存在的危险、有害因素；③ 对各专家成员得出的辨识成果进行统筹、归类，得出危险源辨识的初步成果；④ 专家小组进行面对面讨论交流，最终得出危险源辨识的成果，编制危险源清单。

安全检查表法指根据有关安全规范、标准、制度及其他系统分析方法的分析结果，系统地对一个生产系统或设备进行科学的分析，找出各种不安全因素，依据检查项目把找出的不安全因素以问题清单的形式制成表，以便于实施检查和安全管理。安全检查表的编制步骤为：① 组织有关人员，确定被检查对象；② 熟悉被分析的系统；③ 调查不安全因素；④ 搜集与系统有关的规范、标准、制度等；⑤ 明确规定的安全要求；⑥ 根据具体情况和要求确定编制方法，编制安全检查表；⑦ 通过反复使用，不断修改、补充完善。

危险性预先分析是一种定性分析评估系统内危险因素和危险程度的方法。在进行危险源识别时，首先应初步确定可造成危险的系统中的各细节或事件，并对这些危险是如何通过一些事件链引起一场事故以及有关的措施和事故后果进行预先分析。使用危险性预先分析方法时，首先对生产目的、过程以及操作条件和周围环境，做比较充分的调查了解。然后按系统和子系统一步一步地查找危险性。其危险性分析的步骤如下：① 根据经验，分析对象出现事故的可能类型。② 调查危险源，即危险因素存在于哪个子系统中。调查可采用安全检查表、经验方法和技术判断的方法。③ 识别转化条件，即研究危险因素转变为危险状态的触发条件和危险状态转变为事故（或灾害）的必要条件，并进一步谋求防止办法，检验这些办法的效果。④ 划分危险等级，即把预计到潜在危险性划分危险等级。其分级的目的是要排列出先后顺序和重点，以便优先处理。⑤ 实现事故预防措施，即找出消除或控制危险性的措施，指定负责措施的部门和人员，并按照一定的表格进行记录以便查找和落实措施。在危险性不能控制的情况下，可以改变工艺路线，至少也要找出防止人员受伤或物质损失的方法。

因果分析法（鱼刺图法）指把系统中产生事故的原因及造成的结果所构成错综复杂的因果关系，采用简明文字和线条加以全面表示的方法。在绘制图形时，一般可按下列步骤进行：① 确定要分析的某个特定问题或事故，写在图的右边，画出主干，箭头指向右端；② 确定造成事故的因素分类项目，如安全管理、操作者、材料、方法、环境等并画大枝；③ 将上述项目深入发展，中枝表示对应的项目造成事故的原因，一个原因画出一枝，文字记在中枝线的上下；④ 将上述原因层层展开，一直到不能再分为止；⑤ 确定因果鱼刺图中的主要原因，并标上符号，作为重点控制对象；⑥ 注明鱼刺图的名称。其步骤可归纳为：针对结果，分析原因；先主后次，层层深入。

事故类型影响和致命度分析是分析系统中每一产品所有可能产生的故障模式及其对系统造成的所有可能影响，并按每一个故障模式的严重程度、检测难易程度以及发生频度予以分类的一种归纳分析方法。它是一种系统化的故障预想技术，是运用归纳的方法系统地分析产品设计可能存在的每一种故障模式及其产生的后果和危害的程度。通过全面分析找出设计薄弱环节，实施重点改进和控制。事故类型影响和致命度分析的工作程序为：① 确定被分析产品的特性。② 确定分析的最低约定层次。层次的划分应注意。层次划分是以物理层次划分而不是以逻辑层次划分；最低约定层次的确定取决于对产品进行 FMEA 的总体要求和产品的实际情况。③ 建立功能框图。建立各模块的功能框图，并对各方框的功能给予标记代码，以便进行分析。④ 建立可靠性框图。根据功能框图建立相应的可靠性框图，以便进行故障影响分析。⑤ 确定分析方法。FMEA 有两种基本方法，功能法和硬件法。⑥ 填写 FMECA 表格。⑦ 编写 FMEA 报告。⑧ 故障原因。鉴定并说明与所假设的故障模式有关的可能故障原因；⑨ 故障影响。每个假设的故障模式对产品使用、功能或状态所导致的后果。⑩ 故障检测方法。操作人员或维修人员用来检测故障模式发生的方法。⑪ 补偿措施。对故障模式的相对重要性予以排队，对于相对重要的故障模式要采取消除或减轻其不良影响的预防补救措施。

事故树分析是一种根据系统可能发生的事故或已经发生的事故结果，去寻找与该事故发生有关的原因、条件和规律，同时可以辨识出系统中可能导致事故发生的危险源的方法。这种分析方法一般可按下述步骤进行分析人员在具体分析某一系统时可根据需要和实际条件选取其中若干步骤：① 准备阶段，确定所要分析的系统，熟悉系统，调查系统发生的事故，收集本单位与外单位、国内与国外同类系统曾发生的所有事故。② 事故树的编制，确定事故树的顶事件、调查与顶事件有关的所有原因事件、编制事故树。③ 事故树定性分析，按事故树结构，求取事故树的最小割集或最小径集，以及基本事件的结构重要度，根据定性分析的结果，确定预防事故的安全保障措施。④ 事故树定量分析，根据引起事故发生的各基本事件的发生概率，计算事故树顶事件发生的概率；计算各基本事件的概率重要度和关键重要度。根据定量分析的结果以及事故发生以后可能造成的危害，对系统进行风险分析，以确定安全投资方向。⑤ 事故树分析的结果总结与应用。

事件树分析是一种从原因推论结果的（归纳的）系统安全分析方法。它在给定一个初因事件的情况下，分析此初因事件可能导致的各种事件序列的结果，从而定性与定量地分析系统的特性，并帮助分析人员获得正确的决策，它常用于安全系统的事故分析和系统的可靠性分析。事件树是一种从原因到结果的过程分析，最早用于分析系统的可靠性。事件树的编制程序为：① 确定初始事件，可以用两种方法确定初始事件，即根据系统设计、系统危险性评价、系统运行经验或事故经验等确定；根据系统重大故障或事故树分析，从其中间事件或初始事件中选择。② 判定安全功能，在初始事件发生时消除或减轻其影响以维持系统的安全运行。③ 绘制事件树，从初始事件开始，按事件发展过程自左向右绘制事件树，用树枝代表事件发展途径。④ 简化事件树，在绘制事件树的过程中，可能会遇到一些与初始事件或与事故无关的安全功能，或者其功能关系相互矛盾、不协调的情况，需用工程知识和系统设计的知识予以辨别，然后从树枝中去掉，即构成简化的事件树。

原因－后果分析方法是把事件树"顺推"特点和事故树"逆推"特点融为一体的方法，该方法反映了事故与许多可能的基本事件的关系。原因－后果分析的步骤和程序为：① 选择评价的事件，选择因果分析的事件可以从两个方面提出，即顶上事件（例：FTA），初发事件（例：ETA）。② 查找初始事件和安全功能失败事件，在这一步骤中，当需要在因—果图的事件树部分表述初始事件和安全功能失败事件时，分析人员应准确使用故障树分析法，将每一个故障按故障树顶上事件进行处理。③ 确定事故序列的最小割集。④ 编制分析结果。

管理失误和风险树分析法是一种标准安全程序分析模式，主要用于分析每类特殊事故，评估安全管理的基础，检录安全数据或者事故数据以及安全报告等。MORT 分析过程，是从一般问题分析入手，找出可能引起这些问题的基础原因，然后用各种标准对这些基础原因进行判断评估。在 MORT 分析中管理工作的水平划分为 5 个等级，即优秀、优良、良好、欠佳（简称 LTA）和劣。MORT 最后就是用判别标准对完成功能的每一个细小步骤进行判断，观察它是否符合要求（LTA）。如果树中的某一部分被转移到不同位置继续分析时，MORT 分析中可得到 1500 多个基本事件、上千条判断准则，并从工程、设计、教育、管理环境等各有关方面提出了 98 个一般问题。MORT 分析过程，主要包括 3 个分支，即特殊管理因素（S）、一般管理因素（M）和假定危险（R）。S 分支主要了解发生了什么；M 分支则找出了事故的根源，了解为什么事故会发生。特殊的管理因素是与被研究的事故有关的、特别的管理疏忽和漏洞。在 MORT 中，S 分支是按时间发生的先后顺序由左向右排列事件，按对结果影响的直接程度由上向下排列事件；M 分支则考虑一般管理因素，考虑整修管理系统的缺陷，研究直接或间接促成事故的一般管理系统的问题。S 分支和 M 分支是有所区别的，评价 S 分支时，分析人员应将事故发生的过程着重加以考虑；评价 M 分支时，则着重于整体管理系统概念。假定危险是评价被系统所接受的事故发生的危险性，它主要分为 3 个类型，即：发生频率和后果是可以接受的；后果严重但无法消除的；因控制危险的代价太大而接受的。使用 MORT 时，关键是针对每一个因素逐个对 MORT 图进行审查，从具有事故损失或潜在事故的问题的实际着手，对 3 个分支中的每一个因素都依次进行考虑，并可将与事故有关的因素圈上适当的颜色。

共同原因失效分析是故障树分析的一种延伸，用于识别造成各部件失效的潜在依存关系的"偶联因素"。故障树中基本事件最小的割集通过开发矩阵表来检查,以确定这些故障是否与环境、位置、次要因素、人为差错或质量控制等共同因素有关。割集是一系列基本故障的集合(如一部件故障集),这些故障的发生会引起系统故障。最小割集就是把冗余故障路径去除后的压缩。共因故障分析为理解故障树分析中事件及其原因之间的关系提供了一个更好的方法。它分析的是安全系统中的实际冗余度。在详细的故障树分析展开过后,如果部件的数据、实际布局、操作员及检查员都齐备,这种分析能够对系统故障进行更深的洞察。

共同原因分析的步骤为:① 建立一组关键树群。这项工作通常先要用失效模式影响和严重程度分析(FMECA)、故障树分析(FTA)和潜在通路分析(SCA)将分析范围局限于关键部件或关键功能。FTA 用于识别关键功能,FMECA 用于识别关键部件,SCA 用于识别"隐藏的"相互关系。② 识别上述关键树群中的通用部件。这些部件有可能是冗余的处理器,它们共用一个电源或共享由同一液压泵供压的冗余液压线路,或者它们有可能是被放置得很近的纯冗余液压系统。③ 确认一些可信的故障模式,诸如短路、漏油、不规范的操作步骤等。④ 确认可信的共因故障模式,这需要对所涉及的系统/硬件有深刻理解,运用"已有的教训"和历史数据。⑤ 总结分析结果,其中应包括纠正措施的识别。

人的因素及其可靠性分析是评价在保证系统可靠性和正常运转时的正确概率。现代科技进步所带来的系统日趋复杂,在人-机-环境系统中机的可靠性提高的前提下,人的因素及其可靠性研究日益受到重视,因此涉及人的因素的分析方法也比较多,常用的有人的失误率预测技术、行为失误分析、人的认识可靠性模型以及双比数法等。人的可靠性分析方法 90% 以上是在核电站的概率安全性评价中应用的。由于人的行为受到大脑的控制,而人类大脑的运行和工作机制至今未被认识,因此人的可靠性分析同样未获得完善的技术和方法。正因为人的大脑机理的复杂性,决定了人的行为特征是绝对不可能单纯用某一固定的数学模型来描述的,尽管行为科学的研究获得了较大的进展,但人在安全系统中的作用和影响评价仍然因人的可靠性数据缺乏而受到限制,这是自 20 世纪 60 年代以来一直没有得到妥善解决的问题,因此对人在人-机-环境系统中的评价大多采用人的受教育程度、人的工作年限以及社会环境因素等进行相关分析。关于人的行为研究大部分集中在行为数据库和人的行为模拟器等领域上。

二、风险评价

风险是危险导致不利结果的估计潜在性,它是造成伤害的隐患变成现实的可能性。风险评价要考虑任何不利后果发生的可能性和严重性,换句话说,确定损失的可能性。在风险评价中,区分危险(造成伤害的潜在性)和风险(在特定时期内该伤害成为现实的可能性)是很重要的。确定存在安全危险后,就需要进行某种形式的分析来评价其可能的伤害或破坏。危险评价通常应该考虑以下三方面:危险导致不安全事件发生的可能性(即如果允许潜在不安全状况存在下去,发生不利后果的可能性);某一不安全事件的潜在不利后果或结果的严重性;受危险影响程度。随着受不安全状况影响的增加,不利结果发生的可能性也在增大。因此,受危险影响可以被视为可能性的另一种量度标准。然而,确定可能性的某些方法也可包括受影响因素,如万分之一小时率。对于一些风险,通过界定多个变量,收集适当的数据并建立相应的数学模型,利用这种定量的方法(要求对具体数据进行数学分析),从而可得到可靠的结果。然而,对航空领域的危险,很少可单纯地利用数学方法进行可靠的分析。通常,通过对已知事实及其关系的重要性和逻辑性的分析,对这些分析方法加以定性分析补充。

民航风险评价常常采用传统的方法将风险分解为危害出现的可能性和严重性,即风险矩阵评估方法。如运营人应当开发一个最能体现其运行环境的矩阵,针对临时运行和长期运行可以开发拥有不同风险接受标准的不同的矩阵。矩阵的定义和最终结构将由如运营人自行设计。各种后果严重性和发生可能性等级的界定应以适用于具体生产运行环境的方式来确定,以保证每个维修单位的决策方法与生产运行和生产运行环境相符。后果严重性和发生可能性等级界定的样例见表3-2。各运营人对严重性和可能性的界定可以是定性的,但应尽量定量。

表 3-2 后果严重性和发生可能性等级界定的样例

后果严重性			发生可能性		
严重性等级	定义	参考值	可能性等级	定义	参考值
灾难性的	设备损毁,多人死亡	5	频繁的	大部分情况下都会发生	5
特别严重的	安全裕度大幅下降,身体压力或工作负荷已达到无法依靠操作人员精确或完全履行其任务的程度。一定数量的人员严重受伤或死亡,主要设备损坏	4	经常的	可能会发生几次	4
严重的	安全裕度明显下降,操作人员因工作负荷增加,或因影响其效率条件,应付不利条件的能力下降严重事件,人员受伤	3	可能的	不大可能,但或许会发生	3
轻微的	操作限制;启动应急程序,较小的事件	2	不太可能的	发生的可能性很小	2
可忽略的	几乎没什么影响	1	极不可能的	基本不会发生	1

在制定风险评价标准时,应制定风险接受程序,包括可接受标准以及风险管理决策中的权利和责任的分配。风险的可接受标准受安全目标高低的影响。风险可接受程度可以通过风险矩阵如图 3-3 所示进行评估。示例矩阵说明了可接受程度的三个等级:不可接受的(黑色区域)、可接受的(白色区域)、缓解后可接受的(灰色区域)。不可接受的(黑色区域),如果可能性和严重性综合后,风险处于黑色区域,则该风险是不可接受的,必须进一步采取干预行动来消除相关危险源,或控制可能导致更大可能性或严重性的因素。可接受的(白色区域),如果风险处于白色区域,则可以接受,不需进一步采取行动。但是,风险管理的目标应是无论评价显示风险是否在可接受范围内,都要尽可能将风险降至最低。这是持续改进的基本原则。缓解后可接受的(灰色区域),如果风险处于灰色区域,则在特定的缓解条件下风险是可接受的。这种情况的一个例子就是评估一个在最低设备清单中列明的失效航空器组件的影响。如果 MEL 中定义的操作("O")或维修("M")程序被实施,就可使该风险从不可接受变为可接受,则实施 MEL 中的操作("O")或维修("M")程序就构成缓解行动。这些情况也应该在安全保证功能中持续特别地重点关注。其他一些风险评价工具也可用于生产运行的风险评价,如某些专业组织开发的用于航空器维修的风险评价方法。

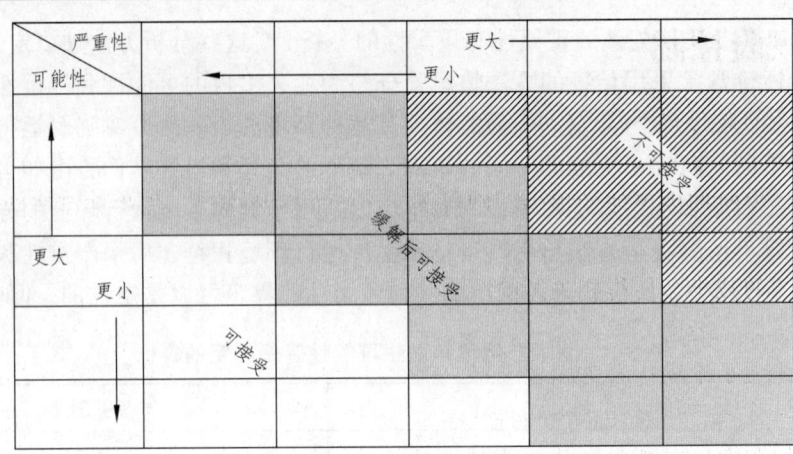

图 3-3 风险矩阵

根据风险矩阵，将可能性赋值按照影响时间划分为：极多赋值 5；经常赋值 4；偶尔赋值 3；极少赋值 2；几乎没有（不太可能）赋值 1。结果的严重性赋值：灾难性的，多人死亡，设备损毁严重，赋值 5；特别严重的，安全系数大大下降，身体压力或工作负荷已达到无法靠自身的能力完全履行职责的程度，一定数量的人员严重受伤或死亡，设备设施有损坏，赋值 4；严重的，安全系数较大下降，操作人员因工作负荷增加，或因工作条件不利导致工作能力下降，人员受伤，主要设备损坏，赋值 3；轻微的，安全系统下降，操作受限，赋值 2；可忽略，影响很小，赋值 1。根据风险矩阵图和可能性严重性赋值，可得出风险矩阵参考值，如表 3-3 所示。

表 3-3 风险矩阵参考值

严重度	5	5（可接受的）	10（审查）	15（不可接受）	20（不可接受）	25（不可接受）
	4	4（可接受的）	8（审查）	12（审查）	16（不可接受）	20（不可接受）
	3	3（可接受的）	6（审查）	9（审查）	12（审查）	15（不可接受）
	2	2（可接受的）	4（可接受的）	6（可接受的）	8（审查）	10（审查）
	1	1（可接受的）	2（可接受的）	3（可接受的）	4（可接受的）	5（可接受的）
		1	2	3	4	5
		可能性				

从表 3-3 风险矩阵参考值可以得出，危险度判断标准如下：

1-6 最低风险可接受的：在考虑所有风险要素后，继续；

6-14 中等风险审查：在采取措施进行全面管理后，继续；

15-25 高风险不可接受的：停止，直到已执行足够的控制手段将风险减少到可接受的水平。

风险分析不仅应注重对严重性和可能性的区分，还应注重确定为什么会产生，这常被称作"根本原因分析"。这是制定有效控制措施、降低风险的第一步。一些已开发好的软件系统可用于根本原因分析。但是，在很多情况下，维修单位人员以及其他经验丰富的专家间进行的自由讨论也是寻找降低风险途径的最有效和最经济的方法。此方法的另一个好处是参加讨论的员工最终执行拟订的风险控制措施。

三、风险控制

控制风险的概念并不新。Lowrance 于 1935 年已论述过这个主题，它指出"如果风险是可接受的，则事件是安全的"。最近的讨论已经扩充到风险相关的潜在系统事故—系统风险。由于风险是特定时期内可能的损失，则对于两个潜在事故变量，损失和可能性可考虑为控制的参数。为控制风险，应控制风险的潜在损失（严重程度或后果）或者风险的可能性。严重程度或可能性的减小会使得相关风险减小。如果可减小这两个变量或任意一个变量，从而可减小风险。例如，考虑一个潜在系统事故，可通过可靠性、系统安全设计和管理控制来减小系统风险。为便于论述，考虑因发动机故障引起单发飞机的潜在损失。简单的线性逻辑表明航空器发动机在飞行中发生故障可能引起可控飞行撞地（CFIT）。进一步采用识别潜在系统事故的多事件逻辑可发现更复杂的情况：因人的响应不适当而失去航空器控制、偏离应急着陆程序、高度不够和/或下滑率不够。在这种情况下与可靠性相关的工程控制可能适合于系统安全。考虑发动机、燃油分系统的整体可靠性和航空器的可靠动力学。系统安全相关的控制应进一步考虑其他危险因素：人的响应不适当和偏离应急程序。附加的控制具有应急程序的设计、训练、人的响应、通信程序和改出程序等管理特性。在这个例子中，上述控制可减少事件的可能性和可能的严重程度。飞行员成功完成设计良好的应急着陆程序，航空器的损坏降到最低程度，事件的严重程度减小。这是对复杂的潜在系统事故进行的评审，涉及硬件、人和环境的评估。如果在此例中考虑到软件，评审的复杂性将增加。航空器可能装有电传飞行操纵系统或自动化燃油系统。

在完成以上步骤充分了解危险源和风险后，应进行风险控制措施的设计与实施。这可能需要新增或改变程序；增加新的监督控制；增加组织、硬件或软件帮助；改进培训、增加或改进设备；改变人员安排或优化生产运行系统。系统安全技术和实践为我们提供了根据控制措施的有效性由高到低的分级方式。根据被检查出的危险源及其复杂程度，可采用的控制措施可能不止一个。而且，根据必要措施的迫切性以及制定更有效措施的复杂性，可以在不同的时间实施这些控制措施。例如，在制定出更有效的危险源消除方法之前，先进行警告可能是十分恰当的。控制措施的分级包括：从设计上消除危险源——修改系统（其中包括危险源存在的硬件、软件系统和组织系统）；物理防护或屏障——减少在危险源中的暴露或降低后果的严重性；关于危险源的警告或提示；为避免危险源、降低相关风险可能性或严重性而做的程序修改；为避开危险源或降低相关风险可能性而进行的培训。即使采用了有效的控制措施，完全消除风险也几乎是不可能的。在这些控制措施设计完成后，系统投入使用前，必须评估控制措施是否有效及是否对系统带来危险源（即常被称为"衍生风险"）。

风险管理过程可用于初始的危险源识别和风险评价，当制定的风险控制措施能够使风险达到可接受水平时该措施就可被实施。为了促使风险分析、风险评价和风险控制整个风险管理过程的不断改进和提升，并确保风险控制措施被实施并持续达到预定目标。安全保证功能开始发挥作用，以完成安全保证系统，还可评估当运行环境变化时是否需要新的风险控制措施。安全保证功能运用质量保证技术（包括内部审核、分析和评审系统）判断维修单位的生产运行过程中的风险控制是否被实施并按计划实施，以确保设计后的风险控制过程与要求持续符合，并在保持风险处于可接受水平内这一方面持续有效，这些保证功能也为持续改进打下了基础。质量保证技术室通过收集和分析客观证据，证实过程的要求是否已被满足。风险管理与安全保证关系设计如图 3-4 所示。

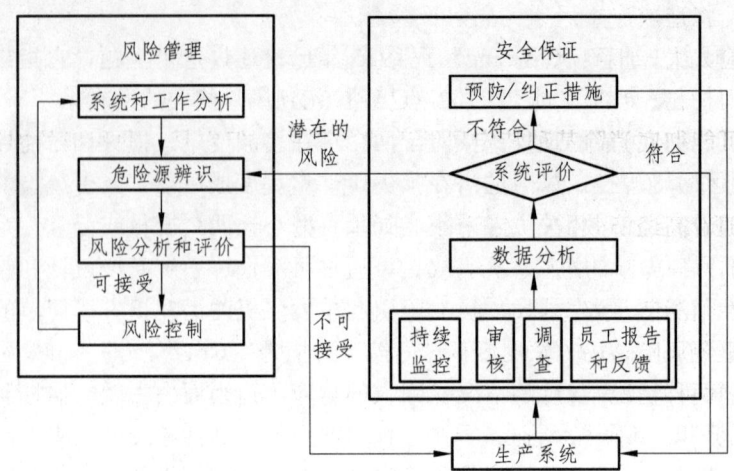

图 3-4　风险管理与安全保证的关系

第三节　风险管理方法

风险管理方法分为控制型和财务型两大类。前者是以降低风险事故发生的概率和减少损失程度为目的，重点是改变引起意外事故和扩大损失的各种条件；后者是在实施控制技术后，对无法控制的风险所做的财务安排，即将消除和减少风险成本均匀地分布在一定时期内，以便减少因随机性的巨大损失发生而引起财务上的波动，通过财务处理，可以把风险成本降到最低限度。

一、控制型风险管理方法

控制型风险管理技术是在风险评估的基础上，积极采取控制技术以消除风险因素，或减少风险因素的危险性。在风险事故发生以前，降低事故发生频率，在事故发生时，将损失降到最低限度。控制型风险管理技术可分为避免风险、损失控制、分散风险和非保险转移风险四种方式。

（一）避免风险

避免风险，是指在考虑某项风险活动的损失频率高、损失程度大时，采取主动放弃或改变该项活动的方式，来避免与活动相联系的风险，以免除可能产生风险损失的一种控制风险的方式。避免风险是一种最彻底的控制风险技术。它在风险事故发生之前，将风险因素完全消除，也就是完全消除了某一特定风险所造成的各种可能损失，而其他控制技术则只能减少发生的概率和损失的严重程度。

避免风险的方法有：放弃或终止某项活动的实施；改变某项活动的性质。

放弃或终止某项活动的实施，是在尚未承担风险的情况下，拒绝承担风险。在宏观决策中,对某项工程或技术进行风险评估或科学论证后,若发现该工程的实施将面临巨大的风险,即一旦事故发生,将造成严重后果,同时风险管理者又不能采用控制技术减少其风险,甚至保险公司认为风险太大,拒绝承保。这时,就应该考虑放弃这项工程的实施,以避免今后可能发生的巨大的人员伤亡和财产损失。

避免风险虽可能彻底消除某种特定风险造成的损失,但它是一种积极的控制方法。在运用这一方法时,受到如下限制:① 对某一具体风险单位来说,有些风险是无法避免的。② 高风险活动往往伴随着高经济效益,放弃该项活动,就意味着放弃丰厚的利润。③ 避免了某种风险,又可能产生另一种新的风险。④ 避免风险,只有当人们对风险充分认识,并对其发生概率和损失严重性估测有足够把握的基础上采用才有意义。

由于在运用避免风险这一方法时受到上述方面的限制,所以一般情况下,很少采用这种方法,而只在下述两种情况下使用:一是某些特定风险,它所致损失概率和损失程度都相当高;二是应用其他风险管理技术的成本超过该项经济活动产生的效益。

实施避免风险的方法,最好在某一工程尚未进行以前,因此,对一些投资大的工程,必须进行风险评价,以便决定是否采用避免风险这一技术措施。

(二)损失控制

损失控制是风险管理中最积极、合理、有效的管理技术。

损失控制的目标是:最大限度地降低风险事故发生的概率和减少损失程度。按风险管理的目标,损失控制可分为损失预防和损失抑制两方面。前者的目的是降低损失发生的概率,而后者的目的则是减少损失程度。按实施方式,损失控制可分为工程法、教育法和程序法。

1. 工程法

工程法是以工程技术为手段,通过对物质性风险因素的处理,以达到损失控制的目的。能量释放理论认为,事故发生的直接原因是意外释放能量或危险材料,它们使生命和非生命结构遭到破坏。根据这一理论可知,控制损失应该从控制意外释放能量和改变易遭损害的生命和非生命结构入手。美国公路安全保险学会会长小威廉·哈顿,从该理论出发,提出了10条具体的处理措施。每一条措施都是试图抑制事故发生的条件或增强阻碍事故发生的条件。前者是损失预防措施,后者是损失抑制措施。这10条措施是:① 预防风险因素的产生;② 减少已存在的风险因素;③ 防止已存在的风险因素释放能量;④ 改善风险因素的空间分布和限制能量的速度;⑤ 在时间和空间上把风险因素与可能遭受损害的人、财、物隔离;⑥ 借助物质障碍将风险因素与人、财、物隔离;⑦ 改变风险因素的基本性质;⑧ 加强风险单位的防护能力;⑨ 救护被损害的风险单位;⑩ 医治受伤人员,修理或重建被损害的物体。

工程法的特点是:某一项处理风险因素的措施都与有形的工程技术设施相联系,其手段比较直观,效果比较明显,故又称为有行方法。

2. 教育法

人是一切经济活动的主体,每个人在生产生活中都可能出现不安全行为,即行为失误,从而导致人员伤亡或财产损毁事故。据统计,火灾事故中,人为错误造成的损失占总损失的1/3;而在造成人身伤害的工业事故中,有88%是由于人的不安全行为引起的。因此,海因希里认为损失控制的重点应放在消除人的不安全因素方面,即通过安全教育和培训来消除人为风险因素，以达到损失控制的目的。

不安全行为是指人们在劳动生产过程中出现的违反劳动生产规则的不合理行为。

风险管理教育是消除人为风险因素，防止不安全行为的出现以达到损失控制目的的最基本措施，是提高企业工作人员风险意识的重要途径。风险教育的对象是企业的全体人员，首先是企业的各级管理人员。其目的在于使他们充分了解本企业成本部门所面临的种种风险，并了解和掌握控制这些风险的方法。

加强对第一线工人的风险教育是损失控制的关键，不仅要使他们知道自己所面临的风险和与其相关联的风险因素。还要使他们深刻认识到，由于自己的任何一个疏忽或错误的动作可能造成的巨大危害。更重要的是对他们进行技术培训，以熟悉正确的操作规程，掌握正确的操作方法和提高处理偶发事件的技能。风险管理教育包括以下四方面的内容：安全法制教育、风险知识教育、安全技能教育、安全态度教育。

通常风险管理教育可以采取解释、劝慰、说服、感染、奖惩和社会舆论等形式。

教育法是针对事故的人为风险因素所采取的措施，投入少、效益大，是损失控制使用最普遍且行之有效的一种方法。

3. 程序法

工程法和教育法所处理的是物质因素和人为风险因素，它们是造成事故的直接原因，但不一定是根本原因。通常根本原因与管理工作有关，如管理方法、监督检查制度等。所谓程序法是指以制度化的程序作业方式进行损失控制的方法。通过程序法来加强管理，从根本上对风险因素进行处理，这样才有可能使风险管理目标得以长期稳定地实现。

程序法并不是直接处理风险因素，而是以制度化、规模化的方式，保证风险因素能即时处理，并发现随时可能出现的风险因素。在降低损失发生概率方面可以采用的程序方法通常有：安全检查表定期进行安全检查；制定安全管理制度；制定设备定期维修制度；拟订降低损失概率的详细计划，并层层落实，作为年终考核的内容之一。

（三）分散风险

分散风险有以下两种方法：分割风险单位和复制风险单位。

分割风险单位（separation of exposure units）是将面临损失的风险单位侵害，即"化整为零"，而不是将他们全部集中在可能毁于一次损失的同一地点。

与分割风险单位的方法不同，复制风险单位（duplication of exposure units）是增加风险单位数量，完全重复生产备用的资产或设备，只能在使用的资产或设备遭受损失时才会把它们投入使用。

（四）非保险方式的转移风险

转移风险是将自己面临的损失风险转移给其他个人或单位去承担的行为，非保险方式的转移风险的实现大多是借助于协议或者合同，将损失的法律责任或财务后果转由他人承担。非保险方式的转移风险的承担者不是保险人，一般通过以下三种途径转移风险：① 转移风险源。如出售承担风险的财产、财产租赁、利用分包合同转移风险等；② 签订免除责任协议；③ 利用合同中的转移责任条款。

二、财务型风险管理方法

由于各种因素的制约,对风险的预测有一定误差,控制技术有一定的局限性,因此风险事故的损失发生不可避免。财务型风险管理是通过风险事故发生前,采用转移风险、自担风险、保险等财务安排,解除事故发生后给人们造成的经济困境和精神忧虑。

(一) 财务型非风险转移风险

财务型非风险转移风险是单位或个人通过经济合同,将损失或损失有关的财务后果(财产损失、人员伤亡)转移到另一个单位或个人。

(二) 自担风险

自担风险是指企业使用自有资金或借入资金补偿灾害事故损失。自担风险分为被动的和主动的,即无意识、无计划的和有意识、有计划的。当风险管理人员没有观察到所面临的风险,或者觉察到风险的存在但没有作出对付风险的决策时,这样的自担风险是主动的。自担或保留风险的方法主要适用于下列情况:① 在其他对付损失风险的方法不可得的情况下,自担风险是最后一种方法;② 在最大可信损失并不严重的情况下,也能使用自担风险的方法;③ 在损失能被较精确地预测的情况下,自担风险也是适当的方法。

下列因素有利于企业自担风险:① 自担风险的管理费用比保险公司的附加费低;② 预期的损失比保险人估计的数字低;③ 最大可能损失和最大可信损失低,企业的财力在短期内能够承受;④ 保险费的支付和损失赔偿在相当长的时期内延续,导致机会成本大量增加,而且企业有着高收益的投资机会;⑤ 企业内部具有自保损失的优势。作为一般规则,企业每年自担风险最高额为公司纳税前一年收入的 5%。自担风险的财务补偿方式可采用当年净收入的直接补偿、设立转项基金、借入资金以及建立专业自保公司。

自担风险既有优点也有不足之处。其主要优点首先是节省保险费开支,保护公司除了赔付损失外还要支付理赔、代理人和经纪人的佣金、税收等费用,而且要保留一定的利润;其次是自担风险增加企业对防损工作的内在动力。主要不足之处首先是企业有可能遭受高于保险费支出的损失,尤其在短期内,企业受损的可能性难以捉摸;其次是企业有可能增加费用支出,如聘请安全工程师和防损专家,保险公司则以低廉的收费向企业提供防损服务。

(三) 保险

保险是一种通过转移风险来对付风险的方法。从经济角度上说,保险是分摊灾害事故损失的一种财务安排。由于保险组织集中了大量同质的风险,所以能借助大数法则来正确预见损失发生的金额,并据此制定保险费率,个人或单位通过向保险公司缴纳保险费,把损失风险转移给保险组织,当发生风险事故后,可获得遭受损失的补偿。目前,针对企业的风险,保险的种类有工伤保险、财产保险、工程保险等。

保险有三个基本特点:① 保险具有互助性质,即分摊损失;② 保险是一种合同行为,保险双方需订立合同;③ 保险是对灾害事故损失进行经济赔偿,这是保险的目的。

保险的基本职能可概述为采用收取保险费的方法来分摊灾害事故损失,以实现经济补偿的目的。

三、风险成本与效益分析方法

对任何一项损失控制技术的实施，都必须支出费用。对企业来说，风险管理费用的支出，意味着减少了等额领域的流动资金。因此，风险管理者在考虑采用何种控制措施时，必须作出风险成本与效益分析。只有当效益大于成本时，采用这种技术才有意义。

1. 损失控制的成本

损失控制的成本由四部分组成：设计制造费、改善劳动条件费用、安全人员费用、研究和计划费用。

2. 合理风险投资计算方法

为损失控制的实施而投资，其目的是控制风险，预防事故的发生，因此，采取损失控制措施的投入与采取措施后事故经济损失的减少，应满足如下关系式才算合理。即：

$$C \leqslant \int_0^h [X(t) - Y(t)] e^{-it} dt \tag{3-4}$$

式中　C——采取控制措施的投入；
　　　t——系统服务时间；
　　　h——系统报废期；
　　　$X(t)$——未采取控制前，事故损失函数对时间的期望值；
　　　$Y(t)$——采取控制后，事故损失函数对时间的期望值；
　　　$X(t) - Y(t)$——系统采取控制前、后所节省的费用函数；
　　　e^{-it}——连接贴现函数；
　　　i——贴现率（期望利息率）。

若以 P_k 表示第 k 次事故发生的概念，V_k 表示第 k 次事故损失的价值，则系统事故损失的期望值为：

$$E(V_k) = \int_{-\infty}^{\infty} P_k(x) V_k(x) dx \tag{3-5}$$

若事故发生的概率可以用泊松分布函数表示：

$$P_k = \frac{(\lambda t)_k}{K!} e^{-\lambda} \tag{3-6}$$

式中　K——可能发生事故的次数；
　　　λ——事故发生概率；
　　　t——系统生存期间内任一时间隔。

则系统事故损失期望值要表述如下：

$$E(V_k) = \sum_{n=0}^{k} P_n V_n \tag{3-7}$$

式（3-7）表示在一定的事故发生频率λ下，任一时间间隔 t 内系统发生事故损失价值。通过对风险的控制，减少事故发生的频率λ和一次事故的损失价值 $V(1)$，就可能降低损失期望值。若以λ_1，$V_1(1)$ 和λ_2，$V_2(1)$ 分别表示采取控制措施前、后的损失频率和一次事故

的损失价值，则

$$X(t) = \lambda_1 t V_1(1)$$
$$Y(t) = \lambda_2 t V_2(1)$$

由此可知：

$$C \leqslant \int_0^h [\lambda_1 t V_1(1) - \lambda_2 t V_2(1)] e^{-it} dt = [\lambda_1 V_1(1) - \lambda_2 V_2(1)] \frac{1 - e^{ik} - ihe^{-ih}}{i^3} \qquad (3\text{-}8)$$

式中，λ_1、$V_1(1)$、h 和 i 一般是已知的，而 λ_2、$V_2(1)$ 可以根据概率与数理统计的方法进行估测。将这些数代入式（3-8），可以得出合理投资的近似结果。

第四节 风险管理决策

风险管理决策在整个风险管理过程中是重要的一环，是贯穿各个程序的一条主线。没有科学的风险管理决策也就无法实现风险管理的目标。另一方面，前期工作，如风险识别和风险评估，是风险管理决策的基础。

企业风险管理决策是根据风险管理总目标而进行的决策，而风险管理总目标与企业经营管理目标是一致的，从这个意义上说，风险管理决策与其他一般管理决策没什么不同。但由于风险所具有的特殊性，风险管理决策又具有以下特点。

（1）风险管理决策是以风险可能造成的损失结果为对象，根据成本和效益的比较原则，选择成本最低、安全保障效益最大的风险处理对象。

（2）风险管理决策属于不确定性情况下的决策，因此概率分布成为风险管理决策的客观依据。同时，正是由于不确定性的存在，决策人的态度构成风险管理决策的主观依据。

（3）由于风险具有随机性和多变性，在决策过程中，随时可能出现新的问题。因此，必须定期评价决策效果并适时进行调整。

（4）由于风险具有隐秘性和抽象性。风险事件的真正影响只有在事件实际发生之后方可知晓，因此，风险管理决策的效果在短期内常常难以得到体现。

（5）由于购买保险是化未来不确定性为相对确定性的较好途径，因此，以保险为主，结合运用其他非保险手段成为风险管理决策的一个显著特点。

风险管理决策程序为：确定风险管理目标，拟订风险处理方案，选择风险处理最佳方案。

一、损失期望值决策法

在风险管理决策过程中，由于风险处置手段的多样性以及反映每一风险处理方案成本内容的复杂性，可用损失描述模型来描述各种决策方案，反映风险管理决策效果。

所谓损失模型就是用来提示决策对象（特定的风险）在不同的决策方案下存在的损失额和费用额与决策效果之间数量关系的模型。建立一个损失模型，必须具备以下基本条件：① 风险事件可能出现的情形；② 风险事件可能带来的损失后果；③ 决策方案，针对风险事件所拟订的措施和行动方案。风险管理者在风险估测和评价后拟订采取的行动方案为购买保险、全部或部分自留风险、购买一定自负额的保险等。将以上介绍的要件进行归纳和整理，便可建立一个有助于决策分析的损失模型。

（1）在损失概率无法确定时的决策方法：最大损失最小化原则，最小损失最小化原则。

（2）在损失概率可以得到时，最常用的决策原则是损失期望值的最小化，即计算并比较各种可供选择的方案的损失期望值，选择最小的作为最佳方案。

二、风险不确定性的忧虑成本对风险管理决策过程的影响

在实际操作中，即使自留风险方案的损失期望值小于投保方案，很多人仍宁愿选择购买保险作为风险管理决策方案。这种行为的一种解释就是由于不确定性存在的隐性成本——忧虑因素的影响。

不论选择哪一个风险管理方案，风险的不确定性都是客观存在的。风险管理人员对于可能出现的最坏后果心存忧虑，这种忧虑无论未来风险实践是否发生都将存在。在运用数量方法选择风险管理决策过程中，需要把忧虑因素的影响代之以某个货币价值，这就是风险管理方案的忧虑成本。

虽然忧虑是一个极为主观的因素，但可以分析影响忧虑成本的因素入手寻求估计忧虑成本的可行途径。影响忧虑成本的因素如下：

（1）损失的概率分布，尤其是程度严重的损失和发生概率高的损失对风险管理工作人员的心理反应有直接的影响。

（2）风险管理人员对未来损失的不确定性的把握程度。如果人们相信自己对未来损失的预测是足够准确，那么在采取适当的措施后，忧虑心理就可以缓解；反之，如果人们对未来的估计心存怀疑，即使采取对付措施后，忧虑心理也难以减轻。

（3）风险管理目标和战略，它们有助于确定企业对各类损失所能承受的最大限度，并且反映了企业的风险态度。对于同一个管理方案而言，风险管理目标及战略的不同会产生不同的忧虑成本。

由于忧虑成本的加入，各种风险管理方案的损失期望值增加。对于投保方案而言，付出比净损失期望更多的保险费后，将损失的不确定性化为确定性的支出，就能够大大减少管理者的忧虑心理，一般此时的忧虑成本为零。如果企业决定部分或者全部自留风险，即使采取必要的安全措施，也只能减轻而无法消除忧虑成本。

忧虑成本的确定可以用调查问卷的方法，询问风险管理人员愿意付出多大的经济代价消除由于损失的不确定性而造成的忧虑心理。

三、效用期望值分析法

以损失期望值为标准选择风险管理的方案得到广泛的应用，但仍然存在着一些局限。比如这种方法没有考虑到同一损失对不同主体的影响可能是不同的，因此，不同的风险主体对同一损失风险将采取的态度可能截然不同，而这种主观反应的差异是难以用损失期望分析法衡量的，即使加入忧虑成本仍然难以有效地表现主观态度的不同。潜在损失的严重性可以用效用期望值这种方法来衡量。

所谓效用是指决策人对待待定风险事件的期望收益和期望损失所持的独特的兴趣、感觉或取舍反应。效用在这里代表着决策人对待定风险事件态度，也是决策人胆略的一种反映。效用值以量化的指标来反映决策人的这种态度和胆略，一般可将效用值界定在 0～1，即 0≤效用值≤1。

运用效用理论的首要工作是确定决策主体对收益或损失的量化反应，反应效用与金额之间对应关系函数为效用函数，如用图 3-5 表现则为效用曲线。

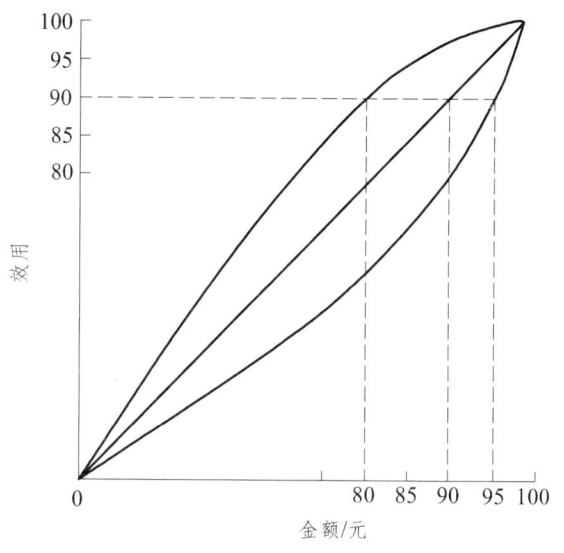

图 3-5 效用曲线

从人们对损失的态度来看，从理论上可以分成三种：漠视风险型；趋线型；避险型。

漠视风险型决策者对损失风险没有特别的反应，他的决策完全根据损失期望值的大小而确定。

趋势型决策者喜欢冒险，也不大可能购买商业保险，因为商业保险的保费高于损失的期望值。

避险型决策者不喜欢冒险，从而乐意付出较损失期望值更高的代价以避免冒险。当可能损失的金额越来越高时，对避险者产生的负面反应越来越大，而在面临不同的盈利可能时，他所愿意付出的成本小于收益的期望值。

常用的确定某人的效用曲线或效用函数方法有调查问卷、个性测试、赌博测试等。

思 考 题

1. 名词解释：风险、危险、风险管理、风险率。
2. 安全管理和风险管理区别是什么？
3. 简述风险分析的内容。
4. 风险管理包括的三个基本要素是什么？详细阐述风险管理过程。
5. 简述风险评估矩阵方法，试举例说明其建立的过程。
6. 简述风险管理的方法。

7. 风险率也称危险度，试根据其定义和表达式，阐述民航为什么要防止事故的发生。

8. 计算题：民航是个高风险、高投入、系统高度复杂化的行业，其风险率（R）取决于事故发生概率（P）与损失严重度（S）。1996—2005年，某国民航发生32起飞行事故，遇难人数为850人，直接经济损失为20亿美元。根据以上数据，分析计算：

（1）列出风险率（R）、事故发生概率（P）与损失严重度（S）之间的关系；

（2）从死亡人数的角度计算该国民航的风险率；

（3）从直接经济损失的角度计算该国民航的风险率；

（4）从间接经济损失的角度计算该国民航的风险率。

第四章 航空中人的因素与人的差错管理

人为因素是一门应用科学，它研究的中心是操作设备的人。它涉及多种学科，应用人为因素有利于优化人为表现并减少人为差错。人为因素体现了行为科学和社会科学、工程学和心理学的方法和原则。航空运行系统中的人不是孤立工作的，是航空运行复杂系统中的一个要素，是防止事故发生的最后防线。人为因素研究的是人、与人相关的各种因素及其相互影响。研究航空中的人为因素，就是要研究航空中人的状况及与人有关的各种因素对航空安全的影响。通过建立人与软件、人与硬件、人与环境和人与人相匹配的条件，提高人的主观能动性，减少人为差错，减小人为差错造成的后果。

人的差错是航空运行的重要风险。任何人在工作中都可能犯错误，这是由人为表现中的缺陷所造成的。在正常情况下，人是不会故意犯错误的。差错的发生，是由一系列因素诱发的，包括内因和外因。在安全管理中，我们既要调查内因，又要调查外因。调查差错，就是要找出每一事件的所有诱发因素，有针对性地采取纠正和预防措施。大量事件研究表明，事故都是由系统中已经存在的一系列缺陷和故障相互作用引起的，这些缺陷和故障的后果具有延迟性。进一步调查表明，大部分诱发因素是可以通过运行单位的程序加以控制的。在这一方面，决策者的观念、理解和承诺尤其重要。因此，系统和单位的决策层，通过完善程序、健全制度、改进管理，从组织上、系统上采取措施，可以明显减少人为差错、减小差错造成的后果。为达到这一目的，应从平时发生的低级别的事件调查入手，发现系统中的隐患，预防更严重的事件发生。

第一节 航空中人的因素与人的差错概述

一、人的因素与航空安全

自民用航空运输诞生之日起，航空界就为改善飞行安全不断进行研究。在民航发展初期，由于飞机设计、制造业等技术不完善，飞行安全主要靠飞行员的飞行技术来保障，在这种状况下飞行重大事故经常发生，造成了重大的人员伤亡和经济损失。而随着科学技术的进步，飞机设计技术以及设备可靠性不断提高，飞行员技术因素引发的安全事故大大减少。相反，人为差错造成的不安全事故的比例却呈上升趋势，占据了不安全事故的绝大多数。

有关资料的分析表明，飞机失事原因"人的因素"约占 80.5%，其中机组原因占 62%，操作程序占 15%，维修因素占 3.5%。美国国家航空航天局（NASA）根据长期以来对飞行事故的调查结果认为人的因素是进一步改善现代航空安全水平的关键。

二、人的差错、人的因素的概念

"人的因素"（Human Factors）、"人的差错"（Human Error）这两个词汇在航空安全、交通运输、劳动保护等领域的文献、报告中经常出现，但是大多数研究报告或文献并没有给出"人的因素"的定义，有些报告和文献中还将"Human Factor"以及"Human Error"等词汇混合使用。事实上，这两个词汇在很多情况下表达的不是同一个意思，它们之间是有区别的。

1. 人的差错的含义

"人的差错"一词在文献中首次出现比"人的因素"要早，可以追溯至1931年Heinrich的研究。当时"人的差错"首次被当成人的问题引入事故原因清单中，并被认定为所有事故或事件背后的基本原因。

人的差错的含义与人、行为、系统、标准、事件或后果等几个方面有关。

（1）与人（Human）有关。人是行为或失误的主体，可以是一个人，也可以是一群人；可以是从事同一件工作的人，也可以是为完成同一个任务从事不同操作的人。以飞行事故为例，一个航空事故涉及的人可以是飞行员、一个机组，还可以是机务维修人员、空中交通管制员等。

（2）与行为有关。行为是人的行为，它包括脑力上的行为和体力上的行为。如在飞行活动中，飞机操纵、判断飞行的环境都是行为，但它们之间有脑力与体力之分。人的差错不能直接观测，必须通过人的行为间接表现出来。行为是否得当，取决于标准或惯例以及后果。

（3）与系统有关。这里系统是指工作系统。在该系统中，人只是一个元素或组成部分。系统的概念是相对的。狭义地讲，系统是由与所执行的任务直接相关的部件和人所组成的。广义地讲，凡是对完成任务有贡献的方面都可以作为系统的组成部分。航空系统可以局限于人、飞机、环境，也可以扩展至与人、飞机、环境相关联的各方面，如航空公司、安全监督、机务维修、空中交通指挥等。

（4）与标准有关。标准是用来衡量行为的准则或规范。从以上所引用的定义中可以看到，研究人员对标准的认识是不同的：一种是成文的标准，如规则等；一种是可以接受的行为或理想的行为，这是不成文的，取决于人的认识、习惯、通常做法等。此外，标准还是变化的，与事件的性质有关，也与事件的后果有关。

（5）与事件或后果有关。人的差错行为寓于事件之中，也是对事件或局面的反映。如果没有最终的事件结果，把行为解释为失误就没有任何意义。比如，我们讨论航空事故中的人的差错，其事件就是某个事故或者事故征候，后果可能是碰撞。只有将差错放到一个具体的航空事故中，讨论人的差错才有意义。

2. 人的因素的含义

"人的因素"一词在不同场合下具有不同的含义。当涉及安全时，"人的因素"的含义覆盖"人的差错"，但比"人的差错"更为中性一些。当作为学科名称时，一般称为"人类因素学"，与"人因工程学""人类工程学"或"工效学"等意义接近。当用于讨论人机接口问题时，其含义是"人机工程"。作为学科，"人的因素"研究的是人及其周围环境，目的是改善匹配，提高完成任务的效率，保障安全。

从安全角度看，"人的因素"反映的是人的特性及人在完成任务过程中与周围环境之间的匹配关系，这种特性和匹配关系对安全而言是中性的，既可以起积极作用，也可以起消极作用，还可能不起任何作用。

3. 人的因素与人的差错的关系

从上面的比较中可以看出，"人的因素"更多地与人机匹配相关，而"人的差错"只是"人的因素"的负面行为的结果。虽然在很多场合下，"人的因素""人的差错"可以替代使用（如"航空事故与'人的因素'有关"这一陈述中的人的因素可以用"人的差错"或"人的因素"来替代），但两者之间的区别还是很明显的。

三、航空中人的因素和人的差错的概念

1. 航空中人的因素的定义

国际民航组织对航空中人的因素进行了定义，航空中人的因素是关于人的科学。其研究的范围涉及航空系统中人的一切表现，它常利用系统工程学的框架，通过系统地运用人的科学知识，以寻求人的最佳表现。它的两个相互关联的目的是飞行安全和效益。

作为一门学科，航空中人的因素的任务是以航空心理学、环境生理学、人体测量学和生物力学等学科为基础，研究如何实现飞行员—飞机—环境系统最优化，使飞行员能够安全、高效、舒适地工作。

2. 航空中人的差错的定义

在国际民航组织的《案例管理手册》（Doc9859）第三版中将差错定义为：由于运行人员的作为或不作为，导致的对组织或操作者的意图和期望的偏离。

不同的工种差错的表现会有不同，比如对飞行机组来说，导致偏离预期行为的飞行机组的任何作为或不作为都被视为差错。机组差错的例子可能包括未执行规章和标准操作程序，或意外地偏离了公司或空中交通管制的期望。差错可以是较小的（高度设置差错，但很快纠正过来），也可以是重大的（没有完成一个重要的检查单项目）。

四、航空领域对待人的差错的观念的演变

传统的航空安全理论认为航空中人的差错是大部分事故发生的原因。他们认为操作失误是操作者们主动参与的，好像操作者在失误与不失误间可以明确地选择，并最终主动选择了去失误一样。另外，操作失误说明操作者未按照标准工作、性格上有问题、不够专业、缺乏自律以及一些其他的缺点，这些缺点都是多年来对人的表现的片面理解。尽管使用这些缺点可以很方便地解释事故并责罚当事人，但它们是对操作失误的片面理解和解释。

现代的安全管理理论则认为，人的差错是人—技术系统内的一个参数，差错的原因归结于人—硬件互动中的不相配。因此，即使是能力最强的工作人员，也会犯下操作失误。操作失误是任何出现人与技术互动的系统中必然存在的部分，而不是不正常的行为。在任何以提供服务为目标的生产系统中，人的差错是人与技术互动所自然产生的副产品。在这种系统中，操作失误是正常组成部分，航空安全管理的关键是控制人的差错而不是杜绝人的差错。

第二节 人的差错的理论、模型与分类

一、人的差错的主要研究取向

航空界对人的差错的研究源于20世纪40年代，研究者基于各种不同的观点提出了众多的理论、模型和框架，目前在航空领域主要有四种不同的研究取向：认知取向、工效学和系统设计取向、社会心理取向和组织取向。

1. 认知取向

该取向主要从信息加工的角度来分析人的差错，认为信息加工包括一系列的心理操作（如注意分配、知觉、记忆、决策等），内隐的心理操作的失误无法直接观察到，像感知觉错误、注意分配错误、记忆错误和决策错误，都会导致操作者外显行为的失误，并把人的差错作为结果而不是事故发生的最终原因来对待。

依照这个理论，我们完成任务的过程可以分三个基本步骤，即感知觉信息，对获取的信息进行加工和决策作何行动，以及最后的行动。工作中错误的出现可能与三个步骤密切相关：错误的原因、有效减少错误的方法与错误发生在哪个环节。例如，信息感知觉错误可能是由于工作场所的光线不足、噪声太大、手册印刷质量差等；决策错误可能是由于疲劳、缺乏训练和时间压力等；任务完成过程中出现错误的原因可能是工具低劣或设备设计不良，缺乏适宜的程序，注意力分散，以及工作场所太热或太冷等。

2. 工效学和系统设计取向

按照系统科学的观点，人很少是人的差错或事故的唯一原因。SHELL模型（见图4-1）在航空人因研究领域使用最为普遍，国际民航组织推荐使用该模型作为分析航空事故和人为差错的框架。模型认为航空系统由软件（S-software，如维修文件及公司维修文件）、硬件（H-hardware，维修设备和工具等物理性资源）、环境（E-environment，如温度、噪声、通风条件等）和人（L-liveware，与操作者相关的人员）四个要素组成。人的差错主要源于处于中心地位的操作人员与其他四个界面匹配程度不够，因而减少差错要从增加四个界面的匹配入手。

（1）人—硬件界面（L-H）：研究航空从业人员与硬件之间的相互关系，硬件要怎样设计才能符合相关

图4-1 SHELL模型

人员的特点，相关人员要怎样操纵硬件才能保障飞行安全等，如工作台设计、席位布局、键盘摆设、进程单架位置、荧屏大小、颜色、座椅调节、耳机话筒质量、雷达的位置、各种功能等的设计。

（2）人—软件界面（L-S）：研究合理的操作程序、检查单及应急程序等，以便简化相关程序，减少工作负荷，防止人员出错。该界面主要包括工作手册、应急检查单、管制程序、信息程序、显示器的飞行进程图、信息牌、颜色的使用等的设计。

（3）人—环境界面（L-E）：这是航空系统中最早被人们认识到的一个界面。组织环境包括系统的安全观点、组织结构的安全性、企业的安全文化等；工作环境如温度、湿度、噪声、振动、高空气压等。

（4）人—人界面（L-L）：在所有民用航空活动中，该界面是最微妙也是最重要的一个界面，如果班组成员之间出现裂痕，会影响信息交流与团结协作的质量，而且有可能造成灾难性的后果。

人为因素调查必须确认 SHELL 模型各界面之间何处不匹配以致事故或是不安全事件的发生，因而在调查中收集相应的数据应对 SHELL 各组成要素全面地评审和分析。

航空历史上，以人—硬件研究为核心的人机工程学取得了很大的进展，航空业发展的头 50 年飞行事故的下降在很大程度上可归结于此。目前，SHELL 模型已被广泛用于事故/事件调查，有些国家还照此模型做成了检查单，作为查找人为因素差错、缺陷的工具。

3. 社会心理取向

在航空领域，大部分工作都是群体性的。在工作过程中，操作者人员之间及操作者人员与其他人员之间不断发生互动。按照心理社会模型，当群体动力和交流崩溃时，人为差错和事故就可能会发生。在航空领域，早期许多社会心理取向的模型重视个体变量，如个性、态度、动机与事故倾向等，而对群体成员的协作与交流问题不够重视，而当前则以群体协作、交流为核心，试图通过提高成员之间的协作和交流减少人为差错，以飞行机组为对象的机组资源管理训练（Crew Resource Management，CRM）已经在实践中取得很大成功。因此，业界正将其向维修实践扩展，FAA 已发布机务维修资源管理（Maintenance Resource Management，MRM）咨询通告（试行稿），以规划和指导维修单位如何进行这种训练。

4. 组织取向

Reason 模型（见图 4-2）是英国曼彻斯特大学的李森（Reason）教授于 1990 年提出的，经国际民航组织的推荐，该模型已成为航空事故调查与分析的理论模型之一。Reason 认为事故的发生是由系统失效引起的，而系统失效可以分为显性失效和隐性失效，前者指会对系统造成即时负面影响，由不安全行为，即人为差错和违章所致；后者指不会对系统造成即时负面影响，具有延滞性，由组织过程中错误的决策、监察不到位及操作者准备不充分等所致。

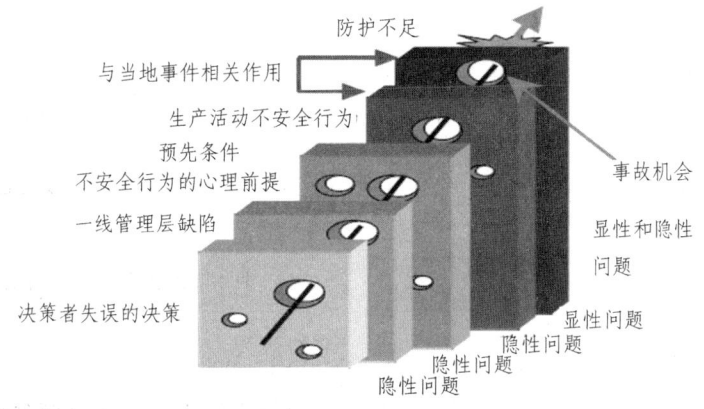

图 4-2 Reason 模型

与 SHELL 模型相似，Reason 模型提倡系统化的调查方法，是典型的组织取向模型。它形象地描绘了组织管理与航空事故的直接联系，指出事故发生通常不是孤立事件的结果，其实质是组织管理层次上的漏洞，从而在行为层和导因层上产生了漏洞，如果各层漏洞串到一起，再加上无防错屏障，事故的发生也就在所难免了。

根据系统错误诱发因素的层次性特点，任何系统错误的诱发因素都可以根据其自身属性分成不同层次。不论在哪一个层面上，都存在着许多缺陷或不足（像是被蛀蚀的孔）。这是由于我们对系统各要素认识不足、理解不透所造成的。同时，由于系统的动态特性，事物的发展必然带来许多新的问题，这也是存在缺陷的原因之一。然而，有缺陷并不一定爆发事故，只有当缺陷贯穿各个层面时，事故才得以爆发。防护不足、与当地事件相互作用、生产活动不安全行为、预先条件、事故机会不安全行为的心理前提、一线管理层缺陷、显性和隐性问题、决策者失误的决策，也说明：不爆发事故，并不能否认缺陷已经存在。该模型充分展示了系统安全的思想，更为我们建立系统安全理论奠定了基础。

Reason 模型的特点在于它从系统的角度出发，除对人的不安全行为进行分析外，还更深层次地剖析了潜在的组织因素。从这一模型我们可以明确看出：不能孤立看待一线操作。特定的组织因素造就了一线人员不安全行为的前提和条件，这些"潜在条件"随着系统的复杂化和联系的紧密化作用越来越强。对于航空业这样先进的社会技术系统，组织因素已经强化到对其起决定性作用。

Reason 模型在很大程度上改变了传统的事故原因观点。但是，它只是一个理论模型，没有解决在航空领域如何应用的问题，没有明确"奶酪上的洞"具体指的是什么。要解决这些问题，需要把理论与实践相联系，即用 Reason 模型开发出一个航空人的因素分析的总体框架。

二、人的差错的类型

为了更好地了解可能出现的差错类型，研究者从不同的角度研究人的差错，提出了不同的模型和理论。这些理论都从不同方面反映了差错的特性。

1. 设计诱发差错和操作者诱发的差错（Design-Versus Operator-Induced Errors）

民用航空对一线工作人员的差错十分关注，这些人包括飞行机组、空管人员和机务维护工师。但是，有一些差错在飞机离开地面之前，就已经发生在飞机设计者身上了。也就是说，尽管飞机维护得跟原来设计的一模一样，设计中的缺陷还是会危及飞行的安全。另外，在航线运行中和机务维护中运用的程序如果原本设计时就已存在缺陷也会引发操作的问题。

在事故和事故征候的调查中，我们经常看到一个事故或事故征候往往由多个差错引发而且和多人有关。也就是说，往往是一系列差错出现，而且差错的防线崩溃了安全才受到威胁。

2. 随机差错和系统差错

在《人的差错》这本书中，Reason 教授讨论了两种类型的差错：随机差错和系统差错。如图 4-3 所示：A 是随机差错，它的特性是没有规律；B 是系统差错，它的特点是错误具有系统性和稳定性。这就意味着，系统差错是可以预测和控制的，而随机差错无法预测也很难处理。如果我们能够充分地了解任务的特性、机械运作规律、工作的环境、个人的特性等，我们就能最大可能地控制人的差错。

这是两个不同的人用来福枪打靶的结果。A 表现出随机的特性，B 表现出系统的特性，且 B 比较容易纠正。但是，要想掌握充分的信息做出精确预测几乎是不可能的；与没有任何规律的、凌乱的任务相比，我们对有组织的任务中的差错预测能力更强，我们可以这样预测，"一个工程师在凌晨 3 点钟容易出现差错，工作 12 个小时比工作 10 个小时更容易出现差错，比只工作 2 个小时出错更多"，如果信息足够我们是可以将做出比较好的预测的，但是我们面对的往往是一些无法预测的随机差错和因素。

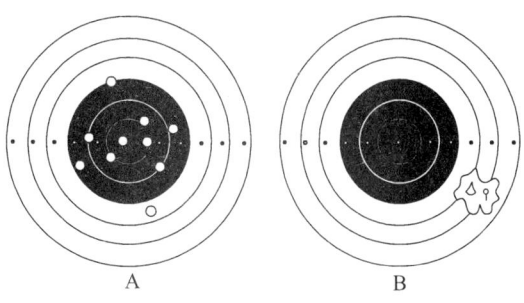

图 4-3　随机差错和系统差错

3．可逆性差错与不可逆差错

另外一种对差错进行分类的方法是看这些差错是可逆还是不可逆的。前者指的是出现的差错是可以改正的，而后者的特点就是无法改正。比如，一个飞行员将油量计算错了，他可以备降到一个近的机场，但是如果他很意外地倒空了燃油，可以供他选择的方案就会减少了。

一个设计良好的系统应该确保操作者（飞行员、空管员、机务维修人员）出现的差错是可逆的。比如，如果一个工程师在安装某个零件的时候出现了差错，在将飞机交付给客户之前，他的差错能够被相应监督程序检查出来。

4．过失、遗漏和失误

Reason 指出，在了解差错的特性时要关注"意向"，我们可以关注这样的问题：① 这些行为是否由某个意图直接引发？② 这个行为是计划之中的吗？③ 他们是否获得自己想要的结果？为此，Reason 建议根据上面这些问题的回答对差错进行分类（见图 4-4）。

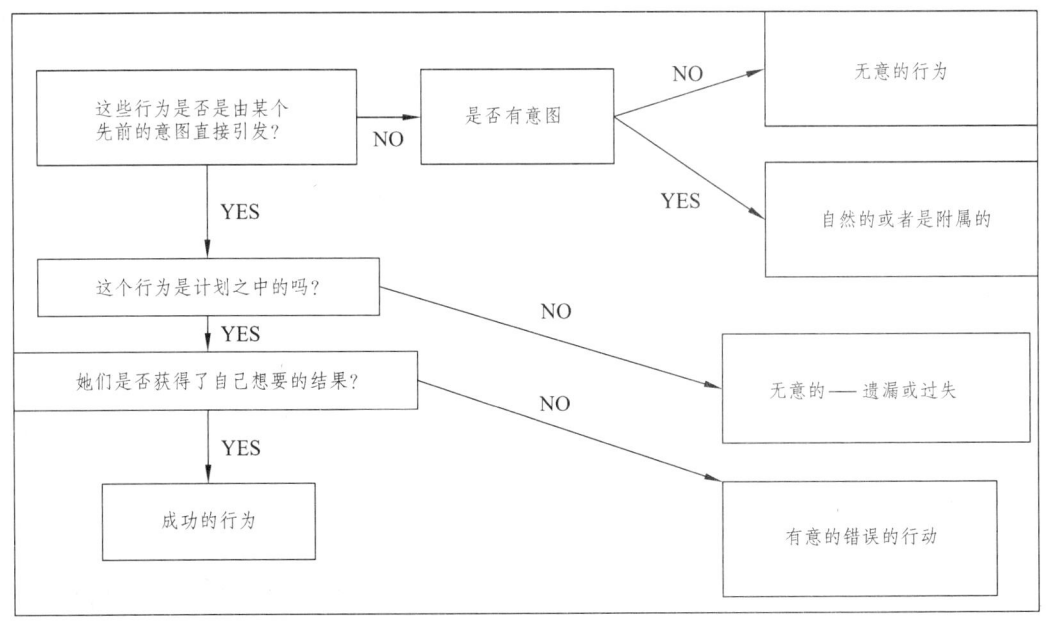

图 4-4　与意图相关的差错的类型

这些差错中最为人们所熟悉的是过失、遗漏和失误。

过失是指没有正确做出自己预想的行为，他对问题的理解是正确的，同时也形成了正确的意图，但不幸的是触发了错误的行为。比如，在拷贝数字的时候却做了一些转换，或者混淆了程序的步骤。

遗漏，是没有完成某个行为或者省略了部分行为，也就是说，某个人因为忘记或没有注意到而没有做某件事情，比如，忘记盖上引擎盖。

失误（Mistakes）是一种典型的由于有缺陷的计划/意图而引发的差错，也就是说，某个人在做某件事情时，他自己认为是对的，但是实际上是错的。例如，在清洗飞机挡风玻璃的时候选错了刷子。

过失发生在任务的实施阶段，遗漏发生在记忆阶段，而失误发生在计划阶段。

有时人的差错会表现为违章，但是违章与过失、遗漏和失误是不同的，因为违章有故意违反"法规"的特性，也就是说，某个人明知道不符合规则，还是做了某个行为（比如，故意不遵循程序）。有时，机务维护工程师违章行为的出发点是好的，是为了按时完成工作而"打擦边球"。遵循程序是安全的守护者。

5. 基于技术、规则和知识的行为和相应差错

我们的行为可以分为三种不同的类型：技术型、规则型和知识型行为。技术型行为是一些依赖于已经学会并且多次练习不想要思考就能够完成的，存储在记忆中的常规或自动化的程序的行为。规则型行为是一些已经学会的规则和常规性的行为，是一系列的不连贯的技巧。知识型行为是一些还没有形成程序的行为，他们想要我们对信息评估，运用他们的知识和经验建立一个计划来处理他们所处的情境。

每一类行为都有与此相关的一些差错。技术型行为差错的例子是行为过失（action slips）、环境捕获（environmental capture）和逆转（reversion）。

行为过失，跟过失一样，也表现出过失的特性，也就是说，出现了与意图不一致的行为。如图 4-5 所示，这个图包含了某机务维护工程师差错的一个过程。某机务维护工程师在工作中，原本知道自己应该用某个扳手，但是由于被同事干扰，拿起了另外一种扳手，而且没有发现自己的错误，于是错误地紧了那个螺丝。

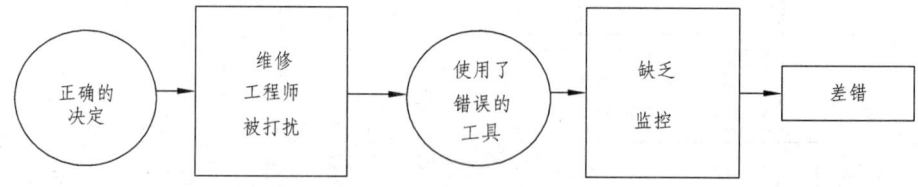

图 4-5　一个失误的例子

环境捕获，可能发生于我们在某个固定地方经常做的某件事情上。比如，一个机务维护工程师过去经常对 A300 做维护调整，他可能会不加思考地对另外一架没有相应要求的 A300 做同样的工作（也就是说他这个行为是没有经过思考加工而实施的）。

逆转，经常发生在某个已经建立起来的行为模式中，在它已经不适用的时候在根本上还较难以放弃或忘记。比如，一个机务维护工程师会意外地执行几年前使用的程序，尽管这个程序最近已经被修订了，这样状况容易发生在有压力的情境中，我们的注意力不集中

的时候。

相对来讲，基于规则的行为是不容易出现差错的，因此对飞行相关人员来讲特别强调使用程序，常见的与此相关的差错是用错了规则和程序。比如，一个工程师可能在诊断故障时出现错误，于是就使用了错误的程序，当然就不能发现这个错误。这类差错还包括在某个时候没有能够记起程序，比如在使用某个程序的时候没有记住它正确的顺序。

基于知识的行为的差错主要跟不完全或不正确的知识和对当前情境的错误理解有关。比如，一个工程师在努力完成一个自以为"能够完成"但是自己又不熟悉的维修任务并开始这样的工作时，往往更容易关注支持自己行为的事情而忽略不支持自己行为的事情。

三、人为因素分析及分类系统（HFACS）

HFACS 框架（Human Factors Analysis and Classification System，HFACS）是 Reason 模型的变形，对不安全行为及其诱发因素提出了较为详细的编码构想。它最初是为军事航空设计的，但在民用航空领域也表现出其有效性。HFACS 描述了四个层次的失效，每个层次都对应于 Reason 模型的一个层面，这四个层次分别为：不安全行为，不安全行为的前提，不安全监督和组织影响（见图 4-6）。

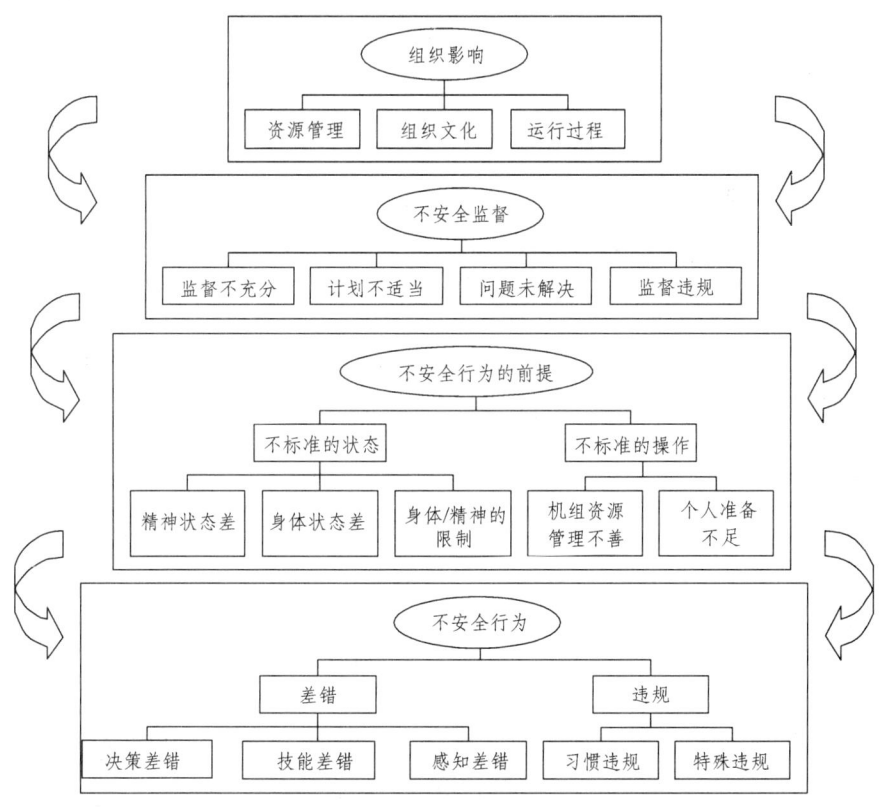

图 4-6　人为因素分析和分类系统（HFACS 框架）

1. 不安全行为

不安全行为会直接导致事故的发生，可分为差错和违章。差错是由于种种原因没有完成想要做的事，它不是操作人员故意造成的。违章却是故意地违反程序、规章的行为。

2. 不安全行为的前提

不安全行为的前提是指导致不安全行为的主客观条件，包括操作者状态、人员因素和环境因素三类：① 操作者的状态导致了不安全行为的产生，无论是精神状态、生理状态还是身体/智力局限都会影响相关人员的工作绩效。② 机组常常为很多个不安全行为的产生创造前提条件，我们称之为人员因素，可分为机组资源管理和个人的准备状态两类。③ 除了人员因素，环境因素也会导致操作者的状态降低和不安全行为出现，我们可以把环境因素归为物力环境和技术环境两大类。人们早已认识到物力环境对飞行员的影响，如气象、地形、高温、高压等，然而飞行员所处的技术环境对其绩效也起着重要作用，包括设备设计、检查单编排、任务因素和自动化等。

3. 不安全的监督

除了与运行人员有关的因素外，管理层对事故的发生也负有责任，于是把管理层的不安全监督分为四类：监督不充分、运行计划不适当、已知问题未解决、监督违章。监督人员扮演的是为其全体员工提供成功机会的角色，为此，他们必须提供指导、培训、领导、监督、激励并不惜一切代价来确保工作安全。任何成功的组织都有健全的专业指导和监督，如果监督不充分，例如没有提供适当的培训，机组搭配不当，没有及时纠正不安全行为或监督者故意忽视现有的规章制度，允许没有资格、没有驾驶证的飞行员驾驶飞机等，这些都可能滋生安全隐患。

4. 组织性差错

由于缺少用来调查的清晰框架，组织性差错经常被人们所忽视，但它往往是导致事故的根源。一般来讲，组织影响与资源管理、运行过程和组织文化有关。资源管理围绕安全和生产两个目标来进行，在航空业繁荣之时，这两个目标都能很容易地满足，得到平衡。然而，在财政紧缩的时候，需要对两者进行一些取舍，这时，人们首先放弃的往往是安全。过度削减安全方面的开支可能会导致购买新设备的资金不足、维护不及时等，从而滋生安全隐患。组织影响包括影响工人绩效的多种变量，主要有公司的工作氛围、政策、文化等，而运行过程则涉及公司的规章、决策、标准操作程序和常规方法。

有关研究表明，用 HFACS 模型对飞行机组、管制员原因的人误事件调查与分析效果比较好，其构想值得借鉴。但是，并不是所有的组织都具有这些程序，并且这些组织也未采用保密报告系统和安全审计积极参与人为因素问题的监控。同样，在事故发生前，监督人员和管理人员通常没有意识到这些问题。事实上，事故是一个或多个不安全事件的集合，积极寻找"奶酪上的洞"并在它们成为灾难机会窗口之前将它们堵上将是每个组织的责任。

第三节　人的差错的原因

引发人的差错的原因是多种多样的，归纳起来主要有个体因素，群体因素，所操作对象的设计、使用规程等因素，环境因素和组织管理因素几个方面。

一、个体因素

由瑟利模型（见图 4-7）我们可以看出，人在信息处理过程中的任何一个环节失误都会使情况恶化，但是，个体的不同及个体所处的状态不同，对事故发生造成的影响也是不同的。

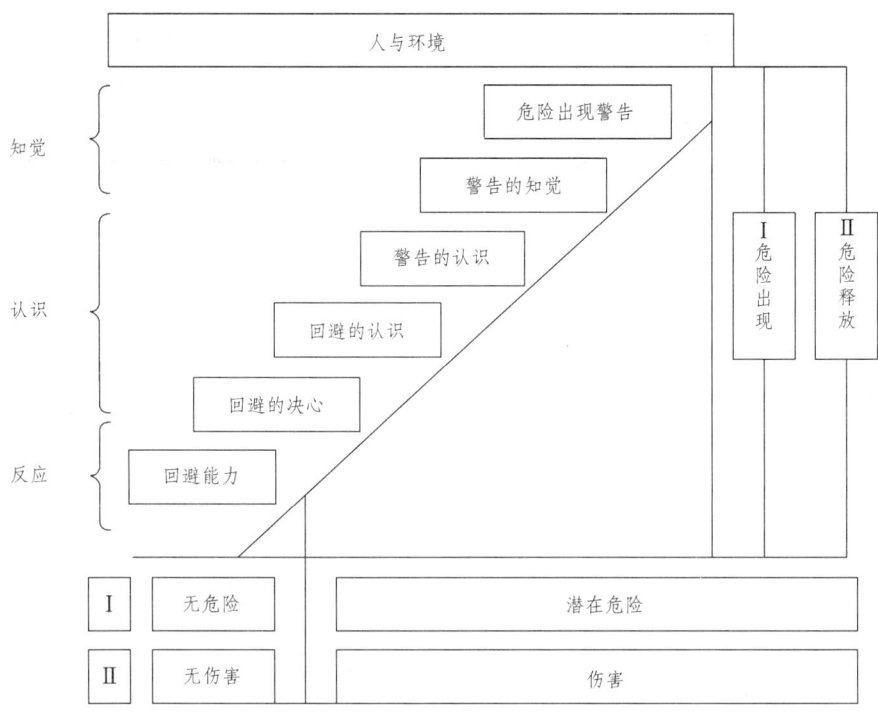

图 4-7　瑟利模型

1. **个性特性**

个性特性包括人的气质、能力、人格。具有不同性格特征的人在信息处理过程中的反应方式是不一样的，具体来说，感觉视角、知觉模式、注意弱点、记忆速度、思维方式等都不尽相同，因此我们把在这些过程中人们反映出来的个人不同的特征称之为个性特性，它涉及个人的气质、人与人在能力上的差异。

例如，根据希波克拉特的体液说，多血质的人反应灵敏、热情活泼、善于交际，但是情绪不稳定、注意力容易转移，这种类型的飞行员在有变化的飞行条件下表现良好，但在工作单调乏味时表现欠佳，甚至会出现打瞌睡的现象。而黏液质的人安静沉着，情绪平和，但行动迟缓，不善交际，这种类型的飞行员担任长途飞行任务时耐力强，但是遇到特殊情况反应慢、应变能力差。又比如，同样受过严格训练的机长，在面对危险情况时的表现却完全不同，有的能作出正确的判断和决策转危为安，有的却在事故中丧生。这些都是因为个体不同，能力、气质各异，从而对信息的处理不同，得到的结果当然也不尽相同。

2. **个体状态**

当处于危险情况时，个体所处的状态不同，其对外界刺激的反应也不同，主要包括人的生理状态、心理状态和教育训练水平。这些因素直接影响着人的可靠性，在人的信息处理过程中起着重要的作用。

(1) 生理状态。

疲劳、伤病、酒精或药物滥用等会降低大脑的意识水平，造成注意力不集中，对事物的判断力减弱，进而引起人为失误的发生。航空界对酒精的限制极为严格，大多数公司都规定饮酒后12小时不能飞行，商用航空公司则要求他们的飞行员饮酒24小时后才能飞行。飞行前服用安眠药或其他松弛类药物，会降低飞行员的运动反应能力、动作协调能力和决策能力等，使飞行员不能顺利加工信息，极易导致事故。因此，未经航医许可，飞行员不得以任何理由在飞行前服用这些药物。另外，温度、湿度、噪声等环境因素及人自身的生物节律等影响着人的生理状态。

(2) 心理状态。

恐慌、焦虑等情绪会扰乱正常的信息处理过程，人际纠纷、忧伤等会分散人的注意力，甚至使其忘记必要操作。例如，在极度紧张的情况下，飞行员会出现思维不清晰和注意力不集中的情况，以及省略或遗漏检查单和其他飞行员程序的现象。此外，生产作业环境、工作负荷及人际关系也影响着人的心理状态。

(3) 教育训练水平。

教育训练水平包括知识、经验、熟练程度等。受教育和训练程度低，大脑中缺乏分析处理各种信号的科学依据，也就不能做出有关工作的正确行为，从而导致失误和事故。例如，在航空器维修中，40%的差错与维修人员的技术素质有关。由于缺乏及时的培训，维修人员对新机型、新技术不熟悉，对设备、附件的结构不够清楚，对手册、技术文件的理解有偏差，不能及时发现飞机上已经存在的安全隐患，对系统发生的复杂变化缺乏正确判断和迅速处理的能力，从而会诱发了差错。

二、群体因素

航空飞行需要飞行人员、管制员、维修人员、地勤人员、签派员等的协同工作。飞行过程中，机组成员之间、机组与其他人员之间不断互动，群体成员之间交互作用的性质和质量直接影响飞行员的绩效，这就要求各成员之间必须具有高度的协调性。按照社会心理模型，当群体动力和交流崩溃时，人为差错和事故就可能会发生。

现有的事故统计分析也表明：超过70%的飞行事故源于机组成员的协作和交流问题。于是，人们开始认真思索社会心理因素对信息加工过程的可能影响，研究群体成员的协作交流及心理相容性问题。这使群体心理的作用十分突出。群体心理的影响主要表现在群体意志影响成员的行为。个体在群体中往往不知不觉地受到无形的影响，表现出与群体内多数人的感知、判断和行为相一致的现象，即社会从众行为。在一个遵纪守法的机组中，个别倾向冒险的人会在群体的压力下注重飞行安全；如果在一个漠视安全的群体里，少数平时循规蹈矩的人也会顺从群体的违章行为。成员在彼此相互作用下，会发生一种认同效应或同化现象，个体差异就会明显缩小。

群体规范作用的强弱取决于群体意识的强弱。在安全意识较强的群体里，成员大多能保持安全的操作行为；相反，在安全意识相对薄弱的群体里，成员们为了抢时省力或自我表现，往往倾向于不安全行为而导致失误。群体可以满足个体心理需要、增加勇气和信心，有助于消除单调和疲劳，激发工作动机，提高工作效率，产生社会助长作用；反之，则产生社会抑制作用。

三、所操作对象的设计、使用规程等因素

若操作对象的设计不合理或没有防错设计,极易造成人的差错。一些航空装备在设计阶段,缺少工效学指标要求,人性化水平不高,导致人、机界面不友好,是后来操作过程中发生人的差错的硬件根源。如 1994 年 "6·6 空难"中的图 154 飞机,离地后飞机即呈现左右倾斜和偏航的类似"飘摆"的飞行状态,后在空中解体,发生特大飞行事故。

事后查明,飞机"飘摆"的原因是机务的一个严重差错,机务把两个阻尼器的接线插错了,导致飞机状态出现异常。这起人为差错除了维修人员未按程序操作,检查人员未按要求进行检验外,还包括该插头安装位置隐蔽,目视检查难度很大,而且两个插头的规格形状完全相同,没有防错设计。

四、环境因素

环境因素对人的可靠性影响很大,人的生理状态、心理状态与环境因素密切相关。飞行运行的很多环境因素都会使人进入疲劳、厌倦以及紧张状态,或分散人的注意力,提高人为差错率。如过热或过冷,气压太高、太低或变化太快,噪音过大,湿度过大或过小,频繁的颠簸震动,光线太弱或太强,空气含氧量低,恶劣的天气,飞机故障或不正常,外界各种干扰等,都可能引发人为差错。

环境因素主要分为工作环境和社会环境。

工作环境对航空从业人员的安全操作影响很大,如工作场所的照明、通风、振动、噪声、温度、湿度以及所处的气象条件等。例如对维修人员,特别是航线维护人员来说,他们所处工作环境是比较恶劣的、露天的,环境受到地理位置、气候的制约。据有关统计数据表明,冬季和夏季发生维修差错明显多于春秋两季。又如,签派员对于飞机的放行必须充分考虑到当时气象条件的影响,要避免安排飞机通过有危险或恶劣气候的区域。选择飞行高度及航路时,应仔细考虑这些气象条件,以减少飞机进入这些区域的可能性。当预报航路上有雷暴天气活动并且不能绕飞时,签派员和机长不能签字放行。同时,还要考虑到航路天气对飞机结冰可能性的影响,天气有可能给飞机造成的颠簸程度以及台风、火山灰给飞机安全飞行带来的影响。根据中国民航总局的中国民航航空安全报告统计分析,2005 年与 2006 年的事故高发期均为 7、8、9、10 四个月。

社会环境包括上下级关系、同事关系、家庭关系、个人问题的处理。由于种种原因工作不如愿,产生怨气或焦虑的情绪,这种情绪若控制不好往往会降低工作标准,草率行事。社会环境直接影响航空从业人员的情绪和工作积极性。

五、组织管理因素

对航空业来说,从组织角度考虑安全是一次重大的变革。虽然航空从业人员已经逐步认识到组织因素在航空安全中的作用,但由于缺少能用于调查的清晰框架,组织层次的潜在错误经常被安全专业人员所忽视。只有分析组织因素,找出组织层面的潜在错误,使系统对组织采取措施,才能有效地预防事故发生,提高航空安全。

管理过程是指组织里管理日常活动的行政决定和规章,包括制定和使用标准操作程序以

及在劳动力与管理之间维持检查和平衡的正式方法，这是管理人员发挥作用的重要途径。管理过程对航空安全的影响主要体现在运行、程序、监督三个方面。举例来说，组织上决定加快运行节奏，但它大大超出了监督人员的能力范围，因此监督人员就不得不使用影响员工休息的进度表，或者做出不佳的机组搭配，这就不可避免地增加了系统风险。

1. 管理层人员的道德水平、专业素质、管理水平不高，安全观念薄弱

航空系统属于复杂的社会技术系统，集合了众多高科技成果，并涉及多学科知识，因此对于航空安全管理者的水平也有较高的要求，航空安全管理者不仅要具备优秀的思想品德、熟练的技能，还应具有丰富的科学知识和综合管理能力。某航空公司的一架 MD-82 飞机，在大连因发生故障延误近两小时后，竟然瞒着 100 多名旅客冒险开往维修基地，然后让旅客在维修基地调换飞机后再前往北京。因为飞机当务之急是要开往基地进行维修，若请求派机来大连替换会浪费油费；若事先通告旅客飞机故障必然会有人退票，将使公司经济受损。这便是管理者安全意识淡漠、道德水平不高的典型表现。他们不仅置旅客的生命安危于不顾，而且如果飞机一旦发生事故，公司本身也会蒙受巨大的损失。

2. 管理制度落后，管理体系不健全

对我国目前飞行运行状况而言，有太多的管理因素会导致人为差错，我国大部分航空公司对飞行人员的管理基本处于古典的泰勒式管理阶段。对飞行员制定了按职务高低设置的工作定额、有评价工作能力的弹性技术弹性标准、有可以部分执行的标准的操作程序、实施永远都不会合理的差别计件付酬（按飞行小时计酬），用经验工作法和泰勒的科学工作法（计划和执行分离）相结合的工作方法。在公司把飞行员看成经济人的同时，飞行员也把职业看成谋生的手段，把公司看成经济体，往往以最低的投入和标准完成定额的工作。如图 4-8 所示。

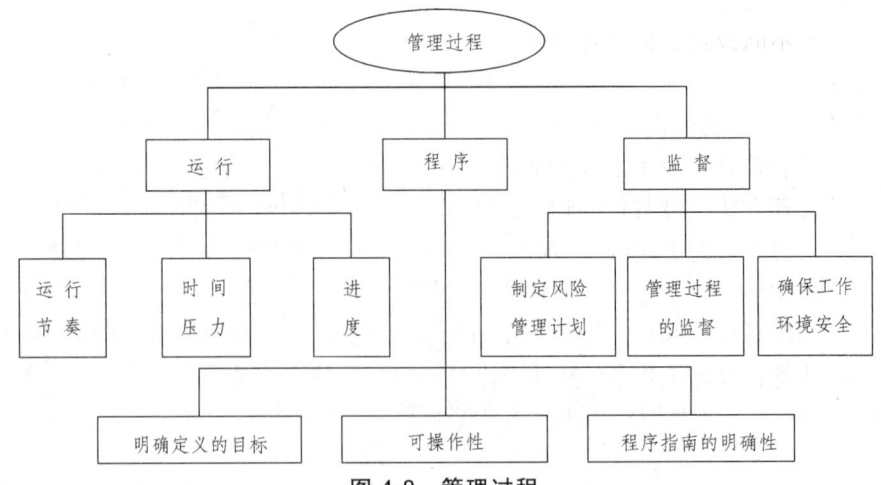

图 4-8 管理过程

管理的落后现状为人的差错的产生提供了广阔而肥沃的土壤。企业的组织结构不合理，规章制度不健全或不落实；管理松懈，缺乏管理力度和有效的激励约束机制；管理者指挥、管理低效或失误；沟通不畅，人际关系紧张等，都可能使相关人员的行为出现差错，从而导致飞行事故的发生。例如，中国民用航空规定，机长及副驾驶每月的飞行时间均不得超过 100 小时，然而有的航空公司管理不严，仍存在超限驾驶而致疲劳的现象，而睡眠缺失和昼夜节律混乱会导致认知判断和操纵失误。此外，组织经营状况、人事安排、福利报酬、工作任务

等方面的变化，会影响成员的思想、心理、生理状况和工作条件，使之产生心理波动或心理失衡，较易诱发飞行事故。

3. 组织氛围的影响

每个航空组织都有自己独特的组织氛围。组织氛围是有关航空组织的工作任务、管理策略、领导风格、企业信条以及职工态度等一系列企业文化因素所构成的整体印象。

组织氛围反映了组织的政策体系及价值体系，它对员工的动机、态度和行为都有明显的影响。组织氛围与组织文化密切相关。当一个航空组织经过长时间的发展而逐渐成熟后，它的一整套企业文化就会影响其决策的制订，也会相应地改变其组织氛围。

组织结构是组织氛围的标志。这可以从行政管理系统、授权方式、信息传递通道以及行为的真实责任几点反映出来。例如，信息传递和协调一致对组织来说至关重要，如果管理层和员工互不沟通，没有人知道谁在负责，那么组织的安全必要受到损害。组织政策也是组织氛围的一个重要影响因素。政策是正式的指导方针，用来指导招募、晋升、留职、病退以及其他一系列对组织的日常事务很重要的问题。当政策制定错误、有敌意、相互冲突或者被非正式的规矩和价值观排挤时，就会导致很多混乱。根据组织对员工意见的处理情况，可以将组织氛围分为三种类型：病态型、消极型和健康型。

在健康型的组织氛围下，航空组织积极寻求安全信息，员工的意见能得到及时的处理，一些有意义的意见受到鼓励，安全隐患很快能被发现并得到排除，组织的安全性当然也就比较高；在病态型的组织氛围下，对于飞行安全的有关信息由于各种原因得到了不同程度的隐瞒，管理者无法及时发现组织中所存在的问题，当事人由于怕丢面子或怕受到处罚等推托责任，有益的安全建议不能被采纳，组织的运行风险很高，飞行事故也就在所难免了；而消极型的组织氛围处于病态型和健康型两者之间，通常只能满足最基本的安全标准，也不值得提倡。

管理方法要不断改进，使之更科学、合理，而规章制度本身就可能存在缺陷，只有在实践中不断接受检验并不断修改、完善，才能更贴近实际，更好地指导和约束航空从业人员。国家有关部门正在积极尝试各种改变现状的方法，但当务之急是引进或选拔既具有丰富管理知识和经验又拥有较高专业水准和行业经历的管理人员，建立真正的现代的管理网络和现代化、人性化的管理方法。没有这一切，减少人为差错、提高安全运行水平就成为空谈。

尽管航空人为因素的影响因素有很多，但只要运用科学的方法，就能够提高人的可靠性，减少人为差错的发生。在对航空事故或不安全事件进行分析时，不仅要从操作者自身找原因，还要从环境、工作对象、制度、管理等多方面去查找，发现导致不安全事件或事故的深层原因，改善工作环境，改进工作对象的设计和制造工艺，完善管理制度。

第四节 航空中人的差错管理

一、航空中人的差错管理的基本假设

1. 墨菲定律——人是容易出现差错的

1942年，美国航空工程师墨菲（Murphy）根据研究提出的一条著名定律，说明凡是有可

能搞错的地方，一定会有人搞错，而且是以最坏的方式发生在最不利的时机。

墨菲定律的数学解释为：在 n 重贝努里（Bernoulli）试验中，试验次数 n 趋向无穷大时，事件 A 一次也不发生的概率趋于零；事件 A 至少发生一次差错的概率趋于 1。即一次差错也不发生是不可能的，至少发生一次差错是肯定的。这个理论充分说明，人在工作中，特别是复杂的操作任务中，只要重复一定的次数就有出现差错的可能性。

2. 海恩法则和差错冰山——并非所有差错都导致事故

美国安全专家海因里希对 50 多万起事件进行了统计分析，提出了 1∶29∶300 法则。其含义是在人的每 330 次行为失误中，有 30 次造成了伤害，其中有 1 次造成重伤以上伤害。后来，日本的安全科学界，把 1∶29∶300 称为海恩法则，其意思是在一起重大事故下，有 29 起事件（我们通常称为事故征候），且在其下还有 300 起差错。如图 4-9 所示。

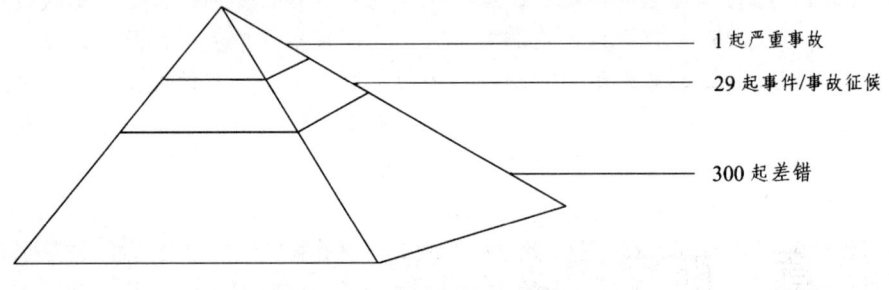

图 4-9　海恩法则示意图

"差错冰山"与海恩法则相类似，这是航空系统统计分析后得出的。差错冰山告诉我们：重大事件和事故都有着相同的背景；露在表面的冰山是我们看到的一角，隐藏在海水下的巨大冰山实体，才是可怕的随时可能撞沉大船的暗礁。根据航空事件的统计分析，发生 1 起事故或严重事件，有 40 起是已报告过但并未引发事故的事件（空中停车、空中返航、改航、延误和取消等），还有 600 起是未报告的差错事件。如图 4-10 所示。

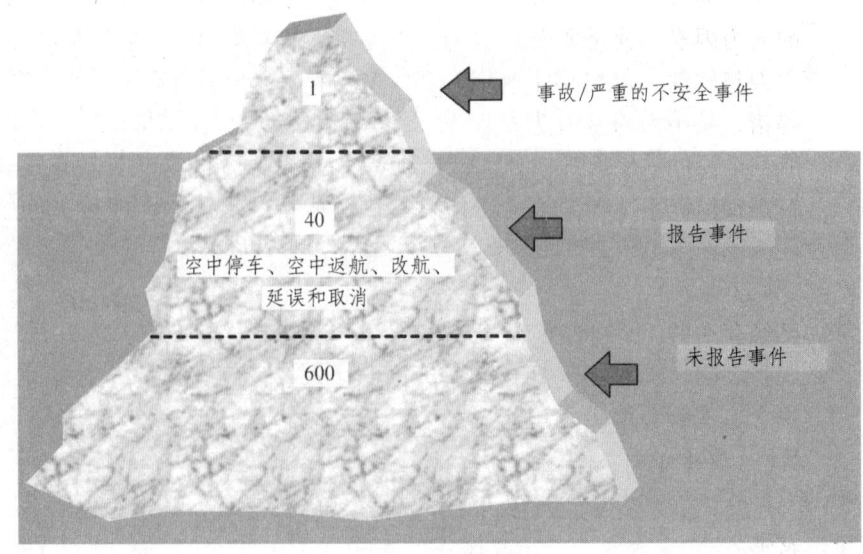

图 4-10　差错冰山

3. 事故链理论——事故通常是由多个原因造成的

系统安全理论指出，事故的发生通常不是孤立事件的结果，而是多种系统缺陷凑到一起的不幸后果，参见图 4-11。事故的发生是由于一系列事件如天气不好、机械故障、判断决策差错、操纵处置不当等，一环扣一环，最终酿成的。阻断这个链条的任何一个环节事故就可避免。

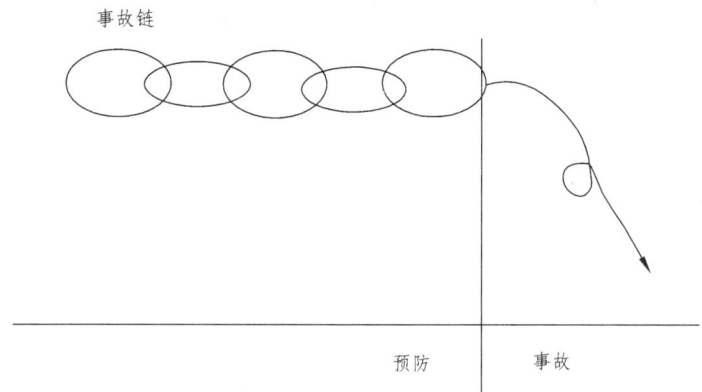

图 4-11 事件链与事故预防

多因素导致事故是一种普遍的现象。国际上分析过 1982—1991 年全世界的坠机事故，其结果如图 4-12 所示。

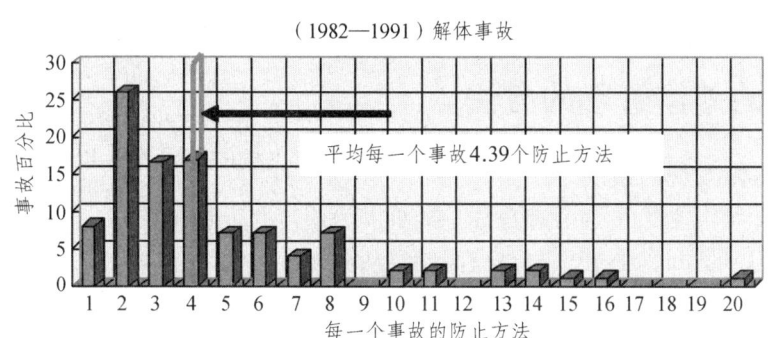

图 4-12 平均每个事故有 4.39 个原因链环

仅一个因素就导致事故的仅占总数的 8%，而且多半是像重心装错、重量严重超载这类致命性差错。平均每个事故有 4.39 个原因链环，即有 4.39 个预防方法的多达 20 个。

事件链理论说明要预防事故必须从那些影响航空安全的事件入手。一个安全事件可能曾经造成过事故，也可能因为其他环节被阻断而只导致了事故征候，或者是按公司标准造成严重差错或差错。不管是否实际导致过事故，安全事件都是事故事件链的构件。这类事件隐患一日不清除，就会有结合其他事件爆发事故的危险。既然事故与安全事件之间有这样密切的关系，那么要通过分析事故达到后事之师的目的，就必须分析安全事件。事故的系统分析技术正是在系统安全理论的指导下来分析安全事件，力图通过这种分析找到预防事故的途径并判明其有效性的。

二、人的差错管理的原则

从前面的讨论中我们可以有这样的结论,差错是人类认知活动固有的一部分,我们不能、也不应该完全杜绝各种形式的差错。因此差错管理也不是简单的预防差错,或是对已经发生的差错的更正。差错管理真正的最终目标并不是减少差错,而是避免差错失控威胁到安全。差错管理是指为降低差错频率、减少差错数量、减轻和抑制可能发生的偏差的不利后果而设计的一切行动和方法,它包括以下一些方面:

1. 对一线操作者(个体或团队)的差错管理

操作者对自身差错和团队差错实施的动态管理策略有:
(1)降低差错发生的可能性(避免);
(2)在差错产生不利后果之前,对其检测、更正和弥补(修复);
(3)通过分配心理资源去修复可能造成严重后果的行为偏差,保持对全局的控制(缓解)。

2. 系统差错管理

系统差错管理是指通过技术和非技术的方式(设计、程序和培训),由系统进行的差错管理,以更正可能引发差错的条件(预防),提高系统对操作者差错的抵制能力和包容能力(防护)。

3. 机构差错管理

机构差错管理是指机构对人的不可靠性的抵制,通过对现存偏差和机构内部各层次上的潜在差错条件的管理得以实现(比如设计疏漏、培训上的缺陷等)。

三、人的差错管理的方法

1. 改善工作人员的素质

(1)加强航空从业人员的心理选拔是减少人的差错的重要途径。

加强航空从业人员的心理选拔是提高航空从业人员队伍的总体素质,减少人的差错、节约培训经费和确保飞行安全的必由之路。自第二次世界大战以来,人们得出的结论是:并非每一个体魄强健的人都能从事飞行职业,这对航空从业人员来说同样适用。比如,可以在飞行人员、机务维修人员和空管学员入校前便通过心理选拔淘汰掉那些在心理上不适合相应工作的人,从而降低培训的淘汰率,达到提高航空相关人员的基础素质的目的。

(2)提高航空从业人员的能力素质,员工是安全生产的主体,其意识和技能是影响安全生产质量的重要因素。

1997年民航总局建立了每月5日、8日的安全教育、补课制度。采用岗前培训、在岗培训、继续培训、企业培训、送外培训、特殊岗位人员持证培训、职业技能鉴定培训等方式,促进员工不断提高安全意识和安全技能。特别是《安全生产法》颁布后,国家安监总局、民航总局等有关职能机构,民航管理干部学院和各用人单位,都纷纷加大了员工培训力度,使民航广大员工的职业综合素质有了新的飞跃。但从总体来看,地面保障人员的专业水平,与国外同行相比仍然存在一定差距,与国内飞行人员相比还显得不够专一,干线与支线机场发展不平衡。因此，员工安全意识和安全技能训练应当突出法律规章、运行标准、团队精神、职业道德、心理承受能力、专业技术知识和执行力等方面，要努力造就一支专业技术精湛、工作作风过硬的民航员工队伍，把人的差错因素降到最低。

2．加强生产组织结构设计

生产组织结构设计包括计划、管理、控制、调配，是一个非常系统、严密的循环过程。它涉及机构设置、职责分工、人员配备、能力界定、劳动强度测评、工时计算、薪酬确定等综合因素。要求管理部门必须对每一个部门的职责、每一个岗位的任务和每一个作业过程的程序，进行反复调研和科学论证，并根据外部环境和作业流程的不断变化，适时进行调整。既要防止任务交叉、职责不明造成管理被动，也要注意分工过细、协调困难使管理效率下降的趋向。只有始终保持组织结构的科学性，安全管理职责和任务才能切实落实到部门、落实到岗位和落实到人头。

3．加强激励约束机制

激励和约束机制是一把双刃剑，运用恰当会收到事半功倍的效果。一方面，要把薪酬分配、绩效认可、入党、升学、出国学习、先进评选、组织经验交流等"政策"，向那些安全责任和工作任务重的人、敬业爱岗的人、遵守安全规章制度一丝不苟的人、善于大胆管理的人、自觉开拓创新的人倾斜；另一方面，要敢于对那种无所作为的人，尤其对那种有章不循、有令不止、得过且过的人动真格，坚决不搞以轻微罚款替代行政惩罚、以教育培训替代责任追纠，不合格的就辞退。民航的岗位在社会上还是有吸引力的，只要建立起合理的员工流动机制，人才引进渠道是通畅的。

4．加强安全法规和管理制度建设

2001年美国"9·11"事件发生后，航空安全已上升到事关国家安全的高度，必须全面开展法规建设和标准完善。当前民航许多单位已不满足于质量管理体系的运用，有些企业正在着手建立职业安全健康和环境管理等标准体系。与此同时，三大航空公司重组、机场属地化管理后，管理制度、运行标准规范出台的步伐也大大加快了。未来将会有更全面的法规、更严谨的规章、更科学的标准去规范人和约束人的行为，这对预防和控制人的差错、保证航空安全必将产生积极的作用。

5．加强安全文化建设

IATA认为："持续提高航空安全，取决于对人的差错因素的更好理解。只有在无责备环境中发现差错，才能够做到真正理解。"但在实际工作中，我们往往看到少数单位平时不注重安全文化建设、忽略员工安全技能培养、贯彻安全法规纸上谈兵、加强安全管理勤于务虚、整改隐患避重就轻。一旦发生安全问题，不是深入基层调查了解情况、找准问题和根源、制订有效措施、排除事故隐患，而是以惩罚处理个人为主。IATA的这个研究结论告诉我们，对无故意失误造成不安全事件并能主动报告的人，组织应当采用学习培训的方式，帮助员工增强安全意识，提高安全技能，以防止同类事件的再次发生。而对那种故意违章的不安全行为，必须严厉处罚。这既是对遵守安全规章员工的鼓舞，也是创造一个客观、公正和无"压力"安全管理环境的客观需要。防止有的员工因怕停飞、下岗、罚款和通报批评而不敢反映和揭露生产中存在或已经发生的安全问题，甚至使他们不愿意主动向上级沟通安全信息，致使隐患得不到整改，同类事故重复发生。

思考题

1. 比较人的因素与人的差错概念的异同。
2. 说出当前对航空中人的差错的主要观念。
3. 简述航空中人的差错的几种不同研究取向。
4. 简述人的差错分类分析系统的主要观点，并举例说明。
5. 结合实际论述引发人的差错的可能因素。
6. 结合实际论述管理人的差错的方法。

第五章　航空安全管理组织体系

当前，民用航空安全工作面临的问题，主要体现在：世界航空运输自由化和国民经济的持续快速增长给民用航空安全工作带来的巨大压力；民用航空新的安全管理体制、机制尚不完善；航空活动需求的多样化，导致局部地区的空中交通服务保障能力出现瓶颈效应；空防形势依然严峻，"非传统的安全问题"诸如国际恐怖活动和国内不稳定因素，对空防安全构成了极大威胁。因此，要清醒地看到民用航空安全工作中存在的矛盾和问题。长时间保证安全，容易看不到以人的不安全行为和物的不安全状态存在的安全隐患。与世界民用航空比较，我国的安全水平还存在很大差距。立足长远，着眼当前，以建立健全符合社会主义市场经济要求的民用航空安全管理体系和运行机制为主线，以完善安全生产法规规章、落实安全生产责任制为重点，以"持续安全"理念为前提，坚持"安全第一、预防为主，综合治理"的基本方针，坚持以人为本的安全理念，严字当头，赏罚严明，坚持技术、装备、培训并重，实施"科技兴安"战略，建立安全长效机制，大力加强安全基础建设和安全生产监督管理，确保民用航空生产运行始终处于安全稳定协调持续的可控状态。特别是对新出现的苗头性和局部性的安全问题，要见微知著，保持高度警惕，从薄弱环节抓起，从风险因素抓起，从解决突出的问题入手，扎扎实实做好安全工作。

对民用航空业而言，航空安全是众系统、宽领域、多层次工种共同作用的综合结果。有效的安全管理需要应用系统的方法制定安全政策、程序及措施，以便使组织能够实现其安全目标。与其他管理职能相类似，安全管理需要策划、组织、沟通和提供指导。安全管理将不同的活动融为一个相互联系的整体。随后还需要进行评估，并验证该组织的安全管理措施的适用性和有效性，从而完成安全管理的全过程。航空系统安全管理程序的实施则主要依赖完善的航空安全管理组织体系来实现。

下面将通过对航空安全管理组织体系内各组织机构职责的介绍，并以美国和中国的安全管理体系为例，帮助大家了解整个航空安全管理组织体系的结构以及具体管理程序和方法的实施过程。

第一节　安全管理的责任

在实施航空安全管理政策、程序以及执行方案的时候，安全和有效管理责任由各种组织机构分担，其中包括国际组织、国家民用航空管理当局、航空器所有人和经营人、空中航行服务提供者、机场、航空器和动力装置主要制造商、维修组织、行业和专业协会、航空教育和培训机构等。此外，提供航空服务的第三方（包括合同服务）同样承担着安全管理的责任。

总的来说，这些职责具体如下：
（1）确定安全相关政策与标准；
（2）分配维持风险管理活动所需的资源；
（3）查明和评估安全风险；
（4）采取措施排除危险或把风险的相关水平减少到既定的可接受水平；
（5）将技术进步纳入设备设计和维护过程中；
（6）进行安全监督及安全方案评估；
（7）调查事故和严重事故征候；
（8）采取最合适的、最好的行业做法；
（9）促进航空安全（包括交换与安全有关的信息）；
（10）及时更新民用航空安全管理规章。
下文将分别介绍民用航空安全管理组织体系中各机构及部门的具体职责。

一、国际民用航空组织

从管理角度看，国际民用航空组织的作用是为国际航空器运行的安全管理提供程序和指导以及促进全球航空运输的规划与发展。这一宗旨主要是通过制定标准和建议措施来实现的，标准和建议措施载于《芝加哥公约》（即《国际民用航空公约》）的各附件中，反映了各国最好的运行经验。空中航行服务程序（PANS）包含标准和建议措施范围以外的一些做法，为了安全和效率，这些做法需要一定程度的国际统一。空中航行规划详细叙述了国际民用航空组织各地区特定设备和服务的要求。实质上，这些文件确定了促进航空安全及效率的基本国际框架。

除了这些监管框架以外，国际民用航空组织还通过推广最好的安全做法，为安全管理做出贡献。更具体地说，国际民用航空组织的职责包括：

（1）为国家和经营人提供涵盖航空安全的绝大部分方面的指导材料（包括飞行、适航、空中交通服务、机场及机场保安等）。通常，这些指导材料以手册或通告的形式发出。

（2）通过编写安全管理手册的方式，说明安全管理的原则，并为实施有效的安全管理方案提供指导。

（3）确定事故和事故征候调查和报告的国际程序。

（4）通过以下方式促进航空安全：① 通过事故和事故征候报告（ADREP）系统以及其他途径，共享全球事故和事故征候信息；② 以各类出版物的方式传递航空安全信息；③ 组织或参与研讨航空安全特定问题（即事故调查、事故预防和人的因素）的会议和研讨会等。

（5）根据全球普遍安全监督审计计划（USOAP）对缔约国进行审计，通过安全审计实现对缔约国安全管理能力的监督。

二、国家

国家肩负着建立安全和高效飞行环境的重要职责。缔结《芝加哥公约》的国家，不管其采用何种风险管理方法，均有义务执行国际民用航空组织的标准和建议措施。为此，各缔约国必须按照 ICAO 的基本要求，履行以下职责：

（1）为管理国家的航空系统提供必要的法律及管理规定。有效安全管理体系的基本法律框架应涉及以下领域：① 在国家航空法确定国家商业航空和私人航空的目标。一般地说，国家航空法包括国家的航空安全观，并明确为实现这些目标的主要责任、问责办法和权力；② 航空器及其零部件制造和贸易方面的法律用于规范安全的航空设备和服务的生产和销售；③ 劳动法（包括职业安全和健康法）用于为保障航空从业人员能够安全履行其职责所应具备的工作环境确定基本的管理规则；④ 保安法用于促进工作场所的安全，例如管理谁能进入运行区，以及在什么样的条件下可进入运行区，同时保安法还可以起到保护安全信息源的作用；⑤ 影响机场和导航辅助设备选址的环境法可对飞行运行（例如降低噪声程序）产生影响。

（2）建立拥有确保规章得到遵守的必要权力的适当的国家机构，这一机构通常被称为民用航空管理局。这一职责包括：① 确立必要的法定权威机构或代表机构来管理规范航空业；② 确保配备足够的合格技术官员；③ 保持有效的安全监督系统以评估管理要求贯彻执行的情况。

（3）建立适当的安全监督机制，以确保经营人和服务提供者在其运营中维持可接受的安全水平。

安全高效的航空环境依赖于重要的航空基础设施和服务，包括机场、导航设备、空中交通管理、气象服务、飞行信息服务等。一些国家拥有并运营其自己的航行服务部门和主要机场；还有一些国家拥有并运营其自己的国家航空公司。然而，许多国家将这些运营业务公司化，在国家的监督下运营。不管采取什么方法，国家都必须确保维持航空业的基础设施和服务，以满足国际义务和国家的需要。

各国均有责任在国际航空界中做一名"好成员"。各国要做到这一点的最好办法是确保遵守《芝加哥公约》和国际民用航空组织的标准和建议措施。当一个国家无法使其国家法律和规章与标准和建议措施相一致时，该国就必须申报"差异"。国际民用航空组织公布这些差异以便其他国家了解这些与国际上商定的标准的差异。

三、民用航空管理局

已经制定了适当的航空法规的国家必须建立专门的国家民用航空管理机构，以制定国家据以实施其安全方案的规则、规章和程序。本书将在后面详细叙述民用航空管理局实施有效安全方案的主要的职能和活动。基本上，民用航空管理局对遵守国家航空安全的法律和规章以及实现国家的安全目标进行必要的监督。

四、制造商

制造商的主要责任在于每一代新设备都应该在最新"技术发展水平"和运行经验的基础上对原有设备进行改进。制造商生产的航空产品必须符合适航及其他国内和国际标准并满足购买者经济和性能需要。制造商还提供支持其产品的手册和其他文件。在一些国家，这可能是为特定型号的航空器运营或设备部件操作使用的唯一指导材料。因此，由制造商提供的文件的标准是很重要的。此外，通过提供产品技术支持和培训等方法，制造商还可提供特定设备部件的安全记录或部件的使用记录。

另外，大型航空器制造商设有积极的安全部门，其职责包括：监视航空器的使用情况，为制造过程提供反馈并向其客户航空公司传播安全信息，为更好地促进全球航空安全运行起到积极的作用。

五、航空器运营人

大型航空公司所采用的许多安全管理活动，通常是在遵守国际民用航空组织标准、建议措施和国家规章要求的前提下，由其安全管理办公室执行。安全管理办公室监控公司的总体运行情况，并就排除或避免已识别出的危险或把相关风险降到可接受水平需要采取的行动，向公司管理层提出独立的建议。

在公司内，管理者拥有管理安全风险的权力和责任。管理者通过制订识别危险、评估风险、风险分级的系统方法，减少或排除构成最大潜在损失的那些危险来履行其职责和行使其权力。唯有管理者才有能力对组织的结构、人员配备、设备、政策和程序进行变更。

最重要的是，管理者决定组织的安全文化。如果没有管理者对安全的全心全意的承诺，安全管理将收效甚微。通过积极加强安全措施，管理者向其所有员工传达了一个领导真正关心安全，员工也应当真正关心安全的信息。管理者需要把安全作为组织的一项核心价值标准。为此可设立总目标和安全目标，就如何实现这些目标对管理者和员工实行问责。

六、航空服务提供者

安全和高效的飞行取决于有效提供各种独立于航空器经营人的服务，如空中交通管理、机场运营（包括机场应急服务）、机场保安、导航和通信设备等。

从传统上看，这些服务通常一直是由国家通过其民用航空或军航当局来提供的。然而，一些国家的民用航空当局发现，在既作为管理者又作为服务提供者的这种国家的双重角色中存在潜在的利益冲突。此外，一些国家相信，将许多此种服务特别是将空中交通服务和机场运营公司化（或私有化）可以提高运营效率并具有经济意义。因此，越来越多的国家下放了提供许多此种服务的责任。不管是航空服务的所有者还是管理机构，责任经理均应在其专门技术领域内建立并实施安全管理体系。

七、第三方承包商

在诸如加油、配餐和其他航空器地面服务、航空器保养和大修、跑道和滑行道的建造和维修、机组人员培训、飞行计划、飞行签派和飞行跟踪等领域提供支持飞行运行的服务往往涉及私人承包商。

不管是大公司的承包商还是小企业的企业主，签约单位（如航空公司、机场经营人或空中航行服务提供者）均负有管理承包商承担的安全风险的全部责任。合同必须规定应达到的安全标准。因此，签约单位有责任确保承包商遵守合同中规定的安全标准。

安全管理体系必须确保一个组织的安全水平不因外部组织所提供的投入和供应品而受到损害。

八、行业和专业协会

行业和专业协会在安全管理中同样起到重要作用。为提高商业利益，通常组成国际、国家和地区利益相关者协会；然而，利益相关者越来越认识到航空安全和盈利率之间的紧密联系，认识到一个航空公司发生的事故将损害他们自身的商业利益。因此，航空公司协会积极地关注着行业在技术、程序和做法等方面的发展。协会的成员在危险识别、减少或排除这些缺陷的行动中进行合作。目前许多航空公司可以通过此种协会来交流安全相关数据，以加强公司的航空安全管理。同样，代表不同专业群体如飞行员、空中交通管制员、航空器维修工程师和客舱乘务员利益的专业协会也积极地致力于航空安全管理。通过研究、分析和倡导宣传，这些群体为识别和减少安全风险提供各种专题的专业知识。

一些航空公司越来越多的与其他航空公司合作或结成联盟，通过代码共享协议拓展了其有效的航线结构。如果实施某一航段飞行任务的航空公司不是乘客所期望的那一家，那么这些安排有可能带来安全问题。没有哪个航空公司愿意和不安全的合作伙伴联系在一起。为了保护自身的利益，联盟的合作伙伴相互之间进行安全审计，从而提高航空公司的安全水平。

尽管上述组织中各个环节均有特定的安全管理任务和责任，但是航空的国际性质要求各个环节的努力联合成为统一的全球航空安全系统，这就需要在各个层次和水平上进行合作与协助。这些国际合作与协助可以通过企业协会如国际航空运输协会，国家和国际航空协会如全国商用航空协会，国际联合会如航空公司驾驶员协会国际联合会，国际安全组织如飞行安全基金会和国际航空安全调查员协会，行业/政府团体如商业航空安全小组和全球航空信息网等方式有效地沟通和交换与安全相关的信息和知识，更好的促进航空运输业的发展。

第二节 我国航空安全管理组织体系

众所周知，在过去计划经济体制下，中国民用航空长期以来一直实行政企合一、高度集中的军事化、半军事化的管理体制。随着社会主义市场经济体制的建立，原有的体制已经很难适应民用航空业快速发展的需要。因此，中国民用航空全行业认真贯彻党的改革开放政策，不断推进民用航空体制改革。

经过一系列的管理体制改革，中国民用航空建立起了适合我国民用航空安全生产和持续发展的"两级政府，三级管理"的安全管理组织体系，如图5-1所示。

按照政企分开、转变职能、加强监管、保证安全的目标，我国建立起了与民用航空事业发展相适应的民用航空地区行政管理机构，实行中国民用航空局和中国民用航空地区管理局两级行政管理体制，即"两级政府"。"三级管理"则是指由民用航空局、民用航空地区管理局及地区管理局的派出机构安全监督管理局共同组成并实施的安全管理体系。

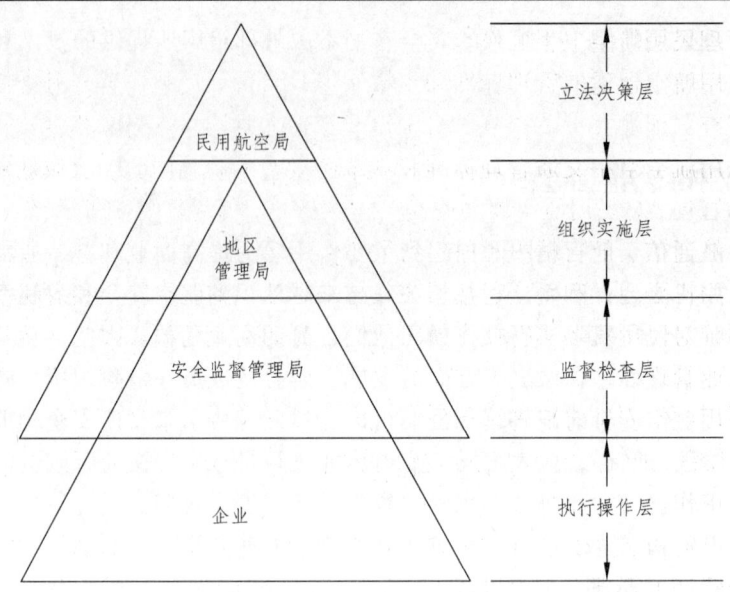

图 5-1　我国民用航空安全管理组织体系的功能结构

在我国民用航空安全管理组织体系中,政府的安全管理活动主要集中在立法决策、组织实施以及监督检查等宏观管理层面,民用航空企业的安全管理活动则主要集中在组织实施、检查和执行操作等微观管理层面。

通过"两级政府,三级管理"这样的安全组织体系,实现了对中国民用航空安全的全面管理,保障了中国民用航空的安全,促进了中国民用航空业快速、健康、安全的发展。

一、中国民用航空局

在经历了数次职能调整后,中国民用航空局根据行政权力和飞行安全管理相对高度集中的行业特点,按照建立社会主义市场经济体制的要求,进一步实行政企分开,切实转变职能,以"安全第一,正常飞行,优质服务"为中心,加强飞行安全管理、空中交通管理、航空运输市场管理和机场安全运行管理以及民用航空发展规划、宏观调控、行业政策、依法监督等行业管理职能,将民用航空的管理职责、组织进行民用航空科技成果推广应用的职责、民用航空运输服务标准及质量的监督检查和受理用户投诉的职责交给民用航空企业、科研单位或社会中介机构承担。

中国民用航空局现在的主要职责是:

(1)研究并提出民用航空事业发展的方针、政策和战略;拟定民用航空法律、法规草案,经批准后监督执行;推进和指导民用航空行业体制改革和企业改革工作。

(2)编制民用航空行业中长期发展规划;对行业实施宏观管理;负责全行业综合统计和信息化工作。

(3)制定保障民用航空安全的方针政策和规章制度,监督管理民用航空行业的飞行安全和地面安全;制定航空器飞行事故和事故征候标准,按规定调查处理航空器飞行事故。

(4)制定民用航空飞行标准及管理规章制度,对民用航空器运营人实施运行合格审定和持续监督检查,负责民用航空飞行人员、飞行签派人员的资格管理;审批机场飞行程序和运行最低标准；管理民用航空卫生工作。

（5）制定民用航空器适航管理标准和规章制度，负责民用航空器型号合格审定、生产许可审定、适航审查、国籍登记、维修许可审定和维修人员资格管理并持续监督检查。

（6）制定民用航空空中交通管理标准和规章制度，编制民用航空空域规划，负责民用航空航路的建设和管理，对民用航空器实施空中交通管理，负责空中交通管制人员的资格管理；管理民用航空导航通信、航行情报和航空气象工作。

（7）制定民用机场建设和安全运行标准及规章制度，监督管理机场建设和安全运行；审批机场总体规划，对民用机场实行使用许可管理；实施对民用机场飞行区适用性、环境保护和土地使用的行业管理。

（8）制定民用航空安全保卫管理标准和规章，管理民用航空空防安全；监督检查防范和处置劫机、炸机预案，指导和处理非法干扰民用航空安全的重大事件；管理和指导机场安检、治安及消防救援工作。

（9）制定航空运输、通用航空政策和规章制度，管理航空运输和通用航空市场；对民用航空企业实行经营许可管理；组织协调重要运输任务。

（10）研究并提出民用航空行业价格政策及经济调节办法，监测民用航空待业经济效益，管理有关预算资金；审核、报批企业购买和租赁民用飞机的申请；研究并提出民用航空行业劳动工资政策，管理和指导直属单位劳动工资工作。

（11）领导民用航空地区、自治区、直辖市管理局和管理民用航空直属院校等事业单位；按规定范围管理干部；组织和指导培训教育工作。

（12）代表国家处理涉外民用航空事务，负责对外航空谈判、签约并监督实施，维护国家航空权益；参加国际民用航空组织活动及涉民用航空事务的政府间国际组织和多边活动；处理涉香港特别行政区及澳门、台湾地区民用航空事务。

（13）负责民用航空党群工作和思想政治工作。

（14）承办国务院交办的其他事项。

根据职能，中国民用航空局下设具体的职能部门有办公厅、航空安全办公室、政策法规司、规划发展财务司、人事科教司、国际合作司、运输司、飞行标准司、航空器适航审定司、机场司、公安局等。其中直接与航空安全相关的主要部门有航空安全办公室、飞行标准司和航空器适航审定司。下面简单介绍一下这几个部门的具体职责。

1. 航空安全办公室

航空安全办公室的主要职责是保障全行业航空安全，其具体职责如下：

（1）承办民用航空局航空安全委员会的日常工作；

（2）负责拟订民用航空安全工作规划；

（3）综合协调管理全行业的飞行安全、空防安全和航空地面安全，组织协调行业的"系统安全"管理工作；

（4）评估检查民用航空企事业单位贯彻执行，保证航空安全的方针、政策、法规、安全生产责任制及命令、指令情况；

（5）全面掌握全行业的航空安全情况，定期分析安全形式，提出安全建议，起草安全指令和安全通报；

（6）负责拟定事故调查的法规及标准，按规定组织航空事故调查，提出预防事故的建议和措施；

（7）负责航空安全评估人员、事故调查员的聘任、考核和培训工作；

（8）办理安全奖励和安全责任制奖罚兑现事宜；

（9）负责民用航空安全信息工作，对外发布相关安全信息；

（10）组织协调国际民用航空组织安全审计及有关航空安全方面的事务，开展民用航空安全管理和信息方面的国际交流合作；

（11）联系国务院安全主管部门；

（12）承办总局领导交办的其他事项。

2．飞行标准司

飞行标准司的主要负责对民用航空器安全运行状态的审定和持续监督，制定民用航空器维修以及与航空器运营相关的各类人员的管理规章、标准和程序，并根据这些程序进行持续性的管理和监督。其具体职责如下：

（1）拟定民用航空运营人（包括航空运输、通用航空和在我国运行的外国航空运营人）运行合格审定规章、标准和政策，组织实施运行合格审定和持续监督检查工作，负责航空运营人运行合格证和运行规范的颁发、修改和吊销工作；

（2）拟定飞行人员训练机构和民用航空器维修机构合格审定规章、标准、政策，组织实施合格审定和持续监督检查，负责飞行人员训练机构合格证和维修单位许可证的颁发、修改和吊销工作；

（3）拟定飞行人员训练设备（包括飞行模拟机、飞行训练器等）的鉴定标准，组织、指导飞行人员训练设备的鉴定工作；

（4）拟定民用航空飞行人员、飞行签派员、维修人员执照的颁发标准和管理规章，负责执照的考核、颁发和吊销工作；

（5）拟定飞行标准监察员、局方委任代表的业务标准和管理规章，组织业务培训和考试，监督检查其工作；

（6）负责民用航空器安全运行状态的审定和持续监督，包括航空器的年检、适航证的再次颁发、适航指令的实施监督、使用困难报告与有关信息的收集、维修方案与可靠性方案的审批、特殊装机设备运行要求的制定与符合性检查等；

（7）拟定民用航空器维修政策、规章、标准、程序，负责民用航空器型号合格审定、适航审定中的飞行标准工作；

（8）负责民用航空器重复性、多发性故障的收集分析和处理；

（9）会同空管部门拟定民用机场飞行程序和运行最低标准的技术规范和管理规章，审批机场飞行程序和运行最低标准；

（10）监管民用航空卫生、防疫、机场应急医疗救护工作，指导民用航空医学研究工作；

（11）拟定民用航空人员（含飞行人员、乘务员、空中交通管制员）体检合格证的颁发标准和管理规章，负责体检合格证的颁发和吊销工作；

（12）监管危险品航空运输；

（13）参与飞行事故、事故征候有关飞行运行、持续适航和航空医学方面的调查；

（14）承办总局领导交办的其他事项。

3. 航空器适航审定司

航空器适航审定司的主要职责就是制定民用航空器、发动机、螺旋桨及其他零部件、机载设备的适航审定规章、标准，并根据相应的规章标准对航空产品进行适航性的审定，保证民用航空产品符合相关适航标准，从而达到保证航空产品安全性的根本目的。其具体职责如下：

（1）拟定民用航空器适航审定管理政策、规章、标准和制度并监督实施；

（2）负责民用航空器（包括发动机、螺旋桨）型号及补充型号的合格审定、认可审查和相应证件管理；

（3）负责民用航空器生产许可审定和相应证件管理；

（4）负责航空材料、零部件和机载设备适航审定及相应证件管理；

（5）负责民用航空器国籍登记注册；

（6）颁发适航指令，负责装机设备的工程批准；

（7）负责型号合格审定委员会的日常工作，负责民用航空器单机飞行手册、主最低设备清单和维修审查委员会报告的批准，参与审查批准最低设备清单；

（8）负责民用航空器加、改装及重大维修方案、超手册修理方案的工程批准工作，负责民用航空器重复性、多发性故障的工程评估；

（9）参与民用航空器的事故调查；

（10）负责制定民用航空器噪声、发动机排出物的政策和合格审定，管理相应证件；

（11）负责民用航空油料及化学产品的适航审定；

（12）管理民用航空标准化、计量和质量工作；

（13）承办总局领导交办的其他事项。

二、民用航空地区管理局

民用航空地区管理局在中国民用航空局的领导下，主要负责对所辖区域的民用航空事务实施行业管理和监督。2002年，经过民用航空体制改革后，我国建立了7个民用航空地区管理局：中国民用航空华北地区管理局、中国民用航空华东地区管理局、中国民用航空中南地区管理局、中国民用航空西南地区管理局、中国民用航空西北地区管理局、中国民用航空东北地区管理局、中国民用航空新疆地区管理局。

民用航空地区管理局的主要职责是：

（1）对辖区内的民用航空活动进行安全监督和检查；

（2）发布安全通报和指令；

（3）组织辖区内民用航空企事业单位的安全评估工作；

（4）组织调查处理辖区内的一般民用航空飞行事故、重大通用航空飞行事故、航空地面事故和民用航空局授权组织调查的其他事故；

（5）参与辖区内重、特大运输航空飞行事故的调查处理工作。

民用航空地区管理局根据安全管理和民用航空不同业务量的需要，在所辖区内设立中国民用航空安全监督办公室。截至2009年3月，民用航空地区管理局共设置了33个民用航空安全监督管理办公室,代表民用航空地区管理局,负责地区管理局所在地/所辖地域航空公司、机场等民用航空企事业单位的安全监督和市场管理。

2009年3月24日,伴随着中国民用航空天津安全监督管理局第一个挂牌开始,中国民用航空安全监管的新体制已经开始形成。目前,我国由民用航空局、地区管理局、安全监督管理局构成的三级安全监管体制已经基本形成。

三、航空公司

在民用航空局和民用航空地区管理局的领导之下,航空公司的安全管理活动则主要集中在组织实施、检查和执行操作等微观管理层面,如负责公司航空安全检查与日常监督工作;负责航空安全内部审计工作;负责公司内部航空不安全事件的调查与处理工作;负责公司飞行品质监控管理工作;公司航空安全奖惩工作;参与公司的航空安全教育、安康杯和劳动竞赛等活动;协调、参与政府部门、集团以及公司所属各单位间的航空安全相关工作等。

为了保障和实现航空公司的安全运营,航空公司会根据企业自身的实际情况建立一套适合企业管理和发展的航空安全管理组织体系。各航空公司具体情况不同,所建立的航空安全管理组织体系也会有所差别,但安全管理组织体系的构成都大同小异。因此,下面将以某航空公司为例,具体介绍航空企业的安全管理组织体系的构成及其职责。

航空公司建立安全委员会对整个公司的安全运营从总体上、全局上进行把握和管理,具体的航空安全管理方针、政策的执行和日常管理监督工作则由安全监察部来具体实施。安全委员会及安全监察部的具体组织机构如图5-2所示。

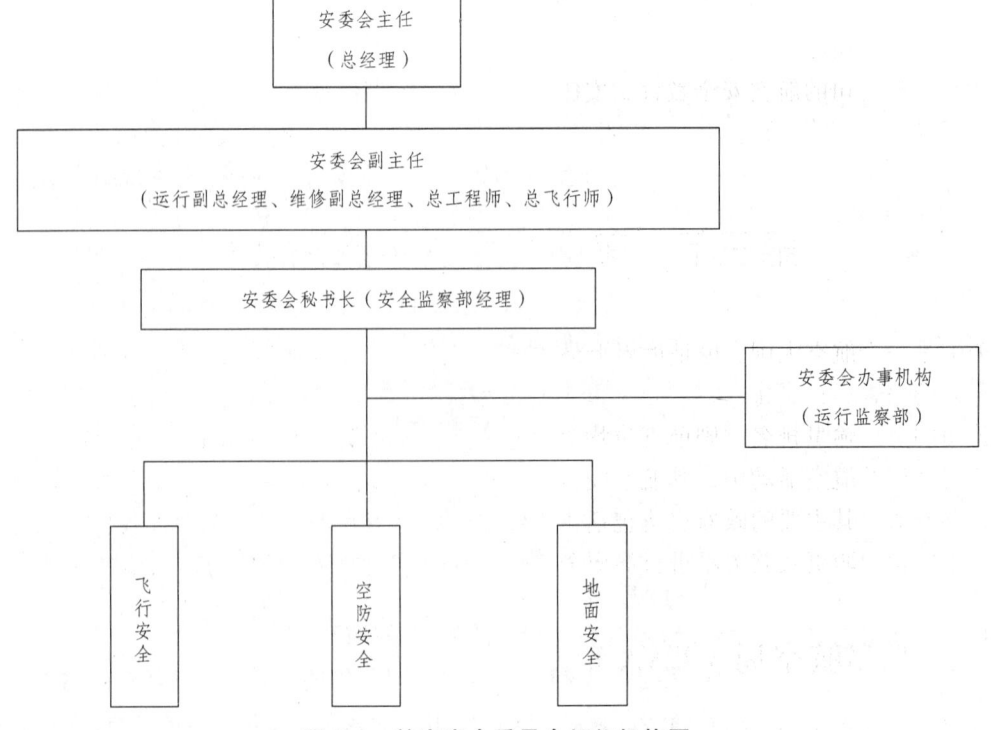

图5-2 航空安全委员会组织机构图

1. 航空安全委员会职责

航空安全委员会（简称安委会）是对公司安全工作实施综合管理和监督检查的最高管理机构，其主要职责是：

（1）贯彻执行民用航空法律、法规、方针、政策，在集团的领导下，坚持"安全第一，预防为主，综合治理"的工作方针；

（2）开展安全生产宣传教育活动，提高公司全体员工的安全意识；

（3）组织安全监察，定期召开安全形势分析会，识别公司安全管理系统的风险，制定安全措施和实施方案，监督落实整改；

（4）研究制定公司的航空安全战略规划；

（5）依据行业标准和公司相关标准，审定不安全事件的性质和责任单位、责任人，审核、批准不安全事件调查报告；

（6）研究处理安全工作中的重大问题及奖惩问题。

2. 安全监察（运行）部职责

（1）负责公司航空安全检查与日常监督工作；

（2）负责公司航空安全内部审计工作；

（3）负责公司航空安全信息的管理工作；

（4）负责公司内部航空不安全事件的调查与处理工作；

（5）负责公司飞行品质监控管理工作；

（6）负责公司航空安全系统的研究与规划，开展公司航空安全风险管理研究和人为因素研究工作；

（7）负责公司航空安全委员会的日常工作；

（8）负责公司航空安全奖惩工作；

（9）参与公司的航空安全教育、安康杯和劳动竞赛等活动；

（10）协调、参与政府部门、集团以及公司所属各单位间的航空安全相关工作。

第三节　美国航空安全管理体系

美国是一个航空大国，也是世界上最主要的民用航空活动地区。1999年的统计表明：以航空公司的旅客运输量排名，前七位均为美国航空公司（第一为 Delta Airlines，三角航）；以航空公司的总运输量排名，则前五位均为美国航空公司（第一为 United Airlines，美联航）。在如此高密度的航空活动中，其航空安全却一直保持世界前列水平。这和美国的航空安全体系是分不开的，其主要的政府机构包括了 FAA、NTSB 以及 NASA。下面将从航空安全方面对这三个机构的职责及其关系进行简要分析，以期对我国的航空安全有所借鉴。

一、联邦航空局（FAA）

总部设在华盛顿特区的联邦航空局（FAA），是管理从飞机的设计、制造到运行的几乎所有阶段的联邦管理机构,其工作主要集中在华盛顿特区、俄克拉荷马州民用航医学研究所(CAMI)、新泽西州的 FAA 技术中心以及遍布全国的地区办公室。联邦航空局的主要职责包括制定与航空器设计、制造、运行、维修相关的法律法规,并监督其实施。同时,联邦航空局还运行着多个航空安全信息系统,通过多方面的安全信息的收集,帮助其及时制定和修订其航空安全管理的基本规章制度,从而实现提高航空安全运行水平的目的。

(一)联邦航空条例(FAR)

FAR 属于美国的二级法,在联邦法规汇编 CFR 中列第十四,FAR 按照数字排列的顺序划分为章节,编号从 1 到 199 部。数字排列不是完全连续的,是为了给以后的扩展留下编排的空间,但有的也是由于过时条款被删除导致的。自从第一次发布以来,FAR 就一直处于不断地修订当中。它是飞机必须满足的最低标准,对美国的航空安全做出了很大的贡献。由于 FAR 的权威性和系统性,它对世界其他国家产生了很大的影响,很多国家的航空条例都是在对 FAR 作少量修改的基础上产生的。

(二)飞机审定

为保证航空运行的安全,航空器上的每一系统和部件,都必须满足 FAR 标准并需得到 FAA 的使用批准。当制造商设计一架全新飞机时,它必须向 FAA 提供足够的包括飞机特性、计划的图纸资料,以申请型号合格证 TC。飞机只需满足申请日期之前的修正案,而不需对新的修正案修改其设计。当证明所有设计都满足相应的 FAR 修正案后,就可以发放型号合格证。制造厂商可以按照与这架飞机相同的或本质上相同的设计进行批量生产,生产出的飞机通过检查后,得到适航证。由于预算的限制,对于大型飞机制造厂商,FAA 常常通过委托工程代表(DER)的形式来完成其检查工作。委托工程代表不是 FAA 雇员,他们一般由飞机制造厂商从自己的队伍中选择合适的人来担任,这些人具有 FAA 的 DER 执照,他们由制造厂商发放工资,但行使审定检查职责,证明其设计满足 FAR 要求。

由于工程分析、原型化和试飞验证非常昂贵。因此,制造厂商趋向于在现有已取得型号合格证飞机的基础上进行修改,而不是进行全新的设计,这是通过申请补充型号合格证(STC)的方式进行的。一旦得到批准,这些改变可用于同型号的所有飞机。因此,现代制造的某些飞机,特别是在通用航空业中,仍有相当数量的型号合格证,可能是基于 20 世纪 50 年代基础上的,但这并不意味着这些设计不安全。通过多年的检验,原先设计中的问题,都可能已经得以发现和纠正。这些纠正可能是生产厂商自发进行的,也可能是对 FAA 适航指令(AD)的反映。虽然机体的基本设计没有改变,但飞机系统,如发动机和航空电子设备却是现代的。

飞机售出后,为保持飞机适航证的有效性,要求按照 FAA 批准的维护程序对飞机进行维护。FAA 对维修人员发放执照,批准维修设备的有效性。所有的维修工作必须由具有 FAA 维修执照的人员完成,或在执照维修人员的指导下完成,最后由持照维修人员签字,并由签字者对其负责。所有这些工作必须记录在飞机记录本、发动机记录本或螺旋桨记录本中。在管理当局针对该型飞机发布适航指令(AD)时,要求必须遵守并记录。除此之外,飞机为保持其适航证还必须接受年检并记录。事故调查应研究飞机的记录本,以确保飞机得到足够的维护并符合 FAR 相关标准。FAA 还发布咨询通告(AC),它是一种建议和指导,而不是强制性的。但有些咨询通告可能会成为 FAR 的一部分。

（三）航空安全数据的收集

为保证实现真正意义上的航空安全，FAA 还收集了大量的航空安全相关信息，运行着超过 280 个自动的数据系统。大部分航空安全相关数据是由 FAA 的三个机构进行收集和管理的，它们分别是飞行标准办公室、空中交通办公室以及航空安全办公室。这些数据系统包括：

1. AIDS——事故/事故征候数据系统

虽然民用飞行事故调查由国家运输安全委员会（NTSB）负责，但 FAA 也被授权为其他的原因对事故进行调查。两者都收集事故数据，但由 NTSB 负责确定事故原因。两个部门的数据有相当数量的重复，NTSB 的航空事故数据系统包括所有美国民用飞机事故和经选择的事故征候数据；而 FAA 的事故/事故征候数据系统只包含部分事故纪录，但有更多的事故征候数据纪录。根据法规，飞机营运者应向 NTSB 提交五种类型的事故征候报告，NTSB 根据人力和环境决定是否进行调查，这样的报告每年约有 50 起，相比之下 FAA 调查员每年提交的这类报告约有 1500 起。

2. EIS——执法信息系统

EIS 设在俄克拉荷马市，主要用于行政管理。它记录了所有的执法案例和相关文档，由于其数据的敏感性，只有结束了的案例才对公众开放。

3. SDRS——使用困难报告系统

通过 SDRS 可监控飞机和部件的机械可靠性。法规要求航空营运者、修理厂、制造商、FAA 检查员对特定类型的飞机或部件故障和失效进行报告。这些报告通过书面形式传递给飞行标准现场办公室，然后经过编码并输入计算机。SDRS 能根据飞机或部件类型对报告进行跟踪分析，如果每月或每年的趋势分析超过预设值时，系统将自动发出警报，在对趋势警告进行仔细分析后，必要时可对公众发布适航指令或警告。

4. AODS——航空营运者数据系统

它收集航空营运人的组织结构、机队结构与操作以及设施等相关方面的信息。航空营运人检查员根据通用原则负责收集这些数据，并每月通过邮件向俄克拉荷马市交递。通过 AODS 以及结合其他数据系统，可以分析某个航空承运人或整个航空界的运行情况。

5. ATAD——空中交通活动数据库

ATAD 保存有全国范围内的空中交通活动数据，空中交通管制部门保留每天的 ATC 活动，各种操作的月总，包括由塔台管理的起飞着陆数量和雷达管制的飞机数量，它们被汇集到 FAA 总部的管理系统办公室，然后被输入数据库中。研究这些数据可以得到机场活动量的增减，揭示交通量的变化趋势。

6. NMCD——接近空中相撞数据库

FAA 通过飞行员、管制员、乘客或地面观测者的报告得到接近空中相撞信息。初步报告被提交后，FAA 必须在 90 天内对之进行调查。虽然事故/事故征候数据系统也跟踪接近空中相撞信息，但所有的涉及空中交通运行包括接近空中相撞的事故征候报告，最终都由航空安全办公室处理，并输入 FAA 总部的数据库中。数据库中包含了自 1980 年至今的接近空中相撞信息。

7. OED——运行错误数据库

由 ATC 系统引起的不合法的飞机飞行间隔被称为运行错误。运行偏差通常没有运行错误那么严重,它是指飞机太靠近限制空域或着陆区。1985 年后,航路 ATC 计算机配备了运行错误侦测程序,它可以对任何违反飞机间隔标准的事件进行自动记录和报告。ATC 发出的关于运行错误和偏差的初步报告应在事件发生后的 48 小时内提交,所有的这些报告都会得到调查,以得到最终报告。最初报告和最终报告将被输入数据库。

8. PDD——飞行员偏差数据库

空中交通管制部门观察到飞行员偏差后,有责任向飞行标准办公室报告以进行调查。1985 年以前,涉及飞行员偏差的事故征候报告被输入事故/事故征候数据系统,但并没有被特别地归类于飞行员偏差。航空安全办公室负责对飞行员偏差进行跟踪并给出趋势报告。

二、国家运输安全委员会(NTSB)

总部设在华盛顿特区的 NTSB,负责美国境内的所有民用交通事故调查。这些事故包括航空、火车、州际公共汽车管道运输、州际卡车运输以及内陆航运等方面。NTSB 的任务是调查事故的"可能原因",并在提高运输安全方面向相关管理当局提出建议。为强调这些建议的重要性,美国国会要求运输部对 NTSB 的每条建议应在 90 天内给予答复。

当民用航空事故中涉及军方时,NTSB 就和军方联合进行调查。当国际事故中涉及美国飞机时,NTSB 则向 ICAO 调查组提供其调查员进行协助,在收到外国的请求时,NTSB 也向国外调查组提供调查员。NTSB 的主要工作是在美国国内以及美国属地上进行的,它在全国各地设有地区办公室,通常与 FAA 地区办公室同处一处。

1. 事故调查

事故调查的目的是收集事实,给出事故原因并为安全提出建议。大型空难事故发生后,一般直接由华盛顿总部办公室处理,派出事故调查组,由调查组组长全权组织、处理和控制现场调查,并决定是否邀请机主、制造厂商、营运者和飞行员协会的调查员或其他人员加入。但是,调查组排除律师和乘客代表参加。调查组至少由 10 个分组组成,这 10 个分组通常是:飞行操作,气象,空中交通管制,结构,动力系统,飞机系统,人的因素(处理抗坠性、营救、生存性等问题),维护,目击者,人的行为素质(研究人为错误和人的行为表现)。在事故调查中,NTSB 有多项试验设施可以提供帮助:俄克拉荷马的医学实验室提供毒物与药品检查;华盛顿的金属实验室、飞行数据纪录仪实验室和分析座舱语音纪录仪的声学实验室提供相应支持。当需要的时候,NTSB 也可以使用其他政府实验室。

事故调查组每天开会研究调查进展,调查组负责人或指定的消息发言人可以向传媒公布其调查发现,任何信息的发布都需经调查组负责人许可。每个分组将完成一份由分组负责人签字的书面报告。如果需要,可以召开公众听证会,这一般在事故现场附近举行,其目的是为了让公众了解已经收集到的事实,参加听证会的团体由调查组负责人决定。调查组负责人一般包括机主、营运者、飞机制造商、发动机制造商、螺旋桨制造商、部件制造商、航空公司协会代表和 FAA 雇员,同样的,排除律师和可能的诉讼人代表参加。听证会将发布简要的事故原因以及支持这些原因的调查事实。

NTSB 法规允许 FAA 参与事故调查组。但 FAA 不可以使用从调查中得到的信息来采取执法（enforcement）行动。参加调查组的 FAA 雇员受限于 NTSB 法例和程序。他们参与的领域通常包括天气简述、飞行计划、空中交通管制、空中交通重建、飞行员记录以及其他方面。常常为调查组检索和提供空中交通数据。

对于小型飞机事故调查，通常由事故发生地的单个 NTSB 调查员处理，而且常常由当地的 FAA 调查员加以协助。由于经费问题，NTSB 对旋翼机、业余制作的航空器、限制类航空器以及最大起飞重量小于 12 500 英镑以下的固定翼航空器无人员死亡的事故调查，一般委托给 FAA 进行。但最终报告需由 NTSB 调查员签字并送往 NTSB 以确定和给出事故原因。

FAA 也被授权为其他的原因对事故进行调查，FAA 调查员和参与 NTSB 调查组的 FAA 雇员不可以是同一个人。FAA 调查的目的是寻找 FAR 违规事件，从而采取执法行动，这种违规通常表现为适航性、机组能力、机场标准、医学合格证等方面。

2. 航空安全数据的收集

NTSB 作为权威的飞行事故调查专门机构，管理着广泛的飞行事故数据库，NTSB 的前任 CAB（民用航空委员会）保存有从 1940 年到 1967 年的民用飞行事故纪录，现有系统主要有：AADS——航空事故数据系统。

航空事故数据系统保存着美国发生的每一项已知的民用飞机事故和经选择的事故征候纪录，具备分析功能。NTSB 从中进行统计分析，发布每年的飞机事故数据回顾和特别研究报告。NTSB 事故报告的格式在 1982 年和 1983 年经过改动后，成为今天的 6120.4 格式。1982 年，NTSB 改变了其对事故的分类方式，由以前的按事故类型分类改变为按导致事故发生的事件顺序分类。NTSB 开发了一个矩阵用以在这两种分类间进行转化。后一种格式允许对事故环境进行更详细的计算机辅助分析。

三、国家航空航天局（NASA）

NASA 的前身是 1915 年成立的国家航空咨询委员会（NACA），1958 年改组为国家航空航天局（NASA）。NASA 行政上直属总统领导，是美国政府系统中主要的航空空间科研机构。除了航天研究以外，其下辖的航空研究中心主要有：阿姆斯研究中心、德莱顿飞行研究中心、格列研究中心和兰利研究中心。它们在军用航空与民用航空领域进行了大量的基础研究和应用研究，与大学和制造厂商的研究共同构成了美国航空研究的基石。NASA 的技术研究成果以技术报告（TR）、技术札记（TN）、合同报告（CR）、技术备忘录（TM）、特殊出版物（SP）等形式出版。

除了进行广泛的研究以外，NASA 还管理着一个中立、保密、免责的自愿事故征候报告系统——航空安全报告系统（ASRS）。ASRS 于 1975 年由 FAA 建立，一年后移交给 NASA 负责，由 FAA 提供资金支持。ASRS 的具体运作由通过竞争投标所选定的契约人承担。这是世界上第一个正式运作的飞行事故征候自愿报告系统。

ASRS 由退休航空专职人员、研究人员、系统专家、管理行政人员组成。他们必须在飞行员、管制员、维护、科学研究和管理领域中具有数十年的经验。ASRS 接受和分析那些飞行员、空中交通管制员、机务维护人员、航空承运人以及其他人员自愿递交的事故征候报告。

递交给 ASRS 的报告描述了不安全和危险的事件。报告者的身份受到严格保密。每当 ASRS 接受到含有危险状态的报告时，在不暴露报告者身份的前提下发布紧急通告，其目的是将安全信息传递给管理当局，以便他们对之进行评估并采取纠正措施。

NASA 的 ASRS 职责包括：

（1）负责接受、分析、保护并使用航空安全报告，并去掉身份识别信息性文字；另外，它定期把所收集到的报告分析整理出的内容编辑成出版物，分发给公众、航空界和 FAA。

（2）ASRS 咨询委员会由航空界包括来自国防部、NASA、FAA 的代表组成，像 NASA 提出关于 ASRS 运行的建议，该委员会还定期举行会议以评估并保证报告系统的有效性。

ASRS 本身不能行使政府职能，不实施强制措施。ASRS 把严重危及航空安全的信息发送给政府部门的管理者，让其对事件进行调查并对错误的程序和操作进行修正。ASRS 只能给有关政府和单位提出通告和建议，为政府的管理部门进行决策提供咨询。ASRS 系统与其他部门之间的关系如图 5-3 所示。

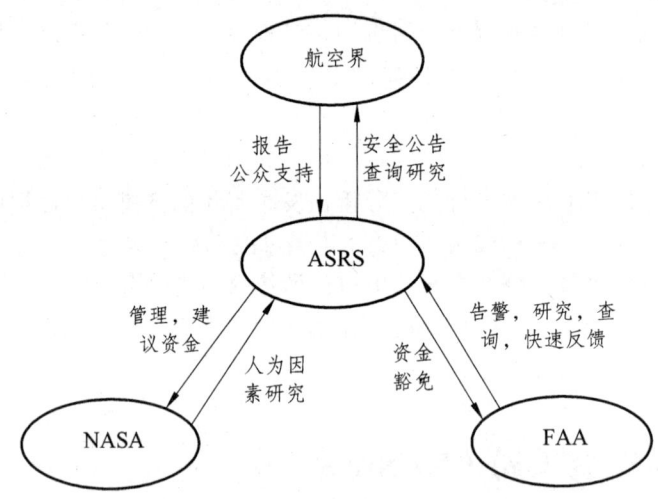

图 5-3　ASRS 与其他部门之间的关系

ASRS 的免责性与保密性在 FAR91.25，AC00-46D，设备操作与管理手册 7210.3R 中以法例的形式做出了保证。满足以下条件，将免于处罚或暂停执照：

（1）由于轻率和欠考虑引起的违规；

（2）事件没有卷入犯罪或事故；

（3）在过去的五年中，报告者没有因违反 FAR 而获罪的纪录；

（4）报告者向 NASA 递交的事件报告是在事发 10 天内完成的。

ASRS 报告的接受从创建的第一天起就很强劲，达到约每月 400 件的水平。近年来，平均周报告达到 725 件，月报告超过 2900 件，总报告数达到 460 088 件。报告者的分布情况为：约 65%来自各类航空承运人，约 25%来自通用航空，约 5%来自管制员，剩余的约 5%来自其他各类航空从业人员。

ASRS 对报告内容以下列形式提供反馈：快速反应（面向政府机构的数据分析报告）、CALLBACK 安全新闻月刊、DIRECTLINE 安全杂志。除此之外，ASRS 还利用报告内容进行航空安全相关领域的应用研究，大部分集中在操作与人的行为素质方面。

ASRS 自建立以来取得了很大的成功，它克服了强制报告系统所固有的缺陷，畅通了事故征候报告渠道，强化了"从事故征候以防止事故发生"。由于 ASRS 的成功，很多国家都先后建立了自己的事故征候自愿报告系统，它在航空领域的成功与经验，正在被其他领域如医药、海运、铁路系统所借鉴。

思考题

1. 简述我国航空安全管理组织体系的构成。
2. 简述我国航空安全管理组织体系中主要部门的安全管理职责。

第六章 民用航空安全法律体系

安全是民用航空的永恒主题，而完善的法律法规体系是实现安全的有力保障。法律法规因安全需要而制定，安全因法律法规保证而落实。抓安全无捷径可走，必须按章办事。各级领导抓安全的套路在法规制度中，管理的水平、管理的方法、管理的能力也在法规制度中。在落实法规制度时，要坚持法规制度的严肃性和统一性，反对法规制度的随意变通，强调在法规制度面前没有特殊的单位，没有特殊的人员，必须标准统一，人人遵守。

要保持安全与效益协调发展，当安全与效益发生矛盾而又没有更好的兼顾途径时，必须坚持"安全第一，预防为主，综合治理"的方针政策。通过行政与法规、经验与科学相结合的方式，借鉴国际民用航空安全管理的先进方法，逐步完善适合我国国情和社会主义市场经济要求的安全管理体系；加强保障航空安全的物质、技术、法规、培训等基础建设，努力将"安全第一、预防为主，综合治理"的方针物化为可操作的长效机制和容错手段；把主要精力放在安全生产的综合监管上，放在监察执法上，放在加强法规、政策的调查研究上，放在问题的解决上。减少和遏制安全机制上、运行中存在的显性和隐性问题，努力阻隔"事故链"的连接，提高系统工作的可靠性，民用航空行业的安全水平才能得到有效的保障。

近年来，中国民用航空通过贯彻落实《中华人民共和国安全生产法》，签订"安全生产责任书"，凸现了安全生产责任；民用航空机构改革，形成了安全生产"三级"监管体系，安全生产监督管理得到了加强；整章建制，初步构建了《民用航空法》等一整套与国际民用航空接轨的法规体系；对航空公司等一大批企业进行运行合格审定、安全评估审计和持续监督检查，这些都是保证安全生产状况总体趋于平稳的重要因素。但是，受生产力发展水平和从业人员素质等因素的制约和影响，目前全民用航空的安全形势依然严峻，少数生产营运单位安全意识不强，责任不落实，基础性投入不足；安全生产监管体系不够完善，监管力量不足，监管手段落后；发展需求与安全基础之间的矛盾较为突出，具体表现为观念、管理、基础设施和人员素质"四个跟不上"，航空不安全事件时有发生。因此，只有通过建立和完善民用航空安全法律法规体系，加强对民用航空运输体系的系统管理，才能有效地预防事故或事件的发生。

随着中国民用航空事业的发展，我国也在逐步建立和完善民用航空安全法律法规体系，形成了以国家安全生产法律法规体系为基础，以缔结的国际公约为前提，以我国民用航空法律法规为主体的"三层式"航空安全法律法规体系。

第一节 国家安全生产法律体系

国家安全生产法律体系，是指我国全部现行的、不同的安全生产法律规范形成的有机联系的统一整体，是以宪法为前提的，以安全生产法为中心的，以安全生产行政法规、地方或部门行政规章、法定的安全生产标准和国际劳工安全公约为补充的，主要对各行业的安全生产行为进行规范和管理的法律法规体系。

安全生产法律体系究竟如何构建，这个体系中包括哪些安全生产立法，尚在研究和探索之中。我们可以从上位法与下位法、普通法与特殊法、综合性法与单行法等三个方面来认识并构建我国安全生产法律体系的基本框架。

一、从法的不同层级上，可以分为上位法与下位法

法的层级不同，其法律地位和效力也不同。上位法是指法律地位、法律效力高于其他相关的立法。下位法相对于上位法而言，是指法律地位、法律效力低于相关上位法的立法。不同的安全生产法律对同一个安全生产行为做出不同法律规定的，以上位法的规定为准，适用上位法的规定。上位法没有规定的，可以适用下位法。下位法的数量一般多于上位法。

（一）法律

法律是安全生产法律体系中的上位法，居于整个体系的最高层级，其法律地位和效力高于行政法规、地方性法规、部门规章、地方政府规章等下位法。国家现行的有关安全生产的专门法律是在不违背宪法的基础上，建立了以安全生产法为主体，以各行业法为补充的法律法规体系，如与安全生产相关的法律主要有《劳动法》《职业病防治法》《矿产资源法》《铁路法》《公路法》《民用航空法》《煤炭法》和《电力法》等。

1. 宪法

宪法及其相关法是我国法律体系的主导法律。它是我国社会制度、国家制度、公民的基本权利和义务及国家机关的组织与活动的原则等方面的法律规范的总和。宪法是国家的根本大法，国内所用其他法律法规的制定都不得与之冲突。因此，宪法也被称为我国其他法律法规的"母法"。

2. 安全生产法

安全生产法是在不与宪法相抵触的前提下，为规范安全生产行为而制定的法律。它是安全生产领域的根本大法，是其他安全生产法律法规的制定依据。同时，它也是我国安全生产法制建设的一个里程碑，它对于建立有中国特色的安全生产法律体系、帮助安全生产工作走上法制化轨道具有十分重要的意义。安全生产法不仅规范了生产经营单位的安全生产行为，明确了生产经营单位主要负责人的安全责任，确立了安全生产基本管理制度，还为保证人民生命财产安全、依法强化安全生产监督管理提供了法律依据。同时，它也为依法惩治安全生产违法行为，强化安全生产责任追究，减少和防止安全生产事故，促进经济发展提供了法律保证。

安全生产法适用于我国领域内从事生产经营活动的单位的安全生产。这里所指的生产经营单位包括各种所有制的生产经营单位、各级政府部门及有关部门以及各类事业单位和其他中介机构单位。安全生产法的适用范围只限定在生产经营领域，包括资源的开采活动、各种产品的加工制作活动，也包括各类工程建设和商业、娱乐业以及其他服务业的经营活动。因此，安全生产法的规定也适用于民用航空业的生产经营活动，但民用航空交通安全另有规定

的,则优先适用于民用航空相关的安全法律法规。

(二)法规

安全生产法现分为行政法规和地方性法规。

1. 行政法规

安全生产行政法规的法律地位和法律效力低于有关安全生产的法律,高于地方性安全生产法规、地方政府安全生产规章等下位法。

2. 地方性法规

地方性安全生产法规的法律地位和法律效力低于有关安全生产的法律、行政法规,高于地方政府安全生产规章。经济特区安全生产法规和民族自治地方安全生产法规的法律效力与地方性安全生产法规相同。

(三)规章

安全生产行政法规,是由国务院根据并且为实施宪法中与安全生产相关的条款以及安全生产法而制定的关于国家行政管理活动方面的规范性文件。其效力仅次于宪法和安全生产领域的其他法律。与安全生产相关的行政法规具体包括《安全生产许可证条例》《安全生产违法行为行政处罚办法》《国务院关于特大安全事故行政责任追究的规定》《危险化学品安全管理条例》《特种设备安全检查条例》等。

安全生产行政规章分为部门规章和地方政府规章。部门规章是国务院所属各个部门根据宪法、法律和行政法规制定的规范性法律文件。地方性法规是为因地制宜地解决地方问题,解决法律和行政法规不能独立解决或暂时不宜由法律和行政法规解决的问题,同时地方性法规需要接受宪法、法律和行政法规的规制。因此,部门规章和地方法规是属于同一个级别的法规,是为实施安全生产和规范安全监督的具体规定。

(四)法定安全生产标准

法定安全生产标准是为了改善劳动条件,加强劳动保护,防止各类事故发生,减轻职业危害,保护职工健康而制定的统一协调的标准体系,是进行安全生产管理和监督的技术依据。在国际上,许多国家针对环境保护、食品卫生和劳动安全卫生等问题制定了大量的安全卫生标准或国家标准,而这些标准在世界各国都明确规定是由法律强制执行的。

虽然目前我国没有技术法规的正式用语且未将其纳入法律体系的范畴,但是国家制定的许多安全生产立法却将安全生产标准作为生产经营单位必须执行的技术规范而载入法律,安全生产标准法律化是我国安全生产立法的重要趋势。安全生产标准一旦成为法律规定必须执行的技术规范,它就具有了法律上的地位和效力。执行安全生产标准是生产经营单位的法定义务,违反法定安全生产标准的要求,同样要承担法律责任。因此,将法定安全生产标准纳入安全生产法律体系范畴来认识,有助于构建完善的安全生产法律体系。法定安全生产标准主要是指强制性安全生产标准。法定安全生产标准分为国家标准和行业标准,两者对生产经营单位的安全生产具有同样的约束力。

1. 国家标准

安全生产国家标准是指国家标准化行政主管部门依照《标准化法》制定的在全国范围内适用的安全生产技术规范。

2. 行业标准

安全生产行业标准是指国务院有关部门和直属机构依照《标准化法》制定的在安全生产领域内适用的安全生产技术规范。行业安全生产标准对同一安全生产事项的技术要求，可以高于国家安全生产标准但不得与其相抵触。

另外，我国批准的国际劳工安全公约也属于安全法律法规体系中的一部分，这些公约主要是针对解决职业安全卫生问题而制定，是我国必须遵守的安全公约。

二、从同一层级的法的效力上，可以分为普通法与特殊法

我国的安全生产立法是多年来针对不同的安全生产问题而制定的，相关法律规范对一些安全生产问题的规定有所差别。有的侧重解决一般的安全生产问题，有的侧重或者专门解决某一领域的特殊的安全生产问题。因此，在安全生产法律体系同一层级的安全生产立法中，安全生产法律规范有普通法与特殊法之分，两者相辅相成、缺一不可。这两类法律规范的调整对象和适用范围各有侧重。普通法是适用于安全生产领域中普遍存在的基本问题、共性问题的法律规范，它们不解决某一领域存在的特殊性、专业性的法律问题。特殊法是适用于某些安全生产领域独立存在的特殊性、专业性问题的法律规范，它们往往比普遍法更专业、更具体、更有操作性。如《安全生产法》是安全生产领域的普遍法，它所确定的安全生产基本方针原则和基本法律制度普遍适用于生产经营活动的各个领域。但对于消防安全和道路交通安全、铁路交通安全、水上交通安全和民用航空安全领域存在的特殊问题，其他有关专门法律另有规定的，则应适用《消防法》《道路交通安全法》等特殊法。据此，在同一层级的安全生产法对同一类问题的法律适用上，应当适用特殊法优于普遍法的原则。

三、从法的内容上，可以分为综合性法与单行法

安全生产问题错综复杂，相关法律规范的内容也十分丰富。从安全生产立法所确定的适用范围和具体法律规范看，可以将我国安全生产立法分为综合性法与单行法。综合性法不受法律规范层级的限制，而是将各个层级的综合性法律规范作为整体来看待，适用于安全生产的主要领域或者某一领域的主要方面。单行法的内容只涉及某一领域或者某一方面的安全生产问题。

在一定条件下，综合性法与单行法的区分是相对的、可分的。《安全生产法》就属于安全生产领域的综合性法律，其内容涵盖了安全生产领域的主要方面和基本问题。与其相对应，《矿山安全法》就是单独适用于矿山开采安全生产的单行法律。但就矿山开采安全生产的整体而言，《矿山安全法》又是综合性法，各个矿种开采安全生产的立法则是矿山安全立法的单行法。如《煤炭法》既是煤炭工业的综合性法，又是安全生产和矿山安全的单行法。再如《煤矿安全监察条例》既是煤矿安全监察的综合性法，又是《安全生产法》和《矿山安全法》的单行法和配套法。

第二节 国际航空法

国际航空法的三大体系包括芝加哥公约体系、华沙体系和航空刑法体系。

1. 芝加哥公约体系

芝加哥公约体系主要由《芝加哥公约》(即《国际民用航空公约》)及其附件以及与公约相关的《国际航班过境协定》、《国际航空运输协定》组成,涉及国际民用航空的各个领域,加入国家最多,是当今国际民用航空的宪章。

2. 华沙体系

华沙体系以《华沙公约》及8个修订补充文件组成,它规定了国际航空运输中有关机票、行李票、航空货运单、赔偿限额等民事方面的规则。

3. 航空刑法体系

航空刑法体系包括1963年《东京公约》、1970年《海牙公约》、1971年《蒙特利尔公约》和1988年《蒙特利尔议定书》共四个文件。它规定了有关制止空中犯罪、劫持飞机、破坏航空器及危害民用航空安全的规定。

我国加入了以上三大系列的五个公约。国际上还有许多关于民用航空的公约,但因其不具有普遍性或我国未批准或已经废止,本书不作具体介绍。

一、芝加哥体系

(一)1919年巴黎公约

1919年的巴黎公约是芝加哥公约的前身。1919年10月13日,26个国家在法国首都巴黎签署了《关于管理空中航行的公约》(简称"巴黎公约"),这是人类历史上第一个关于航空的国际公约,它对于国际航空法的建立和发展具有重要的意义和作用。巴黎公约的重要贡献在于:

第一,该公约确立了领空主权原则。巴黎公约第一次以公约的形式肯定了国家对其领土上空具有完全的和排他的主权。同时规定,缔约国因军事上的原因或为公共安全起见,有权划定禁飞区,禁止其他缔约国航空器在本国领土上一定区域飞行;外国军用航空器未经一国特许,不得飞越或降落该国领土。

第二,该公约确立了航空器的国籍规则,即航空器要依其登记地确定其国籍,航空器在哪一国登记,就具有哪一国的国籍。

第三,该公约允许缔约国保留"国内两地间空运"的权利,即由一国境内一地点航空载运客货邮件运往该国境内另一地点的权利。

由于巴黎公约的上述重要意义和作用,许多国家随后纷纷加入进来,至1933年已有55个国家成为巴黎公约的缔约国,还有很多国家根据巴黎公约订立了双边航空条约。

(二)1928年泛美航空公约

1919年巴黎公约签订后,美国以及一些南美洲国家拒绝参加,认为这是欧洲的航空公约,美洲必须有自己的航空公约。于是,1928年3月20日,在古巴首都哈瓦那签署了美洲国家之间的《哈瓦那商业航空公约》(简称"泛美航空公约"或"哈瓦那公约")。第二次世界大战以前,巴黎公约和泛美航空公约是同时存在的两个国际航空公约。泛美航空公约在内容上很大程度上与巴黎公约相同;两者的不同之处主要在于:

第一,泛美航空公约规定各国航空器与其他国家进行商业航空的自由不受各国关于执照办法的限制;但如果一国检查该航空器并认为该航空器不符合该国适航要求时可以拒绝承认其适航为有效,并拒绝其通过。这是巴黎公约中所没有的。

第二,泛美航空公约对航空器适航证和机组合格证的规定比巴黎公约的规定更具体、更复杂。

第三,泛美航空公约规定了航空器对地面第三人造成损害应赔偿的原则。

与巴黎公约相比,泛美航空公约也有其不足的地方,例如,泛美航空公约没有关于技术方面的附件,对一些航行技术标准没有具体规定,也没有像巴黎公约那样,就空中交通规章采取统一措施。

尽管存在上述问题,泛美航空公约同巴黎公约一样,也为1944年国际民用航空公约的签订奠定了基础。1944年国际民用航空公约签订后,均取代了巴黎公约和泛美航空公约。

(三) 1944年芝加哥公约

1. 芝加哥公约

随着航空技术的不断发展以及航空活动内容的日益丰富,巴黎公约已不能很好地适应国际社会航空活动的需要。1944年11月1日至12月7日,由52个国家在美国芝加哥召开了"国际民用航空会议",会后签署了著名的《国际民用航空公约》(简称"芝加哥公约"),从而取代了1919年的巴黎公约。根据公约规定,芝加哥公约于1947年4月4日生效。截至2007年年底,已有190个国家批准或加入了该公约,成为目前国际上被广泛接受的国际公约之一。1971年中华人民共和国政府恢复了在联合国的合法席位,随之也恢复了在国际民用航空组织的合法席位,驱逐了国民党政府代表。中华人民共和国政府于1974年2月15日承认了芝加哥公约。

芝加哥公约是现行有关国际民用航空的最重要的法律文件,公约除序言外分4个部分,共有22章96条,它确立了有关现代国际航空的基本原则和规则,其主要体现在以下三个方面:第一,进一步明确和详细规定了领空主权原则和领土国的权利。第二,关于航空器及其国籍的规定。第三,规定了飞行权利和飞行规则。

1977年苏联击落一架从美国安克雷奇飞往汉城的B747客机,据称机上269名乘客(包括69名美国公民)无一生还,这一事件震惊了整个世界。国际民用航空组织也开始考虑如何通过国际条约禁止对飞行中的民用航空器进行武力攻击。1984年国际民用航空组织大会第25届特别会议通过决议,对芝加哥公约进行修改,明确规定不得对飞行中的航空器使用武器。公约规定:每一国家必须避免对飞行中的航空器使用武器,如需拦截,必须不危及航空器内人员的生命和航空器的安全。缔约各国承认,每一国家在行使主权时,对未经允许而飞越其领土的民用航空器(这里是指非缔约国的民用航空器),如果有合理的根据认为该航空器被用于与芝加哥公约宗旨不相符的目的,有权要求该航空器在指定的机场降落;该国也可以给该航空器任何其他指令,以终止此类侵犯。为此目的,缔约国可采取符合国际法有关规则的适当方法,并将拦截民用航空器的国内规则予以公布。

《国际民用航空公约》的签订及其内容的修改,是国际民用航空发展史上的一个重大事件,它在航行技术、法律和行政管理方面都有所规定,并且逐步在其19个附件中提出了有关问题的详细标准和建设,从而确立了第二次世界大战以后国际民用航空的新秩序。

2. 芝加哥公约的19个附件

附件1 人员执照

规定关于颁发飞行组人员、空中交通管制员和维修人员执照的标准与建议措施,有关的训练手册向成员国提供训练课程范围、深度的指南。这些训练手册也提供训练其他航空人员的指南。

附件2 航行规则

空中航行安全而高效运行,需要一套国际上统一的航行规则,包括:一般规则、目视飞行规则和仪表飞行规则。

附件3 气象服务

飞行员需要了解所飞航线和其目的地机场的天气情况。

在附件3中所简述的气象服务的目的是为空中航行的安全、有效和正常做出贡献。为达到这一目的,应向经营人、飞行组人员、空中交通管制单位、搜寻援救单位、航站管理部门以及其他与航空有关部门提供所需的天气情报。

附件4 航图

使用按照国际民用航空组织采用的标准所绘制的航图,有利于空中交通的安全、有效的流动。国际民用航空组织的系列航图有13种,每种航图有其特殊用途径。它们的范围从个别的机场详图到供作飞行计划用的小比例尺航图.

附件5 计量单位

引用了国际单位为民用航空采用的基本单位,如米、千米、千米/小时、百帕等。另外,也承认一些在航空方面尚有特殊地位的非国际单位制,如升、摄氏度、计量平面角的"度"、毫巴、海里、节、英尺等。经多次修订,非国际单位制的成分已大大减少。

附件6 航空器运行

主要包括了各种规范,使从事国际航空运输的航空器的运行尽可能标准化,以保证最高水平的安全与效率。

附件7 航空器国籍与注册

本附件规定了航空器的国籍识别标志和航空器登记标志的标识方法。

附件8 航空器适航

适航标准涉及性能、飞行质量、结构设计与制造、发动机与螺旋桨的设计与安法、仪表与设备的设计与安装和使用限制,包括飞机飞行手册中所要提供的程序和一般资料。

附件9 简化手续

主要包括简化国际运输的需求,加速航空器、人员、货物和其他物品在国际机场的进出;也包括便利搜寻救援、失事调查和抢救,以及自然灾害救援飞行和国际卫生条例。

附件10 航空通信

规定设备、系统和无线电频率,制定在国际民用航空运行中所使用的通信程序。

附件11 空中交通服务

定义空中交通服务并说明适用于全世界的服务标准与建议措施。它包括建立和使用空中交通管制、飞行情报和告警服务的信息。

附件 12 搜寻与救援

说明了识别紧急情况的性质、搜寻救援工作所需的组织与合作要求、在失事现场和截获遇险电信的机长所要采取的行动、搜寻援救中所采用的信号等。

附件 13 航空器事故/事故征候调查

对航空器事故的通知、调查和报告规定了统一的做法。

附件 14 机场

提供机场规划与设计的基本要求，以及运行和维护的规范。

附件 15 航行情报服务

实现按照统一和一致的方式提供国际民用航空运行使用所需要的航空情报和数据。

附件 16 环境保护

包含航空器噪声的审定、噪声检测和提供制订土地利用计划的噪声影响范围的规定，以及航空器发动机排放物的规定。

附件 17 空防安全

主要涉及管理及协调方面，以及保护国际航空运输安全的技术措施，要求各缔约国建立自己的民用航空安全保卫方案，包括其他适当机构提出的附加保安措施。

附件 18 危险品运输

包括危险品的识别、包装和运输的规范。

附件 19 安全管理

附件 19 旨在协助各国管理航空安全风险。鉴于全球航空运输系统日益复杂和为确保航空器安全运行所需的航空活动之间的相互关联性，本附件支持积极策略的不断演变，借以提高安全绩效。这种积极主动的安全策略的基础是基于实施国家安全方案（SSP）来系统地解决安全风险。

国家安全方案的有效实施是一个渐进过程，需要一段时间才能充分成熟。影响制订国家安全方案所需时间的因素，包括航空运输系统的复杂性以及国家航空安全监督能力的成熟程度。

附件 19 汇集了现有附件中与国家安全方案、安全管理体系（SMS）的相关材料，以及收集、使用安全数据和国家监督安全活动的相关要素。将这些材料汇集在一个单一附件的有利之处是将国家的注意力放在对安全管理活动加以整合的重要性上。它还将促进安全管理规定的发展。

附件 19 所要求的国家安全管理当中的某些职责，可委托给代表国家的地区安全监督组织或地区事故和事故征候调查组织。

（四）国际航空运输协定和国际航班过境协定

在 1944 年的国际民用航空会议上，与会国除签署了芝加哥公约外，还签订了《国际航班过境协定》和《国际航空运输协定》，签署这两个协定的目的在于确定缔约国之间的国际定期航班的运营权利问题。

（五）其他多边、双边航空运输协定

需要提出的是，芝加哥公约并未能够解决国际航空运输经营上的问题，特别是业务权，包括商业航行权或日空中自由的问题。但芝加哥公约将国际航空运输分为定期航班和不定期飞行两种，为国家间通过双边协定管理国际航空运输奠定了基础。因此，当今国际航空运输，特别是定期国际航班，还主要依靠政府间的双边协定来解决。

多边、双边航空运输协定是两个或两个以上主权国家为了在国家间建立定期航空运输关系而签订的协定，是国家间通航的主要法律依据。中华人民共和国成立后，我国政府与外国政府签订了近百个双边航空运输协定。

二、华沙体系

华沙体系是指以 1929 年的华沙公约以及后续修改该公约并且附属于该公约名下的一系列议定书的总称。

1. 华沙公约及其主要内容

1929 年 10 月 12 日在华沙签订、1933 年 2 月 13 日生效的《统一国际航空运输某些规则的公约》（简称"华沙公约"）是世界上第一个有关航空承运人的损害赔偿责任的国际公约，它也是国际上第一部重要的航空私法公约。

随着国际航空运输事业的发展，华沙公约中有关责任限额等规定已不能适应新形势的要求，于是，1955 年的海牙公约对其作了第一次修改。

2. 1955 年海牙议定书对华沙公约的修改

1955 年 9 月 28 日在荷兰海牙签署了《关于修改 1929 年 10 月 12 日在华沙签订的〈关于统一国际航空运输某些规则的公约〉的议定书》（简称"1955 年海牙议定书"），1963 年 8 月 1 日生效。

1955 年海牙议定书根据国际航空运输业迅速发展的需要，对 1929 年华沙公约一些原由条文进行了重要修正。由于 1955 年海牙议定书在实质上与 1929 年华沙公约一脉相承，它对 1929 年华沙公约确立的责任制度并未作实质性变动，因此，经 1955 年海牙议定书修订后的华沙公约被称为"华沙-海牙体制"。

我国在十余年后加入该议定书，于 1975 年 11 月 28 日对我国生效。迄今全世界共有 130 多个国家加入了该议定书，具有相当普遍的效力。

3. 1952 年罗马公约与客观责任制度

1952 年 10 月 7 日在罗马签订、1958 年 2 月 4 日生效的《关于外国航空器对地面第三者造成损害的公约》（简称"1952 年罗马公约"），是第一个有关航空器对地面第三者造成损害的赔偿责任公约。

华沙公约的赔偿责任制度是以航空承运人的过失为基础的过失责任制度，是航空承运人对自己所载运的旅客和货物的损害予以赔偿。过失责任制度以责任人的主观过失为基础，因此又称主观责任制度。

1978 年国际民用航空组织理事会在蒙特利尔召开修改罗马公约的国际航空会议，签订了《蒙特利尔议定书》，扩大了罗马公约的适用范围并提高了罗马公约规定的赔偿限额。

除上述三个重要的国际公约外，国际民用航空损害赔偿体制还包括以下国际公约和协议：1961 年《瓜达拉哈公约》；1966 年《蒙特利尔公约》；1971 年《危地马拉城议定书》；1975

年蒙特利尔四个议定书；1995年国际航班承运人协议；1999年《蒙特利尔公约》，该公约是对华沙体制的新发展。

三、航空刑法体系

1. 东京公约

《东京公约》适用于在缔约国登记的民用航空器实施飞行的过程中，违反刑法，可能或可以危害航空器或其所载人员或财产的安全，危害航空器内的正常秩序和纪律的犯罪行为，并且满足"上一起飞地、犯罪当时、下一降落地"至少有其一在其他国家才适用本公约（都在本国、公海及不属于他国的领土上空适用各国国内法）。

2. 海牙公约

《海牙公约》适用的犯罪行为主要是指装载完毕机舱外部各门关闭时起，到打开任何一扇机舱门以卸载时止；或航空或被迫降落时，到主管当局接管机上人员与财产的责任时止，用暴力、暴力威胁或用其他精神胁迫方式，非法劫持或控制该航空器，以及此类任何未遂行为。海牙公约认为劫持非缔约国的民用航空器同样被认为是犯罪，只要起飞地点或实际降落地点是在航空器登记国领土以外，不论该航空器是从事国际飞行还是国内飞行，都适用海牙公约，这与东京公约有明显的不同。

3. 蒙特利尔公约

《蒙特利尔公约》适用于任何人非法地和故意地对飞行中的民用航空器以及使用中的用于国际航行的航行设施（机场、通信、导航、气象服务等）实施下列犯罪行为：

（1）对飞行中的航空器内的人实施暴力行为足以危及该航空器的安全；
（2）破坏使用中的航空器使其不能飞行或足以危及其飞行安全；
（3）破坏或损坏航行设施或扰乱其工作足以危及飞行中航空器的安全；
（4）传送他明知是虚假的情报，由此危及飞行中的航空器的安全；
（5）以上未遂行为；
（6）以上各项的共犯。

《蒙特利尔公约》适用于起飞地点、实际或预定降落地点是在该航空器登记国领土以外，不论该航空器是从事国际飞行还是国内飞行、犯罪过程发生在航空器登记国域外、在航空器登记国内犯罪但罪犯逃往国外。但如果被破坏的航行设施仅用于国内航行，则不适用此公约，这是蒙特利尔公约的缺陷之一。

第三节 我国民用航空安全法律体系

在我国，航空法律、法规以及规章，共同构成了一个比较完善的航空法律制度和规范体系，在航空活动的各个领域和各个方面基本实现了有法可依，为全面保障民用航空的安全和发展奠定了制度基础。关于航空立法，国内方面，有1995年通过的《中华人民共和国民用航空法》,以及相继颁布的民用航空法律、法规、规章;国际方面,我国先后签署和批准了二十多个国际公约和议定书,加上与其他国家签订的双边航空运输协定,初步形成了我国的民用航空法律体系。在我国的民用航空法律体系中,宪法是国家根本大法,国内民用航空法律不能与之冲突,《民用航空法》是我国民用航空的根本大法,还包括民法等国内涉及民用航空条款的法律,国务院及其主管部门颁布的关于民用航空管理、统一全国飞行的行政法规、规章,以及我国缔结和参加的有关航空公约、双边协定等。

民用航空业是一个具有高度动态性的复杂大系统,为了保证系统安全而有序地运行和协调发展,必须依据具有高度权威性的规则才能对规模化生产活动实施强有力的约束,控制生产活动的偏差,这种规则就是规章标准。规章标准是法律体系的重要组成部分。民用航空规章标准是以科学技术和生产活动实践经验的综合成果为基础,对重复性事物和概念进行统一规定,经有关各方协商一致,由主管部门批准,以特定形式发布的统一民用航空全体从业人员从事安全生产的行动准则。

民用航空法律体系按照结构可以划分为三个层次。全国人大通过的法律为第一层次,如《民用航空法》,它是民用航空法律体系的龙头,亦是制定民用航空法规、规章的母法。国务院通过的行政法规为第二层次,如《搜寻援救民用航空器规定》《民用航空器适航管理条例》等。由于民用航空活动涉及诸多部门和单位,需要国务院协调处理,因此,凡涉及其他部门的,就由国务院以行政法规的形式规范相互法律关系。民用航空局颁布的各类规章、标准、程序等为第三层次,如《大型飞机公共航空运输承运人运行合格审定规则》。标准一般指相关机构发布的技术标准,包含国家标准(GB)和行业标准(HB)。由于法律、法规、规章等法律文件本身就是标准的载体,所以标准常常需要通过在法律、法规、规章中以引用的方法来赋予其法律效力。

一、民用航空法律

(一)民用航空法

1.《民用航空法》的地位和作用

《民用航空法》是我国民用航空的基本法,在我国民用航空法律体系中处于最重要的位置。它是民用航空法律体系的龙头,亦是制定民用航空法规、规章的母法。其内容涉及领空主权、民用航空器国际、民用航空器权利、民用航空器适航管理、航空人员、民用机场、空中航行、公共航空运输企业、公共航空运输、通用航空搜寻救援和事故调查、对地面第三人损害的赔偿责任、对外国民用航空器的特别规定、涉外关系的法律适用、法律责任等基本法律规定。该法既是我国民用航空主管部门对民用航空实施管理的基本法律依据,也是从事民用航空活动的单位和个人所应遵守的基本法律。

《民用航空法》是1949年以来第一部全面规范民用航空活动的法律,是我国民用航空事业发展史上的一个重要的里程碑。法律是建立在一定经济基础之上的上层建筑的重要组成部分;《民用航空法》是调整民用航空活动及其相关领域中产生的社会关系的法律。认真贯彻实施《民用航空法》可以起到以下方面的重要作用:

第一,维护国家的领空主权和各项航空权益。

第二，加强政府职能和宏观调控。强化行业管理，充分发挥市场机制的作，促进民用航空事业的发展。

第三，管理空中航行。严格制定和执行空中航行的技术标准和操作规程，维持空中交通秩序，确保民用航空飞行的安全和有序。

第四，调整民用航空中的民商事法律关系。保护好民用航空活动中当事各方的合法权益和公众利益。

第五，保障民用航空安全。打击刑事犯罪，制止非法干扰民用航空活动的行为，保护人民的生命财产安全。

第六，协调好民用航空和军用航空的关系，在发展民用航空事业的同时，又有利于国防建设。

《民用航空法》是中国民用航空法律体系的核心，它全面规范了我国的民用航空活动。其主要目的和任务是维护国家的领空主权和民用航空权利，保障民用航空活动的安全和有秩序进行。

2.《民用航空法》的结构和主要内容

1995年颁布的《民用航空法》由16章、214条内容组成，分别是总则、民用航空器国籍、民用航空器权利、民用航空器的适航管理、航空人员、民用机场、空中航行、公共航空运输企业、公共航空运输、通用航空、搜寻救援和事故调查、对地面第三人损害的赔偿责任、外国民用航空器的特别规定、涉外关系的法律适用、法律责任以及附则。

（二）由全国人民代表大会常务委员会颁布的具有代表性的航空安全法律

它包括《全国人民代表大会常务委员会关于惩治劫持航空器犯罪分子的决定》，全国人民代表大会常务委员会关于批准《制止在用于国际民用航空的机场发生的非法暴力行为以补充1971年9月23日订于蒙特利尔的制止危害民用航空安全的非法行为的公约的议定书》等。

此外，其他法律亦有涉及民用航空活动的内容，如《刑法》中关于民用航空活动刑事犯罪的规定；《海关法》中关于运输工具进出境的规定等。这些法律的有关规定是从事民用航空活动所必须遵守的，也是我国民用航空安全法律法规体系的组成部分。

二、民用航空行政法规

航空法规在调整民用航空活动中各种法律关系方面起着十分重要的作用。内容涉及机场、航空器、客货运输、损害赔偿、安全保卫等。

自1949年以后，我国的民用航空事业不断发展，为规范和管理日渐频繁的航空运输活动，国务院陆续制定和颁布了一系列民用航空行政法规。主要有：

（1）《中华人民共和国飞行基本规则》（2000年7月14日）；

（2）《国务院关于保障民用航空安全的通告》（1982年12月1日）；

（3）《国务院、中央军委关于重新颁发关于保护机场净空的规定的通知》（1982年12月11日）；

（4）《国务院关于开办民用航空运输企业审批权限的暂行规定》（1985年5月28日）；

（5）《国务院关于通用航空管理的暂行规定》（1986年1月8日）、《民用机场管理暂行规

定》(1986年4月6日);

(6)《中华人民共和国民用航空器适航管理条例》(1987年5月4日);

(7)《民用航空运输不定期飞行管理暂行规定》(1989年3月2日);

(8)《中华人民共和国搜寻救援民用航空器规定》(1992年12月28日);

(9)《民用航空运输销售代理业管理规定》(1993年8月3日)、《国内航空运输旅客身体损害赔偿暂行规定》(1993年11月29日);

(10)《中华人民共和国民用航空安全保卫条例》(1996年7月6日);

(11)《通用航空企业审批管理规定》(2001年8月31日);

(12)《通用航空飞行管理条例》(2003年1月10日);

(13)《中华人民共和国国际货物运输代理业管理规定》(1995年6月29日);

(14)《中华人民共和国国际货物运输代理业管理规定实施细则》(2004年1月1日);

(15)《外商投资国际货物运输代理企业管理办法》(2005年12月1日)等。

这些行政法规对于规范和管理国内民用航空活动起到了重要的作用。

三、民用航空规章

民用航空业是一个具有高度动态性的复杂大系统,为了保证系统安全而有序地运行和协调发展,必须依据具有高度权威性的规则才能对规模化生产活动实施强有力的约束,控制生产活动的偏差,这种规则就是规章标准。规章标准是法律体系的重要组成部分。民用航空规章标准是以科学技术和生产活动实践经验的综合成果为基础,对重复性事物和概念进行统一规定,经有关各方协商一致,由主管部门批准,以特定形式发布的统一民用航空全体从业人员从事安全生产的行动准则。

民用航空局根据《民用航空法》的规定制定的关于行政程序、航空安全管理、航空市场和经济管理、行政管理方面的规章,在中国民用航空法律法规体系框架中所占比例最大,涉及民用航空生产经营的各个方面。其具体内容涉及行政程序规则、航空器、航空人员、空域、导航设施、交通规则和一般运行规则、民用航空企业审定及运行、学校、非航空人员及其他单位的合格审定及运行、民用机场建设管理、委任代表规则、航空保险、综合调控规则、航空运输规则、航空保安、科技和计量标准、航空器搜寻救助和事故调查等。

民用航空规章由民用航空局单独(或与有关部、委联合)起草,以民用航空局长(或联合)命令的形式颁发,并在《中国民用航空报》上刊登。它是以国际民用航空组织19个附件为依据,以航行服务程序等国际民用航空组织的技术规范为参考,结合我国实际而制定,通常编入中国民用航空规章(CCAR),它们只能约束民用航空内部。

民用航空局下属司、局或地区管理局颁发的规定、标准、程序、手册、指南等严格意义上讲不属于航空法规系列,其主要目的是更准确地执行有关航空法规,如《中国民用航空空中交通管制程序标准》《中国民用航空无线电通话手册》等。

(一)规章标准的特征

1. 规章标准具有严密的科学性

民用航空规章标准是相关从业人员、研究人员在长期的生产实践和调研中,根据安全生产和管理的需要，通过总结经验和吸取事故教训，以及认识生产规律、事故规律和安全管理规律后建立健全起来的预防、控制事故的产物，甚至是一代代民用航空从业人员用鲜血和生命为代价换来的经验总结，它们都是在经过反复分析、比较、筛选、论证后，在综合验证的基础上加以提炼和升华的。例如，适航标准是在实际飞机的破坏性实验、大量实测数据和长期使用的基础上确定的；飞行员的飞行时间、飞行年限数据是经过科学研究人体生理机能为依据确定的；飞行间隔标准是通过大量的数学建模、科学试验和深入分析才制定的。

2. 规章标准具有相对的稳定性

规章标准提供了肯定的、直接的、清晰的行业规范，对从业人员的行为模式、要求、方向做出了明确的规定，在划定的范围内普遍适用。规章标准在一定的时期内不会随意变化，不会出现朝令夕改、频繁变动、反复无常等现象，它比尚未纳入其列的临时要求及尚未上升为理论的经验、措施更为稳定。

3. 规章标准具有高度的强制性

规章标准由行业主管部门、职能机构制定和认可，权威性很强，除申请偏离豁免并得到批准之外，要求有关人员必须严格遵守和执行。遵守规章标准是民用航空政府部门及企事业单位的法律责任，执行规章标准是每个民用航空从业人员必须履行的义务，任何违反规章标准的行为应依法受到相应的处罚。

（二）规章标准的功能

1. 规章标准的指引功能

规章标准具有导向性，对从业人员的行为加以引导，明确告诉从业人员应该做什么，应该怎样做，鼓励从业人员实施安全规章标准允许的行为，防止或反对其他偏离行为。而且，规章标准通过明确责、权、利来引导从业人员的行为意识。规章标准常常综合考虑了诸多危及民用航空安全的不利因素，体现出系统安全观念，可以加强系统的防错、容错功能，提高安全裕度，使规章标准真正成为安全屏障。规章标准的建设和实施，可以营造正确的价值观念、行为准则等，并逐渐影响、修正从业人员的行为意识，促使其自觉遵守组织的规章标准。

2. 规章标准的协调功能

民用航空现代化程度越来越高，生产规模越来越大，分工越来越细，生产协作越来越广泛。民用航空安全生产涉及航空公司、空管、机场、油料等众多互相协作的系统，并且遍布全国各地，甚至世界的不同国家和地区，是一个国际性的行业。这样广泛复杂的生产组合，需要在诸多方面保持高度的统一，为此，必须制定和执行相对统一的规章标准，规范从业人员的行为，使得各个子系统、不同的企事业单位的生产环节和各个岗位在技术上和管理上有机地联系起来，协同合作，步调一致地保证航空运输生产高效而安全地运行。在一定的范畴内，只要遵守规章标准，就可以免除一些不必要的协调、请示和汇报，最大限度地发挥个人的潜能，完成工作任务，从而提高工作效率。

3. 规章标准的评价功能

规章标准的指引功能扩展到从业人员的相互关系上，就演变成评价功能。规章标准使从业人员能够评价自己和别人按章办事的方式和结果，同时能够预测别人对自己按章办事的反应。规章标准是判断衡量从业人员行为是否合乎规章标准的标尺,从业人员可以借此评价任何相关人员的行为。

4. 规章标准是推进与国际民用航空业接轨的重要条件

规章标准是航班在国际间安全运行的依据和统一规范,中国民用航空要走向世界,执行国际规章标准是基本前提。因此,采用和执行国际标准,有助于提高我国政府、民用航空企事业单位的国际声望和竞争力,实现我国由民用航空大国向民用航空强国的跨越。

5. 规章标准是监督检查的依据

监督检查是对运行环节进行有效控制的必要手段,也是各级政府部门及企事业单位管理层掌握运行状况不可或缺的途径。不论是国际民用航空组织对我国政府实施的安全监督审计,抑或政府对企事业单位的监督,还是民用航空企事业单位内部的检查,所依据的都应是彼此了解和认可的规章标准,而不应是其他随意的、主观的、临时的要求。只有这样,监督检查才能有理有据,结论才能不偏不倚,客观公正。

民用航空行业规章标准是由民用航空局以局长令的形式颁发的,并编入《中国民用航空规章》(CCAR)中。《中国民用航空规章》是民用航空局制定、发布的涉及民用航空活动的专业管理规章标准,也是民用航空局进行行业管理的重要手段。在目前已颁布的、正在使用中的119部民用航空规章标准中,有83部直接与安全相关。

航空人员掌握国内法是基本要求,了解相关的国际航空法才能融会贯通。

每一个航空人员都应了解高级别航空法律,以保证工作中不违法。但是低级别的行业规章才更具可操作性,每一个航空人员都应熟悉它的框架,并熟练掌握与本专业最直接的行业规章,才能运用自如。

值得注意的是,随着民用航空业的迅速发展,我国目前建立的民用航空安全管理的组织体系和法律体系已经不能完全适应我国民用航空运输业的发展。因此,必须从我国民用航空业的实际情况出发,不断的健全和完善我国的民用航空安全体系,真正实现民用航空业的本质安全。

思考题

1. 简述我国民航安全法律体系的基本结构。
2. 简述"三大体系,五大公约"的主要内容。

第七章　航空安全审计与评估

有效的安全管理的基础之一是系统的安全监督系统。安全监督包括对一个组织运行的所有方面进行定期的（如果不是持续的）监控。表面上看，实施安全监督表明遵守了国家和组织的准则、规章、标准、程序等。而其价值远远不止于此。监控提供了另一种主动识别危险、证实已采取的安全措施的有效性和持续评估安全绩效的方法。

安全审计是履行安全绩效监控职能的主要方法之一，也是任何安全管理体系的一项核心活动。安全审计可由外部审计当局（如国家管理当局）实施，或者也可在组织内部作为安全管理体系的一部分来实施。本章主要介绍安全审计的基本概念、安全审计的意义、安全审计的过程以及我国安全审计的状况。

第一节　安全审计概述

一、审计的概念

我国"审计"一词最早见于宋代的《宋史》。从词义上解释，"审"为审查，"计"为会计账目，审计就是审查会计账目。"审计"一词英文单词为"Audit"，被注释为"查账"，兼有"旁听"的涵义。由此可见，早期的审计就是审查会计账目，与会计账目密切相关。

《中华人民共和国审计法实施条例》第二条对审计所下的定义是："审计是审计机关依法独立检查被审计单位的会计凭证、会计账簿、会计报表以及其他与财政收支、财务收支有关的资料和资产，监督财政收支、财务收支真实、合法和效益的行为"。

审计是独立于被审计单位的机构和人员，对被审计单位的财政、财务收支及其有关的经济活动的真实、合法和效益进行检查、评价、公证的一种监督活动。我国的审计包括三种类型，即国家审计、内部审计和社会审计。

审计发展至今，早已超越了查账的范畴，涉及对各项工作的经济性、效率性和效果性的查核。1972年美国会计学会的《基础审计概念的说明》中对审计的定义是："审计是为了查明经济活动和经济现象的表现与所定标准之间的一致程序而客观地收集和评价有关证据，并将其结果传达给有利害关系使用者的有组织的过程"。同年，美国审计总局对审计下的定义是："审计"一语，包括审查会计记录、财务事项和财务报表，但就审计总局的全部工作来说，它还包括如下内容：① 查核各项工作是否遵守有关的法律和规章制度。② 查核各项工作是否经济和有效率。③ 查核各项工作的结果，以便评价其是否已有效地达到了预期的结果（包括立法机构规定的目标）。

二、安全审计的概念与民航安全审计

1. 安全审计

安全审计与通常意义上的审计是不一样的,一般包括:道路安全审计、网络信息系统安全审计和民用航空安全审计。

道路安全审计是从预防交通事故、降低事故产生的可能性和严重性入手,对道路项目建设的全过程,即规划、设计、施工和服务期进行全方位的安全审核,从而揭示道路发生事故的潜在危险因素及安全性能,是以预防交通事故和提高道路安全的新技术手段。网络信息系统安全审计兴起于20世纪80年代,凡是对于网络的脆弱性进行测试、评估和分析,以找到极佳途径在最大限度保障安全的基础上使得业务正常运行的一切行为和手段,都可以称作网络信息系统安全审计。审计应该是发现问题,暴露相关的脆弱性。全面的安全审计涉及物理安全、安全组织、人员、网络、BCP等各个方面。网络信息系统也包括外部审计和内部审计,范围、深度和审计方法都有不同。

2. 民航安全审计

民航安全审计是一种政府安全监管行为,它可以定义为:依据国际民航组织标准和建议措施、《安全生产法》、《民用航空法》及相关法规、民航规章、标准和规范性文件,对航空公司、机场、空管等单位进行的符合性检查。民航安全审计在国际、国内和企业三个层面上进行。这三个层面是:

(1) 国际民航组织对中国民航实施的普遍安全监督审计计划,该计划侧重评估中国政府的安全监督能力。

(2) 我国政府对民航系统进行的中国民航安全审计,目的是检查运行系统的安全隐患,督促被审计单位进行安全整改,提高全行业安全运行水平。

(3) 企业应进行内部安全审计,企业对自身遵守政府规章标准、履行安全责任的状况进行系统性的评估,查找和修正本企业安全系统缺陷,这是实施风险管理的有效手段。

ICAO普遍安全监督审计计划(ICAO Universal Safety Oversight Audit Program,USOAP)是ICAO对缔约国用全面的系统方法对所有与安全相关的附件条款实施安全监督审计。目标是通过定期对缔约国进行审计促进全球航空安全,并通过评估安全监督系统关键要素的实施情况以及缔约国对ICAO与安全相关的标准及建议措施(SARPs)、相关程序、指导材料及安全相关措施的执行情况来确定其安全监督能力。

中国民航安全审计(China Aviation Safety Audit Program,CASAP)是民航总局依据国际民航组织标准和建议措施、国家安全生产法律法规及民航规章、标准和规范性文件,对航空公司、机场、空管等单位进行的符合性检查,属政府安全监管行为,是旨在强化政府安全监管执行力的重要举措。

三、安全审计与安全管理体系(SMS)

SMS是一个组织为了实现安全目标,贯彻安全政策,而将组织结构、职责、工作程序和规定等安全要素整合起来的、明确的安全管理模式。

结合我国实际描述 SMS 定义：以清楚透明、系统全面、积极预防的方式来实现系统的安全管理。其中，清楚透明的意思是所有的安全管理活动应以文件形式清楚描述或记录下来，且应是具有透明度的，独立于其他管理活动；系统全面的意思是安全管理活动应有计划地在全系统中持续展开；积极预防的意思是在风险转变成不安全事件并造成安全负面影响前，采取一种识别危险并消除风险的预防性方法。

民航安全管理体系作为新一代系统安全管理模式，应用质量管理体系的理论基础和部分实施方法，可以使得民航生产单位现有的安全责任制、检查制度、内部审核机制、管理与运行程序等安全管理手段更加系统和完善，从而持续改善安全水平（见表 7-1）。

从安全管理体系的结构与组成中可以看到安全审计是安全管理活动的重要组成部分。安全审计是一种主动的安全管理活动，提供一种在对安全造成影响之前识别潜在问题的方法。

安全审计可由外部审计当局（如中国民航局）实施，也可在单位内部作为安全管理体系的一部分来实施。

表 7-1 安全管理体系的结构与组成

1. 安全管理体系基础	1.1 安全政策 1.2 安全目标 1.3 组织机构及职责 1.4 安全文化建设 1.5 文件管理
2. 安全管理程序	2.1 安全风险管理 2.2 安全信息管理 2.3 不安全事件调查与处置 2.4 安全培训 2.5 应急保障程序
3. 安全监督	3.1 安全审计 3.2 安全评估

四、安全审计与安全检查

安全审计是针对系统进行的一种有组织的、客观的、全面的系统性核查活动，以判断被审计对象的安全运行体系与相关法规、标准的符合程度。

安全检查是安全监督的一种最常见和最直接的形式，是对民航企事业单位内某一方面或几个方面及出现的某些征兆所进行的针对性的检查活动，是灵活的、点对点的安全监督检查。日常的安全监管是常态的、动态的，而安全审计是非常态的、定期的、全面的、系统的、强制的。

行政检查是指民用航空行政机关及其委托的组织和法律法规授权的组织依据国家法律、法规和规章的规定，对从事民用航空活动的公民、法人或其他组织实施的察看、了解和掌握其遵守有关法律、法规和规章的情况，督促其履行法律义务的行为。

五、民航安全审计的目的和作用

1. 民航安全审计的目的

实施安全审计的目的有四点:
（1）全面掌握被审计方的安全运行状况。
（2）查找被审计方安全管理上存在的问题，督促并指导其进行安全整改。
（3）督促并指导被审计方建立和完善安全管理体系和长效机制。
（4）通过审计，发现监管薄弱环节，完善民航规章标准，提高监管工作水平。

2. 民航安全审计的作用

安全审计的作用主要有以下:
（1）从员工的适当配置、遵守批准的程序和规程、胜任能力的满意程度、在操作设备和设施方面进行的培训以及保持他们的绩效水平等方面来看，安全管理体系的结构完善。
（2）设备性能足够好，可以达到提供服务的安全水平。
（3）对于改进安全状况、监控安全绩效和处理安全问题等有有效的安排。
（4）对处理可预见的紧急情况有适当的安排。

安全审计最好按周期定期进行，以确保对每一个职能领域作为组织评价总体安全绩效计划的一个部分予以审计。安全审计应对安全绩效、程序和负有安全责任的各单位或部门的工作进行定期详细的评审。因此，除了要制订全组织的审计计划外，还要为每一单位部门制订详细的审计计划。

安全审计不仅仅是检查是否符合管理的要求和组织的标准，审计小组还应评估使用的程序是否恰当，以及是否有可能产生不可预见的安全后果的工作惯例。

一项安全审计的范围可有所不同，从对单位或部门所有活动的全面审计到对某一个具体活动的审计。应预先制定出进行审计所依据的标准。可以使用检查单来确定在审计期间要评审的内容，检查单应足够详细，以确保能涵盖所有的预期任务和职能。这种检查单的内容和详细程度取决于被审计的组织的规模和复杂程度。

六、安全审计的原则

审计要取得成功，相关单位和部门人员的合作是至关重要的。安全审计方案应以下列原则为基础:
（1）安全审计绝不能看起来像是"政治迫害"，审计的目标是了解情况。任何指责或惩罚意图都会是于事无补的。
（2）被审计者应为审计员提供所有相关资料，安排员工接受必要的访谈。
（3）应客观地查清事实。
（4）应在规定期限内向相关单位或部门提交一份说明审计结果和建议的书面审计报告。
（5）应向相关单位或部门的员工以及管理者提供关于审计结果的反馈意见。
（6）应提供积极的反馈意见，即在报告中突出审计期间观察到的好的方面。
（7）必须指出不足之处，但是应尽量避免消极的批评。

(8) 应要求制订解决不足之处的计划。

审计以后，可建立监控机制来核实任何必要的纠正措施的有效性。后续审计应重点放在已查明需要采取纠正措施的那些运行方面上。为了对以前提出了纠正措施建议或者发现了安全状况不良趋势的安全审计进行跟踪而进行的审计并非总能提前安排。总的年度审计方案应考虑到此种事先未安排的审计。

第二节 国际民航组织安全监督审计计划

一、国际民航组织安全监督审计计划的发展历程

国际民航组织（ICAO）全球安全监督审计计划的建立大致分为三个阶段：初始阶段、发展阶段，最终建立阶段。下面将这三个阶段简要概述如 7-1 所示。

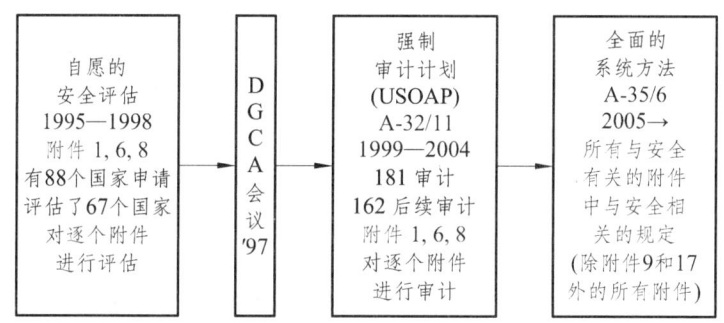

图 7-1 国际民航组织安全监督审计计划的发展

1. 初始阶段

国际民航组织第 29 届大会于 1992 年召开，会上提出了一些缔约国没有能力履行其安全监督职能，主要原因表现为规章制定机构不足，技术和财政来源不足。为此。会议采纳了 A29-13 号决议——改进安全监督职能。通过这项决议，缔约国再次确认了他们对安全监督的责任和义务。A29-13 号决议力促缔约审查其履行这些义务的国家立法，并且审查其安全监督程序，以确保其有效性。1994 年 10 月 18 日的国家信函 AN 11/1-94/74 发往各缔约国请其关注 A29-13 号决议和他们对营运人安全监督的责任。国际民航组织打算制订一个全面的安全监督计划。

在审阅了航行委员会提出的建议以后，理事会批准制订安全监督评估计划。在 1995 年 3 月举行的理事会第 144 届会议的第 6 次和第 7 次会议上，理事会审阅了一份报告，报告中秘书长汇报了安全监督评估计划的制订过程并建议建立为计划提供财务和技术支持的机制。

在 1995 年 6 月 7 日举行的理事会第 145 届会议的第 7 次会议上，理事会批准制定财务捐赠和技术支持的机制。

1995 年 9 月 19 日至 10 月 4 日，在加拿大蒙特利尔举行的国际民航组织第 31 届大会上，公认了国际民航组织领导各国进行安全监督的突出作用并签署了安全监督评估计划、为计划提供财务支持和技术支持的机制。

安全监督评估计划的核心功能是：在自愿的基础上由国际民航组织对各缔约国惊喜安全监督和评估，以促使各缔约国能够执行国际民航组织标准和建议措施（SARPs）及相关程序。该计划处于理事会和航行委员会的控制和监督之下，并由秘书长管理。

2. 发展阶段

2001年在加拿大蒙特利尔召开了安全监督全球战略的民航局长会议。这次会议是国际民航组织历史上第一次完全讨论安全监督的会议，它的目的是在安全监督全球战略上有一个世界性的承诺，会议增进了缔约国之间的相互了解，明确了缔约国、航空界组织、航空制造企业都应为全球的航空安全分担责任，支持国际民航组织承担领导责任。为国际民航组织推行安全监督计划提供一个稳定和充分的预算基础，提高了国际民航公约技术附件的强制性，为加强国际民航组织对缔约国进行安全评估起到了积极作用。

与会代表在"改进安全监督计划"议题讨论中，对实施强制性定期安全审计和审计结果向世人公布这个问题上分歧较大。主要集中在两个方面：

（1）实行强制性定期安全审计及主权问题；

（2）向各缔约国公布安全审计结果及信息保密问题，部分将实施安全评估列入双边航空协定（涉及签约双方的主权）。

11月11日，中国代表团王立安副局长发言，就上述三个问题表明了中国的立场：

（1）中国支持在拟受审计国家同意的条件下，由国际民航组织对其进行定期的安全审计，由国际民航组织与各缔约国签订双边协议。

（2）中国对增加"透明度"，有助于促进安全的论点表示一定的理解，但众多缔约国对审计结果可能会被用于与安全监督计划、加强全球安全的目标不相符的其他目的感到关切是合情合理的。

（3）完全不能接受把安全评估作为签署双边航空协定的条件。

尽管有分歧，但缔约国一致认为在国际民航组织领导下，积极执行安全监督计划加以改善国际民用航空运行安全的关键，也是各个缔约国确保国际民用航空运行安全承诺应尽的法律责任。

1998年1月19日至3月20日，国际民航组织理事会第153届会议在总部召开历时2个月，共举行了32次会议，讨论了64项议题，会议对1997年世界民航局长大会提出的关于安全审计的38项建议，经152届会议对其初审后又进行了复审，大多数西方国家的支持下，理事会主席柯台特无视一些国家的不同意见利用会议程序，使会议接受了38项建议的核心内容，即对各国进行强制性安全审计。

国际民航组织理事会第154届会议于1998年5月1日至6月25口召开，历时56天，共开了32次会议。会议讨论并批准了"全球安全监督审计计划"，这一计划是根据1997年世界民航局长会议提出的强制性安全审计的概念，在第152届和第153届会议两次审议强制审计实施计划的基础上，由理事会责成秘书处起草的。与先前的"安全监督评估计划"比较，"全球安全监督审计计划"有两大显著特点：一是强制性，即所有缔约国都在审计之列，即使飞行安全形势较好的发达国家也概莫能外。二是透明性，即被审计国如不在规定时间内采取措施解决其审计时发现的问题，这些问题将予以公布这两个特点。提出了这样一个问题：国际民航组织是否有权未经有关国家同意即可对其进行安全审计，这显然涉及主权。我国代表指出各缔约国是否同意对其进行审计,应由国际民航组织与各国逐个签署双边谅解备忘进行确认。会议最后采纳了此建议,并写入会议决议草案之中。会议进一步讨论并通过了全球安全监督审计计划的具体实施计划,将提交给国际民航组织第32届大会认可,会议决议草案将交大会通过。

3. 最终建立阶段

1998年9月22日至10月29日,国际民航组织第32届大会在加拿大蒙特利尔召开,会议一致通过了关于确立国际民航组织全球安全监督审计计划的A32-11号决议。

A32-11决议规定,为确保缔约国有效地遵守国际民航组织有关航空安全的标准与建议措施,从1999年1月1日起,国际民航组织将就附件1(人员执照)、附件6(航空器运行)、附件8(航空器适航)的内容对所有缔约国实施经常的、强制性的、系统的和一致的安全审计;该全球安全监督审计计划将适用于所有缔约国;如被审计国在规定的时间内不能纠正审计时发现的问题,将公布对其审计的结果;敦促所有缔约国同意对其进行审计,但应由其与国际民航组织签署双边谅解备忘录以体现主权;敦促所有缔约国确保审计结果只用于与安全有关的目的;建立系统的报告和监督机制。

在1998年10月19日至12月12日召开的国际民航组织理事会第33届会议上,讨论并通过了第32届大会批准的全球安全监督审计计划的实施细则,并达成以下一致意见:

(1)实施安全监督审计计划是本组织下三年度最重要、最紧迫的工作,1999年是从自愿的安全评估改为实实质性的安全审计的第1年。

(2)应向秘书处提供足够的实施这一计划所需的人力和资金。

(3)计划是全球性的,而不是地区性的,是由国际民航组织统一负责的,在此前提下,地区性组织可以协助实施这一计划。

(4)依次按照以下标准来安排缔约国审计次序:① 对每一国家进行审计的紧迫程度;② 各地区间被审计国家数量;③ 先审计尚未进行安全评估的国家(截至1998年12月4日,共有88个国家要求进行安全评估,已完成了对其中67个国家的评估,不包括中国);④ 缔约国主动提出审计要求。

(5)秘书长应向理事会每届会议报告计划实施情况。

会议还根据第32届大会通过的第A32-11号决议的精神,讨论并通过了作为体现国家主权的谅解备忘录草案,备忘录将由缔约国和国际民航组织签署。声明前者同意后者对其进行安全审计,并对双方的权利和义务及审计全过程做出了详细规定。备忘录草案将由秘书长在1999年发送给缔约国,各国可报她其需要与国际民航组织协商对草案做技术性修改。

至此,国际民航组织全球安全监督审计计划正式建立起来,2016年9月份国际民航组织对我国进行了安全监督审计工作。

二、国际航协安全审计

第三节　安全审计的实施步骤与程序

安全审计是一个包含多个环节的过程,如图7-2所示。本节将详细地讨论安全审计过程中每个步骤所包括的程序。

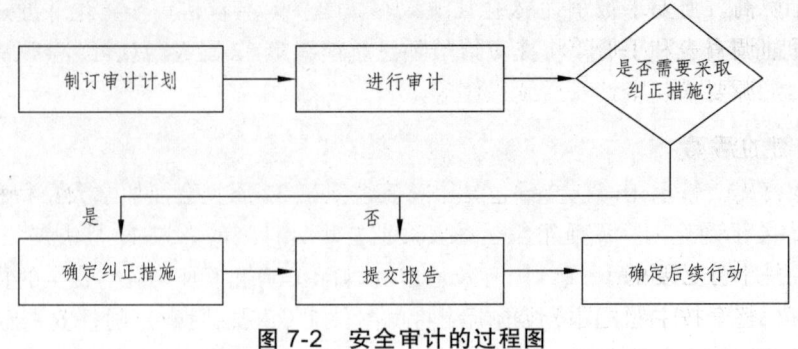

图 7-2 安全审计的过程图

一、审计人员的确定

（一）确定安全审计的规模

安全审计可由一个人或一个小组进行。根据组织的规模和资源情况，组织内部经验丰富和经过培训的人员可以进行安全审计，或者他们可以协助外部的审计员进行审计。经过挑选进行审计的人员应具有与被审计领域相关学科的实际经验，熟悉有关管理要求和本组织的安全管理体系，参加过审计程序和技能的培训。一个审计小组由一名审计小组长和一名或多名审计员组成。

（二）审计人员的资格

经过挑选进行审计工作的人必须是被审计者信任的人。简而言之，审计员必须是有资质和参加过相关专业领域审计职能培训的。审计小组成员应尽量与被审计的领域无关。只要实际可行，根据组织的规模，应由不负责且未参与过设计和履行被审计的任务和职能的人员来承担审计工作。这样，评价才是中立的，不受组织各运行方面影响的。另外，审计小组最好不仅仅由管理层人员组成，这有助于确保审计不会被看作一种威胁；具有当前运行经验的人员也可能会更好地识别出可能的问题；可以要求审计当局以外的专家参加审计。

1. 审计小组长的任务

如果需要一个以上审计员时，应当任命一名审计小组长。审计小组长负责全面审计工作。此外，审计小组长也要承担审计员的一些常规审计任务。审计小组长必须是一个有效的信息沟通者，必须能够获得被审计组织的信任。

2. 审计员的任务

每一名审计小组成员要承担的任务由审计小组长分配。这些任务可能包括对被审计单位或部门的人员进行访谈、评审文件、观察运行情况以及编写审计报告材料。

二、安全审计的策划和准备阶段

应提前足够长的时间向被审计的单位或部门发出一份要进行审计的正式通知，以便使对方做好一切必要的准备工作。作为审计准备过程的一部分，审计当局可以与被审计组织的高级管理者进行协商。可要求被审计的组织在实际审计前提供一些准备资料，如一些记录、已经填具的审计前调查表和手册等。在审计员到达之前，被审计的组织必须清楚地了解审计的目的、范围、资源要求、审计及后续程序等。

1. 审计前的活动

策划审计首先要采取的一些步骤包括：核实所提出的审计安排的可行性、确定在开始审计之前所需要的资料。其次规定进行审计所依据的标准、制订详细的审计计划和在审计中使用的检查单也是十分必要的。

检查单由一整套按主题标题分类的问题组成。用于确保涵盖所有的相关主题。为了达到安全审计的目的，检查单应包括一个组织的下列方面：国家安全管理要求。组织的安全政策和标准。安全问责办法的结构。文件，如安全管理手册和运行文件（包括当地的规章）等。安全文化（被动的或主动的）。危险识别和风险管理过程。安全监督能力（监控、检查、审计等）。确保承包人的安全绩效的规定。

2. 审计计划

表 7-2 提出了一个典型的审计计划概要。

表 7-2　审计计划的典型结构示例

审计计划
引言
[本节应介绍审计计划及审计背景]
目的
[本节应规定审计的目的、目标、范围和审计依据的标准]
拟审计的单位部门
[本节应明确规定拟审计的领域]
计划进行的活动
[本节应确定和说明要进行的活动、关注的领域以及对不同主题的处理，还要确定审计小组应当得到的文件。如果审计涉及访谈活动，应列出访谈时要讨论的领域]
时间表
[本节应包括计划进行的每项活动的详细时间表]
审计小组
[本节应介绍审计小组成员]

三、实施审计

实施实际的审计实质上是一个检查或实况调查的过程。几乎任何来源的信息都可作为审计的部分加以审查。

进行安全审计时，常常有一种倾向，眼睛只盯着未遵章的项目。审计员必须认识到这样的检查意义有限，因为：组织可能只靠审计当局来确保达到标准。可能只在审计员进行检查期间达到标准。审计报告可能只强调检查期间发现缺陷的那些方面。审计将不会鼓励被审计的组织具有主动性,往往只核查审计员提出的问题。

1. 首次会议

在首次会议上,审计小组长应简要地陈述审计的背景、审计的目的以及审计小组将要处理的所有具体问题,应与被审计的单位或部门的经理就审计的具体安排,包括与员工面谈的可能性等问题进行讨论并取得一致意见。

2. 审计程序

收集审计小组进行评估时所需信息的方法包括:审查文件;员工访谈;审计小组观察。

审计小组应依据相关检查单中的项目系统地开展工作。还要在标准的观察表中记录所观察到的问题。

如果在审计过程中发现了某一个引起审计员关注的具体领域,应对该领域进行较深入的调查。然而,审计员必须牢记,还需要完成计划内的其他审计,因此必须避免花费过多的时间探究一个问题,从而可能放过其他问题。

3. 审计访谈

审计员获得信息的主要方式是通过提问。这一方法可提供书面材料以外的补充信息,使有关人员有机会对系统和工作方法加以解释说明。审计员也可以通过面对面的讨论针对单位或部门的员工对安全管理的理解水平和支持程度做出评估。接受访谈的人员应从一系列管理、监督和运行岗位的人员中挑选。审计访谈的目的是要得到信息,而不是要参加讨论。

通过访谈得到的信息有助于明确不安全活动和状况的来龙去脉,可以用于确认、澄清或补充从其他信息源得到的信息,还有助于确定发生了"什么"情况。更重要的是,访谈经常是回答重要的"为什么"问题的唯一方法,从而有助于提出适当而有效的安全建议。

在准备访谈时,访谈者必须想到各个受访者对事情的认识和记忆会有不同。运行人员报告的系统缺陷的细节与维修人员进行维修检查时观察到的情形可能不同;主管人和管理者看问题的角度与一线人员可能不同。访谈者必须接受所有值得进一步探讨的观点。然而,即使有资格、有经验的和善意的目击者在回想事件时也可能出现错误。事实上,如果就同一个事件访谈大量员工时,被采访者的看法都是一致的,这可能就是怀疑所得信息是否有效的理由。

有效的访谈者会适应这些不同的观点,保持客观并避免对访谈的内容进行过早的评价。访谈是一个不断变化的情况,有技巧的访谈者知道何时连续提出问题以及何时放慢速度。

为了得到最好的结果,访谈者可以采取下列程序:

(1) 对访谈进行精心的准备和计划;
(2) 按照合乎逻辑、精心设计的程序进行访谈;
(3) 结合其他已知信息对收集的信息进行评价。

作为安全审计员,掌握下面的访谈技巧也是十分必要的,它决定着审计结果和效果的好坏:

(1) 访谈者的任务是通过被访谈者获得尽可能准确、完整和详细的信息。
(2) 访谈,特别是涉及人的行为能力因素的访谈,绝不能仅限于事件的"内容"和"时间",而必须试图了解事件"如何"和"为什么"发生。
(3) 访谈成功与否和访谈者个人的准备工作密切相关,要针对访谈做好准备工作。

（4）在跟踪事故征候或安全事件时，应尽快进行访谈。如果不能马上进行访谈，应要求其进行书面陈述以确保趁热打铁将信息记录下来。

（5）访谈成功与否取决于时间安排和问题的安排。访谈以"自由回忆"问题开始，让受访个人谈一下他或她知道的关于事件或主题的事情。在访谈进行过程中，交叉采用其他类型的问题，例如：① 自由发挥的或"漫谈性"问题。这类问题可以使受访者对事件进行迅速而准确的描述，引导受访者更多地参与（例如，"刚才你说你的培训是……？"）。② 具体问题。这类问题是获得详细信息所必要的，也可促使受访者回想起更多的细节。③ 非发挥性问题。这类问题得到"是"或"不是"的答案（除了得到简单的回答以外，不会得到什么真知灼见）。④ 间接问题。这类问题在一些微妙的情况下可能有用（例如，"你提到第一副驾驶对那次进近飞行感到不安，为什么？"）。

（6）避免提对答案有诱导性的问题，即包含答案的任何提问，而应用无倾向性的语句。

（7）不要把在访谈时得到的信息信以为真，而是应利用这些信息证实、澄清或补充其他来源的信息。

（8）有些情况下可能有许多目击者可以访谈，必须以有用的格式将最后的（往往相互冲突的）信息加以汇总、储存和汇编。

（9）有效的访谈需要好的倾听技巧。

（10）每次访谈都要形成文件以备以后参考。记录可包括文字整理记录、访谈提要、笔记和/或录音带。

4. 审计意见

审计活动一旦结束，审计小组应审查所有的审计意见，并与有关的规章和程序对比以确认注明为不符合、缺陷或安全缺点的意见的正确性。

对注明为不符合、缺陷或安全缺点的所有项目应进行严重性评估。

还要记住，审计不应当只关注负面的结论，安全审计的一个重要目的是还要突出被审计领域的好的做法。

5. 结束会议

在审计的整个过程中，管理者可能需要定期的进度报告。然而，在结束审计活动时，还应当同被审计单位和部门的管理者一起召开结束会议，向他们简要说明审计意见和提出的任何建议措施。可以确认事实的准确度，并突出重要的结论。

在这种会议之前，审计小组应当：

（1）就审计结论达成一致意见；

（2）提出建议，例如，必要时，提出适当的纠正措施；

（3）讨论是否需要采取后续措施。

审计结论可分为三类：

（1）需要采取吊销执照、证书或批准书等警告措施的属于严重未遵章的偏离行为；

（2）必须在商定期限内予以纠正的任何偏离行为或未遵章行为；

（3）关于可能影响安全的问题，或可能在下次审计前成为管理问题的意见。

在结束会议上，审计小组长应陈述审计期间提出的意见，并给予被审计单位或部门的代表纠正任何误解的机会。任何临时审计报告的发布日期和听取关于临时审计报告的意见的日期由双方协商决定。通常会给管理者留一份最终报告的草稿副本。

6. 纠正措施计划

完成审计时，应将所有已确定的与安全相关领域计划采取的补救措施形成文件。相关单位或部门的管理者有责任制订一项纠正措施计划，列出为在商定期限内消除已查明的缺陷或安全缺点拟采取的措施。

纠正措施计划制订完成后，应将计划提交给审计小组长。最终审计报告将包括该纠正措施计划并详述拟采取的任何后续审计行动。被审计领域的经理负责确保及时实施适当的纠正措施。

7. 审计报告

审计报告应客观地陈述安全审计的结果。完成审计后，应尽快将一份临时审计报告提交给有关单位或部门的经理审查和征求意见。在准备最终报告时，应考虑收到的所有意见。最终报告构成审计的正式报告。

在编写审计报告中需遵循的关键原则是：

（1）结束会议、临时审计报告和最终审计报告中的意见和建议保持一致；
（2）结论要以参考材料为佐证；
（3）评论意见和建议的陈述应简明扼要；
（4）避免评论意见笼统和含糊不清；
（5）客观地陈述评论意见；
（6）使用人们广泛接受的航空术语，避免使用缩写词和行话；
（7）批评避免针对个人或职位。

表 7-3 提供了一个典型的审计报告纲要。

表 7-3 审计报告的内容

引言
[本节应点明本报告是哪次审计的正式文件并介绍报告中的各章。]
参考文件列表
[本节应概述审计期间使用过的所有文件。]
背景
[本节应阐述审计的原因。这可能是一次定期的审计，也可能是具某种特殊原因需要的审计（如查明的安全风险或发现的安全事故征候）。]
目的
[本节应陈述审计计划中描述的审计目标和范围，应描述审计期间出现的任何影响目标实现的事件。]
人员配备
[本节应列出参加审计的人员。]
意见
[本节应概述审计小组的意见，包括好的方面和关注的问题。与这些意见相关的细节应作为意见材料附上，包括商定的纠正措施。]
总的结论
[本节应陈述审计的总的结论。不仅着眼于问题，还要突出好的方面。]
附件
[本节应将所有的意见表和相关的纠正措施表附于审计报告后面。]

8. 审计后续工作

审计后续工作包括对整改的管理。在收到最终审计报告后，管理者应确保为减少或消除随后的风险方面取得进展。审计后续工作的主要目的是核实纠正措施计划是否得到了有效的实施。后续工作还要确保依照审计情况采取的任何措施都绝不会降低安全水平。换句话说，决不允许具有更高潜在风险的新的危险作为审计的后果进入系统。

审计员不能对在实施必要的（和商定的）安全措施方面的失误进行跟踪检查，将影响整个安全审计过程的有效性。后续工作可通过监控认可的纠正措施计划的实施情况或通过审计后续视察来进行。如果已经进行了审计后续视察，应编写视察的进一步报告。报告中应明确指出商定的纠正措施的当前实施情况。如果不遵章的情况、缺陷或安全缺点仍未得到解决，审计小组长应在后续工作报告中强调这些问题。

四、国际标准化组织（ISO）质量标准

许多航空组织都已通过国际标准化组织（ISO）产品和服务标准的认证（通常是关于质量管理的 ISO 9000 系列标准）。作为 ISO 认证过程的一部分，各组织须通过由一个独立的审计组织进行的严格的初次质量审计和后续质量审计。

第四节 中国民航的安全审计

一、概况

1. 中国民航的安全审计 CASAP

中国民航提出符合本国实际的安全审计 CASAP，企业是安全生产的责任主体，政府是安全生产的监管主体，民航体制改革后面对管理结构的变化、面对行业的快速发展、面对安全工作的诸多困难，民航总局作为国务院主管民航事务的管理机构如何依法履行其五大职责之首，即如何实施更加有效的安全监管，如何促进企业建立完善的安全管理体系和运行机制，如何进一步提高民航的安全水平，这是我们必须着手解决的紧迫问题。

安全审计是当前国际上普遍认同的安全管理手段之一，是国际民航组织的普遍安全监督审计计划（USOAP）为了评估各缔约国政府的安全监督能力，1998 年国际民航组织第 32 届大会通过了 A32-11 号决议，决定从 1999 年 1 月开始对所有缔约国进行定期、强制、系统和协调一致的安全审计，并针对 8 项关键要素进行重点审计。这 8 项要素分别是基本航空立法、具体运行规章、国家航空系统和安全监督职能技术人员的资格和培训、技术指南、工具以及关键安全信息的提供、颁发执照合格审定、授权和批准的义务、监督义务和解决安全问题。审计的目的是通过促进各国执行国际标准和建议措施来进一步加强航空安全。

2. 国际航协的运行安全审计 IOSA

国际航协于 2003 年 6 月正式推出了运行安全审计，目的在于提高全球航空运行效率。从

2005年年底开始运行安全审计，成为新航空公司加入国际航协的唯一安全资格审计，国际航协运行安全审计的范围涵盖了公司组织与管理飞行运行、航行管制及飞行签派、航空器工程及维修、客舱运行航空器地面服务货运含危险品和运行保安等8个方面。

民航总局在2006年年初安全工作会议上正式提出了从2006年开始启动并于2007年正式实施对航空公司机场空管单位的安全审计计划CASAP。这是民航总局在大量调研的基础上借鉴国际民航的先进做法，结合中国民航实际，旨在强化政府安全监管执行力的重要举措。

中国民航安全审计是民航总局依据国际民航组织标准和建议措施，国家安全生产法律法规及民航规章标准和规范性文件对航空公司机场空管等单位进行的两个符合性检查，即企事业单位的运行手册与局方的安全规章要求之间的符合程度，企事业单位安全实际运行与其手册之间的符合程度，属政府安全监管行为。实施安全审计的目的有四个：一是全面掌握被审计方安全运行状况；二是查找被审计方安全管理上存在的问题，督促并指导其进行安全整改；三是督促并指导被审计方建立和完善安全管理体系和长效机制；四是发现监管薄弱环节以完善民航安全管理规章，提高监管工作水平。安全审计将作为政府今后实施安全监管的重要手段，是一项长期的综合安全监管工作，是周期性、强制性、系统性的安全监察。

安全审计与安全管理体系SMS建设相比，更侧重于政府对企事业单位的安全监管。从民航目前的实际来看先行，实施安全审计通过推行强制的系统的主动的安全风险过程，管理有利于整体推动SMS，建设速度有利于弥补安全管理缺位，有利于从传统的安全管理向现代的安全管理过渡。

安全审计比日常监管更强势、更集中、更全面。通过安全审计为日常监管提出了更加明确的监控项目。对督促企事业单位整改存在的安全问题提供了更具操作性的落实措施，同时通过公布审计结果、借助社会监督，更有利于各项规章制度的真正落实，更有利于安全遗留问题的最终解决。因此安全审计与日常监管相辅相成，会大大促进日常监管的工作绩效。

二、中国民航安全审计的基本做法

（一）安全审计的依据

安全审计的依据是国际民航组织标准和建议措施，《安全生产法》《民用航空法》及相关法规。中国民航规章标准和规范性文件，对航空公司、机场、空管等单位进行符合性检查属政府安全监管行为。

（二）安全审计组织机构及职责

民航安全审计机构由民航总局安全审计领导小组，安全审计办公室和安全审计组组成。安全审计领导小组设在民航总局，民航总局局长担任领导小组组长，分管安全的总局领导担任领导小组副组长。领导小组成员由民航总局航空安全办公室规划发展财务司、政策法规司、飞行标准司、航空器适航审定司、运输司、机场司、公安局、党委办公室、空管局和航空安全技术中心的领导组成。

安全审计办公室是负责民航安全审计事务的办事机构，安全审计办公室设在民航总局航空安全办公室。安全审计办公室主任由民航总局航空安全办公室主任担任，成员由民航总局相关部门人员组成。

安全审计组分为航空公司安全审计、组机场安全审计组和空管安全审计组。根据审计工作需要各安全审计组可下设若干专业审计组。安全审计组由组长协调员、审计员组成。航空公司机场和空管安全审计组长及成员分别由民航总局飞行标准司机场司和空管局指定。安全审计组长可根据审计工作需要邀请某一方面的专家参加安全审计工作。

（三）安全审计工作程序

安全审计分为安全审计准备、安全审计启动会、安全审计实施、安全审计情况通报会、编制安全审计报告、整改跟踪和公布审计结果7个阶段。如图7-3所示。

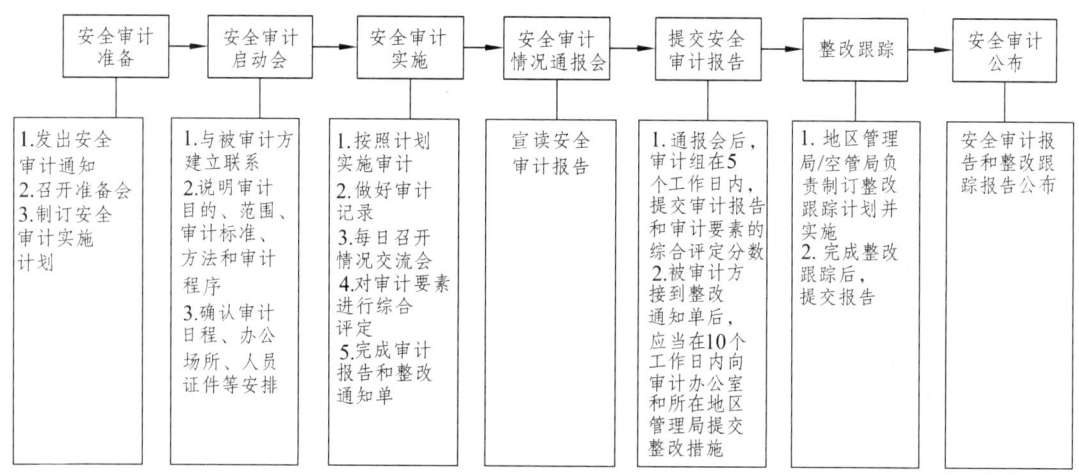

图7-3 中国民航安全审计的步骤

1. 安全审计准备

民航总局飞行标准司、机场司和空管局按照年度审计计划，在审计实施前3个月向被审计方下发审计通知单。被审计方接到审计通知单后应当指定联系人并按照审计通知单的要求做好准备。安全审计组在实施审计前1个月召开审计准备会，明确审计实施计划。

安全审计实施计划应当包括：审计内容、审计组成员及职责分工、审计日程安排、对被审计方的要求。

2. 安全审计启动会

安全审计启动会在审计实施前召开。由安全审计组组长主持，审计组成员和被审计方相关人员参加。向被审计方说明安全审计目的内容、审计标准、方法和审计工作程序。确定审计工作日程。审计人员出入场所证件办理，相关办公场所安排及其他事项。

3. 安全审计实施

安全审计组应当按照审计工作计划和要求实施审计，并做好记录。安全审计组与被审计方每日召开情况交流会，对审计情况进行汇总和交流并明确次日的工作任务。

4. 安全审计情况通报会

安全审计检查单项目完成后，审计组召开审计情况通报会，被审计方有关人员参加。审计情况通报会内容包括审计总体情况介绍、通报审计中发现的问题、被审计方对有关问题进行说明。

5. 编制安全审计报告

审计情况通报会后，安全审计组应当在 5 个工作日内完成审计整改通知单，送交被审计方。接到整改通知单后，被审计方应当在 10 个工作日内向审计组提交整改方案。

审计情况通报会后，安全审计组应当在 20 个工作日内完成安全审计报告，并由审计组长审查签字后送交被审计方。

安全审计报告完成后，审计组应当将审计报告送交被审计方。被审计方主要负责人在收到审计报告后，5 日内应当在安全审计报告上签字并报送给审计组。审计组应当将完成签字的审计报告报送安全审计办公室。

中国民航局委托地区管理局、地区空管局实施安全审计时，地区管理局安全审计组应当将安全审计报告报送民航总局飞行标准司、机场司和空管局，同时抄送安全审计办公室。

安全审计报告，由安全审计办公室发送被审计方和被审计方所在地区管理局、地区空管局。安全审计报告正文内容包括审计工作概述、对被审计方的总体评价、审计发现的问题和整改建议、特别情况的说明。

安全审计报告的附件包括：审计问题记录单、审计整改通知单、被审计方提交的审计整改方案。

编制安全审计报告应当遵循以下原则：审计报告中的陈述应当与审计结果和建议的内容一致；审计结论应当有充分的证据；对审计结果和建议的阐述应当简明扼要，避免直接批评个人。

6. 整改跟踪

整改跟踪由被审计方所在地区管理局、地区空管局、组织实施。

地区管理局、地区空管局完成整改跟踪后，应当向中国民航局飞行标准司、机场司和空管局提交整改跟踪报告。

整改跟踪报告应当包括整改监督情况和整改关闭意见。

整改跟踪报告经民航总局飞行标准司、机场司和空管局审核同意后报送安全审计办公室归档。民航总局飞行标准司、机场司和空管局审核后，认为有必要对整改项目进行复审时向被审计方所在地区管理局地区空管局发出复审通知。地区管理局、地区空管局接到复审通知后应当组织进行复审工作。

7. 公布审计结果

安全审计办公室收到审计组提交的审计报告后，呈报安全审计领导小组。经批准后向全行业公布安全审计报告。实施安全审计后第八个月，经安全审计领导小组批准，安全审计办公室根据被审计方所在地区管理局提供的整改跟踪情况对外公布航空公司、机场安全审计结果。

（四）中国民航安全审计行为准则

审计组在安全审计工作中应当遵循以下准则：

（1）严格——严格审计标准，维护审计工作的严肃性。

（2）公正——实事求是，尽可能地消除审计员主观因素或外部因素对审计工作的影响。

（3）透明——向被审计方全面公开实施安全审计的各项要求、采用的审计标准及相关资料。

（4）廉洁——认真遵守廉洁自律的各项规定。

（五）审计检查单

审计检查单由安全审计办公室组织制定，围绕组织管理、规章制度、资源配置、信息管理、应急处置和人员培训共7大要素制定检查单。检查单内容必须完全覆盖以下条款：

1. 组织管理 A 类

（1）是否建立了完善的安全生产责任体系；

（2）是否建立了完善的安全监管体系；

（3）是否在其最高管理层内有一名负责安全管理的分管领导，该领导是否有足够的权力调配安全管理所需的人财物资源；

（4）是否设立独立于生产运行之外的安全监察部门负责对运行安全进行有效监控；

（5）是否建立满足安全运行要求的运行管理机构；

（6）是否保证安全管理部门人员不会因执行生产任务而影响其履行安全管理职责；

（7）全监察部门和岗位的安全职责和工作程序是否明确，是否建立了有效的人员接替或代理职责的规定和程序；

（8）生产运行部门和岗位的安全职责和工作程序是否明确，是否建立了有效的人员接替或代理职责的规定和程序。

2. 规章制度 B 类

（1）是否根据国家和局方颁布的法律、法规、规章标准规范性文件以及安全运行需要制定并落实了本单位的规章制度；

（2）是否建立完整的安全目标管理制度；

（3）是否落实重要生产运行岗位人员的资格标准；

（4）是否制定并落实有效的不安全事件调查处理程序；

（5）是否建立安全运行内部审计制度；

（6）是否建立并落实外包租赁及代理业务的安全管理规定。

3. 运行管理 C 类

（1）是否按照局方批准的运行资格实施安全运行；

（2）运行管理部门是否按照运行管理规定进行管理；

（3）岗位工作人员是否按照规定的职责和工作程序进行操作；

（4）设施设备是否按照要求进行维护和管理设施设备运行状况，是否满足安全运行的需要；

（5）工作环境是否满足安全生产的需要。

4. 资源配置 D 类

（1）主要负责人是否保证了安全生产所必需的资金投入；

（2）设施设备的配置是否满足安全运行的需要；

（3）是否有足够合格的专业人员履行生产运行和安全管理的职责。

5. 信息管理 E 类

（1）是否建立并实施了有效的规章手册通告指令等文件管理制度和程序；

（2）是否建立并实施了有效的安全信息管理制度和程序；
（3）是否按局方规定报告安全信息；
（4）是否建立并实施了自愿报告程序。

6. 应急处置 F 类
（1）是否制定有效的应急预案；
（2）是否对应急预案进行动态管理；
（3）是否建立健全应急组织体系；
（4）应急保障是否满足应急工作要求；
（5）是否按规定进行应急处置的培训和演练。

7. 人员培训 G 类
（1）是否制订并实施了生产运行的专业技能培训大纲或计划；
（2）是否制订并实施了安全管理人员的专业技能培训大纲或计划；
（3）是否建立以安全意识和风险管理为主要内容的全员安全教育制度；
（4）安全教育培训档案是否规范完整。

三、中国民航安全审计一般规定

1. 审计问题分类
对安全审计中发现的问题，按其对安全运行的危害程度及引发不安全事件的可能性分为必改项和建议项。

2. 审计结果分类
审计分数按百分制计算，其中安全审计项符合率占 70 分，七要素综合评定情况占 30 分。七要素综合评定是审计组按照七要素内容对被审计方做出的综合评价。七要素综合评定分数不对被审计方公布，只提交给安全审计办公室作为审计结果分类的参考。审计结果分为四类：

评定为一类的被审计方：组织管理完善、规章制度健全、运行管理规范、资源配置充足、信息管理有效、应急管理完备及人员培训到位。

评定为二类的被审计方：组织管理基本完善、规章制度基本健全、运行管理基本规范、资源配置比较充足、信息管理比较有效、应急管理比较完备及人员培训基本到位。

评定为三类的被审计方：组织管理不够完善、规章制度不够健全、运行管理不够规范、资源配置不够充足、信息管理不够有效、应急管理不够完备及人员培训不够到位。

评定为四类的被审计方：组织管理差、规章制度不健全、运行管理不规范、资源配置不足、信息管理低效、应急管理不完备及人员培训不到位。

对评定为一类的被审计方，局方将优先安排其运行；对评定为二类的被审计方，局方继续认可其现有运行；对评定为三类的被审计方，局方将按照相关程序在某些方面对其运行进行限制；对评定为四类的被审计方，局方将按照相关程序终止其运行。

3. 审计公布
民航行业内公布，安全审计报告向社会摘要公布，安全审计的审计要素结果公布的方式，可采用民航规范性文电和民航政府网站的内网公布。民航行业外公布，可采用民航政府网站的外网和其他新闻媒体公布，查找出真正的隐患不易，而要最终落实措施整改问题更难实施。审计公布的目的就在于借助社会监督力量，督促企事业单位，落实安全措施切实整改安全问题。

4．处罚

被审计方如果明显存在违反法律、法规、规章标准和程序的行为，民航总局或民航地区管理局将依据法律、法规、规章和民航规范性文件对其实施罚款，运行限制直至中止运行等处罚。

5．审计周期和经费

安全审计周期通常为 5 年，也可根据实际情况缩短或延长。

安全审计工作经费由民航局统筹安排，安全审计年度工作经费预算由安全审计办公室制定，报民航局财务部门批准。通常情况下对同一单位的审计时间间隔为 4 年，特殊情况下也可缩短或延长审计周期。

四、中国民航安全审计工作情况

1．启动安全审计的准备工作

按照 2006 年全国民航安全工作会议部署，2006 年 3 月民航总局召开了安全审计会议，明确了安全审计的指导思想，即以 2006 年民航安全工作基本思路为指导，以规章标准和审计手册为依据，以组织管理运行管理人员培训和设施设备技术状况为重点，结合民航安全工作的薄弱环节，专项整治的重要内容和各部门年度工作任务，组织对企事业单位实施安全审计。向全行业下发了安全审计工作方案，明确了安全审计的组织机构方法步骤和具体要求。

2．组织编写安全审计指南和手册

民航总局组织编写了中国民航安全审计指南，航空公司安全审计手册，机场安全审计手册，和空管安全审计手册。2006 年 7 月，民航总局在西安召开了半年安全工作会议对安全审计指南和手册进行了广泛讨论，参照局方和民航企事业单位的意见对审计指南和手册进行了修改。

3．对审计员进行培训

安全审计员的选拔和培训分别由民航总局飞标司、机场司和空管局负责实施。安全审计员的选拔资格是：具有较好的思想品德、较高的专业水平和较强的工作能力，熟悉安全审计原则、程序和方法，熟悉相关的法规、规章、标准程序，熟悉安全审计检查单条款和具备良好的组织协调沟通能力。

安全审计员的培训课程包括相关法律法规、安全审计的程序方法和标准、安全审计检查单。飞标司、机场司和空管局已经分别完成了首批主要用于民航深圳地区试点的安全审计员的培训。民航总局经过考核将他们聘为民航安全审计员并予以公布。

4．试点

中国民航于 2006 年 10 月，在深圳地区同时进行航空公司、机场和空管单位的安全审计试点。按照统一领导分工实施的原则，由总局统一组织实施。安全审计组分为航空公司安全审计组、机场安全审计组和空管安全审计组。参与试点的安全审计员共有 44 名绝大多数是从总局和地区管理局空管局抽调的监察员,还邀请了总局安技中心的部分同志参加审计试点工作。总局航安办、飞标司、机场司和空管局将根据试点情况及时对审计指南和审计手册进行修订。

5. 全面铺开

中国民航将从 2007 年开始在全行业实施安全审计。

思考题

1. 什么是民航安全审计?其目的和作用是什么?
2. 简述安全审计的原则。
3. 简述安全审计的流程。
4. 简述我国民航安全审计的工作程序。
5. 我国民航安全审计检查单的类型有哪些?
6. 我国民航安全审计结果分类标准有哪些?

第八章 航空安全信息管理

第一节 安全信息的基本概念和特征

一、安全信息的基本概念

1. 信息的概念

"信息"一词在英文、法文、德文、西班牙文中均为"information",日文中为"情报",我国台湾省称为"资讯",我国古代指的是"消息"。20世纪40年代,信息论的奠基人香农(C. E. Shannon)给出了信息的明确定义。此后,许多研究者从各自不同的学科出发,给出了信息的不同定义。香农认为"信息是用来消除不确定性的东西",这一定义被人们看作经典性定义而加以引用;和安全信息管理密切相关的概念是经济管理学家给出的"信息是提供决策的有效数据"。

2. 安全信息的概念

信息是反映事物之间的差异及其变化的一种形式。由信息的内涵和外延可以类推出安全信息的定义:安全信息是反映安全事务之间的差异及其变化的一种形式。安全信息反映安全事务的发展变化、运动状态及其外在表现形式。

3. 安全信息的本质特性

信息本身是事实的再现和提炼。在生产、生活中无时无刻不存在诸多的安全问题,并产生大量安全信息,理论研究和经验教训的安全信息都是发展安全文化、推动科技研究的基本要素。安全信息能对信息接受者的行为和决策产生影响。

安全信息的本质是安全管理、安全技术和安全文化的载体。安全信息的收集、处理和应用过程就是一种安全管理过程。通过采取各种安全信息管理技术,保障生产和非生产过程的顺利进行,预防和控制事故发生,保障人的安全和健康。安全信息是在最广泛、最基本、最经常的原始信息的基础上,经过系统的集合、分类、归纳、提炼等处理,揭示安全的内在联系和活动规律,上升到安全科技水准的信息集合,安全技术本身就是一种安全信息。安全文化主要就是通过安全信息的传播形成社会氛围和安全意识。

二、安全信息的分类

由安全信息的产生及其所具有的不同的作用或功能,对安全信息的类别进行划分的方法有所不同。

1. 按安全信息的内容特性划分

按照安全信息的内容特性来划分,可以划分为三类:生产安全信息,安全工作信息和安全指令性信息。

(1)生产安全信息:从生产实践活动中反映生产过程的安全信息。具体分为生产状况信息、生产异常信息和生产事故信息三种类型。

① 生产状况信息:包括物质的危险特性及危险状态、设备的工作状态、工艺流程信息、库存信息、生产过程的薄弱环节、隐患的整改等。

② 生产异常信息:指生产过程中出现的与指标或正常状态不同的相关信息,包括设备的失效、生产异常情况。

③ 生产事故信息:指生产事故的所有相关信息,包括事故统计及分析、事故调查及处理、事故的应急、事故的模拟、事故致因原理的研究等。

(2)安全工作信息:从安全管理实践方面来反映安全工作情况的作用的信息。具体分为:安全组织信息、安全教育信息、安全检查信息、安全技术信息四种类型。

① 安全组织信息:安全管理的人员组织架构、安全生产责任制的建立、重点人员(如特种作业人员)管理等。

② 安全教育信息:包括安全教育、安全培训和安全文化建设的信息。

③ 安全检查信息:包括组织进行的安全检查工作以及安全评价工作(安全预评价、安全验收评价、安全现状评价和专项安全评价)的相关信息。

④ 安全技术信息:针对事故预防与控制所采取的安全技术对策的相关信息。

(3)安全指令性信息:从安全生产和安全管理过程中具有指导性作用的信息。这来源于安全生产与安全工作规律,具有强化安全管理的功能。主要包括安全生产法规、安全工作计划、安全生产指标三种类型。

① 安全生产法规:与安全生产相关的生产指标、标准、法律法规和方针政策,及其贯彻落实情况。

② 安全工作计划:政府、企业或部门定期的安全工作计划及完成情况。

③ 安全生产指标:针对特定行业的安全生产指标,包括政府部门下达的和内部自行设定的安全生产指标,以及指标的完成情况和结果分析等。

2. 按安全科学研究领域划分

安全科学研究的主要领域可以分为职业安全卫生和安全生产。按安全科学研究领域来划分,安全信息可以分为以下两类:

(1)职业安全卫生信息。职业安全卫生(OSH)是安全科学研究的主要领域之一,通常指影响作业场所内人员安全与健康的条件和因素。我国曾经称之为劳动保护,但从两者内涵和与国际接轨方面考虑,职业安全卫生更具有代表性。

职业安全卫生信息是指为了保护劳动者在劳动、生产过程中的安全、健康,在改善劳动条件、预防工伤事故及职业病,实现劳逸结合和女职工、未成年工的特殊保护等方面所采取的各种组织措施和技术措施的相关信息。

(2)安全生产信息。安全生产就是使生产过程在符合安全要求的物质条件和工作秩序下进行,以防止人身伤亡和设备事故及各种危险的发生,从而保障劳动者的安全和条件,促进劳动生产率的提高。安全生产信息是指在生产过程中消除或控制危险及有害因素，保障人身安全健康、设备完好无损及生产顺利进行的相关信息。它包括有生产过程安全信息、设备和材料安全信息、运行操作安全信息、日常安全生产管理信息等。

3. 按安全信息的来源划分

安全信息分类可从不同角度考虑，但分类原则需与所要解决的问题紧密相关。安全信息按信息来源的不同可分为两类：

（1）外部安全信息。反映安全信息系统的外部安全环境的信息，包括国内外政治经济形势、社会安全文化状况和法律环境，现代科学技术特别是安全科学技术的发展信息及其应用研究，同类企业安全生产相关的安全法律法规、制度、标准、规范，国内外相关企业的重大事故案例信息等。

（2）内部安全信息。反映组织内部各职能部门的运行状况，是信息系统运动、变化和发展的依据，如企业内部安全生产活动中人、机、环境各自的和相互的信息。

4. 按安全信息存在的状态和功能划分

按照安全信息的存在状态和功能进行划分，安全信息可以分为以下三类：

（1）安全指令信息。来源于安全生产和安全管理，具有指导安全工作和安全生产的作用。包括：国家和上级主管部门制定的有关安全生产的各项方针、政策、法规和指示；行业安全生产标准；企业制定的安全生产方针、技术标准、管理标准和操作规程；安全工作计划的各项指标；安全工作计划的安全措施。

（2）安全动态信息。指执行指令过程情况，即系统安全状态的现实反映。

（3）安全反馈信息。在执行安全指令过程中产生的偏差信息，即异常信息，反馈到决策部门产生新的调节指令，纠正偏差，如隐患整改通知书、违章处理通知书等。

三者的关系为：决策部门运用安全指令信息执行完成某项指令，通过掌握安全动态信息来监督指令执行情况，借助安全反馈信息进行调节和控制，保证安全管理系统的正常运行。

5. 按安全信息表达的形态划分

按照安全信息表达的形态进行划分，安全信息可以分为四类：安全法规、科技文献、出版物、音像制品。

另外，还有按信息源来划分，安全信息包括一次信息和二次信息。一次信息主要指直接来自信息源点（如生产现场、施工作业过程、具体危险源点监控）的安全信息，具有动态性、实时性。二次信息系指经过处理、加工、汇总的安全信息（如报告、图表等）；从类别来分，有安全管理动态信息、事故信息、隐患信息、安全培训信息等；从安全管理要素来分，有人、机、环境、管理四大信息。

三、生产现场的安全信息流

生产现场的安全信息指生产现场与发生事故有关的某种生产活动的全部信息。这当然也包括生产活动中的其他信息，但侧重于安全管理相关的信息。下面将生产现场的安全信息按照几个系统划分对其信息流进行研究。

1. 组织系统的信息流

企业生产管理部门，如部、局、处、公司等属于经营者；厂长、矿长等受上级经管者的领导，履行管理职责，又向下级管理人员（车间主任、部门主管）传达指令，直至基层工作人员。这种上下流通的信息，有的是通过干部使用计算机对信息进行整理，也有的是通过规程、标准等二次信息对各级人员传达各种信息。

2. 上下级人员之间的信息流

上下级人员之间的信息流主要指上下级人员之间以车间、工段等安全监督管理人员为中心的信息流。

3. 人机系统的信息流

人使用机器进行操作时，在接触面上有信息流。信息随能量的流动而传递，把人和机械两个系统的全部能量的流动集合在一起的系统，成为人机系统。

四、安全信息的特性

1. 安全信息的信息特性

（1）信息的真实性。信息应该是对现实世界事物的客观反映，它具有真实性，这是信息的最基本特性。但现实中的信息并不都是正确的，只有获得正确的信息才能作出正确的决策，信息的真伪鉴别增加了信息收集的工作量。此外，在信息的传输和存储过程中也要保持信息的正确性。

（2）信息的时效性。信息是有生命周期的，在生命周期之内，信息是有效的；超出生命周期，信息将失效；但有时失效的信息在某些时刻也会复苏，供决策使用。信息的时效性要求尽快得到所需要的信息，并在其生命周期内最有效地使用它。为了保证信息的有效性，人们需要连续不断地收集信息，利用先进的存储设备，建立数据库、数据仓库，然后利用检索工具进行快速检索。

（3）信息的共享性。信息不同于物质，信息是可以共享的。由于信息可以在不同的载体间转换和传播，并且在转换和传播的过程中不会消失，所以谁拥有了某信息的载体谁就拥有了该信息。信息的共享性可以使人们共同拥有同样的信息，为了保证信息的共享性，需要利用先进的网络技术和通信设备来实现。

（4）信息的层次性。由于信息大多是为管理服务的，在现实世界中管理是分层次的，不同的管理层需要不同的信息，因而信息也是有层次性的。一般按管理理论，信息可以分为战略级信息、策略级信息和执行级信息三个层次。

（5）信息的不完全性。客观世界的信息是不可能全部得到的，如果一个决策者可以掌握决策需要的全部信息，他的决策肯定会成功。决策的艺术就在于决策者要根据自身的经验去收集信息，正确地舍弃冗余的、不重要的或失真的信息，并根据收集到的有限的信息快速地作出最优的决策。个人经验是一种重要的"软信息"，专家系统就是为了充分挖掘和利用个人（即专家）经验的一种信息系统。

（6）信息的滞后性。数据经过加工后转变成信息，信息的使用才能影响决策，有决策才会有结果。每种转换均需要时间，因而不可避免地会产生时间的延迟，即信息的滞后性。因此，在实际工作中，要尽量减少信息的滞后时间，这样才能使信息更好地发挥作用。

（7）信息的转换性。材料、能源和信息是人类发展的重要资源，三者紧密地联系在一起。信息在管理中起主导作用，是管理和决策的依据。在如今的经济社会中，信息是一种比能源和材料更加重要的资源。企业依靠信息进行决策。信息可以转换为价值，是社会发展的生产力。

2. 安全信息的安全特性

信息领域的安全信息，体现出不同于其他学科信息的特殊属性和功能。

（1）作为载体本身的特性。包括独立自主的复制功能；在宿主中大量增殖的功能；有选择性的遗传表达功能。体现在安全信息上就表现为对安全技术的多复制、广传播、选项增量繁衍的属性。

（2）作为文化效果为主，具有非纯物质的属性。安全信息的本质之一就是安全文化的载体。安全文化的信息流作用于人的精神，强化人的意识，通过精神对物质的反作用体现其实用价值，体现出非纯物质的属性。

（3）市场效应弱，具有非纯赢利的属性。安全信息的立足点不在于利润的产出，而是通过对劳动力和资产的保值增益体现其经济价值和社会价值，因而体现出非纯赢利的特点。

（4）社会共享效果，具有非垄断的属性。安全信息具有非垄断性，它所代表的安全科技，以社会为目标、以人类为对象、以产业为基础，体现出与生态共存、与全球共享的最高宗旨。安全信息的社会共享正是安全管理信息化建设的终极发展目标。

第二节　安全信息管理

随着人类社会向信息时代的迈进，人们越来越清楚地认识到，知识就是力量，信息就是财富，信息资源在社会生产和人类生活中将发挥日益重要的作用。但是，信息成为一种资源的必要条件是对其进行有效的管理。如果没有信息管理，信息也可能带来意想不到的麻烦。因此，对信息及其相关活动因素进行科学的计划、组织、控制和协调，实现信息资源的充分开发、合理配置和有效利用，既是信息科学的重大应用课题，也是管理科学的新兴研究领域。

一、信息管理的基本概念

1. 信息管理的概念

信息管理的概念可以从狭义和广义两个角度来理解：狭义的信息管理就是对信息的管理，即对信息进行组织、控制、加工、规划等，并将其引向预定的目标；广义的信息管理是说信息管理不单单是对信息的管理，而是对涉及信息活动的各种要素（信息、人、机器、机构等）进行合理的组织和控制，以实现信息及有关资源的合理配置，从而有效地满足社会的信息需求。

不论哪个角度,我们都可以简单地说,信息管理就是人对信息资源和信息活动的管理。

2. 信息管理的特征

信息管理是管理的一种,具有管理的一般性特征。例如,管理的基本职能是计划、组织、领导、控制;管理的对象是组织活动;管理的目的是为了实现组织的目标等,这些在信息管理中同样具备。但是,信息管理作为一个专门的管理类型,又有其独有特征:

(1)管理的对象不是人、财、物,而是信息资源和信息活动。

(2)信息管理贯穿于整个管理过程之中。

3. 信息管理的内容范畴

(1)信息管理的基本内容。

信息管理的基本内容包括:信息的交流与传递、信息分布、信息获取、信息组织、信息检索、信息服务、信息产业、信息系统、信息立法、信息政策、信息机构管理(包括图情机构、统计局和咨询公司等)。

(2)信息管理的应用及交叉内容。

① 竞争情报(信息分析):为达到竞争目标,收集竞争对手和竞争环境的信息,并转化为企业战略决策所需信息,以提高企业竞争力。

② 信息经济学:把信息看作普遍存在的社会经济现象,主要研究信息和信息活动中的经济问题以及经济活动中的信息问题。

③ 知识产权信息管理:研究信息管理在知识产权中的应用和知识产权对信息产权的法律保护作用。

二、安全信息的处理

安全信息的处理是按照应用的需求,采用一定的方法和手段对安全信息进行收集、加工、传输、存储、反馈、维护这样一个过程。这几个有序联系的环节,综合运用信息管理形式,促使安全信息在企业安全管理中形成信息流,应用安全信息促使生产实践规律运动从而达到预防事故,改变生产实践异常运动控制事故的目的。

1. 安全信息的收集

安全信息的收集是数据处理的第一个环节,是后面各处理环节的基础。包括安全信息的识别、整理、表达和录入。识别是指面对大量的数据,要选择那些有价值、能正确描述事件的数据;整理是指信息的初加工,即对识别后获得的数据进行分类整理,便于对数据进行下一步加工;表达是指对整理后的数据采用一定的表达形式,如数字或编码、文字或符号、图形或声音等;录入是指将数据正确地输入系统中。这一过程可以采用人工完成,或者采用计算机辅助完成。

2. 安全信息的加工

安全信息的加工是安全信息处理的中心环节。其主要任务是根据处理任务的要求,对经过初加工的安全信息进行鉴别、选择、排序、合并、更新、计算,聚同分异、去伪存真,使之系统化、条理化,重新生成适合需要的形式。在这一过程中,可以引用诸如数据结构、计算数学、运筹学等方法和模型于安全信息的加工之中。

3. 安全信息的传输

安全信息的传输是指采用一定的方法和装置，实现信息从发送方到接受方的流动过程。它通常包括安全信息的共享与交换，并要求保证传输的快速、安全、准确。

4. 安全信息的存储

安全信息的存储是指对获得的或加工后的安全信息进行暂时或长期的保存，以备应用。需要确定存储哪些信息、存储多长时间、采用的存储方法以及使用何种存储介质等问题。存储的方法，既可利用各记录、报表进行简易存储，又可利用安全管理台账、安全卡片、安全档案进行分类存储，还可运用电子计算机进行综合加工处理和存储。

5. 安全信息的反馈

信息反馈是应用信息的目的，具有强化安全管理，促使生产实践规律运动和改变生产实践异常运动，预防、控制事故的功能。反馈的方式主要有两种：一是直接向信息源反馈，如当获知生产异常信息时，直接纠正人的异常行为，改变物的异常状态，控制事故发生；二是加工处理后集中反馈，如通过制定安全文件、安全工作计划，编制安全法规，利用安全宣传教育形式进行反馈等。

6. 安全信息的维护

安全信息的维护是指保持安全信息处于最新状态。狭义的信息维护是指经常更新存储器中的数据；广义的信息维护指系统建成后的全部数据管理工作。安全信息维护的主要目的是保证安全信息的安全性、准确性、及时性、完整性、一致性和保密性等，以便及时、准确、快速地为用户的管理和决策提供所需要的各类信息。

三、安全信息的应用

安全信息是反映安全事务之间的差异及其变化的一种形式。安全信息的应用就是依据它具有反映安全生产中存在状态差异的功能，从中获知安全教育、安全检查的效果，安全法规执行和安全技术装备使用的情况和存在的隐患、事故发生情况，并用于指导实践和改进工作，达到预防、控制事故的目的。

安全信息的主要应用：一是管理控制能量。事故是能量逆流作用于人体而发生的。所以控制能量的流动才能保障安全，而控制能量的关键是利用反映能量转移状态的安全信息，消除事故于萌芽状态。二是充分利用安全信息建立以事故预测为中心的安全管理体制。

1. 应用于危险分析与安全评价

安全信息可以应用于危险分析与安全评价。危险分析与安全评价作为事故预防的基础，其工作是建立在对危险信息的掌握之上的。危险分析就是采用各种系统科学的手段掌握分析对象足够的安全信息，包括物质的危险信息、设备的信息、生产工艺的信息、人员的信息等，通过分析这些安全信息，辨识分析对象的危险因素，评价其风险水平，并根据得到的信息采取相应的安全措施，以达到实现安全的目的。

2. 应用于研究事故发生规律

安全的最基本底线是把风险控制在人们可接受的范围内，因此安全最重要的工作就是控制和消除事故。对事故发生规律的研究可以帮助人们更好地预防和控制事故。

事故统计分析是运用数理统计来研究事故发生规律的一种方法，也是最早和最广泛应用的研究方法之一。它通过对大量的事故信息进行加工、整理和综合分析，揭示事故的发生规律和分布特征。科学、准确的统计分析结果也是一种安全信息，能够描述研究对象当前的安全状况，能够用以判断和确定问题的范围，能够作为观察事故发生趋势、探查事故原因、制定事故预防措施、预测未来事故等的依据。

3. 应用于突发事件的应急处理

尽管我们采取各种事故预防和控制措施，仍然存在发生事故、造成损失的可能。而且，我们对于大多数人类能力范围外的意外事件和意外因素无能为力。一旦突发事件发生，我们就可以运用事故规律研究的相关信息、人员保护的相关信息和事故处理的相关信息，首先评估突发事件的危险水平和影响范围，第一时间采取各种有效的保护措施和处理手段，控制事件的扩大和消除危险，尽可能减少人员伤亡以及各种经济损失。

4. 应用于调整各种安全管理活动

通过对安全信息的处理、流动和应用的研究，可以发现管理过程各个环节（组织机构、规章制度）的不足，从而可以调整安全管理活动，重新建立健全安全管理制度，有效地提高其安全管理水平。

5. 应用于制定安全法规和安全标准

安全信息是制定安全法规和安全管理制度的依据。根据安全管理信息制定各种安全法规，如《安全生产法》《安全生产许可证条例》《危险化学品安全管理条例》等；根据特定行业的安全信息制定大量的安全标准，如《建筑设计防火规范》《电器设备安全设计守则》《压力容器安全监察规程》等；根据对生产人员的健康研究获得的信息，制定保护职工安全的各种职业卫生标准，如《高温作业分级》《生产性粉尘作业危害程度分级》等。可以说，安全法规和安全管理制度本身就是安全信息的载体。

第三节 民航安全信息管理

从信息论的角度看，民航运行实质上是安全信息流的管理过程。民航运行管理必须使用和流通信息，同时也会产生大量的信息，时刻都离不开及时、准确、适用、有效的安全信息。安全生产管理是否得当，很大程度取决于安全信息的质量，如果安全信息透明与共享程度高，安全计划就能切合实际，指挥和协调系统中的所有元素安全、有序、正常地运行，减少管理失误，如果安全信息失灵或失调，都会引起系统中某个元素运行不畅，造成不安全事件，降低生产效率。

信息管理是指在整个管理过程中，对输入、输出信息进行收集、加工的总称。同理，航空安全信息管理是指对输入、输出的与航空安全相关的信息进行收集、整理和加工。信息管理的过程包括信息收集、信息传输、信息加工、信息利用和信息储存。航空安全信息管理属于特定领域的信息管理,因此遵循信息管理的一般过程,其中安全信息收集是前提,安全信息加工即信息分析是关键,安全信息的利用是目的。

安全管理体系包括被动识别安全危险和主动识别安全危险两种方式。通过事故调查可以发现大量安全危险;但幸运的是,航空事故是非常罕见的。然而,与事故征候相比,对事故通常都进行较深入地调查。如果安全举措仅凭事故数据,就会有案例样本不多的局限性。因此,可能得出错误的结论,或者采取不恰当的纠正措施。

对1:600规则的研究表明,事故征候的数量远远大于同类型的事故的数量。事故征候的起因和致因也可导致事故。通常,只有运气好的时候才可以防止事故征候演变为事故。不幸的是,这些事故征候并非总为负责降低或排除相关风险的人所知晓,这可能是因为没有报告系统,或人们没有报告事故征候的充分主动性所致。

一、安全信息的报告

对危险、事故征候或事故等相关信息的准确及时报告,是安全管理的基本活动。用于支持安全分析的数据可通过多种来源进行报告。由于发现危险是一线员工日常工作的一部分,其直接报告是最佳来源之一。一个对员工进行培训并不断鼓励他们报告差错和经验的工作场所,是有效的安全报告的前提条件。

有效的安全报告系统普遍有五个基本特征:

(1)知识性。人们具有整个系统中人、技术和组织机构等影响安全的各个因素知识。

(2)灵活性。人们可以在面临不寻常情况时调整其报告模式,从既定模式转为直接模式,从而让信息快速到达适当的决策层。

(3)意愿。人们愿意报告其差错和经验。

(4)学习。人们有能力从安全信息系统得出结论,并有意愿实施重大改革。

(5)问责制。鼓励(和奖励)人们提供必不可少的与安全相关的信息。但是,在区分可接受的行为与不可接受的行为之间有一条明确的界线。

有效的对安全方面的危险进行报告,是安全管理的一个关键组成部分。一旦报告,安全方面的危险数据可与其他数据源一起分析,用于支持安全风险管理和安全保证的过程。

用于支撑安全风险管理和安全保证过程的另一数据来源,是事件报告。它的范围可以从后果最严重的事件(事故、严重事故征候)到后果不太严重的事件,例如运行的事故征候、系统或设备的故障或缺陷等。但是对后果最严重的事件(事故、严重事故征候)的强制性报告的监管要求是普遍的,成熟的安全管理环境也将会提出对后果不太严重的事件的报告。这将会允许必要的监控机制处理所有可能有严重后果的结果。后果不太严重的事件的发生趋势(事发率),不可避免的是后果严重的事件将要发生的前兆。

二、航空安全报告系统的类型

通常,事故征候包括未涉及严重人员伤害或重大财产损失的不安全或潜在不安全的事件或状况,即那些还没有达到事故标准的事件或状况。当事故征候发生时,可能要求也可能不要求相关人员提交报告。对报告的要求随发生事故征候的国家的法律不同而有所不同。即使法律不要求，经营人也可要求向组织报告事故征候。航空安全报告系统一般分为以下两类：

1. 强制报告系统

在强制报告系统中，要求员工对某些类型的事故征候进行报告。这需要制定详细的规章，概述谁应报告和报告哪些内容。航空运行中的可变因素非常多，很难制定一个应该报告的全面的项目或情况清单。例如，在只配备一个液压系统的航空器上，液压系统失效是很严重的问题，但是如果航空器上有三个或四个液压系统，情况可能就不然了。一系列情况中的相对较小的问题可在不同的情况下导致危险状况。然而，规则应该是："如果怀疑，就报告"。

因为强制报告系统主要处理"硬件"，因而倾向于收集更多的关于技术故障的信息，而不是人的行为能力方面的信息。为了帮助解决这一问题，建立了完善的强制报告系统的国家正在着手建立事故征候自愿报告系统，旨在收集更多的有关事件的人的因素方面的信息。

2. 自愿报告系统

ICAO 建议各国建立事故征候自愿报告系统，以补充通过事故征候强制报告系统获得的信息。在这样的系统中，报告者在没有任何法规或管理要求其这样做的情况下，递交一份自愿的安全信息报告。在自愿报告系统下，管理机构可以对报告提供奖励。例如，对上报的非故意的违规可免于采取强制行动。上报的信息不应用于惩罚报告者，即这种系统必须是无惩罚的，以鼓励报告此种信息。

自愿报告系统要求保护报告者的身份，这是保证自愿报告系统无惩罚性的一种方法。通常采用不记录事件的任何识别信息这种隐去识别标记的方法来达到保密性。有些自愿报告系统将报告表的可识别报告人的信息部分交还给报告人，并且不保存这些细节的记录。自愿报告系统的保密性有助于公开揭示人为差错，而不必担心受到惩罚或感到局促不安，并可使其他人从以往的错误中吸取教训。

三、有效安全信息报告系统的原则

员工不太愿意将自己的错误报告给雇用他们的组织或管理他们的政府部门，这是可以理解的。由于经常跟踪调查发生的事件，调查者们认识到许多人在事件发生前已经知道存在不安全状况。然而，不管出于什么原因，他们都没有报告所意识到的危险，这或许是因为：

（1）在同事面前感到难堪；
（2）自认犯罪，尤其是如果他们要对造成不安全状况负责；
（3）由于讲出去会遭到上司的报复；
（4）管理当局的制裁（如强制行动）。

采取下面七条原则有助于克服员工对安全报告的固有抵触情绪，从而保证事故症候报告系统有效实施。

1. 信任

安全信息报告人必须相信，接收报告的组织（不管是国家还是公司）不会以任何方式利用报告的信息惩罚他们。如果没有这种信任，员工将不愿报告他们的错误或他们所注意到的其他危险。

这种信任开始于报告系统的设计和实施，因此员工参与报告系统的建立是非常重要的。组织中积极的安全文化有助于形成安全信息报告系统成功运作所必需的这种信任。需要强调的是，安全文化必须公正并且是容许出差错的。另外，安全信息报告系统必须让人感到在如何对待非故意差错或过失上是公平的。(大部分人并不期望安全信息报告系统使犯罪行为或故意违章行为也免予起诉或纪律惩罚。)一些国家认为这样的做法是"公正文化"的范例。

2. 无惩罚

无惩罚报告系统是以保密性为基础的。在员工自由报告事故征候之前，他们必须得到管理当局或最高管理者的承诺，表明报告的信息不会用于惩罚他们。报告事故征候（或不安全状况）的员工必须确信，他所说的一切将会被保密。在一些国家，"信息访问权"法使保证保密性越来越困难。如果这样，所报告的信息量将会降到强制报告要求的底线以下。

有时提到匿名报告系统，匿名报告不同于保密报告。大多数成功的报告系统具有某种回访能力，以便确认细节，或对发生的事件做进一步了解。而匿名报告使得无法"回访"以确保了解报告者所提供的信息和保证信息的完整性。还存在一种危险，那就是匿名报告可能被用于安全以外的目的。

3. 报告来源的广泛性

早期的事故征候自愿报告系统只是针对飞行机组的。飞行员能够观察到航空系统范围广泛的情况，所以他们能很好地对系统的运行状况发表意见。然而，如果安全信息报告系统只着眼于飞行机组人员的看法，就会助长一切问题都归咎于飞行员的差错这种想法。对安全管理采取全面系统的做法要求从运行的所有环节获得安全信息。

在国家运行的安全信息报告系统中，从不同的角度收集有关同一事件的信息，可促进形成对事件的较全面的印象。例如，由于维修车辆未经允许停留在跑道上，空中交通管制指示航空器"复飞"。毋庸置疑，飞行员、空中交通管制员和车辆驾驶员都会从不同的角度看待这一情况。如果只靠一个角度的看法，可能不会对事件有全面了解。

4. 独立性

国家运行的事故征候自愿报告系统最好由与负责执行航空规章的航空管理部门分开的一个组织来运行。一些国家的经验表明，自愿报告得益于受委托的"第三方"管理系统。"第三方"收集、处理和分析安全信息报告，并将结果反馈给航空管理局和航空界。强制报告系统就不可能利用"第三方"。然而，航空管理局最好做明确保证，收集到的任何信息都仅用于安全目的。同样的原则也适用于把安全信息报告用作其安全管理体系一部分的航空公司或任何其他航空营运人。

5. 提交报告的便捷性

提交安全信息报告的任务对报告者来说应尽量方便。报告表应便于得到，以便任何人想提交报告都会非常容易。报告表应简单，便于汇总，并给报告者留有足够的空间对事件进行详细描述，同时应鼓励报告者就如何改善这种状况或阻止其再次发生提出建议。为了便于填写分类信息，如运行类型、灯光条件、飞行计划类型和天气，可以采取"打钩"的形式。

6. 致谢

报告者进行安全信息报告需要付出时间和精力，因此应该得到适当的感谢。为了鼓励其进一步提交报告，可随感谢信附上一份空白报告表。另外，报告者通常希望得到有关其报告的安全事件的处理措施的反馈。

7. 宣传

应及时将报告系统收集到的（隐去识别标记的）信息提供给航空业界。为此，可以采取通讯月刊或定期简报的形式。最好采用多种方法以达到最大程度的影响。此种宣传活动可有助于鼓励人们报告更多的事故征候。

四、安全信息报告系统的级别

安全信息报告系统根据所涉及的范围，划分为以下三个级别：

1. 国际安全信息报告系统

目前，典型的国际安全信息报告系统有两个：

（1）国际民航组织的事故/事故征候报告（ADREP）系统。

按照附件13的规定，各国向国际民航组织报告所有最大审定起飞质量在2250千克以上的航空器的事故。国际民航组织还收集被认为对安全和事故预防很重要的航空器事故征候（涉及5700千克以上航空器）的信息。这种报告系统被称为事故/事故征候报告系统。各国以预先确定的格式向国际民航组织报告数据。收到各国的事故/事故征候报告后，要对报告的信息进行检查，并以电子形式存储，构成一个全世界事故/事故征候信息数据库。

国际民航组织不要求各国对事故征候进行调查。然而，如果某个国家对一起严重的事故征候进行了调查，要求该国向国际民航组织提交规定格式的数据。国际民航组织所关注的严重事故征候类型包括：① 多重系统失效；② 航空器内起火或冒烟；③ 超越地形和超越障碍物余度事故征候；④ 飞行控制和稳定性问题；⑤ 起飞和降落中发生的事故征候；⑥ 飞行机组人员丧失能力；⑦ 失压；⑧ 危险接近和其他严重的空中交通事故征候。

（2）欧洲航空事故征候报告系统协调中心（ECCAIRS）。

欧洲的许多航空管理局已经收集了航空事故和事故征候方面的信息。然而，单个国家的重大事件数量通常不足以预示潜在严重危险或识别出有意义的趋势。因为许多国家数据存储的格式不一致，所以共享安全信息几乎是不可能的。为了改善这种情况，欧盟（EU）提出了事件报告要求并建立了欧洲航空事故征候报告系统协调中心安全数据库。这些措施的目标是通过早期发现潜在危险状况来改善欧洲的航空安全。欧洲航空事故征候报告系统协调中心包括分析和以多种格式表示信息的能力。该数据库与像事故/事故征候报告（ADREP）这样的其他一些事故征候报告系统是兼容的。一些非欧洲国家也选择采用了欧洲航空事故征候报告系统协调中心系统，以利用其分类方法的优点。

2. 国家安全信息报告系统

许多国家都运行着利用共同特点的成功的安全信息自愿报告系统。比较著名的有：

（1）美国的航空安全报告系统（ASRS）。

美国运行着一个被称作航空安全报告系统（ASRS）的大型航空事件报告系统。航空安全报告系统的运行独立于联邦航空局（FAA），由国家航空航天局（NASA）管理。当认为航空安全受到威胁的时候，飞行员、空中交通管制员、客舱乘务组、航空器维修工程师、地面工作人员和其他航空运行相关人员都可提交报告。报告表格的样本可以在航空安全报告系统网站上找到。

提交到航空安全报告系统的报告会严格保密。所有报告在输入数据库前均隐去了识别标记，所有员工和组织的名字都被删除，可能透露身份的日期、时间和其他相关的信息不是被概括化就是被删除。航空安全报告系统的数据用于：① 识别国家航空系统中的系统危险，供有关部门采取纠正措施；② 支持国家航空系统的政策制定和规划；③ 支持航空调查研究，包括人的因素安全研究；④ 提供信息促进事故预防。

联邦航空局认识到事故征候自愿报告对于航空安全的重要性，对航空安全报告系统报告者免于一些强制行动，对非故意违章行为免于惩罚。现在，存档报告的数量已经超过了30万份，该数据库支持航空安全的研究——特别是关于人的因素方面的研究。

（2）英国的保密性人的因素事故征候报告方案（CHIRP）。

CHIRP通过向所有航空业员工提供保密的报告系统，促进增强联合王国的飞行安全。它是联合王国强制性事件报告系统的补充。

保密性人的因素事故征候报告方案显著的特点包括：① 独立于管理当局；② 有广泛的可利用性（包括飞行机组、空中交通管制员、持证航空器维修工程师、客舱乘务员和通用航空业界）；③ 报告者身份保密；④ 由有经验的安全员进行分析；⑤ 有广泛分发的安全信息通信，以通过共享安全信息来提高安全标准；⑥ CHIRP的代表参加一些航空安全机构，以帮助解决系统的安全问题。

3. 公司报告系统

除了国家运行的安全信息报告系统（强制性的和自愿性的）外，许多航空公司、空中交通服务提供者和机场经营人都有报告安全危险和事故征候的"内部"报告系统。如果所有员工（不仅是飞行机组）都可利用报告系统，公司报告系统可以帮助促进全企业积极的安全文化。

五、安全信息报告系统的实施

如果在一个无惩罚的工作情况下实施，安全信息报告系统可对形成积极的安全文化大有帮助。根据组织规模，事故征候和危险报告的最便利的方法是利用现有的"文书工作"，如安全报告和维修报告。然而，随着报告数量的增加，将需要采用计算机系统来完成这项工作。为了保证安全信息报告系统的可操作性，需要明确以下问题：

1. 报告什么

任何可能导致损坏或损伤或威胁到组织生存的危险都应该予以报告。在认为出现下述情况时，应对危险和事故征候进行报告：

（1）可以采取某些措施改善安全状况；

（2）其他航空业员工可以从报告中吸取教训；

（3）系统及其固有防护机制没有"如所宣传的那样"工作。

总之，如果怀疑一事件可能具有安全意义，该事件就应加以报告。（按照关于事故或事故征候报告的国家法律或规章需要报告的事故征候和事故也应纳入经营人的报告数据库。）

2. 谁应报告

为了行之有效，安全信息报告系统应该有广泛的报告源。对于具体的事件，不同的当事者或目击者对事件的看法可能是很不一样的，但都是有意义的。因此，国家事故征候自愿报告系统应该鼓励飞行机组和客舱乘务组、空中交通管制员、机场工作人员和航空器维修工程师的参与。

3. 如何报告（报告的方法和格式）

只要报告系统鼓励员工报告所有的危险和事故征候，报告系统采用什么方法和格式就无关紧要了。报告程序应尽可能简单，能很好地记录，包括报告的内容、地点和时间等细节。

在设计报告表时，报告表的设计应便于传达信息，要留有充足的空间以鼓励报告者提出建议的纠正措施。下文列举一些在设计系统和报告表时应考虑的其他因素：

（1）运行人员通常不善于长篇大论，所以报告表应尽量简短。

（2）报告者不是安全分析专家，所以应用简单通俗的语言编写问题。

（3）应使用非指示性问题而非诱导性问题。（非指示性问题包括：发生了什么问题？为什么发生？如何进行了修理？应该采取什么措施？）

（4）可能需要提醒报告者对"系统失效"（如离发生事故有多么近）及其差错管理战略进行思考。

（5）应注重对不安全状况的探测和修复。

（6）应鼓励报告者考虑报告中包含的更广泛的安全教训，如组织和航空系统怎样从中受益。

无论提交报告的来源或方法是什么，一旦收到信息，必须将其以便于检索和分析的方式进行存储。

六、事故征候自愿报告系统数据的使用局限性

当使用事故征候自愿报告中的数据时需要十分小心。依据这些数据得出结论时，分析人员应该考虑下列局限性：

1. 信息未经证实

在一些国家，可以对自愿和保密的报告进行全面的调查，可以使其他来源的信息对事故征候产生影响。然而，较小的报告系统（如公司的报告系统）的保密规定使得难于充分跟踪报告而不涉及报告人身份。因此，许多报告的信息不能得到证实。

2. 报告者的偏见

两个因素可能使自愿报告的事故征候数据存在偏差：谁报告和报告了什么。导致事故征候自愿报告主观性的一些因素如下：

（1）报告者必须熟悉报告系统，可以得到报告表或电话号码。

（2）报告者的报告动机可能因下列因素而不同：① 对安全承诺的程度；② 对报告系统的了解；③ 对有关风险的认识（局部问题与系统问题）；④ 运行情况（一些类型的事故征候相对于其他事故征候来说引起更多的注意）；⑤ 否认、忽视安全问题，想隐瞒问题，或害怕

连累自己或甚至受纪律处分（尽管有保证不这样做）。

（3）对待同一事件和决定什么重要时，不同职业群体看问题的角度不同。

（4）报告者必须知道要报告的事故征候，未被发现的差错不会被报告。

3. 报告表的设计局限

通常，安全信息报告表可引起偏见（甚至包括不利于提出报告的偏见），例如：

（1）报告表必须简短且易于使用，以鼓励运行人员使用它，因此对问题的数量必须做必要的限制。

（2）完全开放的问题（即只包括叙述性问题）可能得不到有用的数据。

（3）问题可以引导报告者，但是也可误导报告者，使报告者得出有偏见的结论。

（4）可能发生事件的范围非常广泛，以致标准设定的表格得不到所有的信息。（因此，分析人员可能必须联系报告者以得到特定的信息。）

4. 数据库的设计局限

必须按照预先确定的关键词或定义结构对信息进行分类，以便输入数据库备日后检索。通常，这会将偏差引入数据库，从而影响数据的效用。

（1）与客观的实际飞行参数不同，对事件及任何原因的描述都比较具主观性。

（2）分类需要一个预先确定的关键词或定义系统，因而使数据库也带有偏见，例如：① 对报告进行分析以便与关键词"相符合"，对不符合的细节予以忽略。② 不可能制作一个用于信息分类的包罗无遗的关键词清单。③ 关键词或者存在，或者不存在，而现实情况与此相去甚远。④ 信息根据其存储方式检索；因此，分类方法决定输出参数。例如，如果没有"技术故障"这一关键词，那么从该数据库中就永远不会发现"技术故障"为事故征候的原因。⑤ 分类系统创造一种"主观臆断的预言"。例如，许多安全信息报告系统关键词分类偏爱选用 CRM（驾驶舱资源管理）。因此，CRM 经常既被列举为问题的原因，也被列举为问题解决的关键所在。（更多的 CRM 培训可纠正察觉到的 CRM 缺陷）

（3）很多信息输入数据库后就从未被检索过。

（4）鉴于关键词的概括性，分析人员必须经常查看原始报告以了解背景细节。

5. 事件的相对发生频率较小

因为事故征候自愿报告系统不会收到计算有用比率数字所需的那类信息，所以，任何试图从事件发生频率同其他事件发生频率对比的角度正确看待自愿报告的事故征候的努力至多是根据一定事实的猜测而已。为进行有效的频率对比，需要三类数据：实际经历过类似事故征候（不仅仅是报告的事故征候）的人员的数量；处于类似事故征候风险中的人群规模；所考虑的时间段计量。

6. 难以进行趋势分析

对安全信息报告数据库中记录的较主观的参数进行有意义的趋势分析还一直不很成功。其部分原因如下：

（1）使用结构化的信息困难；

（2）通过关键词获得事故征候来龙去脉的局限性；

（3）记录的数据的详细程度和准确程度不够；

（4）一份报告与另一份报告的一致性差；
（5）不同数据库的数据合并困难；
（6）难于为数据库编制有意义的查询程序。

第四节　中国民航安全信息管理概述

一、CCAR-396 简介

为规范民用航空安全信息的报告、收集、分析和应用，实现安全信息共享，控制风险，消除隐患，预防民用航空事故，中国民用航空局（2008 年 3 月前为"中国民用航空总局"）相继于 2005 年 3 月发布了《民用航空安全信息管理规定》（CCAR-396），2007 年 3 月发布了《民用航空安全信息管理规定》（CCAR-396-R1），于 2009 年 11 月发布了《民用航空安全信息管理规定》（CCAR-396-R2）。2016 年 3 月交通运输部发布了《民用航空安全信息管理规定》（CCAR-396-R3）。CCAR-396 根据《民用航空法》、《安全生产法》和国家有关规定制定，统一了信息报告表格、明确了安全信息的报告程序和信息发布相关制度。CCAR-396 对加强和规范民用航空安全信息管理，及时掌握民用航空安全信息，有效预防各类民用航空事故，控制和消除航空安全隐患有着重要意义。

CCAR-396-R3 所称的民用航空安全信息是指事件信息、安全监察信息和综合安全信息。具体地，事件信息是指在民用航空器运行阶段或者机场活动区内发生航空器损伤、人员伤亡或者其他影响飞行安全的情况，它主要包括民用航空器事故、民用航空器事故征候以及民用航空器一般事件信息。安全监察信息是指地区管理局和监管局各职能部门组织实施的监督检查和其他行政执法工作信息。综合安全信息是指企事业单位安全管理和运行信息，它包括企事业单位安全管理机构及其人员信息、飞行品质监控信息、安全隐患信息和飞行记录器信息等。

民用航空安全信息工作实行统一管理、分级负责的原则。民航局的民用航空安全信息主管部门负责统一监督管理全国民用航空安全信息工作，负责组织建立用于民用航空安全信息收集、分析和发布的中国民用航空安全信息系统。地区管理局、监管局的民用航空安全信息主管部门负责监督管理本辖区民用航空安全信息工作。

局方和企事业单位应当充分利用收集到的民用航空安全信息，评估安全状况和趋势，实现信息驱动的安全管理。民用航空安全信息量不作为评判一个单位安全状况的唯一标准。事发相关单位和人员应当按照规定如实报告事件信息，不得隐瞒不报、谎报或者迟报。

（一）CCAR-396 关于安全信息的收集的相关规定

事件信息收集分为紧急事件报告和非紧急事件报告，实行分类管理。紧急事件报告样例和非紧急事件报告样例包含在事件样例中，事件样例由民航局另行制定。

第十四条　在我国境内发生的事件按照以下规定报告：

（一）紧急事件发生后，事发相关单位应当立即通过电话向事发地监管局报告事件信息

（空管单位向所属地监管局报告）；监管局在收到报告事件信息后，应当立即报告所属地区管理局；地区管理局在收到事件信息后，应当立即报告民航局民用航空安全信息主管部门。

（二）紧急事件发生后，事发相关单位应当在事件发生后 12 小时内，按规范如实填报民用航空安全信息报告表，主报事发地监管局，抄报事发地地区管理局、所属地监管局及地区管理局。

（三）非紧急事件发生后，事发相关单位（外国航空公司除外）应当参照事件样例在事发后 48 小时内，按规范如实填报民用航空安全信息报告表，主报事发地监管局，抄报事发地地区管理局、所属地监管局及地区管理局。

第十五条 在我国境外发生的事件按照以下规定报告：

（一）紧急事件发生后，事发相关单位应当立即通过电话向所属地监管局报告事件信息；监管局在收到报告事件信息后，应当立即报告给所属地区管理局；地区管理局在收到事件信息后，应当立即报告民航局民用航空安全信息主管部门。

（二）紧急事件发生后，事发相关单位应当在事件发生后 24 小时内，按规范如实填报民用航空安全信息报告表，主报所属地监管局，抄报所属地区管理局。

（三）非紧急事件发生后，事发相关单位应当在事发后 48 小时内，按规范如实填报民用航空安全信息报告表，主报所属地监管局，抄报所属地区管理局。

第十六条 报告的事件信息按照以下程序处理：

（一）对已上报的事件，事发相关单位获得新的信息时，应当及时补充填报民用航空安全信息报告表，并配合局方对事件信息的调查核实。如事实简单，责任清楚，事发相关单位可直接申请结束此次事件报告。

（二）负责组织调查的地区管理局和监管局应当及时对事件信息进行审核，完成事件初步定性工作。

（三）对初步定性为事故的事件，负责组织调查的单位应当提交阶段性调查信息，说明事件调查进展情况，并应当在事件发生后 12 个月内上报事件的最终调查信息，申请结束此次事件报告。

（四）对初步定性为严重事故征候的事件，负责组织调查的地区管理局应当在事件发生后 30 日内上报事件的最终调查信息，申请结束此次事件报告。

（五）对初步定性为一般事故征候的事件，负责组织调查的地区管理局应当在事件发生后 15 日内上报事件的最终调查信息，申请结束此次事件报告。

（六）当事件初步定性为一般事件，事发相关单位应当在事件发生后 10 日内上报事件的最终调查信息，负责组织调查的地区管理局应当在事件发生后 15 日内完成最终调查信息的审核，并申请结束此次事件报告。

（七）在规定期限内不能完成初步定性或不能按规定时限提交最终调查信息，负责调查的单位应当向民航局民用航空安全信息主管部门申请延期报告，并按要求尽快上报事件的最终调查信息，申请结束此次事件报告。

第十九条 向国际民航组织和境外相关机构通报事件信息，按照以下规定执行：

（一）当事件定性为事故或严重事故征候时，民航局民用航空安全信息主管部门通知登记国、运营人所在国、设计国、制造国和国际民航组织，内容包括事发时间和地点、运营人、航空器型别、国籍登记号、飞行过程、机组和旅客信息、人员伤亡情况、航空器受损情况和危险品载运情况等。

（二）事故调查结束后，民航局民用航空安全信息主管部门向国际民航组织送交一份事故调查最终报告副本。

（三）事故发生后 30 日内，民航局民用航空安全信息主管部门向国际民航组织提交初步报告。事故调查结束后，民航局民用航空安全信息主管部门尽早将事故资料报告提交国际民航组织。

（二）CCAR-396 关于民用航空安全信息分析与应用的相关规定

第三十二条 局方和企事业单位应当建立民用航空安全信息分析和发布制度，促进民用航空安全信息共享和应用。

第三十三条 民航局通过分析民用航空安全信息，评估行业总体安全状况。地区管理局和监管局通过分析民用航空安全信息，评估辖区总体安全状况，明确阶段性安全监管重点。

第三十四条 企事业单位应当定期分析本单位民用航空安全信息，评估本单位安全状况和趋势，制定改进措施。

第三十五条 民用航空安全信息的发布应当以不影响信息报告的积极性为原则，并遵守国家和民航局的有关规定。

另外，为规范民用航空安全信息发布工作，根据《民用航空安全信息管理规定》和其他有关规定，中国民用航空局制定了民用航空安全信息发布程序（AC-396AS-01）。该程序中关于安全信息的发布的相关规定有如下四个方面。

1. 信息发布类型

民用航空安全信息发布分为行业内部发布和对外发布。行业内部发布是指民航总局适时和定期向全行业发布民用航空安全信息。行业内部发布的安全信息包括行业安全管理动态、不安全事件信息以及航空安全统计分析信息等。对外发布是指民航总局适时和定期向社会发布民用航空安全信息。对外发布的安全信息包括有重要社会影响的民航紧急事件和社会关注的民用航空安全问题。

对外定期发布的民用航空安全信息主要有：① 安全政策、法规的立、改、废信息；② 重要航空安全活动、举措信息；③ 安全统计数据、趋势分析信息等航空安全情况；④ 重要航空安全成果信息。

对外发布的紧急事件主要有：① 民用航空器重大及重大以下飞行事故；② 重大以上航空地面事故；③ 造成人员受伤、航空器严重受损的严重飞行事故征候；④ 其他对社会造成严重影响的不安全事件。

民用航空器特大飞行事故信息发布按照《国家处置民用航空器应急预案》执行。

紧急事件信息发布内容包括：① 飞行任务性质、航班号（起降地点）；② 发生的时间和地点；③ 航空器的型号、国籍；④ 航空器营运人的名称；⑤ 机组、旅客人数及人员伤亡情况；⑥ 事件经过和航空器损坏程度；⑦ 事件处理和采取的措施。

2. 发布形式

民用航空安全信息的发布采取下列一种或多种方式：

（1）民航总局政府网站，包括中国民用航空安全信息网上发布，网址为：http：

//safety.caac.gov.cn；

（2）《中国民航报》上发布；

（3）发言人发布；

（4）以民用航空安全信息通告等文件形式向行业内部发布。

3. 发布程序

（1）紧急事件信息发布程序。

民航总局航空安全办公室接到紧急事件的初始信息后，及时向民航总局领导报告，按照总局领导的指示进行安全信息发布，并按有关规定向国家安全生产监督管理总局报告。

民航地区管理局在接到紧急事件的报告后，及时向民航总局航空安全办公室报告。如果进行安全信息发布，应及时将信息发布的情况向民航总局航空安全办公室报告。

民航地方安全监督管理办公室在接到紧急事件的报告后，及时向民航地区管理局航空安全办公室报告。经民航地区管理局领导批准后进行安全信息发布，并将信息发布的情况向民航地区管理局航空安全办公室报告。

在获得紧急事件的后续信息后，应按照紧急事件初始信息的发布程序及时进行后续信息发布。

（2）定期信息发布程序。

定期信息发布分为月度发布、季度发布和年度发布。月度安全信息由民航总局航空安全办公室拟定，报总局领导批准后向全行业进行通报。季度和年度发布的安全信息由民航总局航空安全办公室拟定，报民航总局领导批准后在中国民用航空安全信息网、中国民航报等媒体上发布。

4. 不予公布的信息

下列民用航空安全信息不予公布：

（1）属于国家秘密或有损国家利益的信息；

（2）影响行政执法检查、调查、取证正常开展的信息；

（3）其他法律、法规规定不予公布的信息。

二、中国民航自愿报告系统

在国际航空安全保密（报告）系统（International Confidential Aviation Safety System，ICASS）组织的倡议下，天津民用航空大学建立了航空安全自愿报告系统（Sino Confidential Aviation Safety Reporting System，SCASS）。

1. 背景

为提高民用航空系统的安全性，减少飞行事故和事故征候的发生，应当尽可能快速、准确地发现并改正系统存在的缺陷。已发生的不安全事件恰好暴露了系统内部缺陷，因此收集已发生的不安全事件信息并对其进行研究就具有重要的意义。然而，小的差错或不安全事件具有隐蔽、动态的特征，如果当事人不报告，其他人事后就很难发现。由于多数人出于害怕处罚或者丢面子等原因，不愿暴露自己的失误或错误，因此失去了完善系统的机会。

"信息是资源"，安全信息在保障航空安全中的作用日趋重要，现行的民航安全信息报告体系并不能满足隐患信息收集和处理的要求,因此迫切需要研究和开发新型的航空安全信息系统,用以增加信息量和增强信息可信度。保密的航空安全自愿报告系统是针对该问题的一个有效的解决方案。

保密的 SCASS 收集大量来自飞行员、管制员和维修人员等一线人员的有关报告,发现现行民用航空运行系统的缺陷或漏洞,并作为人为因素研究的第一手资料,完善民用航空系统,保证其安全运行。人为因素一直是航空事故的主要原因,改善人为因素已成为降低航空事故率、提高航空安全水平的主要途径。保密的 SCASS 的建立,为广大航空从业人员创造一条方便快捷地报告不安全事件的渠道,对促进航空安全起到重要作用。

2. 目的

SCASS 旨在最大限度地收集安全信息,及时发现航空系统运行的安全隐患和薄弱环节,分析行业安全的整体趋势和动态,为航空安全管理提供决策支持。

建立 SCASS 的主要目的包括:

(1) 通过数据分析研究,及时发现事故隐患或危险状况,防止严重的不安全事件或航空事故发生;

(2) 找出国家航空安全系统存在的不足,提高目前国家航空系统的安全水平;

(3) 为政府安全管理部门和研究单位分析安全形势提供更为充分的信息,使分析更准确;

(4) 为国家航空系统的规划与改进,特别是"人为因素"的研究提供数据和资料;

(5) 传播安全信息,分享经验教训;

(6) 促进民航安全文化建设,营造"人人讲安全,人人为安全"的民航安全文化氛围。

SCASS 的工作目标是消除民航系统的安全隐患和缺陷,建立良好的安全文化氛围,提高我国民航运输业的安全水平。

3. 基本原则

SCASS 系统运行的基本原则是自愿性、保密性和非处罚性。

(1) 自愿性:提交给 SCASS 的报告完全是报告人的自愿行为。自愿性是信息可靠性的保证。

(2) 保密性:SCASS 承诺对报告中涉及的个人识别信息保密。实施保密性原则的目的是避免对报告人以及报告涉及的组织或个人造成不利的影响,最大限度地消除报告人害怕处罚、丢面子、影响提职、影响评奖以及怕影响集体荣誉的心理。SCASS 通过严密的工作程序实现保密的目的。SCASS 收到报告后,将个人信息返回或销毁,删除报告中各种个人识别信息后交专家分析处理,报告处理完毕将销毁原文字报告,去除识别信息的报告和专家分析报告存入数据库。识别信息包括报告者姓名、日期、地点、涉及人员、涉及单位等可能识别出所涉及人员的身份和单位的信息。

(3) 非处罚性:SCASS 不具有任何处罚权。系统受理的报告内容既不作为对报告人违章处罚的依据,也不作为对其他所涉及人员和涉及单位处罚的依据。由于 SCASS 所存储的数据不包括任何个人与单位的识别信息,因此其受理的报告不可能作为诉讼、行政处罚以及检查评估的材料。

SCASS 以不损害报告人、其他相关人员和单位的声誉和利益为运行原则。如果信息数量和质量与保密性发生矛盾,应当服从保密性。

4. 报告范围

SCASS 是收集航空安全信息的多种渠道之一，其接收的报告有一定的限制。SCASS 主要收集航空系统的缺陷和隐患的报告，没有造成严重后果或无明显后果、不易被发现的事件或违章行为的报告（见图 8-1）。收集的安全信息是事故金字塔底边对应的日常运行中大量的不安全事件和隐患，而这些事件和隐患却是严重事故得以发生的温床。

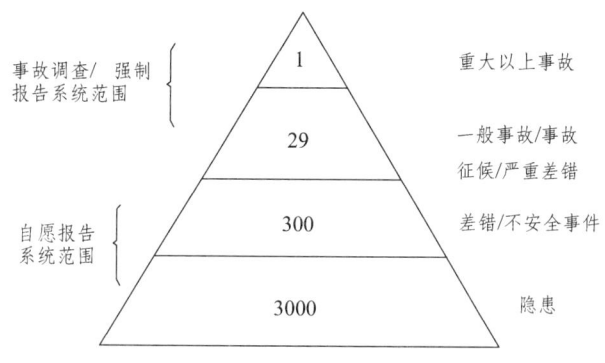

图 8-1 自愿报告系统事件范围

SCASS 报告的具体内容为：

（1）涉及航空器不良的运行环境、设备设施缺陷的报告；
（2）由于不经心或无意造成违章事件、人为因素事件的报告；
（3）涉及执行标准、飞行程序的困难事件报告；
（4）影响航空安全的不包括（5）中的其他事件或环境报告；
（5）SCASS 不受理涉及事故、事故征候、严重差错以及犯罪的事件报告；
（6）SCASS 原则上不受理匿名报告，如果匿名报告的内容符合要求，报告被受理，单独统计。

对于不符合如上规定的报告，但涉及事故、事故征候、严重差错或犯罪的紧急事件，SCASS 将报告内容转交给相关的部门（民航总局或公安机关等）；对于不符合如上规定的报告，如不涉及紧急事件，SCASS 将报告返还给报告人，无法返还的销毁。

5. 运行程序

SCASS 收到的报告信息经过执行工作组专人按严格的信息处理程序进行处理。该信息处理程序的主要步骤如下：

（1）接收到固定格式（信件、传真、电子邮件、网络在线）的报告；
（2）执行工作组的安全分析员判读报告，并进行预处理，确定是否涉及安全问题，符合系统的要求；
（3）核查报告内容，如需要可电话询问报告人；
（4）对报告进行编码，消除报告人以及其他人员的识别信息；
（5）专家工作组分析报告，提出改进建议，如果需要，可以向主管部门或有关企业发布告警信息；
（6）去掉涉及单位的识别信息；
（7）将报告信息、专家分析结果录入数据库；

（8）销毁原报告；
（9）信息共享与发布，免费发放 SCASS 信息刊物。

第五节 飞行数据分析（FDA）方案

飞行数据分析（FDA）方案有时被称作飞行数据监视（FDM）或飞行品质监控（FOQA），它为危险的主动识别提供了另外一个工具。飞行数据分析是对危险和安全信息报告和航线运行安全审计的一个逻辑补充。

国际民航组织的要求自 2005 年 1 月 1 日起，最大审定起飞质量超过 27 000 千克的定翼飞机的经营人必须制定并维持飞行数据分析方案，作为其安全管理体系的一部分。

一、飞行数据的基本概念

飞行数据是飞机从起飞到降落过程中由飞行数据记录设备所记录下来的一系列与飞机飞行性能和飞行状态相关的飞行参数。飞行数据以二进制数据流的形式记录于 FDR 或 QAR 中，在监控软件上按照波音或空客的记录参数定义规范建立译码参数库，就可以把二进制数据转换为工程值数据。译码参数库的准确性将直接影响飞行品质监控的结果。因此，从事飞行品质监控工作的人员必须对记录参数有准确的理解和认识，包括参数的定义、数据来源、记录精度、记录频率、转换方法等内容，还要及时总结建立译码参数库的注意事项。

民航飞行数据一般来源于飞行数据记录器和快速存取记录器。

1. 飞行数据记录器

飞行数据记录仪（Flight Data Recorder，FDR）俗称黑匣子，这种仪器从 20 世纪 50 年代起开始安装在飞机上，目前的民用飞机、军用飞机和直升机上一般都已安装，大多安装在飞机后部。最早的黑匣子采用模拟记录技术，其数据的记录载体是不锈钢薄带，记录方法是机械刻画记录波形，只能记录飞行高度、速度以及垂直加速度等少量几个参数。随着电子技术的迅速发展，民航开始使用数字式飞行数据记录器（Digital Flight Data Recorder，DFDR），它的记录载体也由原先的磁带改为体积小、重量轻的固态存储器，它记录的数据量比最初的模拟式黑匣子有大幅度提高，通常可记录几百甚至上千个参数，记录精度和可靠性大大提高，同时还克服了磁带式记录器只能顺序读出数据的缺点，能够方便地提取最近 4 小时内任意时间点的飞行数据。现阶段数字式黑匣子的容量一般为 36.721M，可保存 25 个小时的飞行数据，包括飞机的高度、速度、加速度、俯仰、倾斜、航向等飞行参数，飞机发动机及主要部件的性能参数，以及温度、气压、风速等机舱内外的环境参数。

为了充分发挥飞行数据在事故调查中的作用，ICAO 和 FAA 多次修改了对飞行数据记录器的记录参数规范要求。记录参数的发展经历了从 5 参数（高度、空速、航向、垂直加速度和时间计数）→11 参数→17 参数→28 参数→34 参数→57 参数→88 参数的过程。这里所指的参数是强制性参数，即必须记录的参数。1997 年修订的规则（97 规则）要求：对于没有安装飞行数据获得组件的飞机，在 2001 年 8 月 20 日前，参数要增加到 17/18 个（类）；2000 年 8

月 18 日以后制造的飞机要记录 57 个（类）参数；在 2002 年 8 月 19 日以后制造的飞机要记录 88 个（类）参数等。

对黑匣子中数据的译码通常有两种方式：一是从飞机上拆下记录器直接译码，但是由于黑匣子安装位置的限制，使得拆卸工作极为不便。二是利用拷贝记录器做媒介，将黑匣子中的数据直接拷贝到该记录器中，然后将拷贝记录器送到译码站进行译码，但是该拷贝过程速度缓慢，也不是一种较好的工作方式。盒式磁带记录器虽然装取方便，但其记录容量受到大大的限制，所以人们开始寻找更好的记录数据的方式。

2. 快速存取记录器

快速存取记录器（Quick Access Recorder，QAR）特指无保护装置的机载飞行数据记录设备，主要用于日常运营时获取飞行数据。QAR 与 FDR 有着相同的工作原理，数据的存取格式也是完全一样的。按照国际标准规范，QAR 系统将飞行数据记录在光盘或 PC 卡上。这些光盘和 PC 卡很容易拆装和下载，所以称为快速存取设备。目前国内航空公司普遍使用的存储介质为 3 英寸可擦写式(Magneto Optical, MO)磁光盘，大多为美国 Rockwell 和 Teledyne 公司的产品。MO 光盘的记录容量比 FDR 的记录容量大得多，一般为 128M/230M/640M，记录时间可达 100 小时以上。

由于 QAR 设备具有体积小、容量大、存取方便和可靠性高的优点，目前 QAR 系统被各航空公司广泛用于飞行品质监控中。其记载的数据可通过地面的计算机分析软件进行译码，使航空公司有关部门能及时跟踪了解飞机各部分及发动机性能以及飞行员操作情况。现在 QAR 已经是世界各航空公司提高安全管理水平、实现科学管理的重要手段。在 QAR 的帮助下，航空公司能够及时发现飞行中机组操纵、发动机工作状况以及航空器性能等方面存在的问题，分析查找原因，掌握安全动态，采取针对性措施，从而消除事故隐患，确保飞行安全。在我国，从 1998 年年底开始，应民航局的要求大多数航空公司的飞机上已经加装了 QAR 系统。民航局还要求航空公司妥善保存原始飞行数据，保存期至少一年。

二、飞行数据分析方案的概念

最初，飞行记录器主要用于辅助事故调查人员的调查，特别是用于那些没有机组成员生还的事故调查。在早期，人们就认识到对记录的数据进行分析还有益于更好地了解严重的事故征候。通过定期地访问这些被记录的飞行参数，可以了解很多关于飞行运行安全及机体和发动机性能的情况。获得了有关机件在日常运行中运行正常的有价值的数据，就能正确地对事故和事故征候数据进行分析。同样，对隐去识别标志的数据进行分析也能够帮助在出现严重的事故征候或事故之前识别安全危险。因此，很多航空公司建立了对记录的飞行数据进行例行分析的制度。尽管在初始阶段存在一些问题，航空业依然日益增加对来自正常运行的记录数据的分析，以此来支持公司的安全方案。飞行数据分析为管理者提供了用来主动识别安全危险和减轻相关风险的另外一种手段。

ICAO 对飞行数据分析方案的定义为：用于收集和分析在日常飞行期间所记录的数据的主动的和无惩罚的方案，以便提高飞行机组的效能，改进操作程序、飞行训练、空中交通管制程序、空中航行服务或航空器维修和设计。

任何飞行数据分析方案都需要飞行机组的配合。在引入一项飞行数据分析方案前，必须就应遵循的程序达成一致的意见，特别是在无惩罚性方面。细节通常包含在管理者与飞行机组之间的正式协议中。

三、飞行数据分析方案的作用

飞行数据分析方案已经在航空业得到了广泛的应用，主要有以下方面：

（1）飞行数据分析方案正在越来越多地用于飞行和技术性能的监控和分析中。飞行数据分析方案是安全管理体系的合理组成部分，特别是对于大型的经营人而言。成功的方案会鼓励遵守标准操作程序，阻止非标准的行为，从而提高飞行安全。飞行数据分析方案可检测到飞行状态中任何部分存在的不利趋势，从而便于对事件进行调查，而不是等到发生严重后果时才去调查。

（2）飞行数据分析可用于检测飞行参数超限情况，并识别不符合标准或存在缺陷的程序、空中交通管制系统的弱点以及航空器性能的不正常情况。飞行数据分析可监视飞行剖面的各个阶段，如遵循规定的起飞、爬升、巡航、下降、进近和着陆的标准操作程序。飞行数据分析还可用来检查飞行运行的具体方面，要么回过头来识别存在问题的方面，要么在引入运行改进措施之前主动地进行检查，并随后确认改进措施的有效性。

（3）在对事故征候进行分析的过程中，可将飞行记录器所记录的飞行事故征候的数据与机队剖面数据比较，以便对事故征候的各个系统方面进行分析。有事故征候的飞行参数很可能与很多其他飞行参数相差甚微，这可能表明需要改进操作技术或培训。例如，通过这些参数可确定着陆时擦尾是一个孤立的事件，还是广泛存在的操作不当问题的征兆，如接地时拉平过高或油门控制不当。

（4）发动机监视方案可以利用飞行记录器自动分析数据的功能进行可靠的趋势分析，因为人工编码的发动机数据在精确度、及时性和可靠性方面都受到限制。它也可监视机体和系统的其他方面。

总之，飞行数据分析方案可广泛地应用于安全管理中，同时也能提高运行效率和经济性。从多次飞行中收集的数据可用来帮助：① 确定日常的操作标准；② 识别不安全趋势；③ 识别在操作程序、机队、机场和空中交通管制程序等方面存在的危险；④ 监视所采取的具体安全措施的有效性；⑤ 减少操作和维护成本；⑥ 优化培训程序；⑦ 为风险管理方案提供绩效测评手段。

四、飞行数据分析方案的具体应用

目前，飞行数据分析（FDA）数据正在被用于以下方面：超限检测、日常监测、事故征候调查、持续适航性、综合安全分析。

1. 超限检测

飞行数据分析方案可用于检测超限或安全事件，例如与飞行手册限制、标准操作程序或良好的飞行技术相偏离的情况。可通过一套核心事件（通常由飞行数据分析软件出版商与经营人/厂家磋商提供）确定经营人主要关注的方面。例如：起飞抬前轮速度高、失速警告、近地警告系统警告、超过襟翼限制速度、大速度进近、高出/低于下滑道和重跌着陆。

飞行数据分析可提供有用信息来补充机组报告中提供的内容。例如：小襟翼角度着陆、紧急下降、发动机故障、中断起飞、复飞、交通警戒与避撞系统或近地警告系统警告和系统故障。

公司也可修改核心事件的标准程序（根据同公司飞行员达成的共识），以适应他们经常遇到的独特情况或所使用的标准操作程序。例如：避免来自非标准情况显示器的干扰性报告。

公司也可以确定新的事件（与飞行员达成共识），以应对具体的问题方面。例如：为了增加部件寿命而对某些襟翼设置角的使用施加限制。

必须注意，为避免出现超限的情况，飞行机组不要试图飞行数据分析剖面，而不遵守标准操作程序。

2. 日常监控

来自所有飞行的数据，而不仅仅是发生重要事件的那些飞行的数据，被越来越多地保留下来，同时保留下来的还包括筛选出的一些参数。这些参数足以表明每次飞行的特点，并可对各种运行可变性进行比较分析。从统计的角度讲，在发生大量的事件之前，就可以确定发展趋势。正在出现的趋势和倾向在与超限相关的触发水平达到之前就受到了监视。

被监视的参数例子有：起飞重量；襟翼设置角；温度；抬前轮和起飞速度与规范速度；离地时最大俯仰角速度和姿态；起落架收起速度、高度和时间。

比较分析的例子有：高起飞重量俯仰角速度与低起飞重量俯仰角速度；好天气进近与坏天气进近；短跑道接地与长跑道接地。

3. 事故征候调查

记录的数据能为强制报告的事故征候和其他技术报告的后续行动提供有价值的信息。可量化的记录数据在对飞行机组回忆的印象和信息进行补充方面一直很有用。所记录的数据也能精确地表明系统的状态和性能，这可帮助确定因果关系。

记录数据可用于确定事故征候的例子有：

（1）紧急情况，如高速度中断起飞；飞行操纵问题；系统故障。

（2）由下面这些指标证实的驾驶舱工作量过大的情况，如1）下降晚；2）切入航向道和/或下滑道晚；在规定高度下的大航向改变；迟着陆形态。

（3）不稳定和匆忙的进近，偏离下滑道。

（4）超过规定的运行限制，如襟翼限制速度、发动机过热、V速度和开始失速条件。

（5）遭遇涡流、低空风切变、紊流或其他垂直加速度。

4. 持续适航性

日常数据和事件数据都可用来帮助维持持续适航性。例如，发动机监视方案着眼于发动机性能的测量，以确定运行的效率和预测将要发生的故障。

用于持续适航的例子有：发动机额定推力和机身阻力测量；航空电子设备和其他系统的性能监视；飞行控制性能；刹车和起落架的使用。

5. 综合安全分析

应将飞行数据分析方案中收集到的所有数据都保存在中央安全数据库中。通过将飞行数据分析数据库和其他安全数据库（例如事故征候报告系统和技术故障报告系统）相连接，相互对照多种信息源，能够更彻底地了解事件。然而，必须注意，当把飞行数据分析数据连接到有识别信息的数据时，要保证这些数据的保密性。

综合分析的例子有：重跌着陆导致了一项机组报告、一起飞行数据分析事件和一项工程报告。机组报告提供事件背景，飞行数据分析事件提供定量描述，工程报告提供结果。

对所有可用安全数据的综合分析，为经营人安全管理体系提供了关于运行的整体安全健康状况的有效信息。

五、飞行数据分析设备

飞行数据分析方案通常包含各种系统，这些系统需要获得飞行数据，将数据转换成适合分析的格式，以及生成报告和使事件直观化以帮助评估数据。设备的复杂程度可以多种多样，然而，下列是实施有效飞行数据分析方案通常所要求的设备能力：

（1）具备一个用于捕获和记录各种飞行参数（例如高度、空速、航向、航空器姿态和航空器构型）的机载设备。

（2）具备把空中记录的数据从航空器传送到地面处理站的手段。过去，主要是通过人传送快速存储记录器（QAR）的存储器（磁带、光盘、固态记录媒介）。为了减少所需的体力劳动，后来的传送方法利用了无线技术。

（3）具备一个地面计算机系统（使用专门的软件），以分析数据（这些数据来自单一飞行和/或呈现为组合格式），识别与预期性能的偏离，生成报告以帮助解释输出的数据等。

（4）具备具有飞行仿真能力的可选软件，以综合所有数据，以模拟空中状态的方式进行演示，从而便于将实际发生的事件直观化。

1. 机载设备

现代化的玻璃驾驶舱和电传操纵航空器装备了必需的数字数据总线，来自该总线的信息可通过记录设备获得，用于随后的分析。较老的航空器通过重新改装也可记录更多的参数。然而，没有配备数字数据总线的较老式的航空器，在实际中不太可能记录足够的参数以支持可行的飞行数据分析方案。

通过强制性飞行数据记录器记录的参数数量可决定飞行数据分析方案的范围。遗憾的是，在某些情况下，法律要求的为支持事故调查而记录的参数数量和记录容量可能不足以支持有效的飞行数据分析方案。因此很多经营人正在选择增加记录容量，这些容量记录的数据易于下载用以分析。

快速存储记录器（QAR）被安装在航空器上，能将飞行数据记录在低成本的可移动的媒介（如磁带、光盘、固态记录媒介）上。经过一系列飞行后，可将记录从航空器上取下。基于新技术的快速存储记录器的存储量大于 2000 个参数，其采样率要比飞行数据记录器高很多。扩大的数据帧极大地提高了地面分析设备程序的分辨率和精确度。

为了消除靠人力将快速存储记录器的记录媒介从航空器上转移到地面站而带来的工作量，新的系统可在航空器位于廊桥附近时，通过安全的无线系统自动下载快速存储记录器中记录的信息。还有一种系统，可在航空器飞行时，在机上就对记录的数据进行分析，然后把加密的数据通过卫星通信设备传送到地面站。机队构成、航路结构和成本考虑将决定采取何种从航空器上转移数据的方法最为划算。

2. 地面重放和分析设备

数据从航空器记录设备下载到地面重放和分析部门,在那里数据得到安全的存储以保护这一敏感的信息。各种不同的计算机平台(包括联网的个人电脑)都能够安装重放记录数据所需要的软件。重放软件在市场上可以购买到。然而,计算机平台将需要适当的前端接口(通常由记录器的生产厂家提供),才能处理各种当今已有的记录输入。

飞行数据分析方案产生大量的需要专门分析工具的数据。在市场上都能买到的这些工具,便于对飞行数据进行日常分析,从而发现需要采取纠正措施的情况。

分析软件检查所下载的飞行数据是否有不正常的现象。超限检测软件通常包括从诸如飞行性能曲线、标准操作程序、发动机制造商提供的性能数据、机场布局和进近标准等各种渠道获得的大量的触发逻辑表达式。触发逻辑表达式可以是简单的超限值,例如飞行速度极限值。然而,多数表达式是混合式,它们被用来界定某种飞行模式、航空器构型或与有效载荷相关的条件。分析软件也可以根据机场或地理条件确定不同的规则,例如噪声敏感的机场在人口居住区上空的进近航道上可使用高于正常的下滑坡度的下滑道。

能在地面计算机屏幕上以不同格式显示事件和测量结果。记录的飞行数据通常都以色彩编码图形和相关工程单位、驾驶舱模拟或航空器外部景观动画的形式显示。

六、飞行数据分析的实施

1. 飞行数据分析过程

通常,经营人实施飞行数据分析方案时遵循一个闭环过程。例如:

(1)确定基线。经营人要确定运行参数的基线,可以该基线为准发现并测量发生的变化。例如:不稳定的进近速度,或硬着陆。

(2)突出不正常或不安全情况。使用者确定何时会出现非标准、不正常或基本不安全的情况;通过将它们与基线安全系数相比较,就能够量化所发生的变化。例如:在特定地点不稳定进近(或其他不安全事件)增加。

(3)识别不安全趋势。根据事件的发生频率,确定发展趋势。结合对严重程度的估计,对风险进行评估,以确定如果趋势继续发展,哪种风险可能会成为不可接受的风险。例如:一项新程序已经导致下降率增大,几乎触发近地警告系统告警。

(4)缓解风险。一旦确定了不可接受的风险,就要确定并实施适当的缓解风险的行动。例如:发现下降率增大的问题后,对标准操作程序(SOPs)进行修改,以改进对航空器的控制,使其达到最优/最大下降率。

(5)监测有效性。一旦实施了补救措施,就应对其有效性进行监测,确认这些措施已经降低了已识别的风险,并且风险没有转移到其他地方。例如:确认修改进近程序后,下降率增大的机场的其他安全措施没有变差。

2. 分析和后续行动

通常每月汇编一次飞行数据分析数据。然后应由工作组对数据进行审查,以识别具体的超限情况和出现的不良趋势,并向飞行机组传送相关信息。

如果飞行员在操作技术上出现了明显的缺陷,为了保护机组成员的身份,将隐去这种信息的识别标志。有关具体超限的信息将转交给一名商定的机组代表,由他私下与该飞行员进行讨论。机组代表将与飞行员保持必要的接触,以澄清当时的情况、获得反馈并提出采取适当行动的忠告和建议,如复训飞行员(采用积极的无惩罚性的方法)、修订使用手册和飞行手册、更改空中交通管制和机场运行程序等。

除了审查具体的超限情况外,所有事件都要在数据库存档。数据库用于对数据进行分类和验证,并在易于理解的管理报告中显示出来。经过一段时间后,这些存档的数据能够勾画出正在出现的趋势和危险,如果不对这些数据进行存档,这种趋势和危险就不会被发现。当不良趋势的发展变得明显时(在某一机队内或者在特定的飞行阶段或者在特定的机场区域内),机队的培训部门可通过修改培训科目和/或操作程序扭转这种趋势。像在需要采取行动的其他运行领域一样,这些数据可被用于确认所采取的行动的有效性。

从飞行数据分析方案中得到的教训可能需要列入公司的安全宣传方案中。然而,在培训或宣传活动中使用这些通过飞行数据分析获得的任何信息前,应注意确保谨慎地隐去这些信息的识别标志。

同任何完整的过程一样,飞行数据分析方案需要进行后续监测,以对采取的任何纠正措施的有效性进行评估。飞行机组的反馈对于确定和解决安全问题是至关重要的,并可包括对下列问题的回答,例如:是否很快达到了预期结果?问题是真的得到解决,还是仅仅把问题转移到系统的其他部分?是否引起了新问题?

所有的成功和失败均应进行记录,将计划的方案目标与预期的结果进行比较。这将为审查飞行数据分析方案提供依据,并为未来的方案制订提供基础。

七、有效的飞行数据分析方案需要的条件

为了确保飞行数据分析方案的成功实施,需要注意以下方面:

1. 飞行数据分析数据的保护

航空公司管理者和飞行员对飞行数据分析数据的保护都十分关注,例如在以下情况时就需要注意对飞行数据分析数据的保护:

(1)出于惩戒目的而使用数据;

(2)利用数据对个人或公司采取强制执行行动(具有犯罪意图或故意忽视安全的情况除外);

(3)依据国家有关访问信息的法律向媒体和公众公开数据;

(4)在民事诉讼期间公开数据。

飞行数据分析方案的信誉建立在对飞行数据分析数据的保护上。不是为了安全管理的目的而公开数据会影响飞行数据分析数据的自愿提供,进而影响飞行安全。因此,防止飞行数据分析数据的滥用对国家、航空公司以及飞行员都有利。

2. 必要的信任

同成功的安全信息报告制度一样,在管理者和飞行员之间建立信任是成功地实施飞行数

据分析方案的基础。可以通过下述方法促进这种信任：

（1）飞行员协会早期参与飞行数据分析方案的设计、实施和运作；

（2）管理者和飞行员之间达成正式协议，确定使用和保护数据的程序。

（3）数据安全，通过下列方法使其更加完善：① 遵守同飞行员协会签署的严格协议；② 将对数据的访问严格限制在公司选定的人员范围内；③ 保持严格控制，确保尽快从飞行数据记录器中去除有识别标志的数据；④ 确保管理者及时地处理运行问题；⑤ 尽早销毁所有有识别标志的数据。

在后续行动中，对可与机组成员相关联的信息的访问应只限定在被专门授权的人员范围，并只能用于调查的目的。对数据进行分析后，应销毁这种含有识别信息的数据。

3. 必要的安全文化

统一和得力的方案管理是成功的飞行数据分析方案的特征。一种有效的安全文化的指标包括：

（1）高层管理者表现出对推行一种主动的安全文化的承诺，支持各级组织部门与相关的航空协会（飞行员、客舱乘务员、航空器维修工程师、签派员等）给予合作和实行问责。

（2）无惩罚性的公司政策（飞行数据分析方案的主要目标必须是识别危险，而不是识别那些可能做出不安全行为的人员）。

（3）由在安全或运行部门工作的专门人员管理飞行数据分析方案，他们要高度专业化，并有后勤保障。

（4）由具备相应专业知识的人员通过数据分析结果的相关性，识别潜在风险（例如，需要由对正在分析的航空器型别具有经验的飞行员精确地诊断飞行数据分析查出的运行危险）。

（5）重点放在监测由大量的运行而累计形成的机队趋势，而不是具体的事件上。对于安全管理来说，识别系统问题要比识别（可能是孤立的）事件更有价值。

（6）使用结构严密、隐去识别标志的系统来确保数据的保密性。

（7）建立高效的通信系统，以便将危险信息（和随后的风险评估）发布给相关部门和外部机构，使他们能及时采取安全行动。

八、飞行数据分析方案的实施

通常，要依照下列步骤实施飞行数据分析方案：

（1）执行飞行员协会的协议；

（2）建立并验证运行和安全程序；

（3）安装设备；

（4）挑选和培训专门的和有经验的人员运作该方案；

（5）开始分析和确认数据。

鉴于获得机组/管理者的同意和制定程序需要的时间，一个没有飞行数据分析经验的新的航空公司不可能在12个月内建立一个运行系统。要产生任何安全和成本效益，可能还需要一年的时间。改进分析软件或使用外部专业服务提供者可能会缩短时间范围。

将飞行数据分析方案与其他安全监控系统合并成为一个统一的安全管理体系，将会增加潜在效益。从安全管理体系的其他方案中收集的安全信息可为飞行数据分析数据提供背景材料。而飞行数据分析又能提供量化的信息来支持调查工作，否则，这样的调查就会基于不那么可靠的主观报告。

1．飞行数据分析方案的目标

与其他项目一样，飞行数据分析方案需要确定工作的方向和目标。推荐使用分阶段的方法，以便为随后可能扩展到其他领域奠定基础。若使用搭积木的方法，可以在经验累积的基础上使方案得以扩展、实现多样化和不断发展。例如，采用模块化的系统，开始时只考虑与安全相关的基本问题，在第二阶段添加发动机正常运行监视等内容，确保与其他系统的兼容性。

建立飞行数据分析方案的目标应包括以下三个层次：

（1）短期目标。① 建立数据下载程序，测试重放软件并识别航空器缺陷；② 确认并调查超限数据；③ 建立用户可接受的日常报告格式，突出个别超限事件并为获得相关统计资料提供便利。

（2）中期目标。① 编制年度报告，包括关键的性能指标；② 增加用于分析的其他模型（如持续适航）；③ 计划将下一个机队添加到方案中。

（3）长期目标。① 将飞行数据分析信息与公司所有安全信息系统联网；② 确保飞行数据分析促进任何拟议的高级培训方案；③ 通过对使用率和使用情况的监控减少备件的储备。

在初始阶段，把重点放在一些已知的重要的领域将有助于证明系统的有效性。与随意的"零敲碎打"法相比，突出重点法更有可能获得早期成功。例如：匆忙进近，或特定机场的跑道不平坦；特定飞行阶段不正常的燃油使用等。通过分析这些已知问题领域，可以得到对分析其他领域有用的信息。

2．飞行数据分析小组

经验表明，运行飞行数据分析方案所需的"小组"的规模可以不同，从由一个人负责一个小型机队（5架航空器）到由一个专门部门负责多个大型机队。下面的描述确定了各种需要履行的职能，但并不是所有职能都需要一个专门岗位。（例如，工程人员可能只需提供兼职支援。）

（1）小组组长。小组组长必须赢得管理者和飞行机组成员的信任和全力支持。他们独立于一线管理层其他人员行事，自行提出在所有人看来都是非常真诚和公正的建议。组长应具备良好的分析、表达和管理技能。

（2）飞行运行分析员。此人通常是一名了解公司航线网络和航空器的在职飞行员（或是一名最近退休的资深机长或教员）。这一小组成员对标准操作程序、航空器操纵特性、机场和航线有深入的了解，将使飞行数据分析数据具有可信性。技术分析员负责分析航空器运行技术方面的飞行数据分析数据并熟悉动力装置、结构和各个系统部门对信息的要求，以及航空公司在用的其他工程监视方案。

（3）机组代表。此人负责机队或培训经理与飞行数据分析重点关注的情况所涉飞行机组成员之间的联系。此职位要求具有良好的社交能力，并对安全教育持积极的态度。此人通常为飞行机组协会的代表，并且应该是唯一被允许将有识别标志的数据与事件相联系的人。机组代表在诚实和良好的判断力方面需要得到机组成员和管理者的信任。

(4)工程技术支持。此人通常是航空电子专家，参与对飞行数据记录器系统规定的可用性要求进行监督。这一小组成员必须了解飞行数据分析和运行方案所需要的相关系统。

(5)航空安全协调员。此人负责把飞行数据分析信息与其他航空安全监控方案（如公司强制性或保密性安全信息报告方案和航线运行安全审计）的信息进行相互对照，为所有信息创造一个可信的综合环境。这一职能可以减少后续调查的重复性。

(6)重放操作管理员。此人负责系统的日常管理，编制报告并进行分析。此人对一般运行环境有一定的了解，可以有条不紊地保持该方案的运转。

所有飞行数据分析小组成员都需要经过与他们各自的数据分析领域相适应的培训或具有相应的经验，还必须为每个小组成员拨出现实可行的时间，定期用在飞行数据分析工作上。如果没有足够的人力资源，整个方案将会运转不良甚至失败。

3. 现成的飞行数据分析软件包

在大多数大型现代航空器上装备的快速存储记录器都可以在配置适当的重放和分析系统上进行分析。尽管经营人自己可以对不同事件方程式和超限水平进行配置选择，但地面重放软件供货商仍为各种不同的航空器机型提供启动程序包和先进的飞行数据分析程序。一般说来，新经营人自己对飞行数据分析系统进行配置选择是不划算的，尽管大部分供货商会同每一个新经营人一起评审事件触发器的相关性和等级。

有些航空器制造厂家积极支持其航空器的飞行数据分析方案。他们向航空公司提供包括工具和软件的软件包、对其飞行数据分析方法和程序予以支持的手册以及为实施其方案的经营人提供的额外帮助。（它们把共享航空公司提供的数据和信息看作是改进其航空器、标准操作程序和培训的一种手段。）

就初始费用、软件协议和人员要求而言，飞行数据分析方案通常被认为是最昂贵的安全系统之一。事实上，飞行数据分析方案通过减少重大事故的风险、改进操作标准、找出影响运行的外部因素和改进工程监视方案，有可能为公司节约大量的资金。

九、中国民航飞行品质监控现状

中国民航为提高航空安全水平，从1997年开始在所有合格证持有人中推行飞行品质监控工程，并颁布适航指令《关于加装快速存取记录器（QAR）的规定》（CAD1997-MULT-38），规定从1998年1月1日起，在中国境内注册并营运的运输飞机应当安装快速存取记录器（QAR）或等效设备。2000年12月15日民航局航空安全办公室颁布了《飞行品质监控工作管理规定》，从"设备和监控要求""机构设置和人员""运行"三方面提出了工作要求，对飞行品质监控工作进行了规范。2010年1月4日颁布的中国民用航空规章《大型飞机公共航空运输承运人运行合格审定规则》（CCAR-121-R4）以规章的形式对飞行品质监控提出了要求。2012年2月15日颁布的咨询通告《飞行品质监控（FOQA）实施与管理》对航空公司建立和实施符合局方要求的飞行品质监控项目提供了指导。2015年发布了《飞行品质监控（FOQA）实施与管理》（AC-121/135-FS-2012-45R1）。

《飞行品质监控（FOQA）实施与管理》中指出：飞行品质监控是指收集和分析日常飞行中飞行数据的系统，用于提高飞行机组的操纵品质，改进标准操作程序、完善飞行训练大纲、优化空中交通管制（ATC）程序、改善空中航行服务或航空器维修和设计，减少运行和维护成本，以及为安全管理中的风险管理提供数据和信息支持。飞行品质监控的价值在于通过监测飞行参数超限情况，尽早地识别出不符合标准的操作、存在缺陷的程序、航空器性能的衰减、空中交通管制系统的不完善等安全隐患，为改进措施的制定及实施提供数据和信息支持。中国民航飞行品质监控的工作流程如图 8-2 所示。

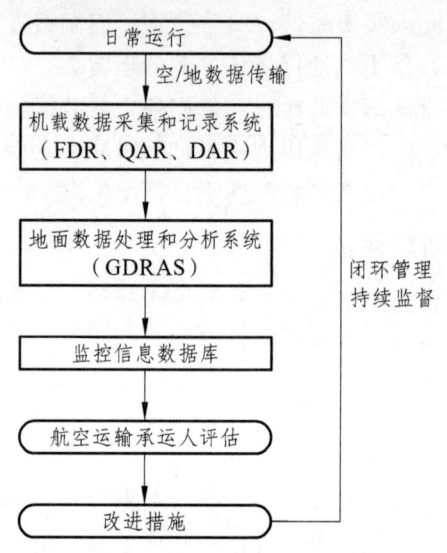

图 8-2 中国民航飞行品质监控的工作流程

思考题

1. 什么是安全信息？安全信息有哪些作用？
2. 名词解释：
航空安全信息　航空安全信息管理　飞行品质监控
3. 颁发 CCAR-396 的目的是什么？
4. 中国航空安全自愿报告系统的目的是什么？
5. 有效安全报告系统的原则有哪些？
6、简述飞行数据分析数据的应用。

第九章 民用航空器事故调查与分析

第一节 民用航空器事故概念和特性

一、事故定义

事故是指人们在进行有目的的活动过程中，突然发生的违反人们意愿，并可能使有目的的活动发生暂时性或永久性中止，造成人员伤亡或（和）财产损失的意外事件。简单来说，凡是引起人身伤害、导致生产中断或国家财产损失的所有事件统称为事故。

根据该事故定义，事故有以下3个特征：
（1）事故来源于目标的行动过程；
（2）事故表现为与人的意志相反的意外事件；
（3）事故的结果为目标行动停止。

事故结果可能有4种情况：人受到伤害，物也遭到损失；人受到伤害，而物没有损失；人没有伤害，物遭到损失；人没有伤害，物也没有损失，只有时间和间接的经济损失。

上述4种情况中，前两者称为伤亡事故；后两者则称为一般事故或无伤害事故。例如汽车相撞、飞机坠落和锅炉发生爆炸等情况，使在场或附近的人受伤，这属于人受到伤害，物也遭到损失的伤亡事故；高空作业过程中高空坠落而致使坠落者受到伤害，这属于人受到伤害，而物没有损失的伤亡事故；电气火灾，引起厂房、设备等受损，而人员安全撤离，这属于人没有受到伤害，物遭到损失的无伤害事故；在生产作业过程中，有时会突然停电而使生产作业暂时停止，但是没有造成任何的损失和伤亡事件，这就属于人和物都没有受到伤害和损失（指直接损失）的一般事故。但无论是伤亡事故还是一般事故，总是有损失存在的，事故的发生影响了人们行为的继续，从时间上给人们造成了损失，致使间接的经济损失发生。另外从事故对人体危害的结果来看，虽然有时在生理上没有明显的表征，但是事故后果依然可能是难以预测的问题。所以，必须将这种无伤害的一般事故也作为发生事故一部分加以收集、研究，以便掌握事故发生的倾向和概率，并采取相应的措施，这在安全管理上是极为重要的。

二、事故特性

事故的表面现象是千变万化的，并且渗透到了人们的生活和每一个生产领域，几乎可以说事故是无所不在的，同时事故结果又各不相同，所以说事故也是复杂的。但是事故是客观存在的，客观存在的事物发展过程本身就存在着一定的规律性，这是客观事物本身所固有的本质的联系；同样客观存在的事故必然有着其本身固有的发展规律，这是不以人的意志为转移的。研究事故不能只从事故的表面出发，必须对事故进行深入调查和分析，由事故特性入手寻找根本原因和发展规律。大量的事故统计结果表明，事故具有以下 3 个特性。

1. 因果性

事故因果性是说一切事故的发生都是由一定原因引起的，这些原因就是潜在的危险因素，事故本身只是所有潜在危险因素或显性危险因素共同作用的结果。在生产过程中存在着许多危险因素，不但有人的因素（包括人的不安全行为和管理缺陷），而且也有物的因素（包括物的本身存在着不安全因素以及环境存在着不安全条件等）。所有这些在生产过程中通常被称之为隐患，它们在一定的时间和地点下相互作用就可能导致事故的发生。事故的因果性也是事故必然性的反映，若生产过程中存在隐患，则迟早会导致事故的发生。

因果关系具有继承性，即第一阶段的结果可能是第二阶段的原因，第二阶段的原因又会引起第二阶段的结果，它们的关系如图 9-1 所示。

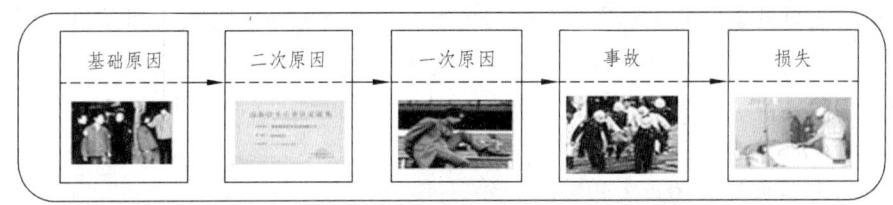

图 9-1　事故因果关系图

因果继承性也说明了事故的原因是多层次的，有的与事故直接联系，有的则间接联系，绝不是某一个原因就能造成事故，而是诸多不利因素相互作用共同促成的。因此，不能把事故简单地归结为一点，在识别危险过程中要把所有的因素都找出来，包括直接的、间接的，以至更深层次的。只有把危险因素都识别出来，事先对其加以控制和消除，事故本身才可以预防。

2. 偶然性与必然性

偶然性是指事物发展过程中呈现出来的某种摇摆、偏离，是可以出现或不出现、可以这样出现或那样出现的不确定的趋势。必然性是客观事物联系和发展的合乎规律的、确定不移的趋势，是在一定条件下的不可避免性。事故的发生是随机的，同样的前因事件随时间的进程导致的后果不一定完全相同，但偶然中有必然，必然性存在于偶然性之中。随机事件服从于统计规律，可用数理统计方法对事故进行统计分析，从中找出事故发生、发展的规律，从而为预防事故提供依据。

美国安全工程师海因里希曾统计了 55 万件机械事故，其中死亡、重伤事故 1666 件，轻伤 48 334 件，其余则为无伤害事故。从中可得出一个重要结论，即在机械事故中，死亡、重伤和无伤害事故的比例为 1∶29∶300，这个关系说明，在机械生产过程中，每发生 330 起意外事故，有 300 起未产生伤害，29 起引起轻伤，1 起是重伤或死亡，国际上把这一法则叫事故法则。对于不同行业，不同类型事故，无伤、轻伤、重伤的比例不一定完全相同，但是统计规律告诉人们，在进行同一项活动中，无数次意外事件必然导致重大伤亡事故的发生，而要防止重大伤亡事故必须减少或消除无伤害事故。所以要重视隐患和未遂事故，把事故消灭在萌芽状态，否则终究会酿出大祸。

用数理统计的方法还可得到事故其他的一些规律性的东西，如事故多发时间、地点、工种、工龄、年龄等。这些规律对预防事故都起着十分重要的作用。

3. 潜伏性

事故的潜伏性是说事故在尚未发生或还未造成后果之时，是不会显现出来的，好像一切还处在"正常"和"平静"状态。但生产中的危险因素是客观存在的，只要这些危险因素未被消除，事故总会发生的，只是时间上早晚而已。事故的这一特征要求人们消除盲目性和麻痹思想，要常备不懈，居安思危，在任何时候、任何情况下都要把安全放在第一位来考虑；要在事故发生之前充分辨识危险因素，预测事故可能的发生模式，事先采取措施进行控制，最大限度地防止危险因素转化为事故；定制事故防治和应急救援方案，把事故发生时产生的损失降到最低。

三、事故危害

事故损失指意外事件造成的生命与健康的丧失、物质或财产的毁坏、时间的损失、环境的破坏。事故直接经济损失，指与事故当时的、直接相联系的、能用货币直接估价的损失，如事故导致的资源、设备、设施、材料、产品等物质或财产的损失。事故间接经济损失，指与事故间接相联系的、能用货币直接估价的损失，如事故导致的处理费用、赔偿费、罚款、劳动时间损失、停工或停产损失等事故非当时的间接经济损失。事故直接非经济损失，指与事故事件当时的、直接相联系的、不能用货币直接定价的损失，如事故导致的人的生命与健康、环境的毁坏等无直接价值（只能间接定价）的损失。事故间接非经济损失指与事故间接相联系的、不能用货币直接定价的损失，如事故导致的工效影响、声誉损失、政治安定影响等。

事故损失的计算目前有如下方法：

根据美国海因里希提出的对工伤事故造成的事故损失费用问题，把一起事故的损失划分为两类：由生产公司申请、保险公司支付的金额划为"直接损失"；把除此以外的财产损失和因停工使公司受到损失的部分作为"间接损失"；并对一些事故的损失情况进行了调查研究，得出直接损失与间接损失的比例为 1 : 4。由此说明，事故发生而造成的间接损失要比直接损失费用大得多。

一旦发生飞行事故，将主要造成以下直接损失：① 飞机损坏、人员伤亡，造成巨大的生命财产损失。1946 年至 1975 年的 30 年间，全世界定期航班共发生 886 起飞行事故，死亡 20 348 人，平均每年发生飞行事故 29.5 次，死亡约 678 人。而 1976 年至今，全世界定期航班共发生飞行事故 529 起，死亡 16 234 人，平均每年发生飞行事故 24 次，死亡约 738 人。② 航空公司企业形象受损，公司蒙受巨大损失。各航空公司都非常重视企业形象，并采取多种方法树立自己的形象。但是，树立形象难，一旦出现空难，航空公司甚至民航业的形象将受到极大损害。1992 年 11 月，中国南方航空公司 B737-300 型 B-2523 号飞机执行广州至桂林航班任务，在桂林地区阳朔县土岭镇白屯桥村撞山失事，机上旅客 133 人、机组 8 人全部遇难，事故发生后，该航线一周内未售出一张机票。③ 民航业受到严重冲击。2001 年 9 月 11 日，美国"9·11"恐怖事件损失飞机 5 架，沉重打击了民航业和航空制造业。中国民航总局透露"9·11"事件对民航业造成的经济损失超 20 亿元人民币。

从本质化方法来看，也可从风险率（R）的角度计算事故损失或者危害，即

$$风险率(R) = 事故发生概率(P) \times 损失严重度(S)$$

其中，概率 P 表示在一定时间或生产周期内事故发生的次数；损失严重度 S 表示发生一起事故所造成的损失数值，常用事故导致的死亡人数、事故损失工作日数、事故经济损失来衡量。

要提高航空安全水平，降低事故损失，减少民航业风险率，只有通过降低事故发生概率和减低事故严重度来实现。

四、民用航空器事故和事故征候定义

世界各国及航空业各组织协会均对航空事故进行了定义，其基础为国际民航组织（ICAO）在民航公约附件 13 中对航空器事故的定义，即：在任何人登上航空器准备飞行直至所有这类人员下了航空器为止的时间内，所发生的与该航空器运行有关的事件。在此事件中：

（1）由于下述情况，人员遭受致命伤或重伤：在航空器内，或者与航空器的任何部分包括已脱离航空器的部分直接接触，或者直接暴露于喷气尾喷处。

但由于自然原因、由自己或由他人造成的受伤，或对由于藏在通常供旅客和机组使用区域外的偷乘飞机者造成的受伤除外。

（2）航空器受到损害或结构故障，它：对航空器的结构强度、性能或飞行特性造成不利的影响；通常需要大修或更换有关受损部件。

但当发动机故障或损坏仅限于其整流罩或附件时除外，或当损坏仅限于螺旋桨、翼尖、天线、轮胎、制动器、整流片、航空器蒙皮的小凹坑或穿孔时，发动机故障或损坏除外。

（3）航空器失踪或处于完全无法接近的地方。

根据国际民航组织的定义和我国相关法规的规定，我国民航对民用航空器事故和事故征候做出了以下定义。

1. 民用航空器事故（civil aircraft accident）

民用航空器事故是指民用航空器在运行阶段或在机场活动区内发生的与民用航空器有关的人员伤亡、民用航空器损坏的事件。包括民用航空器飞行事故和民用航空地面事故。

（1）民用航空器飞行事故。

民用航空器飞行事故，是指民用航空器在运行过程中发生的人员伤亡、航空器损坏的事件。如 2002 年 5 月 25 日，某航空公司 B747-200 型飞机在澎湖外海坠机，造成机上乘客和机组成员共 225 人遇难，构成一起航空器飞行事故。

（2）民用航空地面事故。

民用航空地面事故，是指在机场活动区内发生航空器、车辆、设备、设施损坏，造成直接经济损失人民币 30 万元以上或导致人员重伤、死亡的事件。

2. 民用航空器事故征候（civil aircraft incident）

在航空器运行阶段或在机场活动区内发生的与航空器有关的，不构成事故但影响或可能影响安全的事件，分为运输航空严重事故征候、运输航空一般事故征候、通用航空事故征候和航空器地面事故征候。如飞行中，严重影响航空器运行的一个或多个系统出现的多重故障；飞行中，飞行机组必需成员丧失工作能力；燃油量或燃油分布需要飞行员宣布紧急状态的情况，这些都构成民用航空器事故征候。

（1）运输航空严重事故征候（air transportation serious incident）。

按照飞行任务性质划分，执行定期航班、非定期航班等飞行任务的航空器，在运行阶段发生的具有很高事故发生可能性的事故征候。

（2）运输航空一般事故征候（air transportation incident）。

按照飞行任务性质划分，执行定期航班、非定期航班等飞行任务的航空器，在运行阶段发生的、未构成运输航空严重事故征候的事故征候。

（3）通用航空事故征候（general aviation incident）。

执行工农林牧渔作业飞行、医疗卫生、气象探测、科学实验、遥感测绘、旅游观光、训练、调机等飞行活动的航空器，在运行阶段发生的事故征候。

（4）航空器地面事故征候（aircraft ground incident）。

在非运行阶段但是在机场活动区内发生的与航空器有关的，造成航空器受损的事故征候。

五、民用航空器事故等级划分和标准

民用航空器事故等级划分标准主要依据人员伤亡情况和飞机损坏造成的财产损失情况来确定。随着民航业的发展，我国民航不同的发展阶段有不同的划分标准。如1956年，中国民用航空局颁发《中国民航飞行事故等级及其调查、预防程序工作细则草案》，规定飞行事故按对空勤组、旅客和飞机造成的后果，分为一等、二等、三等、四等飞行事故；1980年，中国民用航空总局颁发的《中国民用航空飞行事故调查条例》，根据飞机损坏和人员伤亡的程度，飞行事故划分为一等飞行事故、二等飞行事故、三等飞行事故；1994年，根据国务院有关事故调查的规定，并借鉴国际通行的飞行事故等级，实施《民用航空器飞行事故等级》（GB14648-93），将飞行事故划分为特别重大飞行事故、重大飞行事故、一般飞行事故；2008年后，根据中华人民共和国国务院第493号令，将飞行事故划分为特别重大飞行事故、重大飞行事故、较大飞行事故、一般飞行事故。

1980年6月，中国民用航空总局颁发的《中国民用航空飞行事故调查条例》，对飞行事故规定的定义是："空勤组执行飞行任务，自飞行前开车时起，至飞行后关车时止，在此期间内发生飞机损坏或机上人员伤亡，称为飞行事故。"根据飞机损坏和人员伤亡的程度，飞行事故划分为一等飞行事故、二等飞行事故、三等飞行事故。

（1）一等飞行事故：① 机毁人亡（包括有一人或多人在10天内死亡）；② 飞机严重损坏或报废，且有一人或多人在10天内死亡；③ 飞机迫降在水中、山区、沼泽区、森林中无法运出，并且有一人或多人在10天内死亡；④ 飞机失踪。

（2）二等飞行事故：① 飞机严重损坏或报废，但人员在10天内无死亡；② 飞机迫降在水中、山区、沼泽区、森林中无法运出，但人员在10天内无死亡；③ 一人或多人在10天内死亡，但飞机没有严重损坏或报废。

（3）三等飞行事故：① 飞机损坏，并且有一人或多人受重伤；② 飞机损坏，人员无重伤；③ 有一人或多人受重伤，飞机基本完好。

1994年7月，根据国务院有关事故调查的规定，并借鉴国际通行的飞行事故等级，实施新的《民用航空器飞行事故等级》。根据人员伤亡情况以及对航空器损坏程度，按"国家标准GB14648-93"将飞行事故划定为三类：特别重大飞行事故、重大飞行事故和一般飞行事故。

（1）特别重大飞行事故：① 人员死亡，死亡人数≥40人；② 航空器失踪，机上人员≥40人。

（2）重大飞行事故：① 人员死亡，死亡人数≤39人；② 航空器严重损坏或迫降在无法运出的地方；③ 航空器失踪，机上人员≤39人。

（3）一般飞行事故：① 人员重伤，重伤人数在≥10人；② 最大起飞重量≤5.7吨的航空器严重损坏，或迫降在无法运出的地方；③ 最大起飞重量5.7~50吨的航空器一般损坏，其修复费用超过事故当时同型或同类可比新航空器价格的10%（含）者；④ 最大起飞重量≥50吨的航空器一般损坏，其修复费用超过事故当时同型或同类可比新航空器价格的5%（含）者。

2007年6月，在查明飞行事故的人员伤亡情况和航空器的损坏情况后，根据中华人民共和国国务院第493号令《生产安全事故报告和调查处理条例》和《民用航空器飞行事故等级》的规定，将飞行事故划分为特别重大飞行事故、重大飞行事故、较大飞行事故、一般飞行事故。

（1）特别重大飞行事故：① 人员死亡，死亡人数≥30人；② 航空器失踪，机上人员≥30人。

（2）重大飞行事故：① 人员死亡，死亡人数≤29人；② 航空器严重损坏或迫降在无法运出的地方（最大起飞重量5.7吨及其以下的航空器除外）；③ 航空器失踪，机上人员≤29人。

（3）较大飞行事故：① 3人以上10人以下死亡；② 10人以上50人以下重伤；③ 1000万元以上5000万元以下直接经济损失的事故。

（4）一般飞行事故：① 人员重伤，重伤人数≥10人；② 最大起飞重量≤5.7吨的航空器严重损坏，或迫降在无法运出的地方；③ 最大起飞重量5.7~50吨的航空器一般损坏，其修复费用超过事故当时同型或同类可比新航空器价格的10%（含）者；④ 最大起飞重量≥50吨的航空器一般损坏，其修复费用超过事故当时同型或同类可比新航空器价格的5%（含）者。

相应的，不同阶段的航空地面事故也可分为特别重大地面事故、重大地面事故、较大地面事故和一般地面事故。

第二节 事故调查的目的和意义及其发展

一、墨菲定律

1. 墨菲定律表述

墨菲定律（Murphy's Law）缘于美国一位名叫墨菲的上尉，他认为他的某位同事是个倒霉蛋，不经意说了句笑话："如果一件事情有可能被弄糟，让他去做就一定会弄糟。"这句话迅速流传。经过多年，这一"定律"逐渐进入习语范畴，其内涵被赋予无穷的创意，出现了众多的变体，"如果坏事有可能发生，不管这种可能性多么小，它总会发生，并引起最大可能的损失"。根据"墨菲定律"，可以理解为：① 任何事都没有表面看起来那么简单；② 所有的事都会比你预计的时间长；③ 会出错的事总会出错；④ 如果你担心某种情况发生，那么它就更有可能发生。

凡是有可能搞错的地方，一定会有人搞错，而且是以最坏的方式发生在最不利的时机。民航上"墨菲定律"的体现比比皆是。

（1）起飞前未检查检查单。不念检查单完全凭记忆有可能遗漏致命项目，尽管不少人十分自信，但短短的几年中中国民航却已经有了多次沉痛的教训。1992年7月31日，中国通用航空公司Yak-42飞机B2755在南京机场起飞时，未执行检查单，导致未将全动平尾调置在起飞位置，致使飞机起飞滑跑时抬不起前轮，飞机冲出跑道。机上旅客116人，98人遇难，18人受伤；机组10人，9人遇难，1人受伤。1993年7月23日，西北公司BAE146-300飞机在银川机场起飞时，未执行检查单，没有发现襟翼指位表指零的问题，导致飞机因未放起飞襟翼，冲出跑道坠毁。机上旅客108人，其中55人遇难，53人受伤，机组4人，其中1人遇，3人受伤。

（2）误收起落架导致飞行事故。1964年5月，某杜2飞机带飞空域课目，飞机滑进跑道对正方向后，飞行员本应锁尾轮锁，但由于粗心大意操纵错误，竟将起落架收放手柄放在"收"位置。教员发现后，赶忙去纠正，但为时已晚，飞机就趴在起飞线上滑行，造成三等事故。1981年××月，一架民航飞机伊尔14忘记放起落架着陆，造成三等事故。

（3）误关发动机导致飞行事故。1994年8月8日，中国东方航空公司一架MD-82飞机执行航班，飞行中左右仪表板突然失去电源，飞机出现俯仰、横侧不安全状态，伴随剧烈抖动。机长判断左发燃烧不正常和喘振而关停左发动机，单发安全着陆，经检查实际上是左发电机故障而机长错误地关停了左发动机。1989年1月8日，国外某航空公司一架B737-400飞机，从伦敦希思罗国际机场起飞，当飞机爬升到2.83万英尺高度时，机组发现飞机强烈振动并闻到烟味，左发失火，机组在没有弄清是哪台发动机失效的情况下，对右发实施失效、停车程序。20分钟后，飞机在距备降机场2.4英里（离地高度仅900英尺）处，左发自动停车，飞机失去动力，但机组已没有足够的高度和时间空中起动右发。最后飞机迫降在距跑道头3000英尺处，飞机解体，造成47名旅客死亡。

2．正确理解墨菲定律，指导飞行安全

凡有可能搞错的地方都要有有效的防范措施，只有消除了搞错的可能性，事故才是可以避免的。及时预防，防止事故发生，保证飞行安全。

二、民航事故调查目的

国际民航公约附件13指出：调查失事和事故的根本目的必须是防止失事或事故。这一活动的目的不是为了分摊过失或责任。为了有效预防事故，事故调查应达到法律、描述、查因、预防、研究五种目的，其中最主要的是描述和查因。

1．法律目的

即鉴定违规。鉴定事故时，一方面可以确定事故过程中存在违反法规的情况，有益于事故的预防；另一方面可发现法规、标准中的规定本身不正确、不科学、不适用部分。

2．描述目的

即提供详细的事故过程描述。调查是一种事后工作，调查者未能看到"进行中"的事故事件，要去重构它和环绕它的条件。

事故调查的描述目的就是要真实地说明造成事故的整个事件序列的真实时空过程。

3. 查因目的

即确定起因。了解事故的真实过程，并客观、公正、合理地进行推理或判断，才能鉴定出事故的原因。其中重要的问题是：不要把追查责任作为事故调查的主要目的。因为把注意力放在追究责任上面，容易造成各种偏见而影响对事故原因的客观评述。

4. 预防目的

即引出改善安全的建议。真正查清了事故的原因，就会有益于预防。如果调查能识别出一些条件，而这些条件处于相反状态，事故就不会发生，那么这个目的即可达到。通过改善这些条件，以后的事故就能得到有效预防。

5. 研究目的

即提供可靠、全面的数据资料。事故研究的目的主要是要寻查事故发生的倾向和规律性，找出某些类事故的共性起因和相关因素，并得出从宏观上控制和预防事故的很多有益结论。基础是每一次调查都能收集到可靠、全面的真实事故数据。

事故调查是航空安全得以进步的基础。通过调查，应该知道：发生了什么？怎样发生的？为什么发生？如何处置和预防预测？从安全观点来看，失事调查的另一个非常重要的目的是"确定在可逃生坠毁事故中存在的不必要伤亡，以便改进乘员的防护设计准则"，包括驾驶员处理应急情况的技术；失事后的失火防护和预防手段、灭火和救援勤务；确定失事地点的应急定位装置的作用；快速优质的医疗护理；其他保障条件的完善和改进。

三、事故调查发展

航空事业发展的历史，就是一部与飞行事故作斗争的历史。从第一架航空器诞生的那一天起，航空界就一直为飞行事故所困扰，也一直为"不发生"飞行事故而进行着不懈的努力和奋斗。

（1）1909年9月7日，法国人勒弗尔驾驶一架莱特A型飞机坠毁于朱维西机场，成为世界上因飞机失事而死亡的第一个飞行员。

（2）1912年8月25日，中国航空先驱冯如在广州燕塘飞行表演中失事，临死前，他对他的徒弟说："我死了以后，你们不要因为这件事故而丧失前进的信心。要知道，飞行中的牺牲总是难免的……"

（3）1920年12月14日，一架汉·佩奇O/400飞机从英国克里克尔伍德机场起飞后，在大雾中坠毁，2名飞行员和2名旅客死亡，这是世界民航史上首次载客的飞行事故。

（4）1937年，LZ-129"兴登堡"号在美国新泽西州坠毁，36人死亡。

（5）1952年，4发涡轮喷气发动机的英国"彗星号"投入使用，2年内三次解体。彗星号飞机失事的真正原因是金属材料的疲劳。从此，金属材料的疲劳得到了充分的重视，飞机设计师采取了诸多措施来加强结构件的强度，提高金属材料的疲劳寿命。至今，飞机和发动机材料的振动疲劳、热疲劳等仍是研究的课题。1989年2月24日，美国联合航空公司一架B747客机上午8时在檀香山附近上空飞行时，机体发生严重爆裂而紧急迫降，迫降后发现9人失踪，27人受伤。着陆后发现头等舱右侧裂开一个大洞，机头底部行李舱的一个舱门已经不见，估计那9名不幸者是在万米以上高空被吸出机舱的。事故调查表明，该架B747飞机机龄已达18年，是由飞机的金属疲劳导致的事故。

（6）1958—1997年，苏联及独联体共发生407起重大飞行事故。

（7）中国民航自1949年11月2日成立后，50多年间共发生130多起重大飞行事故。

（8）1946年至1975年的30年间，全世界定期航班共发生886起飞行事故，死亡20 348人，平均每年发生飞行事故29.5次，死亡约678人。

（9）而1976年至今，全世界定期航班共发生飞行事故529起，死亡16 234人，平均每年发生飞行事故24次，死亡约738人。

（10）初创早期，飞机安全系数低，飞行事故频繁，技术因素是导致飞行事故的主要原因。那一时期，人们称航空为"冒险者"的事业。美国第一批从事航空邮政服务的40名班机行员，到了1935年有31人死于飞行事故，平均飞行寿命只有3年。

（11）第二阶段成长期，进步、设备可靠性增加，技术装备得以改进，安全飞行规章制度得以完善，技术因素引发的飞行事故相应减少。1944年在美国召开了国际民用航空大会并签署了"芝加哥公约"，建立了国际民航组织（ICAO）。依据国际民航公约及其附件，各航空发达国家相继制定了本国的民航规章，形成了大体相似的民用航空管理体制。其中美国的"联邦航空规章"（FAR）和"联邦航空局"（FAA）的管理体制具有代表性，对世界民用航空的发展和安全水平的提高起到了借鉴作用。

（12）第三阶段发展期，人们除了进一步不断地以新的科学技术对民用航空加以改善。之外，还发现了一个新的现象，那就是早期引发飞行事故原因的高达80%的技术因素已逐步减少到20%，而人为因素已从20%提升到80%。人们为进一步提高飞行安全水平开始并加强了对人为因素（human factor）的研究。

（13）1958年，一个澳大利亚飞行科学家沃伦教授，生产出黑匣子的原形"飞行记忆组织"。"黑匣子"即航空飞行记录器，是飞机专用的电子记录设备之一。它主要包括飞行数据记录器（FDR）和舱音记录器（CVR），飞机各机械部位和电子仪器仪表都装有传感器与之相连。它能把飞机停止工作或失事坠毁前半小时的有关技术参数和驾驶舱内的声音记录下来，需要时把所记录的参数重新放出来，供飞行实验、事故分析和飞机故障判断和识别用。

（14）随着航空业的发展，人们发现管理失误是造成事故的主要原因，开始从组织系统的角度来探索飞行事故的原因，并加强SMS，SSP等现代安全管理理念和方法的研究。

第三节 事故调查的组织和法规

一、事故调查的法规

1. ICAO 附件 13

国际民航组织（ICAO）在民航公约附件13（航空器事故调查）中，对航空器事故有统一定义，并为了统计的一致性，对人员死亡（致命伤）、重伤和航空器失踪进行了定义，同时统一了关于航空器事故的通知、调查和报告。

2. 我国民航目前行之有效的法规、规章

（1）中华人民共和国国务院第493号令：《生产安全事故报告和调查处理条例》。

（2）《安全生产法》。
（3）《民用航空法》。
（4）CCAR-395。
（5）CCAR-396。

二、事故调查程序

1．通知与报告

通知与报告包括描述事故的信息、逐级报告、封存通知、民航总局统一对外公布事故信息。

2．事故现场的应急处置

事故现场的应急处置包括组织抢救幸存人员；对飞机采取防火、灭火措施；保护现场；保护失事 A/C 及机上人员财物。

3．事故调查的准备
4．现场调查（包括取证和采访）
5．专项研究和实验
6．事故原因分析
7．做出事故结论
8．确定事故等级
9．提出安全建议

三、事故和事故征候调查的基本原则

民航事故和事故征候调查应当遵循下列基本原则：

1．独立原则

调查应当由事故调查组织独立进行，任何其他单位和个人不得干扰、阻碍调查工作。

2．客观原则

调查应当坚持实事求是、客观公正、科学严谨，不得带有主观倾向性。

3．深入原则

调查应当查明事故或事故征候发生的各种原因，并深入分析产生这些原因的因素，包括航空器设计、制造、运行、维修和人员训练，以及政府行政规章和企业管理制度及其实施方面的缺陷等。

4．全面原则

调查不仅应当查明和研究与本次事故发生有关的各种原因和产生因素，还应当查明和研究与本次事故或事故征候发生无关，但在事故或事故征候中暴露出来的或者在调查中发现的可能影响飞行安全的问题。

四、事故调查的组织

根据我国批准的国际公约的有关规定，在民用航空器事故或事故征候的组织调查或者参与调查方面按照下列规定执行：

（一）在我国境内发生的民用航空器事故或事故征候由我国负责组织调查。负责组织调查的部门应当允许航空器的登记国、运营人所在国、设计国、制造国各派出一名授权代表和若干名顾问参加调查。事故中有外国公民死亡或重伤，负责组织调查的部门应当根据死亡或重伤公民所在国的要求，允许其指派一名专家参加调查。

如有关国家无意派遣国家授权代表，负责组织调查的部门可以允许航空器运营人、设计、制造单位的专家或其推荐的专家参与调查。

（二）在我国登记、运营或由我国设计、制造的民用航空器在境外某一国家或地区发生事故或事故征候，我国可以委派一名授权代表及其顾问参加他国或地区组织的调查工作。

（三）在我国登记的民用航空器在境外发生事故或事故征候，但事发地点不在某一国家或地区境内的，由我国负责组织调查，也可以部分或者全部委托他国进行调查。

（四）运营人所在国为我国或由我国设计、制造的航空器在境外发生事故或事故征候，但事发地点不在某一国家或地区境内的，如果登记国无意组织调查的，可以由我国负责组织调查。

（五）民航总局负责组织的调查包括：国务院授权组织调查的特别重大事故；运输飞行重大事故；外国民用航空器在我国境内发生的事故。

（六）地区管理局负责组织的调查包括：运输飞行一般事故；通用航空事故；航空地面事故；事故征候；民航总局授权地区管理局组织调查的事故。

（七）事故调查必备设备

为保证事故调查的客观、科学和及时，负责组织调查的部门应当配备必要的调查设备和装备，保证调查工作顺利进行。调查设备和装备应当包括专用车辆、通信设备、摄影摄像设备、录音设备、特种设备、勘察设备、绘图制图设备、危险品探测设备、便携电脑、防护装备以及其他必要的装备。

（八）事故调查组

为了查明事实情况；分析事故、事故征候原因；作出事故、事故征候结论；提出安全建议和完成调查报告，事故调查需要成立事故调查组，主要由事故调查组组长和事故调查专业小组组成。其主要工作包括：① 决定封存、启封和使用与发生事故或事故征候的航空器运行和保障有关的文件、资料、记录、物品、设备和设施；② 要求发生事故或事故征候的航空器的运行、保障、设计、制造、维修等单位提供情况和资料；③ 决定实施和解除事发现场的监管；④ 对发生事故或事故征候的航空器及其残骸的移动、保存、检查、拆卸、组装、取样、验证等有决定权；⑤ 对事故或事故征候有关人员及目击者进行询问、录音，并可以要求其写出书面材料；⑥ 要求对现场进行过拍照和录像的单位和个人提供照片、胶卷、磁带等影像资料。

1. 事故调查组组长

负责组织调查的部门应当委派一名调查组组长，调查组组长负责管理调查工作，并有权对调查组组成和调查工作作出决定。重大及重大以上事故的调查组组长由主任调查员担任。

一般事故或事故征候的调查组组长由主任调查员或者调查员担任。

2. 事故调查专业小组

根据调查工作的需要，一般需要成立若干专业小组，分别负责飞行运行、航空器适航和维修、空中交通管理、航空气象、航空保安、机场保障、飞行记录器分析、失效分析、航空器配载、航空医学、生存因素、人为因素、安全管理等方面的调查工作。

因此，参与事故调查人员可达到上百人。

第四节 事故调查和分析技术

一、事故调查技术

导致民用飞机飞行事故的原因往往是多方面的，如人为失误和违章、管理因素、机械设备的因素等，同时这些因素往往又是错综复杂地交叉在一起，这就给民用飞机飞行事故的调查工作带来了相当大的难度。因而要进行事故调查，就有必要掌握事故调查的方法与技术。主要从人-机械-环境-管理-任务等多方面进行事故调查与分析。

事故调查技术主要包括：现场调查、残骸分布、事故摄影、事故图表、火灾事故调查、飞机结构失效、发动机故障和失效、驾驶舱仪表、灯光系统分析、轮胎和跑道事故、空中交通管制、计算机模拟、空中相撞、人为因素、直升机事故调查、飞机性能的确定、失速与螺旋、翼尖涡流和下陷气流、性能衰退、地面工作危险区域、结冰、坠机幸存可能性等。

二、事故分析技术

事故分析方法是事故致因理论基础之上的分析技术，在安全性分析中主要有两种情况：第一，对已经发生的事故进行分析，即从事故中找出引起事故发生的隐患，又称事故分析；第二，对现有生产系统进行安全性分析，即安全评价，找出隐患并予以消除。

主要研究的事故分析法有以下几种：

1. 事故树（FTA）分析方法

事故树分析法是安全系统工程中主要的分析方法之一。该方法通过逻辑演绎揭示事故基本事件（隐患）之间、基本事件与顶上事件之间的相互逻辑关系，把系统的事故与组成子系统的隐患有机地联系在一起，能找出系统全部可能的失效状态，其主要功用是能够对导致系统处于不安全状态的事故隐患及其逻辑关系进行描述。这种方法可以对系统中的各种危险进行定性分析、定量分析、预测和评价。

2. 事件树（ETA）分析方法

事件树分析法起源于1965年前后发展起来的"决策树"（Decision Tree）。它是一种将系统内各元素按其状态（如成功或失败）进行分支，最后直至系统状态输出的水平放置的树状图。该方法最初用于系统可靠性分析，目前广泛用于事故分析。

3. 因果分析法

事故树是一种静态的微观演绎分析方法，事件树是一种动态的宏观归纳分析法，两种方法各有特点，其组合方法即因果分析法。把某一事件作为顶上事件，将顶上事件和初事件的失效事件作为事故树的顶上事件，分别做出事故树的顶上事件，分别做出事故树结构图，然后进行定性或定量分析。因果分析法比事故树分析法、事件树分析法更耗时和耗人力。

4. 人的因素分析方法

人的因素及其可靠性分析保证了系统的可靠性和正常运转时的正确概率。现代科技进步所带来的系统日趋复杂，在人-机-环境系统中机的可靠性提高的前提下，人的因素及其可靠性研究日益受到重视。由于人的行为受到大脑的控制，而人类大脑的运行和工作机制至今未被认识，因此人的可靠性分析同样未获得完善的技术和方法。正是人的大脑机理的复杂性，决定了人的行为特征是绝对不可能单纯用某一固定的数学模型来描述的，尽管行为科学的研究获得了较大的进展，但人在安全系统中的作用和影响仍然因人的可靠性数据缺乏而受到限制，因此对人在人-机-环境系统中的作用和影响进行相关分析是十分必要的。

5. 预先危险性分析

预先危险性分析（preliminary hazard analysis，PHA）是指在一个系统或子系统运转活动之前，对系统存在的危险类别、出现条件及可能造成的结果，进行宏观概略分析的一种方法。

预先危险性分析的重点应放在系统的主要危险源上，并提出控制这些危险源的措施。预先危险性分析的结果，可作为对新系统综合评价的依据，还可作为系统安全要求、操作规程和设计说明书中的内容，同时，预先危险性分析为以后要进行的其他危险分析打下了基础。

6. 故障类型影响和致命度分析

故障类型影响和致命度分析（failure mode effect analysis，FMEA），是安全系统工程中重要的分析方法之一。它采取系统分割的概念，根据实际需要分析的水平，把系统分割成子系统或进一步分割成元件。然后，逐个分析元件可能发生的故障呈现的状态（即故障类型），进一步分析故障类型对子系统产生的影响，最后采取措施解决。使用这种方法，基本上能够查明元件发生各种故障时带来的危险性，是比较周密和完善的方法，既可以用于定性分析，又可以用于定量分析。

第五节　事故原因分析

一、事故致因理论

事故发生有其自身的发展规律和特点。事故隐患演变、发展成为事故经历了从渐变到突变的发展过程。事故调查的目的是通过调查掌握事故发生的基本事实，从事故中吸取教训，并提出合理的事故防范措施。只有掌握事故发生的规律，才能保证系统处于安全状态。事故致因理论是掌握事故发生规律的基础。

1. 事故频发倾向论

英国的 M. Greenwood、H. H. Wbods 和 Farmer 等对企业的伤亡事故数据的发生次数进行统计学分析发现，操作人员中的某些人更容易引发事故，提出了"事故频发倾向"概念。所谓事故频发倾向，指个体容易引发事故的、稳定的、个人的内在倾向。根据这种观点，事故频发倾向是由个人内在因素决定的，并且长时间不会变化的容易引发事故的倾向。

2. 事故因果连锁论

事故因果连锁论包括事故的基本原因、间接原因、直接原因、事故以及事故后果五个互为因果的事件，并且形成了"多米诺骨牌"效应，如图9-2所示。H. W. Heinrich 从物理学的作用和反作用的角度解释事故，指出事故是一种失去控制的事件，并首先提出了人的不安全行为和物的不安全状态的概念，阐明了安全管理工作的中心是消除人的不安全行为、机械设备或环境的不安全状态，保证安全生产。只要事故发生链被破坏，事故演变过程中断，就不会发生事故并引发伤亡事故和财产损失。

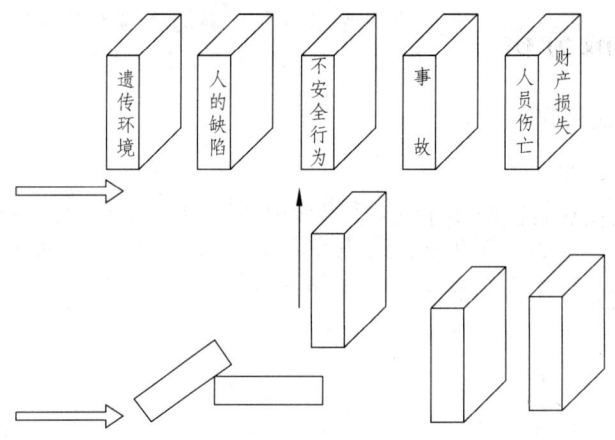

图9-2　H. W. Heinrich 事故链锁理论原理图

在 H. W. Heinrich 事故因果链的研究基础上，博德提出了现代工业生产条件下的事故发生和演变连锁关系，如图9-3所示。

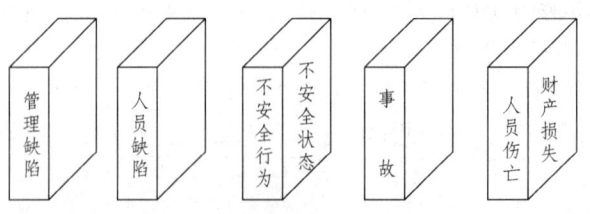

图9-3　博德事故链结构图

图9-3的博德事故链反映了现代安全观点，并由此演变成图9-4所示的事故致因理论。

图9-4所示的事故致因理论模型着眼于事故的直接原因——人的不安全行为和物的不安全状态，以及基本原因——管理失误。该模型将物的原因进一步划分为起因物和加害物。其起因物为引发事故的物，如机械、物体或物质等；加害物则是事故发生时直接作用于人体、使人体遭受伤害的物（机械、物体或物质）。而在人的因素上又区分为行为人和被伤害人。

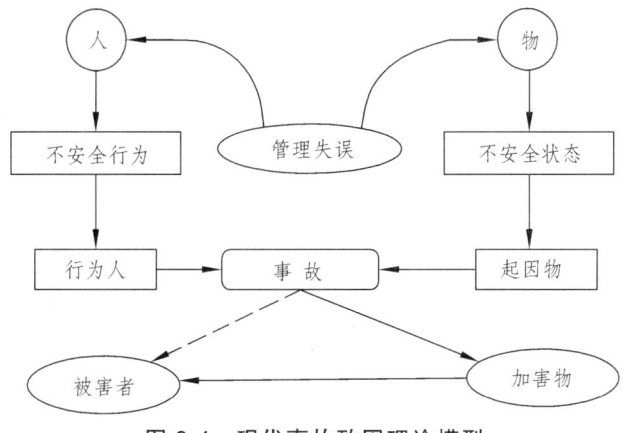

图 9-4 现代事故致因理论模型

二、典型事故分析

(一)世界上最大的空难——特纳里夫空难①

特纳里夫群岛位于北非西部国家摩洛哥外海 250 海里左右的大西洋上,是西班牙的海外属地。长久以来,位在热带的特纳里夫群岛一直是欧洲人在天冷时南下避寒的度假胜地,除此之外该群岛也是美洲的游客进入地中海地区的重要门户,因此每年搭乘飞机到特纳里夫群岛的旅客数量都很惊人。

整件事的起因是一起发生于特纳里夫群岛自治区首府、位于大特纳里夫岛上拉斯帕尔马斯的炸弹恐怖攻击案。

1977 年 3 月 27 日午后 1:15,拉斯帕尔马斯国际机场大厅的花店发生爆炸。不过因为爆炸的小型炸弹在被引爆之前机场方面曾收到警告而进行疏散,因此仅有 8 人在事件中受伤,其中一人伤势较重。炸弹的爆炸造成机场部分建筑物受损。在爆炸后,一个特纳里夫群岛自决独立运动组织的发言人又从阿尔及利亚去电西班牙航空主管单位,宣布他们为此次爆炸事件负责,并声称机场里还有另外一颗炸弹。这情况使得航管当局与当地警察被迫疏散人群并将机场封闭,对整个机场进行全面性的搜查。同时,航管单位还不得不将原定要降落在拉斯帕尔马斯的所有国际班机全部转降到隔邻的特纳夫岛北端的洛司罗迪欧机场,使得洛司罗迪欧机场一时大乱,整个机场都挤满被迫转降并且等待炸弹排除后,再飞往主岛的飞机。

事故发生的主角之一,荷兰皇家航空(KLM,航空代号 KL/KLM)4805 号班机,当天早上 9:31 时由阿姆斯特丹的史基普机场起飞,这架 747 飞机载着 234 名旅客由荷兰飞抵特纳里夫群岛。在经过四小时的飞行后,KL4805 班机在当地时间下午 1:10 降落在洛司罗迪欧机场,并且与许多早已被转降在此处的飞机一样,挤在由机场主停机坪与主滑行道(7 号滑行道)所构成的暂时停机区内,等待拉司帕尔马斯机场重新开场。

而另外一个主角,隶属于美国泛美航空的 PA1736 班机则是在当地时间下午 1:45 时降落在洛司罗迪欧机场。该班机离开洛杉矶时原本有 364 名乘客在上,在纽约降落时又有 14 人上

---
① 纪录片《空中浩劫》。

机。同时，泛美 PA1736 也是一个包机航班，机上载了很多是要到大特纳里夫岛搭乘皇家邮轮公司所属豪华邮轮"黄金奥德赛号"畅游地中海的退休年龄乘客。虽然泛美航空拥有 21000 飞行时数的维克多·格鲁布机长曾一度要求地面航管让他们直接在天上盘旋等待拉司帕尔马斯机场重新开场而不要转降后再起飞、降落到目的地，但还是被塔台指挥降落在洛司罗迪欧机场，加入了地面几乎塞得满满的大小机群中。

当地时间下午 4 时左右，洛司罗迪欧机场塔台收到拉司帕尔马斯方面的信息，称拉司帕尔马斯机场即将重新开场，请各班机的组员做好起飞准备工作。但就在同一时间，机场渐渐被大雾笼罩，能见度也逐渐变差。

由于 PA1736 班机上的乘客原本就没有下机而是在原地等待，因此当目的机场重开时，他们理应拥有先起飞离场的优先顺序。但是，就在飞机滑行到一半想要进入通往 12 号跑道的滑行道时，泛美的飞行员发现他们被体积巨大的 KL4805 挡住去路，在剩余路宽不足的情况下他们被迫等待乘客都下机在机场中休息的 KL4805 重新进行登机手续准备妥当并离开等候区后，再尾随升空。在等待乘客重新登机的过程中，荷航 KL4805 的机长决定加满油，于是这架 747 飞机又加了 2.1 万加仑油，这一举动最终恶化了这场悲剧。

KL4805 在 16:56 时做好了起飞准备并呼叫塔台请求滑行的允许，塔台照准。除了 KL4805 外，塔台方面也准许 PA1736 离开等候区，跟随着前面的 KL4805 在主跑道上滑行，并且指示 PA1736 在 3 号滑行道处转弯离开主跑道。KL4805 在快滑行到 3 号跑道起点附近的等待区等待过程中曾和塔台联络，当时塔台给予的指令是"OK，请在跑道末端 180 度回转，并且回报准备已就绪，等待航空运输管制清场"（OK, at the end of the runway make one eighty and report ready for ATC clearance），却被 KLM 的机长误会为他们已被授权起飞。

事发当时洛司罗迪欧机场的雾非常重，无论是机场塔台还是泛美与荷航的飞行员，三方之间都无法看见对方的动态，再加上该机场的跑道中央灯故障又无适当的雷达导航设备，无疑是替这个混乱的情况火上添油。

KL4805 在抵达 30 号跑道的起跑点后，副机长曾用无线电呼叫塔台征询起飞许可，当时塔台人员没听清楚副机长浓厚的荷兰口音英文到底是说"我们在起飞点"（We are at take off）还是"我们正在起飞"（We are taking off），因此回答"好的,待命起飞,我们会通知你!"（OK .... Standby for takeoff .... We will call you!）却不料无线电讯的后半段正好被泛美机长回报"我们还在跑道上滑行！"的讯号给塔台，结果 KL4805 的机组人员只听到塔台说的"OK"却没听到后半段的对话。虽然副机长曾质疑过这是否是塔台方面已经授权起飞，但机长早已因好几个小时的延误而弄得非常焦躁，而忽略了其警告。

在 17:03 时，泛美公司的这架 747 飞机仍然在跑道上滑行，在它的左侧已经能看到由跑道转向滑行道的岔路口，在飞行图上标记是 C-3，这是专门为必须迅速离开跑道的飞机使用的。但是，PA1736 没有进入这个岔口，因为若要进入这个岔口，飞机必须来一个 135 度的大转弯。PA1736 是一架大型飞机，要作这样的大角度转弯会有一定困难，一则可能使起落架的轮子压坏跑道边上的信号灯，二则可能使轮胎被扎破。因此，PA1736 没有按照塔台的指令立即离开跑道，而是继续向前滑行。不久，当泛美 PA1736 客机不小心错过三号滑行道入口、正打算弯进四号滑行道前往起飞等候区的瞬间，副机长突然注意到跑道远方有 KL4805 客机的降落灯。起初他们以为那时 KL4805 正在静止状态等候起飞，但仔细一看却发现降落灯正在晃动，KL4805 其实在加速起飞状态。泛美 PA1736 的副机长大声呼叫机长将飞机驶离主跑道，机长也立刻全速推进让飞机冲进跑道旁的草皮上。但毕竟为时已晚。

虽然另一头 KL4805 的机长在见到前方横在跑道上的泛美客机后，很尽力地让飞机侧翻爬升，起飞攻角之大甚至让机尾在跑道地面上刮出一个 3 英尺的深沟，但仍然无法挽救大局。

刚离地的 KLM 客机扫过泛美客机的机身中段后继续爬升了 100 英尺左右，失控坠落在 250 码外的地面上，爆炸焚烧。而被剧烈撞击的泛美客机则在瞬间爆出大火，整架飞机断成好几块，只有左翼与机尾在事件后保留大致的模样。

荷航 KL4805 班机：事故当时该班机上共有 234 名乘客与 14 名机组员，其中大部分的乘客是荷兰人，另有 2 名澳洲人，4 名德国人，与 2 名美国人。在事件中机上无人幸免。

泛美 PA1736 班机：在事故发生时，该班机上有 396 人，其中 321 个乘客与 14 个机组成员死亡，大部分都是死于满载油料的飞机爆炸后的大火。但位在该机机首与机尾部分仍然有不少幸存者，包括 54 名乘客与 7 名组员，其中泛美的机长也逃过一劫。

（二）海因里希因果连锁理论分析

1. 社会和自然环境方面

（1）一起由争取独立的团体策划的恐怖爆炸：他们的目的是宣扬自己的"理想"。他们宣称航站里有两颗炸弹，而机场方只有十分钟的时间解救。稍后在拉斯帕尔马斯机场的候机楼内发生了一起炸弹爆炸事件——地点在候机楼出口处附近的鲜花店柜台边上。这起事件虽然人员伤亡数很小，但在旅客和迎接旅客的机组心中引起了恐慌。大批警察来到现场，搜寻是否还有别的隐患存在。这样，严重打乱了这个航空港的正常运转，许多航班被推迟起飞。拉斯帕尔马斯国际机场决定临时关闭，从外面飞来的包括失事的荷兰飞机和泛美航空公司的飞机和所有航班也被临时安排到洛司罗迪欧机场降落。

（2）荷兰班机公司新实施的制度：对超过时间的驾驶作出严厉的处罚，即超过法定和公司时间上限将可能丢掉驾照和工作。而当时的情况是，荷航机组必须在当天下午 5:30 之前离开洛司罗迪欧机场，否则就要放弃飞行。荷兰机组在巨大的压力下，渴望尽快起飞。

（3）洛司罗迪欧机场的周边环境：该机场地处崇山峻岭上的高原，标高海拔 2000 英尺，当地的云气也经常积聚在 2000 英尺。所以当风把云吹向机场时，机场就被云所笼罩，云雾不时地飘来飘去会使能见度几乎降到零。事故当天的浓雾让航管员无法目视两架班机，也使得泛美和荷航的驾驶员们不能看到对方的确切位置。

2. 人的缺陷

（1）航管员的缺陷：事故发生在星期日的下午，洛司罗迪欧机场只有两名航空管制人员当班。他们虽然很优秀，却不常处理像当天那么多数量的飞机和需要大停车空间的巨型客机。而且根据荷兰调查员调查，两名航管员当时在听足球广播，也许心思不在工作上。

此外，特纳里夫群岛的官方语言是西班牙语。在世界民用航空中，各国机场和通信联络的通用语言是英语。特纳里夫群岛的居民一般不会说英语，当然机场工作人员是例外。可是，他们说起英语来带有浓重的西班牙语腔调，许多到这里来的飞机驾驶员常常埋怨管制中心发出的英语指令听不清楚，有时必须再三追问，才能理解。在浓雾笼罩的机场上，靠驾驶员目视作业是非常危险的，机场又没有地面监视雷达，唯一的联络办法只有靠无线电通话。当荷兰公司的飞机请求准许起飞时，塔台发出"OK"的指令，至于后面说的"Standby for takeoff…. We will call you!"荷兰机长听得并不真切。航管员蹩脚的英语也迷惑了驾驶员。

（2）交流的缺陷：荷航的两位驾驶员没有听清楚机场航管员发出的指令，但并没有向塔台进行问讯，副驾驶也质疑过塔台是否真的已经授权起飞，但机长由于长时间的等待和公司制度上的压力，忽略了副驾驶的警告，仍然驾驶飞机开始加速起飞。

3. 人的不安全行为和物的不安全状态

（1）人的不安全行为。

① 泛美班机的机长的不安全行为：泛美公司的这架维克多号747飞机在跑道上滑行时，在自己的左侧已经看到由跑道转向滑行道的岔路口，在飞行图上标记为 C-3。这是专门为必须迅速离开跑道的飞机使用的。但是，维克多没有进入这个叉口，因为若要进入这个叉口，飞机必须来一个135度的大转弯。这是一架大型飞机，要作这样的大角度转弯会有一定困难，一则可能使起落架的轮子压坏跑道边上的信号灯，再则可能使轮胎被扎破。因此，维克多没有按照塔台的指令立即离开跑道，而是继续向前滑行向四号滑行道，因为四号滑行道是 45度弯，更容易让747进去。因此，荷兰方的调查员认为，泛美机组没有遵照塔台指示及时离开跑道，是引发事故的主要原因。

② 荷航机组人员的不安全行为：当时荷航 KL4805 上载有 247 名旅客，机长雅各布·赞吞，51岁，是一位已经有 1500 飞行小时的优秀驾驶员。在最近 25 年中，一直任机长，曾经为本公司训练培养过不少飞行员。他的驾机技术是荷兰皇家航空公司中出了名的，也是公司公认的出色驾驶员。他责任心强，工作细致。25年来，他驾驶的飞机连一点小故障也没有发生过。荷航 KL4805 在等待过程中决定让飞机加满油，但这个看似简单的举措，决定了机上所有乘客的命运。加油不仅延误了飞机近半小时，让泛美班机受困在他们之后，也让加了 2.1万加仑汽油使飞机的起飞重量增加而难以起身避开跑道上的泛美班机。半小时延误还造成另一项结果就是天气突然恶化，机组在巨大的压力下工作。

③ 荷航副驾驶员的失误：民航界的老问题是"机长永远是正确的"。在荷兰航班的机长决定起飞时，副驾驶员质疑塔台给出的命令，明知有错但不敢说出，在资历经验都在公司认可的机长面前，他们不敢争辩什么。

④ 在现场急救人员的失误：由于荷兰班机在撞上泛美班机后继续爬升飞行了一段时间，才在 1500 英尺处坠地，那里离塔台更近，所以消防车与救护车赶到时先找到荷兰班机。现场一片混乱，浓雾中消防车分不清方向，当他们终于找到荷兰班机时为时已晚，飞机上无人幸存。他们很久都没发现不远处还有第二架飞机等待救援，过了 20 分钟后才发现泛美班机并展开救援。

（2）物的不安全状态。

① 洛司罗迪欧机场本身的状况：洛司罗迪欧机场本身是一个单跑道的小型地区机场，机场设备不良，无法应对这么多的班机与乘客。且地理环境使得机场经常迷失在云雾里，机场缺乏相关设备，设备极为原始，没有地面雷达可让航管员监视班机位置，事实上，航管员只能待在跑道旁的了望台里目视观测天气。而事故当天的浓雾让航管员无法目视两架班机，根本看不到他们的位置，跑道中心线灯也无法使用，能见度处在安全与危险的交界。

② 调查组认为，这起空难主要是因为无线电联络上发生了差错。调查组发现在舱音记录仪上，塔台"OK"一词后面的话语模糊不清，荷航机长也不可能给予正确的理解。调查组认为荷航机长未能听清的另外一个原因是泛美的飞机近在咫尺，两机相距不远（只是因为浓雾挡住了视线，无法见到），使无线电受到了一定程度的干扰，通话质量也变差了。

4. 事故和伤害

在以上几种因素的共同作用下发生的这次空难，两架波音 747 客机相撞，大火燃烧了 20 多个小时才被扑灭。

荷航 KL4805 班机事故当时，机上共有 234 名乘客与 14 名机组员，在事件中机上无人幸免。泛美 PA1736 班机在事故发生时，机上有 396 人，其中 321 个乘客与 14 个机组成员死亡，大部分都是死于满载油料的飞机爆炸后的大火。幸免于难的仅 61 人。保险公司创下了理赔纪录，总值相当于今天的 20 亿美元。这是民航史上最大的空难事件之一。

（三）事故树分析

根据海因里希因果连锁理论中社会因素和人的不安全因素绘出特纳里夫空难的事故树，可以直观地了解事故发生的各种不安全因素。如图 9-5 所示。

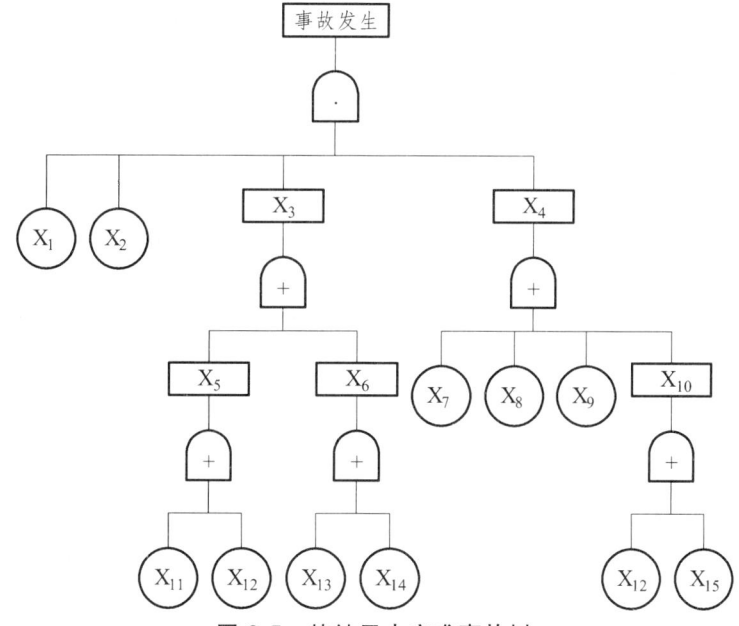

图 9-5　特纳里夫空难事故树

其中，X_1 表示目的地机场关闭；X_2 表示备降机场天气变化；X_3 表示备降机场塔台指挥失误；X_4 表示机组人员失误；X_5 表示与机组的沟通存在问题；X_6 表示缺乏可观察设备；X_7 表示机组人员之间的沟通存在问题；X_8 表示机组在巨大压力下驾驶；X_9 表示荷兰航班加油耽误起飞时间；X_{10} 表示机组与塔台之间沟通存在问题；X_{11} 表示英文技能使用缺陷；X_{12} 表示无线电通讯设备受到干扰；X_{13} 表示机场无雷达设备；X_{14} 表示地面通讯设备差；X_{15} 表示语言表达不清楚。

1. 结构重要度分析

结构重要度是指不考虑基本事件自身的发生概率，或者说假设基本事件发生的概率相等，仅从结构上分析各个基本事件对顶上事件所发生的影响程度。

所以，得出图 9-5 的结构重要度是：

$$X_1 = X_2 > X_3 = X_4 > X_5 = X_6 = X_7 = X_8 = X_9 = X_{10} > X_{11} = X_{12} = X_{13} = X_{14} = X_{15}$$

2. 事故树和结构重要度分析

由图 9-5 可以看出，要防止事故的发生，从根本上首先应该着手解决 X_1，X_2，X_3，X_4 的发生。也就是说，如果目的地拉斯帕尔马斯国际机场没有发生恐怖爆炸袭击事件，机场就不会关闭，那么荷航 KL4805 和泛美 PA1736 根本就不会备降到洛司罗迪欧机场，事故就不会发生；同理，如果洛司罗迪欧机场在准备放行时有良好的目视条件，塔台、荷航 KL4805 和泛美 PA1736 都能很清楚地看到对方的位置，那么事故也可以避免；再者，如果洛司罗迪欧机场的通信良好，管制设备齐全，且管制员拥有好的英文通信技能，能清楚地向机组表达的自己的意愿，那么事故也很有可能不会发生了；作为避免事故发生的最后屏障，驾驶员能够不失平时的冷静判断，机组之间和谐沟通，事故也不会发生。

其次，就是 X_5，X_6，X_7，X_8，X_9 和 X_{10}。详细地说，就是备降机场塔台指挥人员与机组之间的沟通存在问题，一是通信设备差导致机组与塔台之间的沟通产生障碍，二是机组和塔台人员因为都听不清楚对方的话而对对方产生不耐烦的心理；在荷航飞机起飞时，机场内突然起雾，使能见度低于飞机起飞要求的最低能见度，而在塔台人员看不见两架大型波音 747 飞机时又没有其他可观察的设备；机组在长时间驾驶飞机后非常疲劳，在疲劳的状态和巨大的公司制度压力下机组失去了平时冷静的判断，又对对方产生不耐烦的心理，严重阻碍了机组之间的正常交流；而在荷航 KL4805 被允许准备起飞的情况下，机上人员少了一位，在寻找人员时，荷航 KL4805 又加了 2.1 万加仑油，耽误了起飞时间，也增加了起飞的重量。

最后，是 X_{11}，X_{12}，X_{13}，X_{14}，X_{15}。不同国家机组和塔台人员的英语发音有很大的差别，加之地面通信设备差，可能由于两机距离太近无线电通信又受到阻碍，这样严重阻碍了机组和塔台人员之间的沟通；在荷兰航空与塔台人员通话时，塔台又用一样的频段与泛美航空机组人员通话，使两架飞机的通信受到干扰，听不清楚塔台管制员的指令，在语言表达能力方面也就是英语能力方面对安全产生了不利的重要因素。

上述各方面的原因都是导致事故发生的前提，而事故的发生又不是单一事故引起的，各事故之间的联系又是错综复杂的，所以处理好每个引起事故的因素是防止事故发生的前提。

（四）因果分析法

根据因果分析法的步骤，从"人-机械-环境-管理"四个部分着手分析，归纳出事故发生主要有以下方面的原因。

（1）人的方面。① 机场管制员：工作压力过大；英语技能不足；指挥失误。② 机长：工作压力大；过于自信；交流障碍。③ 荷航副驾驶：没有及时提出警告。

（2）机械方面。① 飞机数量过多造成拥挤；② 747 飞机系统非常复杂。

（3）环境方面。① 社会环境方面：荷航新的制度给飞行员带来压力，拉斯帕尔马斯国际机场的恐怖袭击事件造成大量航班备降洛司罗迪欧机场；② 自然环境方面：洛司罗迪欧机场的浓雾天气使能见度降低。

（4）管理方面。① 洛司罗迪欧机场设备简陋；② 拉斯帕尔马斯机场安全管理不当。

根据以上分析建造鱼刺图，如图 9-6 所示。

在这次事故中，人即操作者方面最主要的问题还是塔台管制员与两位机长的交流障碍问题。自 20 世纪 70 年代中期开始，大型运输飞机逐渐增多，自动化程度也越来越高，飞行员的角色由以操纵者为主转变为以管理者为主。科技进步使由技术因素引起的航空事故逐渐减少，而人为因素导致的航空事故在不断增加。人为因素，逐渐成为导致航空事故的主要因素。安全人机工程学，也逐渐成为民航安全研究中的一门重要学科。在今后的安全管理中，针对民航活动各个部分操作者的管理也将逐渐成为重点。

而机械方面，飞机数量众多和747的系统复杂，则属于客观原因。

在环境方面，拉斯帕尔马斯国际机场由于安全管理不足而遭遇恐怖袭击，造成机场被迫关闭和大量飞机备降洛司罗迪欧机场，是造成这次事故的直接原因。而洛司罗迪欧机场由于地理环境的浓雾造成能见度下降，最终没能挽救这次事故。

在管理方面，拉斯帕尔马斯机场安全管理不足和洛司罗迪欧机场简陋的地面通信设备，都是事故发生的重要原因。

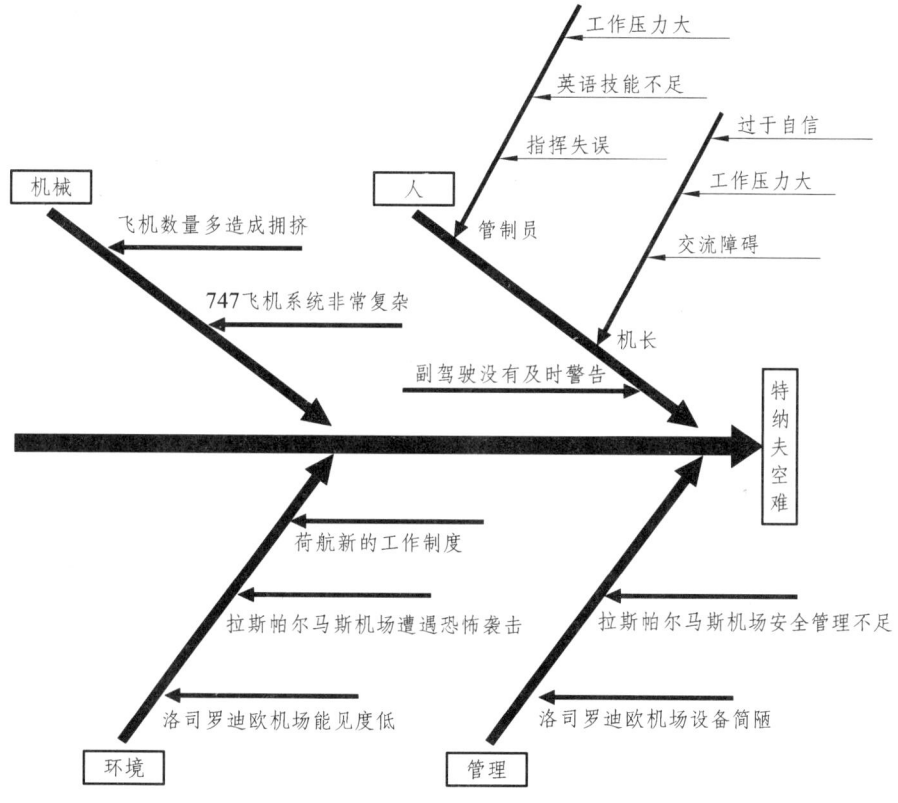

图 9-6 特纳里夫空难鱼刺图

思考题

1. 民用航空器事故的危害。
2. 民用航空器事故和事故征候的定义、分类标准。
3. 民用航空器事故调查的目的是什么？事故调查遵循什么原则？
4. 民用航空器事故调查的主要法规有哪些？
5. 民用航空器事故调查的程序有哪些？
6. 民用航空器事故调查的技术有哪些？
7. 民用航空器事故致因理论分析。

第十章　安全管理体系

近年来，人们花费大量的精力来了解航空以及其他行业中的事故是如何发生的。目前，绝大部分事故是由人为差错造成的观点已被人们广泛接受。虽然人们很容易得出人为差错与粗心或工作技能差有关这样的结论，但这种说法并不准确。事故调查人员发现，人只是导致事故发生环节中的最后一环。我们不能用改变人的方法来预防事故，只有当我们真正找到事故隐患后才能预防事故。

在 20 世纪 90 年代出现了"组织事故"这一新的术语，这是因为事故链中绝大部分环节是在组织的控制之下的。组织中存在的各种问题是对航空安全的最大威胁，因此只有组织采取必要的措施才能使系统更加安全。在广泛研究的基础上，通过咨询安全方面的领军人物，加拿大运输部民用航空局认为，采用系统安全的管理方法是使加拿大航空系统更安全、最有效的方法。加拿大运输部通过以下工作来支持实施安全管理体系：① 与航空业各有关部门进行广泛的讨论与咨询；② 开展全面教育和宣传活动；③ 修改航空条例。

第一节　安全管理体系简介

一、安全管理体系基本概念

安全管理体系（Safety Management System，SMS）是一个系统的、清晰的和全面的安全风险管理过程，它综合了运行、技术系统和财政、人力资源管理、面向与航空营运人或经批准的维修组织审定有关的所有活动。安全管理体系是一种有效的安全管理方法。像所有的管理系统一样，安全管理体系包括目标设定、计划和绩效评估。安全管理体系与组织之间是密不可分的。

1. 安全管理的 4P 特征

（1）理念。

安全管理始于管理的理念，即认识到始终存在着对安全隐患；设定组织标准；确认安全是每个人的责任。

（2）政策。

明确如何实现安全，即明确责任、权利和义务；在制定组织程序和结构时将安全目标结合到运行中的各个方面；发展进行工作所必需的技术和知识。

（3）程序。

管理者让从业人员贯彻落实政策的方法，即给全体员工的明确指示；计划、组织和控制方法；监控和评估安全状况及进展的方法。

（4）实践。

工作中实际发生了什么，即遵循设计良好、有效的程序；避免因走捷径而影响安全性；当发现涉及安全问题的事件时须采取适当措施加以防范。

概括起来说，SMS的核心是通过主动的管理而不是被动地符合规章要求来改进航空安全。将安全控制过程融入到每个员工的具体工作过程中，每个部门的每个雇员对单位的安全水平都有贡献和影响，主要是建立良好的安全文化来收集信息，进行安全风险评估，制定风险控制措施，通过完善安全管理的组织机构和安全政策来根本消除安全隐患，预防事故的发生。

2. SMS的理论基础

SMS最基本的理论是Reason理论，其前提是人是会犯错误的，事故是由多种因素组合产生的，人只是导致事故发生环节中的最后一环。我们不能用改变人的方法来预防事故，只有当我们真正找到事故隐患后才能预防事故，通过风险控制的办法来阻止事故链的形成，从而避免事故的发生。风险的控制应当是安全生产的全程控制，包括事前的主动控制、事中的持续监督控制和事后的被动控制。

二、SMS的内容

SMS包含六大部分（component）、17个要素（elements），其主要内容是：

（1）安全政策；

（2）实施计划以及跟踪评估计划实施的办法；

（3）确定风险的程序和风险管理办法；

（4）评定人员培训情况及是否满足岗位要求的程序；

（5）主动的内部风险（包括事故和事故征候）报告程序及其制定预防措施；

（6）避免类似事件重复发生的程序。

SMS实施过程中的文档记录，根据个人职责，明确每个人在SMS项目中的作用；定期或不定期对SMS实施情况进行安全审计和评价；其他有关民航规章中规定的对SMS的要求。以上内容可以概括为安全管理计划、文档、安全审计（包括主动和被动审计）、培训、质量保证和应急预案。

三、先进的安全文化

SMS的成功有赖于先进的安全文化。组织文化是由该组织内部人们的行为所确定的。人们所做的决策告诉我们有关该组织的价值观。例如，管理者和员工落实安全责任的程度就可告诉我们比言语更多的东西，即什么样的价值观在激发他们的行为。一个好的安全文化衡量标准就是"我们在这里怎样做事"。安全文化也许成熟较慢，然而，只要有管理者的支持，它必定会成熟起来。

先进的安全文化具有下面四个特征：

1. 一种知情文化

（1）人们知道自己从事的工作中所存在的隐患和风险。

（2）员工在工作中始终能发现并消除安全隐患。

2. 一种公正的文化

（1）必须理解差错，但故意违规却是不可容忍的。
（2）员工懂得并认可什么是可以接受的，什么是不可以接受的。

3. 一种报告的文化

（1）鼓励人们报告不安全事件。
（2）在有关安全问题被报告后，须对其进行分析并采取适当的措施加以整改

4. 一种学习的文化

（1）鼓励人们提高并应用自己的技能和知识来强化组织安全。
（2）管理者应不断为员工提供安全方面的新知识和新情况。
（3）将安全报告反馈给员工，使每人都能从中吸取教训。

管理者应该从以下方面入手去倡导一种积极的安全文化：

（1）管理者应实践其在安全方面所倡导的观点；
（2）管理者应安排足够的资源确保运行的有效性与安全性；
（3）管理者须对有关安全问题和建议做出如下回应：① 管理者对决策进行反馈，即使这个决策并不需做任何事；② 如果无需采取任何措施，也需对这个决策作出解释；③ 反馈须及时、相关并明确。

管理上的创新并不会总是获得成功，每当引入新观念时人们常常会问这种创新是否值得，或者只是很快消逝一时狂热。有好的想法并不能保证成功。有时许多好的主意在实践中往往会失败，这是因为责任、认知和能力这三个关键因素不能同时都得到满足的缘故。领导者必须具备的责任认知和能力在很大程度上决定了安全管理能否实现其目标，并在组织内形成一种普遍的安全文化：

（1）责任：在运行与商业压力面前，公司领导是否有决心使安全管理的方法更有效地发挥作用？
（2）认知：领导是否真正理解安全管理的本质和原则？
（3）能力：安全管理政策和程序是否恰当、易于理解，并能全面运用于组织的各个层面？

四、实施安全管理体系的益处

有两种方式来考虑安全问题。传统意义上讲，安全是为了避免损失。许多组织因为重大事故而破产。这是关于安全重要性的最有力佐证，但事故带来损失只是问题的一部分。研究表明安全与效率紧密相连。安全以降低损失和提高生产力的方式获得赢利。安全会给整个行业会带来好处。

安全管理体系为组织提供了一种能力，它能使安全隐患在变成事故以前对它们进行预判并找到症结所在。安全管理体系同样还能为管理者提供有效处置事故及事故征候的能力，并将有价值的教训用来改善安全和提高效率。安全管理体系的方法不仅会降低企业损失，还会提高其生产力。

基本的安全程序分以下五个步骤来完成：
（1）出现了安全问题或与安全有关的事件后，如发生事故征候或事故，须确定其隐患性。
（2）对发生的问题或与安全有关的事件后，须进行报告以引起管理者的重视。
（3）对事件、事故或安全问题进行分析，以确定其原因或根源。
（4）制定并实施整改措施、控制或缓解措施。
（5）对整改措施进行评估以确定其有效性。如果安全问题得到解决，可将此措施成文并使其继续为提高安全性发挥作用。如果问题没有解决，须对该问题进行重新分析直至最后解决。

加拿大 Air Transat 航空公司是第一家在加拿大实施 SMS 的航空公司，该公司实施 SMS 后，每月降低 72% 的非正常运行费用（每个月节约 1 百万加元），员工的凝聚力和运行安全意识大大提高，事故征候次数减少。实施 SMS 带来的这些益处，使加拿大在其他行业如核工业、化工业等推广 SMS 成为必然。

五、安全管理体系与传统方法的区别

实行安全管理体系并不意味着加拿大运输部将对整个行业增加额外的规章管理和安全监督工作。安全管理体系将上述基本安全程序融入到组织的管理之中。传统的飞行安全管理依赖于那些独立于运行管理的飞行安全官员（或由大型组织中专设的安全管理部门）负责安全监管，他们须向公司总经理或首席运行官报告。实际上，安全官员或相关部门并没有权力为改善安全而采取相应措施。安全官员或管理部门工作成功与否完全取决于他们说服管理者采取相应行动的能力。安全管理体系使管理人员对安全有关的事宜所采取的行动或不作为负责。

安全管理体系的基本理念要求，安全的责任和义务归属于组织内部的管理。正如公司董事和高级管理者对企业其他方面的管理负责一样，他们对安全负主要责任。这一逻辑就是近期加拿大运输部民用航空局制定条例的基础。当这些条例生效时，新条例就要航空企事业单位确定其"责任执行官"。责任执行官就是按照条例的规定对一个实体或机构实施财政和行政控制的那些人员。责任执行者是执照持有者。如果一个组织持有不止一种执照（如，一个营运人持有一份航空营运人执照和有一个获批准的维修单位），这种情况下也只有一个责任执行官。

安全管理体系方法确保权利与义务并存。

第二节 安全管理体系的关键要素

为了保证安全管理体系的有效实施，需要考虑以下三个关键要素：全面的安全组织方法、一个有效的表达安全观念的组织、安全监督系统。这也是 SMS 必需的先决条件：

一、全面的安全组织方法

一个高效的 SMS 会提供有效提升安全业绩的方法，这些方法促使安全和质量不仅要满足于局方规章要求，很多情况下要超出这些规章要求。安全业绩的提升是建立在将积极的安全文化融入到公司各项安全相关活动的基础之上的,是靠高效完备的管理结合独立的安全监督来实现的,由董事会和 CEO 最终负责。董事会和 CEO 应明确公司如何对持证人、员工、股东、安全法规的权威机构和客户实施有效的安全管理。

一个公司的安全管理方法必须达到以下标准:
(1)公布总裁和重要人员的安全责任。
(2)明确安全部门经理的要求。
(3)有能力表明可以在整个公司营造积极的安全文化理念。
(4)将含有安全观念在内的商业政策、准则和行为规定成文。
(5)安全监督过程是独立的业务管理。
(6)定期评审安全计划的执行。
(7)规范的安全评审程序。

二、有效的表达安全观念的组织

一个组织可以通过以下方法满足安全标准:
(1)有效地组织员工的录用、增补、发展和培训。
(2)对管理人员和员工进行增强安全意识的培训。
(3)资产采购和相应的合同服务应当有明确的标准和审计程序。
(4)对于安全非常重要的设备、系统和服务性能的下降,要有早期诊断并加以控制。
(5)监督并记录公司全面的安全标准。
(6)运用合适的危险识别、风险评估和有效的资源管理来控制这些危险。
(7)改变管理模式。
(8)员工能与适当的管理层沟通重要的安全问题,提出解决办法,并对执行情况反馈意见。
(9)应急反应计划和检验系统有效性的演练。
(10)商业政策的评估要考虑其对安全的影响。

三、安全监督系统

安全监督系统包括以下内容:
(1)有分析飞行记录器数据的系统,用以监控飞行操作和发现没有报告的安全事件。
(2)全公司范围内收集书面安全事件报告的系统。
(3)有计划的、全面的安全监督评审系统,可以有针对性地关注有上升趋势的安全问题。
(4)公布开展内部安全调查系统,以及关于补救措施的落实和相应信息的交流系统。
(5)有效利用安全数据、进行性能分析和监督作为风险管理过程一部分的组织变化一个系统。
(6)基于准确的内部安全业绩评定和吸收其他运行系统经验的推进安全的工作安排。
(7)通过内部独立的部门定期评审。
(8)业务部门经理对生产过程中的关键安全活动进行监控,确保安全管理体系的持续有效。

第三节　安全管理体系的特点

当组织制定了安全管理政策和相关程序，这些政策和程序必须适合该组织需要。安全管理必须全面，但不能比公司其他的管理程序更复杂。安全管理必须具有兼容性，并能更容易地结合到全局的管理计划之中。下面所列内容对那些想更多了解安全管理、如何使安全管理成为现实的管理者会有很大的帮助。这些内容中很大部分已为管理者所熟知且已成为安全领域中的一个部分。其中有关管理者和管理当局的责任和义务的改变是最根本的。

（1）高级管理者责任；
（2）安全政策；
（3）安全信息；
（4）使安全成为核心价值；
（5）设定安全目标；
（6）隐患识别与风险管理；
（7）建立安全报告系统；
（8）安全审计/评估；
（9）事故与事故征候的报告和调查；
（10）安全适应性培训与复训；
（11）应急救援程序；
（12）文件。

下面用一些实例及带来的益处对每个内容进行简要介绍。

1. 高级管理者责任

无论运行的规模、复杂程度或类型如何，毫无疑问，高级管理者对确定公司的安全文化起着决定性的作用。如果缺乏对安全管理的责任心，任何安全计划都很难实现。安全管理成功与否在很大程度上取决于高级管理者能否将安全作为管理的一个核心问题在时间、资源和关注程度给予足够的投入。

带来的益处——明确的责任能确保给予安全管理足够的资源和关注。

2. 安全政策

只有将高级管理者的责任作为管理指导明确下来，才会形成具体的安全管理措施。高级管理者必须制定并传达安全政策，这些政策规定了为实现安全目标人们所承担的责任与义务。在一些小的单位内，政策往往以非正式的方式进行传递，而在其他单位内，用文件的形式以正式的渠道进行传达。根据条例规定，一些航空企事业单位在制定与安全有关的文件时，必须符合特定的标准。同时可参考加拿大航空条例中的相关政策来确定是否符合标准。

安全政策在最低限度上应包括：
（1）明确公布安全责任和目标；
（2）制定安全目标和进行定期安全性能评审的方法；
（3）明确规定组织中每个部门或职能部门的责任；
（4）明确规定会合于组织高层的各层责任；

（5）确保遵守条例的措施；
（6）确保各层能获得足够的安全管理知识和技能的方法；
（7）确保能与其他管理系统的兼容或结合。

一旦制定了安全政策，就必须设计出相应的程序来保证政策的贯彻落实。这些程序一定要与政策相一致，并能使员工在其职责范围内正确地落实这些政策。因此，考虑周全的程序有助于确保实际操作与政策要求的一致性。

带来的益处——管理者确信员工已理解并接受这样的观点，即他们在确保安全的活动中起着重要作用。

3. 安全信息

管理者通过对信息的分析作出决策，带领整个单位开展工作。管理人员和员工都可以获得并利用与本组织活动有关的安全信息。因此，管理者必须建立一套用于收集和分析安全数据的系统。该系统应包括：

（1）安全目标，并对实现这些目标的进展情况进行评估；
（2）事故和事故征候的记录，包括组织内部/外部的调查结论和整改措施；
（3）由员工提出的、与安全有关的问题，包括分析与相应的措施；
（4）安全检查和审计的结果，以及必要时所采取的整改措施；
（5）记录所有与安全有关的积极措施或采取的干预行动。

为满足组织安全管理的需要，安全信息系统的容量应足够大并具有综合性。小公司或机构的信息系统只需用小的文档形式就可将所有相关信息进行保存。而大企业则可借助自动记录的保存方法获得更多、更好的文档纪录，一些大公司甚至会安排专职人员负责安全信息系统。

管理者和员工也应该关注组织以外的情况，及时掌握安全领域的最新发展动态。及时获得最新安全信息是了解组织安全状况和提出解决管理中难题新方法的基础。要做到这些，可以通过下列方式来实现：订阅有关安全方面的出版物，将加拿大交通安全委员会（TSB）有关的事故调查报告公布于众，鼓励员工参加与安全有关的各种培训、专题讲座和研讨会。

带来的益处——将安全数据和信息提供给那些需要它们来开展工作的人们使用。

4. 使安全成为核心价值

安全不可能仅通过组织的拥有者——首席执行官，或组织中其他任何个人单独的工作来获得。安全涉及组织中的每个人。一种积极的安全文化是一种无价资源，它通过激励各种行动和措施来促进安全。积极的、强化安全意识的措施传递出管理者关注安全的信息。

使安全成为核心价值的最好办法是将安全作为管理计划的一个组成部分。为了使该方法有效，目标设定应切合实际并能实现，这些目标可以进行验证，安全目标的制定同样应该遵循这些原则。一旦安全目标确定后，还必须规定实现目标的最后期限。管理者一定要把设定的目标坚持到底，并规定各负责人对朝既定目标努力的进展负责。应该用处理实现其他目标成败的相同方法来处理实现安全目标的成败。

很多组织经常会召开一些安全会议。这是个好办法，但如果以安全为核心价值的话，安全是指应将安全作为商业活动中的一个普通环节进行讨论与处理。当讨论运行或财政问题时，同样也要考虑相关的安全问题。例如，在选择新设备时，就可能对诸如涉及培训、购买价格、运行成本和维护等因素进行评估，同时也需考虑新设备的安全问题。这就要求将安全作为每项管理决策中的一部分,由此来体现安全的重要性,并确保安全是所有工作方式的一个普通组成部分。

带来的益处——员工成为安全管理中的风险共同承担者,从而确保了安全管理的有效性。

5. 制定安全目标

目标制定对组织运行至关重要。所有组织都有其自己制定和表达目标的方法。在一些组织中,目标的表达并不是很明确。而其他一些组织却能非常正规地制定目标并为实现目标的程序建立文档。不管管理目标是怎样制定的,但很少有组织擅长于建立其安全目标。在设定安全目标过程中最常见的弱点是只注重结果。这通常表现为只关注事故的次数,但我们知道安全纪录好的公司也会发生事故,而运行并不太安全的公司也可能侥幸地避免发生事故。虽然最终目标是"无事故",却有比计算事故次数更准确和更有用的方法来衡量安全,特别是在安全的系统中。

英国曼彻斯特大学 James Reason 教授是安全管理领域的领军权威,他将安全管理比喻为"打一场没有最终胜利的游击战",是一场为了发现事故隐患、消除或控制其隐患的永不停息的奋争。为了使系统更加安全,我们可做的事情是无止境的。健全的管理要求我们去发现安全隐患,决定如何得到这种能力,并为此负责。风险管理程序可以帮助管理者决定哪里是最大的风险所在并确定相关的优先等级。合理的安全目标制定集中地表现为确定系统弱点和事故的征兆,进而采取措施消除它们或减缓其后果。

带来的益处——明确的目标有助于明确职责,有利于提高组织安全水平。

6. 隐患识别与风险管理

隐患是一种会导致人员伤害、设备或结构受损、材料损失、降低执行设定功能能力的潜在威胁。

风险是发生伤害或损失的可能性。它既包括损失的可能性,也包括损失的程度。

需进行隐患识别和风险管理的最低要求是:

(1)在安全管理体系的实施过程中,以及随后的定期检查过程中;

(2)计划对运行进行重大调整时;

(3)如果组织正经历迅速的变化,比如增长和扩张,提供新的服务项目,消减现有服务或引进新的设备或程序;

(4)公司主要人事变动时。

加拿大运输部民用航空局改编了加拿大标准协会用于风险管理的决策程序 Q850。民用航空局对决策程序提出下列七个步骤:① 制定程序;② 进行初步分析;③ 评估风险;④ 评估风险活动;⑤ 控制风险;⑥ 采取行动;⑦ 监控产生的影响。

带来的益处——隐患识别和风险管理为控制风险并使之达到可接受的程度提供了所需的信息。

7. 建立安全报告系统

航空业是一个充满生机的行业,它始终处于变化的状态。当有新的情况或出现了新的隐患时,为了能提醒管理者这些情况,组织需要来自各阶层的信息报告。当员工发现安全隐患和安全有关的问题时,必须有一条供他们反映这些问题的渠道,并且必须使每个员工都知道应该如何报告他们所关心的问题。

当一个员工报告了有关安全方面的问题或隐患时，需确认该报告已收悉，并对它进行分析。对报告所涉及的安全问题采取必要的措施有助于建立起员工对系统的信心。然而，如果一个报告系统不能维持且缺乏关注的话，人们很快就不再使用它。按规章要求，一些组织将设立一套报告系统。但如果员工不信任该系统或不使用它的话，那该系统就不能满足规章的要求。

任何有关安全的问题都应该报告，这里列举一些现实生活的例子：

（1）旅客登机期间的大工作量；
（2）运行区间缺乏交流；
（3）机组检查匆忙；
（4）不完整的检查单；
（5）工具不够或缺乏设备控制；
（6）零部件领用困难；
（7）对某些航班上易疲惫；
（8）航行情报未交给机组；
（9）飞行中颠簸；
（10）不安全地面活动；
（11）维修部门内部缺乏交流；
（12）设计不当的工作单；
（13）缺乏紧急设备、程序和培训；
（14）紧急撤离通道被封闭；
（15）车辆停在消防通道或其他不允许进入的区域；
（16）不守秩序的乘客；
（17）易混淆标记；
（18）照明不足；
（19）放行超载飞机；
（20）未能对运行实施控制。

并非所有与安全有关问题都需要专门的报告系统。有些问题的报告可用现有的文档格式，比如报告或日志等形式，但其他一些隐患却不能用现有的文档格式，需制定一张表格或相关程序来填写。

首先必须对报告进行分析后，再决定是否确实对安全有威胁，如果有，那就要明确该做些什么。当确定确实要采取相应措施解决有关问题时，必须给有权采取该措施的相关人员通报信息。这样做就能维护安全管理体系的责任。只有将采取措施的结果反馈给报告者才能维护系统的可信性。如果决定没有必要采取任何措施的话，那么应将该信息及作出该决策的原因反馈给报告者。问题的关键在于所有的员工都知道该如何报告与安全有关的问题，且他们的报告确认被收悉、进行了分析、得到了及时的解决。

带来的益处——员工知道反映他们所关注的、与安全有关问题的途径，可将它们反映给那些有能力解决这些问题的人。

8. 安全审计／评估

应定期进行安全审计或评估，有时也可能有来自规章对审计或评估的要求。这些评估将确保组织能正确地遵循所制定的程序，并能解决存在的任何问题或误会。

任何安全评估都应包括对公司合同签约者的有关活动所进行的评估，因为签约者所提供的服务可能会影响组织运行的安全。这些签约者包括维修单位，代表你方接受货物的代理人或机场运行者等。

小公司一般不需要专设的部门来制订计划和进行定期的内部审计工作，但他们必须知道组织的运行状况。员工能否按程序的规定操作，特别是监督人员不在的情况下，如果不能遵守，那就应该找出其中的原因。而在一个大型组织中，需有专设的部门负责制定安全审计／评估的计划，并进行定期的安全审计／评估。在一些组织中，质量／检测部门会负责审计的计划和实施。不管由谁负责这项工作，都要定期进行审计/评估。

带来的益处——管理就是通过定期的检查来保证各项政策、程序和具体的实践都正确无误，且具有一致性，当某些部分需要关注就能给出警告。

9. 事故与事故征候的报告和调查

虽然事故很少发生是件很幸运的事，但不安全事件却非常普遍。此外，事故征候和那些并不严重的事故常常更发人深省，它们提醒员工和管理者们以前他们没有意识到的隐患、风险和可能发生的事件。每一起事故和事故征候都是一个吸取宝贵安全教训的机会。但只有当对这些教训进行了分析并使管理者和员工不仅知道发生了什么，还知道为什么会发生这样的事件后，它们才有教育意义。

必须对每一起事故征候和事故都进行报告和调查。调查人员或调查组一定要在技术上胜任并且具有或可以获得相关的背景信息，这样才能对事件发生的事实进行准确地解释。调查人员应该对员工有信心，另外调查的过程是为了了解事件是怎样发生的，而不是为了追究某人的责任。

调查报告一定要交给责任管理者，他有权力对发现的问题采取措施。

带来的益处——你们公司可以从调查事故征候中学到教训，并能够消除隐患或按要求强化预防措施。

10. 安全适应性培训与复训

公司应对新员工进行安全培训，使他们知道公司是如何进行安全管理的，并鼓励他们接受公司的安全理念、政策、程序和措施。

除此之外，还需对管理当局提出的特殊培训和检查要求、每个员工自身专业的在职技术培训给予优先安排。为所有员工提供相关的定向培训和在职进修／复训的承诺是任何安全计划中的一项关键要素。

在小型公司里，可以用与新员工座谈的方式，或在给他们介绍公司工作环境和公司其他成员时，向他们介绍公司的安全理念。我们建议大公司对所有新员工就公司安全管理方法进行统一培训。这种培训可以是现有安全适应性培训的一部分，也可以是由公司专业员对他们进行的分别培训。

带来的益处——所有员工都知道安全管理是如何开展的，并且期望通过他们的努力来实现。

11. 应急救援程序

如前所述，事故很少发生，这是好消息。但坏消息是良好的安全记录会让我们麻痹而满足于现状，所以一旦真的发生了不安全事件，我们就可能因缺乏准备而束手无策。所有航空企事业单位、承运人、提供服务者、维修单位和机场都需有一个应急救援程序。公司能否生存可能就取决于事故发生后的最初几小时或几天内是如何处置的。

应急救援程序用书面的形式罗列了事故发生后需做的工作，并规定了由谁具体负责哪一项救援任务。当应急计划批准后，应对相关人员介绍应急计划的内容和他们的责任。与应急救援直接相关的人员还需接受应急程序的培训。

该程序应放在便于找到的地方。另外，其副本应放在平时负责接听公司电话的工作人员处，因为往往这个人可能就是接到事故通报的第一人。

该救援程序的内容应：

（1）与值班人员的工作有关，在事故发生时能成为值班人员的工作指导；
（2）包括检查单和应急救援的详细联系方式；
（3）在联系方式发生变化后应及时进行更新；
（4）进行演练以检验应急救援程序的全面性，同时也可检验与救援工作的相关人员反应能力。

带来的益处——员工知道一旦发生紧急事件或事故时该做些什么。

12. 文件

安全管理纲要或系统应以手册，指令／规范等正式的文件形式确定下来。

文件应该包括：

（1）责任执行官所发布的政策声明；
（2）报告渠道和关键人员的责任；
（3）隐患识别和风险管理程序；
（4）安全报告程序；
（5）审计／评审程序；
（6）纲要中所有其他的活动。

应保存以下记录：

（1）所有与隐患识别、风险评估和采取措施相关的活动；
（2）所有事故和事故征候调查的结果，包括分析和所采取的措施；
（3）所有发布的或接受的安全报告，包括分析和所采取的行动；
（4）任何安全建议；
（5）内部审计，评估和纲要评审中所发现的问题；
（6）管理措施。

文档的形式必须根据组织的需要量身定做。现在市场上有很多数据库程序都可用来解决许多数据自动处理功能。因此，就可以大大减少行政管理和办公室事务性工作所耗用的时间，将更多的时间投入到安全管理中。

带来的益处——对安全框架中所涉及的安全政策、责任和程序都须明文规定，并确保它们易于获得。

第四节 加拿大安全管理体系实施概况

加拿大安全管理体系（SMS）实施分四个阶段完成。

第一阶段：初始审定阶段。在公布 SMS 规章后 90 天内，要求申请人向加拿大运输部提供符合性文件，在文件中明确组织中的责任人和实施 SMS 的负责人，还要包含单位对实施 SMS 系统的承诺。完成符合性文件后，应进行差异分析（单位现有系统与加拿大民航条例 SMS 要求之间的差异），并制订项目计划，向主任监察员明确表明单位实施 SMS 的计划。

第二阶段（通常 1 年）：合格证持有人必须向加拿大运输部表明其具有安全管理计划（包括所有要素）；安全监督的要素（被动过程、调查与分析、风险管理）；相关人员的培训；相关的文件政策和程序。

第三阶段（通常 1 年）：合格证持有人必须表明其具有安全监督中的主动过程要素，包括相应的文件政策、程序和人员培训。

第四阶段（通常 1 年）：合格证持有人必须表明其具有运行质量保证体系、良好的应急程序以及相应的文件政策、程序和人员培训。

通过组织结构及其活动所形成的安全管理体系涉及组织的各个方面。每个员工都应对组织的安全添砖加瓦。在较大的组织内部，有些部门的安全管理活动要比在其他一些部门更明显，但在整个安全管理体系建设过程中，系统必须融入到"做事方式"中。要达到这一目的，必须贯彻并确保安全政策的连贯性，只有在这种连贯性的基础上才会有一个良好的工作程序。

第五节 中国民航安全管理体系建设

一、建立安全管理体系的必要性

1. 中国民航安全管理的发展的需要

中国民航安全管理方式、方法的变化过程可分成 3 个阶段：

第一阶段：1990 年以前，约 40 年的经验管理阶段，基本上是经验型+行政命令型管理。

第二阶段：1990—2000 年，即逐渐规范化的管理阶段。其中，前 5 年是行政命令+规章+经验；后 5 年是规章+行政命令+经验。

第三阶段：2000—2004 年，以航空安全管理为龙头，以各职能部门的行业管理为基础，以运行合格审定、规范化基础管理和安全评估为契机，以持续监察为手段，以信息化管理为工具，引导企业实施规范化、科学化管理。

2. 当前中国民航的安全状况的需要

根据党的十六大制定的"我国国民经济总量在 20 年内翻两翻"的发展目标，预计未来 15 年，我国航空运输平均增长速度将保持在 10%左右，继续高于 GDP 的增长速度及其他运输方式的增长速度。按照这一发展速度和近 10 年运输飞行平均重大事故率推算，在 2010 年、2015 年和 2020 年，中国民航将分别发生重大运输飞行事故 2 次、4 次和 6 次。这个安全状况是广大乘客和公众无法接受的,所以随着航空业的飞速增长,必须降低事故发生率。

二、中国民航安全管理体系的建立

民航局已从 2006 年开始组织人员进行调研,并成立了专门的项目工作组,重点研究航空公司、维修单位、机场、空管等方面的 SMS 基本架构,以及实施 SMS 的政策、规章、标准和程序问题。在借鉴国际上 SMS 先进经验,认真研究东西方文化差异的基础上,起草制定中国民航的 SMS 大纲,明确航空机构,包括航空公司、机场、空管、维修单位等建立 SMS 的规章要求(在现有规章中,修改增加有关 SMS 要求的条款),出台相应的实施指导程序、SMS 安全评估指南、民航风险管理等指导材料。SMS 已在我国民航安全管理工作中发挥越来越重要的作用。

思考题

1. 安全管理的 4P 特征是什么?
2. SMS 的理论基础有哪些?
3. SMS 的主要内容有哪些?
4. 什么是安全文化?对安全管理的作用是什么?
5. 分析我国民航 SMS 建设构架。

第十一章　国家航空安全纲要

第一节　国家航空安全纲要的背景及框架

一、SSP 的背景及发展历程

2006 年 3 月 14 日，ICAO 理事会通过了附件 6《航空器的运行》、附件 11《空中交通服务》、附件 14《机场》的修订（注：已于 2006 年 11 月 23 日开始适用）。该修订主要对安全管理体系（SMS）的实施提出了具体的要求。国家航空安全纲要（SSP），只原则上要求各国制定国家航空安全纲要，没有具体的实施要求。当年出版的《安全管理手册（SMM）》（Doc9859）第一版中虽然对国家航空安全纲要进行了概括介绍，但未涉及国家航空安全纲要的具体框架和详细的实施要求。

2007 年 10 月 25 日，ICAO 航行委员会初审了有关附件 1.6、8、11.13 和 14 的修订提案，以统一并拓展与安全管理有关的规定，并将国家航空安全纲要框架和实施要求纳入上述附件。当年 12 月 7 日，ICAO 以国家级信函（AN12/51-07/74）的形式向各国征求有关该修订提案的意见，并提及有关附件 6、11、13 和 14 的修订计划于 2009 年 11 月 19 日开始适用；有关附件 1 和附件 8 的修订计划于 2010 年 11 月 18 日开始适用。同时，国家航空安全纲要已确定为国际民航组织 USOAP 审计的项目之一，此举也将使民航政府部门的安全管理由以前的基于规章的安全监管逐渐转向规章基础上的安全绩效监管。

2008 年 10 月，ICAO 亚太地区办公室在泰国召开了国家航空安全纲要和安全管理体系研讨会。会上，ICAO 第一次较为系统地提出了国家航空安全纲要的具体框架和实施要求。此外，还于 2008 年 2 月和 9 月，在法国和埃塞俄比亚分别举办了欧洲和北大西洋地区（EUR/NAT）及东南非洲地区（ESAF）国家安全方案培训和实施研讨会。

2008 年 11 月 13 日，ICAO 致函（AN 12/52.1-08/70）各国，要求各国实施国家航空安全纲要。

ICAO 已将涉及附件 6、11 和 14 的修订提案和内含国家航空安全纲要内容和实施指南的《安全管理手册》（Doc9859）第二版在其网站上公布。

英国为应对 2009 年的 USOAP 审计，已经发布了国家航空安全纲要手册（CAP784）。

2010 年 10 月 1 日，ICAO 大会第 37 届会议技术委员会在关于议程项目 26 和 28 的报告案文草案中，条文 26.4 指出，委员会审查了大韩民国提交的 A37-WP/223 号文件，其中要求国际民航组织在支持国家安全方案（SSP）和安全管理体系（SMS）的实施方面发挥领导作用，包括要求国际民航组织对各国进行调查，确定与实施相关的工作量。该文件还认识到有必要对安全衡量标准和分析方法进行协调统一以促进畅通无阻的安全信息交流，并认识到有必要确定如何才能在传播此类信息时防止不正当使用此类信息。该文件还要求国际民航组织支持大韩民国将于 2011 年举办的国家安全方案（SSP）/安全管理体系（SMS）研讨会。第文 28.1 指出，委员会审查了理事会提交的 A37-WP/70 号文件，其中包含关于国际民航组织全球航空安全计划（GASP）的实施和计划演变情况的报告，其中包括一项决议草案，指示秘书长有效地传达全球航空安全计划（GASP）、相关的全球航空安全路线图（GASR）和全球空中航行计划（GANP）。该决议草案还敦促各国支持国家安全方案（SSP）的实施，并在其他方面支持相关的活动。

二、SSP 的目标和内容

《国家航空安全纲要》是旨在提高安全的一套完整的规章和活动，规章基础上的绩效管理是 SSP 的一个鲜明的特点。

制定 SSP 可使国家：制定一套在国家范围内进行航空安全管理的全局战略，提高安全水平；协调不同的国家航空组织间 SSP 进程；确立对服务提供商安全管理体系的运行实施管理的控制权；保证服务提供商的 SMS 运行服从既定管理；同时支持服务提供商的 SMS 运行与 SSP 交互作用。

SSP 的主要内容就是国家安全风险管理，亦是民航局控制行业安全风险、实现行业安全目标的重要手段。它通过对民航企事业单位安全管理体系（SMS）提出要求、对民航企事业单位可接受的安全水平批准两个方面来实现绩效的安全管理。

三、SSP 的框架及构成要素

SSP 是国家安全管理的一个管理系统。SSP 的实施必须衡量国家航空系统的规模和复杂性，并且可能需要多个部门之间的合作，以对国家民航个体单位负责。

SSP 由四部分构成，其中两部分是必须实施 SSP 的核心操作战略，并且需要当局来支持这样的核心操作战略。SSP 的四部分如下：

（1）国家安全政策和目标；
（2）国家安全风险管理；
（3）国家安全保障；
（4）国家安全促进。

从安全绩效的观点来看，SSP 的两个核心操作战略是国家安全风险管理和国家安全保障。这两个核心战略受国家安全政策和目标的保护，并且得到国家安全促进的支持。本书第三章中有关 SMS 的等价构成观点的讨论，大部分也可适用于 SSP。但有一点不同，在 SSP 中尽管事故和严重事故征候调查过程被认为是国家政策和目标的组成要素，但其同样也是有助于安全数据收集分析和交换的一个核心操作战略，并且是（国家安全保障）重大问题监管范围内的目标。

SSP 的四个组成部分构成了 SSP 基本的组件块，因为他们作为四个拱形安全管理程序，为实际的管理系统（SSP）提供了基础。每个部分又分为多个要素，其中包括具体的子过程，具体活动或特定的工具。实际的国家管理系统必须以某种方式进行或利用这些要素以执行安全管理，这种方式结合了指令和基于方法的绩效，并支持服务提供商实施 SMS。

(一) 国家安全政策和目标

国家安全政策和目标由四个要素构成，包括国家安全产法体系、国家安全职责和义务、事故和事故征候调查、强制性政策。

1. 国家安全立法体系（规章性管理）

国家已经颁布了国家安全立法体系和具体的管理规章，这些规章与明确说明国家如何在国内执行安全管理的国际和国家标准相一致。包括国家航空机构对国家安全管理具体活动的参与、角色的建立、责任以及这些机构间的相互关系。要定期地评审安全立法体系和具体的管理规章，以确保它们能够保持相关并且适合于国家。

2. 国家安全职责和义务

国家已经以文件的形式确定，定义了有关建立和维护 SSP 的要求、责任和义务。它包括对计划、管理、发展、维护、控制并以符合国家安全目标的方式持续改进 SSP 的指导方针，还包括对实施 SSP 必要资源的清晰陈述。

3. 事故和事故征候调查

国家已经建立了独立的事故和事故征候调查程序，其唯一的目标是将事故和事故征候防患于未然，而不是分摊过失和责任。这样的调查受到国家安全管理的支持。在 SSP 的运作过程中，国家将事故和事故征候调查机构与其他航空机构分离，并保持调查机构的独立性。

4. 强制性政策

国家已经颁布了执法政策，政策规定了允许服务提供者处理和解决涉及确定的内部安全违纪事件的条件和环境，这种处理需要在服务提供者的安全管理体系（SMS）的环境下进行，并且要达到相关国家机构的要求。该执法政策同时规定了通过制定执法程序处理安全违纪事件的条件和环境。

(二) 国家安全风险管理

国家安全风险管理由两个要素构成，包括服务提供者 SMS 安全要求、批准服务提供者安全绩效。

1. 服务提供者 SMS 安全要求（规章性管理）

国家已经建立了管理服务提供者怎样识别危险源和管理安全风险的控制系统。这包括服务提供者执行 SMS 的要求、具体操作规程和执行政策。对这些要求、具体操作规程和执行政策进行定期的评审，确保其对服务提供者能够保持相关并且适宜。

2. 批准服务提供者安全绩效（基于绩效的管理）

国家已经认同了个体服务提供者和他们 SMS 的安全绩效，需要对这些认同的个体服务提供者 SMS 的安全绩效进行定期审定，以确保安全绩效对服务提供者保持稳定和适宜。

(三) 国家安全保障

国家安全保障由三个要素构成，包括安全监督、安全数据的收集分析和交换、基于安全数据分析的重大问题或需求领域的监察。

1. 安全监管（规章性管理）

国家已经建立了机制以确保八个关键的安全监管部门的有效监管。国家还建立了机制来确保服务提供者对危险源的确定和安全风险的管理遵循已经制定的管理控制体系（要求、具体操作规程和执行政策）。这些机制包括检查、审计和调查来确保安全风险管理控制适当地结合在服务提供者的 SMS 之中，并且他们如当初设计的一样实用，管理控制也在安全风险控制中起到期望的成效。

2. 安全数据的收集分析和交换（基于绩效的管理）

国家已经建立了机制来确保从个体和公共的国家水平上能快速收集并储存危险源和安全风险数据。国家还建立了从存储数据中发掘信息，以及积极地与服务提供者和／或合适的国家进行安全数据交换的机制。

3. 基于安全数据分析的重大问题或需求领域的监察（基于绩效的管理）

国家已经建立了程序对那些重大安全问题和需求的检查、审计和调查研究进行优先排序，这些问题和需求是通过对危险源、运行后果和经过评估的安全风险数据来确定的。

（四）国家安全促进

国家安全促进由两个要素构成，包括内部培训、安全信息的交流和推广，外部培训、安全信息的交流和推广。

1. 内部培训、安全信息的交流和推广

国家提供培训并培养意识和安全相关信息的双向交流，借以支持在国家航空机构内形成组织文化，促进制定出有效及有效率的 SSP。

2. 外部培训、安全信息的交流和推广

国家提供教育并促进安全风险意识和安全相关信息的双向交流，借以支持在服务提供者之间形成组织文化，促进制定出有效及有效率的 SMS。

四、SSP 的制定与实施

ICAO 提议各国家将围绕本国的 SSP 构架的 4 个构成部分及 11 个组成要素制定本国的国家安全方案。

（一）国家安全政策和目标

描述国家将如何监管国家航空活动中的安全管理。这包括对不同的国家部门关于 SSP 的要求、职责和义务的定义，及 SSP 能达到的可接受安全水平（ALOS）的定义。

SSP 的另外三个构成部分即安全风险管理、安全保障和安全促进只有作为职责、责任和义务整体框架的一部分才能有效地执行。这个整体框架已成为国家正在推行的安全风险管理、安全保障和安全促进的"保护伞"。国家政策和目标给管理和人事部门提供了明晰的政策、程序、管理控制和文献，以及将国家民航当局安全管理努力向前推进的正确行动程序。这些构

成部分对于国家建立信心、为日益复杂并不断改变的航空运输系统提供安全领导是非常关键的。其中核心的活动就是制定国家安全政策。ICAO SMM（Doc9859）Appendix 2 to Chapter. 11 中提供了制定国家安全政策的指导方针，其内容如下。

ICAO SMM（Doc9859）Appendix 2 to Chapter. 11

制定国家安全政策陈述指导方针

民用航空安全管理是国家主要责任之一。国家致力于制定，贯彻，维护和持续改进战略和程序来确保在它监视下的所有航空活动都能取得高水准的安全绩效，同时达到国家和国际的标准。

国家航空认证机构应该要求需要认证的服务提供者证明他们的管理体系能够充分地反映 SMS 方法。这种方法期望的结果是改进的安全管理，安全实践，包括在民用航空业中的安全报告。

在国家层面，从责任执行董事（如果适用的话）开始，各种层次的管理都对最高水平的国内安全绩效的产生负有责任。

国家的使命是：

（1）制定总的规章和基于国家民航系统综合分析的安全管理原则的具体的操作政策；

（2）就有关管理政策制定的问题咨询航空业的所有部门；

（3）通过有效地安全报告和交流系统在国内支持安全管理支持；

（4）在安全问题的解决方案上有效地与服务提供者交流互动；

（5）在（国家安全监管机构）内部确保有充分的资源供分配，人员具有适当的技能，并且培训人员就安全相关和其他推卸他们的责任；

（6）执行以行为为准和一致遵循的监管活动，及处理经过分析和资源优化分配的安全风险；

（7）任何可能的地方遵守甚至超过国际安全要求和标准；

（8）就安全管理概念和原则在航空业中进行推进和培训；

（9）在航空机构内部监管 SMS 的实施；

（10）确保监管下的所有航空活动取得最高安全标准；

（11）为安全数据收集和处理系统的保护制定条款，这样才能鼓励大家提供核心的关于危险的安全相关信息，促进安全管理数据在国家和服务提供者之间交换持续向前；

（12）根据明确鉴定的安全绩效指数和安全绩效目标制定和衡量我们的安全绩效；

（13）颁布执法政策，确保 SSP 或 SMS 中，任何 SDPCS 的任何信息不会泄漏，并且将作为强制行动的依据，除非粗心大意和随心所欲违纪。涉及有关（国家安全监管机构）活动的所有员工必须理解，执行和领悟此政策。

（签名）

执行董事

（二）国家安全风险管理

主要描述国家将如何鉴定危险源，并评估国家航空运行中的危险源引发的安全风险。国家安全风险管理包括：建立国家施行安全管理的控制措施（规章和/或制度），指导服务提供者 SMS 实施的规章和/或制度，以及服务提供者 SMS 安全绩效的协议。

从行政立法和政策的制定开始，安全管理准则影响着国家民航局大多数的活动。SSP 行政立法建立在对国家航空系统综合分析的基础之上，而不是仅仅找寻最近发生的事故的原因。规章的制定建立在危险源的识别和对危险源引发后果的安全风险分析的基础之上。在与服务提供者 SMS 结合的同时，规章本身为风险控制提供了框架。

（三）国家安全保障

描述国家将如何确保国家的安全管理和服务提供者的 SMS 运行遵循既定的控制体系（规章制度）；怎样通过将安全措施和安全绩效措施相结合来证明 SSP（可接受安全水平）的实际绩效；以及服务提供者 SMS（安全绩效）的实际绩效将如何通过安全绩效措施得到实证。这包括建立必要的管理措施（监督、检查、内部审计、和安全数据分析等），以核实遵守情况和措施绩效。

SSP 监管活动超出行政立法是基于分析的，这和国家民航当局资源配置的优先权建立在对已查明的危险源所引发的安全风险的基础之上是一致的。认证和持续操作的安全决定建立于对服务提供者程序、产品和/或服务性能的评估基础之上。从针对明确的危险源的规则的向前推进，遵照执行的决定取决于服务提供者的 SMS 是否通过服务提供者具体操作环境内的规则针对明确的危险源。服务提供者通过国家安全保障程序，他们的 SMS 评估中显示出他们的安全管理能力取得信任。

（四）国家安全促进

描述国家用于确保安全培训，安全信息的交流和传播的措施。在 SSP 中，这是一个双轨促进：不但在国家航空机构内部进行，还在由航空机构监管的服务提供者之间实施。这包括建立提供培训和安全信息交流的必要方式。

以上描述的任何一项都不会改变国家的作用，那些制定国家规章和标准，或者为国家民用航空人员获得高水平知识和技能制定要求的有关航空机构的作用也不会改变。恰恰相反的是，在一些领域，如安全风险分析，系统评价和管理系统评估，要求具有额外的技能；同样，在航空业所需的用于完成生产目标的新技术领域也需要额外技能。国家有责任通过培训、招聘、人力资源管理来提供这些能力。

在制定 SSP 过程中，安全管理方针为国家推行的 SSP 和服务提供者执行的 SMS 之间的平行发展提供了概念平台。在安全管理方针基础上制定出的 SSP 成为消除差异的桥梁，否则，这种差异将不可避免地在国家民航机构的内、外部安全程序和服务提供者的内部安全程序之间逐步显现。作为 SSP 的一部分，国家对服务提供者公布 SMS 的要求，要求其事先证明他们的安全管理能力，而不是坐等事故，事故征候或者不遵守安全标准的事件发生。这也使得国家和服务提供者能够对安全风险防患于未然。在 SSP 中的 SMS 要求也提供了一个结构性框架，该框架能够使国家和服务提供者在解决安全问题上更加有效地相互接触。通过这种共享的方式，SSP 和 SMS 之间交互式的本质关系将得以实现。

（五）SSP 实施

SSP 的实施是通过对前面段落讨论的四个 SSP 构成部分的每一个部分的程序的鉴定向前推进的。由此这些程序才能够被转化为 SSP 每个构成部分的离散单元。并且，与第三章讨论的 SMS 构架相似，各组成要素和构成部分结合成为一个 SSP 的构架。获得这样的构架，对 SSP 的实施提供了纲领性的指导。

第二节　国家航空安全纲要与民航企事业单位的关系

一、SSP 与 SMS 的关系

（一）区别

1. 适用对象不同

SMS 是基于民航企业层面上的，是对航空公司、机场、空管、油料、维修等民航单位提出的在安全管理方面的规范和要求，由各类民航单位负责组织和实施。

SSP 是基于国家政府层面上的，是保证国家总体航空安全的一套规章和行动，由国家负责组织和实施。

可将 SSP 理解为国家政府层面上的"SMS"。

2. 关注重点不同

SMS 站在企业单位的角度上，主要关注本单位内的安全问题和安全水平，通过采取一系列的管理方法，来管理和提高本单位的安全水平。

SSP 站在国家的层面上，主要关注整个国家的航空安全水平以及在整个国家航空运行中存在的一些突出问题，采取措施来保证和提高整个国家民航运行的总体安全水平。

（二）联系

1. SSP 对民航企事业单位实施 SMS 提出要求——规章符合性管理

民航局通过制定规章，要求各类民航企事业单位在规定时间期限内建立符合局方要求的 SMS。

局方以规章为依据，对各企事业单位 SMS 的建设情况进行审核。

2. SSP 对民航企事业单位的安全绩效进行管理——绩效管理

在规章管理的基础上，局方将对各企事业单位的安全绩效进行评估，具体评价 SMS 的实施效果和实际的安全状况。

二、SSP 与安全监察的关系

SSP 包括国家的安全监察职能，又高于国家的安全监察职能，主要包括以下两点：

（1）国家航空安全纲要在强调安全监察的基础上，逐渐将安全监察转向一种基于安全绩效的管理方法，将规章管理和安全绩效管理结合在一起，既关注规章的符合性，又关注企事业单位的实际安全状况。

（2）国家航空安全纲要将安全监察转化为以信息收集、分析为基础的风险控制手段，通过信息分析加强对重点安全问题和规章的完善性进行监督。

三、SSP 在支持 SMS 执行的过程中所起的作用

SSP 的目标之一是营造一种环境以支持服务提供者执行 SMS。服务提供者的 SMS 在管理真空地带或是一致排外的环境下都不能有效地运行。在这样的环境中，服务提供者只能实施和演示，国家机构只有对 SMS 进行象征性的评估。服务提供者将不能实施，或者国家机构将不能评估 SMS 是否有效地运行。只有在 SSP 为之提供保护伞的情况下，服务提供者才能有效地运行 SMS，并使其繁荣昌盛。因此，SSP 是服务提供者有效实施 SMS 的基本促进因素。

图 11-1　SMS 是国家安全管理与服务提供者之间的纽带

由此，在 ICAO SMM（Doc9859）Appendix 5 to Chapter.11 中阐释的 SSP 整体实施领域中，有四个步骤来支持服务提供者实施 SMS：两个综合性的和两个具体的。

1. 差异分析

为了确定 SSP 的组成要素在本国范围内的存在和发展状态，国家在贯彻 SSP 时首先从整体出发进行 SSP 的差异分析。ICAO SMM（Doc9859）Appendix 3 to Chapter.11 中包括了一个 SSP 差异分析的实例。根据差异分析，国家将起草国家法案和管理 SSP 职能的运行规章。这其中还包括对服务提供者执行 SMS 的要求。表 11-1 为 ICAO SSP 差异分析检查单样例。

表 11-1　差异评估检查单样例

ICAO 参考文献	进行分析的方面和需要回答的问题	答案	实施状态
1 国家的安全政策和目标			
1.1 国家安全法规体系			
SMM（Doc 9859）	是否建立了国家安全法规体系和安全管理的具体规章？	是（　） 否（　）	
SMM（Doc 9859）	是否明确了局方必须参与的与安全管理相关的具体活动？	是（　） 否（　）	
SMM（Doc 9859）	是否确定了局方与安全管理有关的要求、责任和问责制？	是（　） 否（　）	
SMM（Doc 9859）	……	是（　） 否（　）	

2. 人员培训

在执行 SSP 之前,需要制定国家机构人员培训方案。培训方案应针对两个基本的目标。第一个目标是提供安全管理概念的知识和 ICAO SARPs 附件 1、6、8、11、13 和 14 中相关的指导方针材料。这个方面的培训应整体适用于 SSP。第二个目标是建立有关概念的知识并监管 SMS 中关键部分的执行,并应保证国家规章和有关的 ICAO SARPs 相一致。这方面的培训目的为支持 SMS 的执行。

3. 为服务提供者制定 SMS 的要求和 SMS 实施指导材料

为了支持 SMS 实施而在 SSP 实施中采取的这一步,是为服务提供者制定 SMS 的要求和 SMS 实施指导材料。ICAO SMM(Doc9859)Appendix 1 to Chapter.10 中包括了制定关于 SMS 的国家规章的指导方针。这样的指导方针作为 ICAO SMS 构架(本书第三章)构成部分和组成要素的参考。本手册和 ICAO SMS 培训及 SSP 培训课程是制定指导材料的信息来源。

4. 对民航监管机构强制执行政策进行修订

为了支持 SMS 实施而在 SSP 实施中采取的这一步,是对民航监管机构强制执行政策进行修订。SSP 和 SMS 的精髓是通过在国家和行业内提升安全管理能力,将安全风险防范于未然,而不是坐等事故和事故征候或者违规事件的发生。正如在本手册不同部分中讨论的,既然不可能对那些无法评估的事务进行管理,那么管理的要素之一便是评估。那么,评估是需要数据的。接下来便需要进行安全数据的收集、分析和交流,这是 SSP 和 SMS 之间交互作用特性的核心。

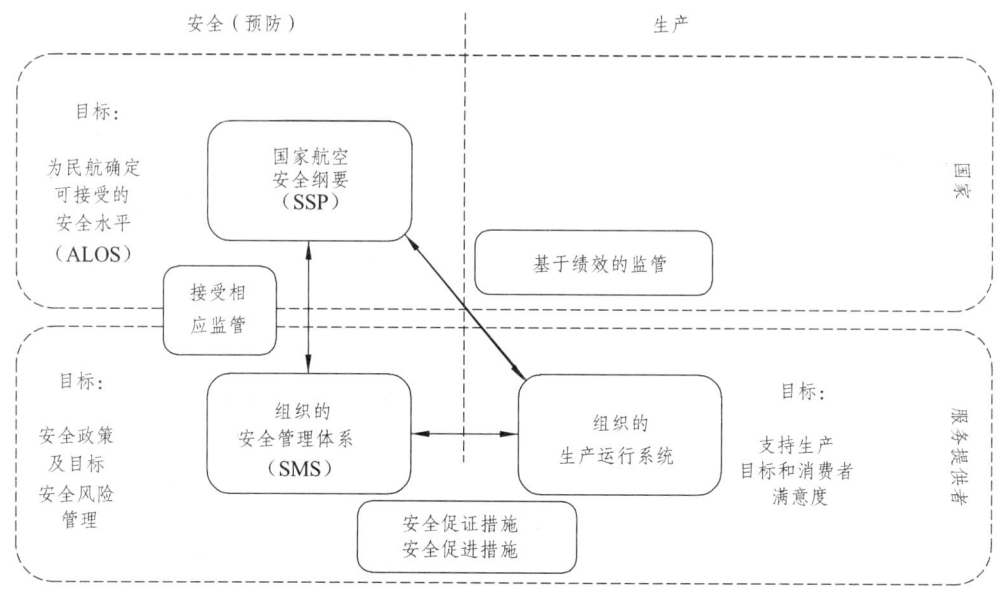

图 11-2　SSP 促进服务提供者有效实施 SMS 结构图

在 SSP 和 SMS 各自施行正常的安全管理活动的过程中,国家和服务提供者将交换安全数据。国家收到的服务提供者提供的安全数据为个体数据,国家会将其中的一部分转换为综合数据。所有数据中的大多数将适当地提到通过服务提供者 SMS 程序正常过程确定的安全问题。如果民航监管机构对这些数据的回应是强制行为,那么国家中的安全管理过程运行会逐渐停止。所以,作为 SSP 的一部分,民航监管机构修订其执法政策来确保安全管理的过程继续向前推进,并且持续地与服务提供者进行具有前瞻性和预测性的安全管理数据交换,这一点是非常关键的。提议以下的指导方针做这样的修正:

(1)应该允许服务提供者在他们的 SMS 环境内对确定的安全问题进行内部处理;

(2)服务提供者应该为国家就安全问题提供清晰的定义,包括对违纪和/或情节较轻的违规的定义,及符合国家要求补救方案和解决问题方案的界定;

(3)补救方案应该包括时限,只有这样才能有效监督补救活动的实施过程;

(4)粗心大意、不负责任的行为和随心所欲的违纪行为都将通过制定的强制性执行程序来处理。

图 11-3 中总结了 SSP 在支持 SMS 执行的过程中所起的作用,并提出了行动方案。

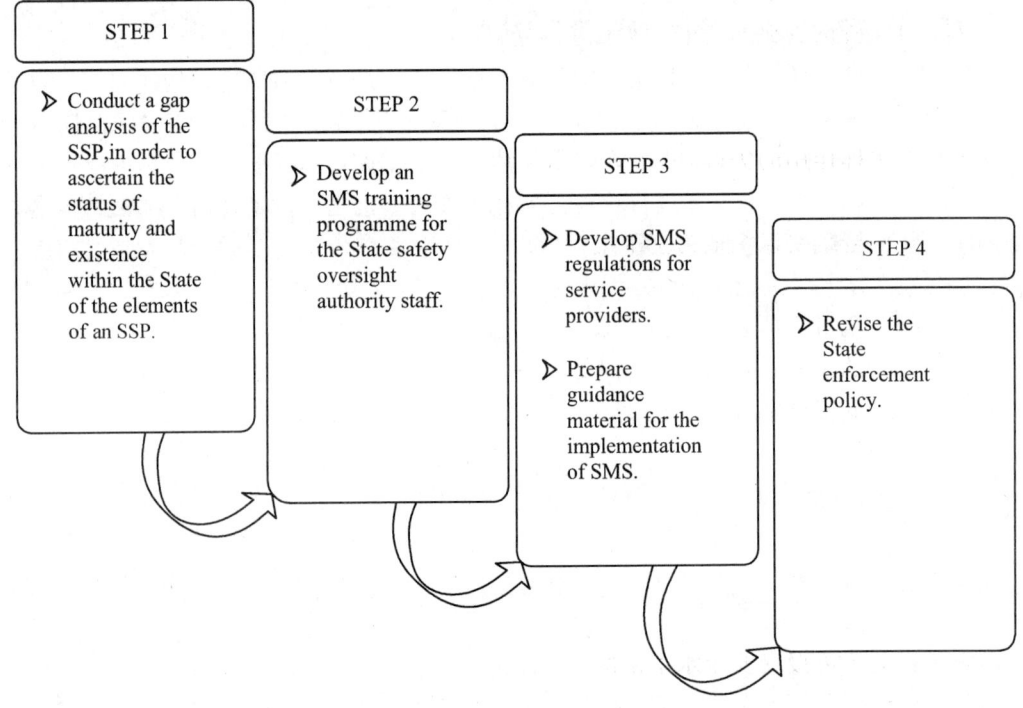

图 11-3 SSP 在支持 SMS 执行的过程中所起的作用

四、局方对企业安全管理方式的转变

(一)安全绩效管理

目前我国民航的安全管理处在规章管理的阶段,主要以检查各企事业单位的规章符合性为主。这种方法只能保证各单位实施了规章,但不能保证这些单位的安全已高枕无忧。这其中涉及规章的有效性和安全措施的实际执行效果。在实施了 SSP 后,我国民航的安全管理将逐渐转变为规章符合性管理基础上的绩效管理,既关注规章的符合情况,又关注规章的实施效果和具体的安全状况。在强调规章监管的同时,加强对各单位实际的安全绩效进行管理,从而最终实现从规章管理向绩效管理的转变。

所谓安全绩效管理，就是对各单位实际的安全状况进行管理，关注各单位发生的严重不安全事件和一般不安全事件，从而在根本上保证各单位的安全运行。

规章性管理与基于绩效的管理对比：规章性管理是以规章作为行政管理控制手段，有严格的规章框架，以监察和审计验证规章符合性；基于绩效的管理是以规章作为安全风险控制手段，有动态规章框架（基于数据识别安全风险并排序）并制定规章控制安全风险（有效安全绩效）。

安全绩效管理是指以可接受安全水平（ALOS）为基础，通过安全绩效指标和安全绩效目标设定安全目标体系，通过安全要求/行动计划来实现这些目标，最后通过安全评估和安全绩效评估来衡量是否实现安全目标。

（二）可接受的安全水平

什么是可接受的安全水平？可接受的安全水平（ALOS）是指一个系统在实际运行中必须保证的最低安全程度，包括安全指标（safety indicators）和安全目标。

可接受安全水平是一套综合的安全目标体系，是国家航空安全目标的表现形式，是国家航空安全纲要发挥作用的关键。可接受安全水平是国家航空安全纲要的工作目标和衡量标准，在遵守规章的基础上衡量国家航空安全纲要的有效性以及民航业的安全水平；可接受安全水平是国家航空安全纲要以绩效为基础进行安全管理的方法和手段。

可接受安全水平（ALOS）的特点有：

（1）一套安全目标体系：包括国家安全评估目标、国家安全绩效评估目标。

（2）可接受的（acceptable）：在满足规章要求的基础上，民航当局对各类企业的核心业务活动提出的最低安全标准，是行业和公众所认可的。

（3）可达到的（achievable）：民航业在其能力和资源范围内可以实现的安全水平。

（4）动态的（dynamic）：要不断对可接受安全水平进行修正，以满足国家和行业对安全的要求。

建立可接受安全水平（ALOS）需要考虑以下因素：所选择的安全风险水平、进行系统改进的成本/效益、航空安全的公共期望。

国家（行业）可接受安全水平由两部分组成：

（1）安全评估目标，如事故率、严重事故征候率、民航法规的完备性等；

（2）安全绩效评估目标，如某些典型不安全事件发生率，如鸟击、FOD等。

根据"海恩法则"我们知道，事故的发生是量的积累的结果，当底层的事故征候和其他不安全事件的量积累到一定程度时，必然会有顶层事故的发生。因此，我们要保证民航持续安全，减少甚至杜绝事故的发生，必须建立长效机制，从减少底层不安全事件做起，进而防止顶层严重事件的发生。只有当事故、严重事故征候、一般事故征候、其他不安全事件的数量符合一定的比例，且均未超标，这种情况才能称之为安全。

因此，按照绩效管理的原则，以后我们将加强对底层不安全事件的管理，减少底层不安全事件的发生，进而降低甚至杜绝事故、事故征候等顶层严重不安全事件的发生，最终保证民航的持续安全。

（三）安全要求/行动计划

在以可接受安全水平为基础设定了安全目标后，通过提出一系列的安全要求/行动计划，来实现安全目标。安全要求/行动计划是实现安全绩效目标的一系列工具和方法，包括运行程序、技术设备、系统和方案等。

（四）可接受安全水平、安全绩效指标、安全绩效目标和安全要求/行动计划之间的关系

（1）可接受安全水平是首要的概念；
（2）安全绩效指标是用来表示目前的安全水平；
（3）安全绩效目标是未来一段时间所要实现的安全水平；
（4）安全要求/行动计划是实现安全目标的工具或手段。

国家航空安全纲要是基于国家层面上的，以安全信息分析和安全绩效管理为基础的安全管理方法和行动。

国家航空安全纲要在规章监管的前提下，以绩效管理为基础，更多地关注实际的安全状况，特别是那些事故征候以下的不安全事件，从而避免和减少事故和事故征候的发生。

国家航空安全纲要与本国民航业的规模相适应，并且需要民航业内各相关部门的协调与合作。

第三节 我国国家航空安全纲要介绍

建立和实施国家航空安全纲要是一项系统的长期性的工作，同时也是一个持续的不断完善的过程，该纲要涉及民航业总体的安全管理框架和措施。这项工作只有起点，没有终点，任务艰巨而且具有很大的难度。因此，要想顺利开展该项工作，需要民航局乃至国家，给予大量的人员、经费和政策上的支持。

SSP 实施计划的成功依靠来自国家航空权力机构的高级管理者、管理人员、监督人员及调查人员的支持、承诺及参与。当国家负责提供特定服务（如机场、空中导航服务等）时，提供服务的组织应制定并执行 SMS。SSP 实施计划是制定 SSP 并将其整合到国家民航安全管理活动中的方案。为制订 SSP 实施计划，应对照 ICAO 的 SSP 框架对现有机构及程序进行差异分析。这可使国家对本国 SSP 要素的存在状况及成熟度进行评估。一旦完成差异分析并形成文档，那些缺失或不完善的部分/要素，加之已经存在或有效的，便成为 SSP 实施计划的基础。

一、工作计划

2009 年年初，中国民用航空局将编制中国民航的《国家航空安全纲要》列为 2009 年的一项重点工作，以《安全管理手册（SMM）》（Doc9859 第二版）提供的 SSP 差异分析表为依据，已编制了《国家航空安全纲要（草案）》，对中国民航的安全政策和目标、安全风险管理、

安全保证、安全促进等SSP要素进行了分析说明和建设规划,草案还在进一步修订中。

截至2009年9月,中国民航已具备了SSP框架中的大部分要素,并将对那些尚不具备或需要完善的SSP要素制订详细的实施计划,开展专题研究,系统构建中国民航的SSP,提高中国民航各级管理机构的安全监管水平,实现安全管理的规范化和系统化。

(一)制定SSP框架,进行差异评估(2009.2—2009.6)

按照民航局《国家航空安全纲要》(SSP)推进计划,以及2009年5月初民航局安委会会议要求,5月20日民航局安委会召开专题会议,就SSP建设框架中有关国家安全政策和目标、安全风险管理、安全监管、安全文化建设等方面问题进行了集体学习和研讨。研讨会上,对SSP进行了专题介绍,并就SSP工作中国家航空安全指标及目标、安全责任和问责制、可接受的安全水平、企业安全管理体系(SMS)绩效考评以及SSP差异分析评估等问题进行了重点讲解和说明。

根据国际民航组织SSP工作指导材料,SSP建设的第一步需要从整体出发进行SSP差异分析,民航局航安办已参照国际民航组织安全管理手册中相关SSP差异分析实例,制订了我国民航差异分析表发送安委会各成员单位,于2009年6月底前完成了差异分析工作。

(二)起草SSP及其实施计划(2009.7—2009.9)

民航局航空安全办公室组织召开《国家航空安全纲要(草案)》(SSP)预审会,民航局航安办以及政法司、人教司、运输司、飞标司、适航司、机场司、空管办和公安局的SSP联络员参加会议,安技中心SSP编写组成员对SSP草案作了详细说明和汇报。各司局联络员对SSP草案编写工作取得的进展给予肯定,同时结合各部门工作,对草案修订工作提出了建设性意见和建议。按照计划,编写组将于2009年9月完成对草案稿第一次修订后,送相关部门进一步征求意见,为提交局务会审议做好准备。

(三)SSP及其实施计划的宣贯、征求意见、修订完善和报批(2009.10—2010.12)

根据国际民航组织(ICAO)对各缔约国的要求,中国民航的《国家航空安全纲要》编写已经初步完成,以ICAO框架要求和差异分析为依据,充分考虑目前民航的实际情况,对民航的安全政策、安全风险管理、安全保障和安全促进要素进行了完善。李健表示,2010年要通过《国家航空安全纲要》的制定和实施,逐步完善和健全对行业的安全管理工作,使民航各级管理机构的安全管理工作逐步实现规范化和系统化,加强对行业的安全监督管理,推进SMS建设,建立安全管理长效机制。

(四)SSP在行业内的实施(2010—2012)

在2010年1月13日召开的全国民航工作会议上,局方代表作了题为《把握机遇 迎接挑战 努力推动民航强国建设进程》的工作报告,确定了2010年民航工作的总体要求和九大工作任务。在确保航空运输持续安全任务中强调全面推进安全管理体系建设。认真组织宣贯和实施《国家航空安全纲要》。按照"以审促建,以审促效"的思路,加快SMS建设的步伐。改进安全审计和保安审计工作,并与实施《国家航空安全纲要》、SMS建设和国际民航组织审计密切结合起来。

二、工作重点和难点

(1) 制定和落实民航当局的安全责任和问责制;
(2) 安全政策的制定及实施;
(3) 对企业安全水平的认可;
(4) 无障碍的获取安全数据和信息;
(5) 安全信息分析、挖掘;
(6) 内部和外部的信息交流。

三、组织机构

成立国家航空安全纲要建设领导小组,小组由民航局各业务部门的领导组成,由民用航空局局长担任组长。

在航安办成立常设办公室,安技中心具体承办,各司局指定专人作为国家航空安全纲要建设联络员,推动和支持国家航空安全纲要的日常建设工作。

四、我国国家航空安全纲要的内容

(一) 国家的安全政策与目标

1. 国家安全法规框架(见图 11-4)

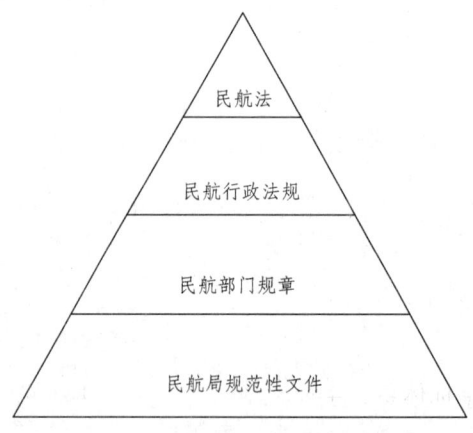

图 11-4 国家安全法规框架

民航部门规章(Administrative Rules)的具体内容如下:

第一编	CCAR-1~CCAR-20	行政程序规则
第二编	CCAR-21~CCAR-59	航空器
第三编	CCAR-60~CCAR-70	航空人员
第四编	CCAR-71~CCAR-120、CCAR-171~CCAR-182	空中交通规则与一般运行规则、导航设施
第五编	CCAR-121~CCAR-139	民航企业合格审定

第六编	CCAR-140~CCAR-149	学校及其他单位的合格审定
第七编	CCAR-150~CCAR-170	机场
第八编	CCAR-183~CCAR-197	管理规则
第九编	CCAR-198~CCAR-200	航空保险
第十编	CCAR-201~CCAR-250	备用
第十一编	CCAR-251~CCAR-270	航空基金
第十二编	CCAR-271~CCAR-325	航空市场管理
第十三编	CCAR-326~CCAR-355	航空保安
第十四编	CCAR-356~CCAR-390	科技和计量标准
第十五编	CCAR-391~CCAR-400	航空器搜寻救援和事故调查

另外，民航局将出台《民航安全监管及企业安全管理若干问题指导意见》，以建设公平、公正、公开的安全文化，鼓励航空安全信息的报告和交流共享，及时发现个人的差错行为和组织系统中的安全隐患，促进系统的不断完善；引导和规范民航企事业单位的安全管理工作，推进民航安全管理体系（SMS）建设，保障民航持续安全发展。

2. 国家安全责任和问责制

SSP 责任人：建立 SSP 建设领导小组，小组由民航局各业务部门的领导组成，由李家祥局长担任组长，在航安办成立常设办公室，安技中心具体承办，各司局指定专人作为 SSP 建设联络员，推动和支持 SSP 的日常工作。

SSP 的要求、责任和问责制：民航局将识别并确定与 SSP 建立和实施有关的要求、责任和问责制，明确局方各部门人员各自的与 SSP 有关的权利、责任和问责制，并形成文件。

SSP 的可接受安全水平（ALOS）：制定行业的可接受安全水平，以及安全评估（safety measurement）和安全绩效评估（safety performance measurement）的标准。定期对可接受安全水平进行评审，以保证其与国内航空活动的复杂性相一致。

（1）行业（SSP）可接受的安全水平的指标体系。

① 安全评估。安全评估包括两个方面：其一指对后果严重的事件的量化，包括事故率和严重事故征候率。其二指对国家高层职能的量化，包括基本的航空安全立法的制定、执行或缺失情况；详细的运行规章的制定、执行或缺失情况；国内规章符合性。

② 安全绩效评估。安全绩效评估指对后果不严重的事件的量化，包括事故和事故征候指标体系、国家高层职能量化指标体系。

（a）事故和事故征候指标体系，主要包括四个方面：事故率、人员伤亡率、事故征候率和安全指数。事故率指标，如运输飞行事故率、重大以上运输飞行事故率、通用飞行事故率、重大以上通用飞行事故率、通用航空保安事故率、航空地面事故率；人员伤亡损失指标，如亿客公里死亡率、每亿机载人次的死亡人数；事故征候率指标，如运输飞行事故征候率、通用飞行事故征候率、运输飞行严重事故征候率、冲出/偏出跑道、落错/认错跑道、跑道侵入、空中停车、运输飞行一般事故征候率、鸟击、空中停车、雷击、外来物击伤；安全指数，包括人员安全指数、直接经济损失指数、综合安全指数。

（b）国家高层职能量化指标体系，主要包括规章标准完备性、监察人员配置、监管力度三个方面。

③ 安全绩效评估指标。不同类型的不安全事件发生率，具体指对一些近些年发生比较频繁的不安全事件类型进行控制。安全风险指数，指计算没有人员伤亡和直接经济损失的事故征候和不安全事件的风险。

安全评估指标值的确定，包括运输飞行事故率、运输飞行重大事故率、运输飞行死亡事故率、通用飞行事故率、通用飞行死亡事故率、亿客公里死亡率、每亿机载人次的死亡人数、运输飞行事故征候率、通用飞行事故征候率、运输飞行严重事故征候率、运输飞行一般事故征候率等。

（a）运输飞行事故率。在未来 10 年内，即在 2009—2018 年期间，应力争使运输飞行事故率比 1999—2008 年降低 30%，不超过百万小时 0.175。

（b）运输飞行重大事故率。应力争使未来 10 年内，即在 2009—2018 年，运输飞行重大事故率比 1999—2008 年降低 30%，不超过百万小时 0.147。

（c）运输飞行死亡事故率。我国应力争使运输飞行死亡事故率比 1999—2008 年降低 40%，不超过百万小时 0.1。

（d）通用飞行事故率。近 10 年通用飞行事故万时率为 0.14。我国应力争在未来 10 年内，即在 2009—2018 年期间，使通用飞行事故万时率比 1999—2008 年降低 30%，不超过 0.098。

（e）通用飞行死亡事故率。近 10 年我国通用飞行死亡事故万时率为 0.05。我国应力争在未来 10 年内，即在 2009—2018 年，使通用飞行死亡事故万时率比 1999—2008 年降低 20%，不超过 0.04。

（f）亿客公里死亡率。由于在未来 10 年内，我国运输飞行死亡事故率比 1999—2008 年降低 40%，所以与之对应，亿客公里死亡人数也要比 1999—2008 年降低 40%，即为 0.009。

（g）每亿机载人次的死亡人数。参考 FAA 的目标，同时结合我国实际情况和前文制定的死亡事故率的目标，我国应力争在未来 10 年内，我国每亿机载旅客的死亡人数比 1999—2008 年降低 40%，即 13.3024 人。

（h）运输飞行事故征候率。根据我国运输飞行事故征候的实际情况和以往的预定目标，可以 2007—2009 年的目标（0.6）为基础，设定未来 10 年运输飞行事故征候率的可接受水平如下：2010—2014 年，运输飞行事故征候万时率降低 33%，即每年不超过 0.4；2015—2018 年，运输飞行事故征候万时率降低 50%，即每年不超过 0.3。

（i）通用飞行事故征候率。根据我国通用飞行事故征候的实际情况和以往的预定目标，以 2005—2008 年的目标（2.5）为基础，设定未来 10 年通用飞行事故征候万架次率的可接受水平如下：2010—2014 年，通用飞行事故征候万架次率降低 30%，即每年不超过 1.75；2015—2018 年，运输飞行事故征候万时率降低 50%，即每年不超过 1.25。

（j）运输飞行严重事故征候率（见表 11-2）。

表 11-2 我国未来 10 年运输飞行严重事故征候率指标

指标	近 5 年万架次率	未来 10 年的可接受水平	
		2010—2014	2015—2018
冲出/偏出跑道	0.027	↓10%，0.024	↓10%，0.022
落错/认错跑道	0.008	↓10%，0.007	↓10%，0.006
跑道侵入	0.008	↓10%，0.007	↓10%，0.006
空中停车	0.008	↓10%，0.007	↓10%，0.006

（k）运输飞行一般事故征候率（见表11-3）。

表11-3 未来10年运输飞行一般事故征候率指标

指标	近5年万架次率	未来10年的可接受水平	
		2010—2014	2015—2018
鸟击（机场责任区内）	0.022	0.24	0.18
空中停车	0.105	↓10%，0.095	↓10%，0.084
雷击	0.036	↓10%，0.032	↓10%，0.029
外来物击伤	0.03	↓10%，0.027	↓10%，0.024

（2）服务提供者（SMS）可接受的安全水平.

① 局方对企业的考核指标体系。对企业发生的后果较严重事件的绝对数量或者相对数量如事故、事故征候率等指标的考核，包括：各类事故率、人员伤亡率；事故征候率，主要包括机组原因的事故征候率、机场原因的事故征候率、空管原因的事故征候率、机务原因的事故征候率；发生频率较高的事故征候类型的发生率（见表11-4）。

表11-4 发生频率较高的事故征候类型

按原因分	多发类型事故征候（1999—2008年）
机组原因—运输	冲出/偏出跑道、擦尾/擦发动机/擦翼尖、危险接近/飞行冲突、落错/认错跑道、空中停车
机组原因—通用	可控飞行撞地/空中撞障碍物、冲出/偏出跑道、擦尾/擦发动机/擦翼尖
地面保障原因	鸟击、危险品运输、地面撞障碍物和跑道侵入
空管原因	危险接近/飞行冲突
机务原因	携外来物飞行、空中停车

局方考核指标体系内指标值的确定：根据企业规模等特点，确定行业可接受的平均水平（在行业可接受的平均水平上下浮动）。

机组原因的事故征候率：未来10年机组原因的运输飞行事故征候万时率的可接受水平为：2010—2014年每年不超过0.08；2015—2018年每年不超过0.06。

机场原因的事故征候率：以2005—2009年的目标（0.1）为基础，我国未来10年机场原因事故征候万架次率的可接受水平如下：2010—2014年，降低20%，即每年不超过0.08；2015—2018年，降低40%，即每年不超过0.06。

空管原因的事故征候率：未来10年空管原因事故征候万架次率的可接受水平如下：以2005—2009年的目标0.15为基础，2010—2014年，降低40%，即每年不超过0.09；2015—2018年，降低60%，即每年不超过0.06。

机务原因的事故征候率：未来10年机务原因事故征候万架次率的可接受水平如下：2010—2014年每年不超过0.04；2015—2018年每年不超过0.03。

② 企业自我考核用的指标体系。它包括事故、事故征候率等后果较严重事件的指标，还包括对后果程度不太严重的不安全事件的发生率的考核。该指标体系由企业自行确定，可以参考局方的考核指标体系，另外，还应包括对后果程度不太严重的不安全事件的发生率的考核，根据行业指标和企业情况确定目标值。

（3）事故和事故征候调查。

调查的目的：2007年4月15日开始施行的《民用航空器事故和飞行事故征候调查规定》规定："事故和事故征候调查的目的是查明原因，提出安全建议，防止事故和事故征候发生"。

调查的原则：独立原则、客观原则、深入原则、全面原则。

调查的职责：事故调查和处理的具体办法由国务院制定——《安全生产法》；民用航空器事故调查的组织和程序，由国务院规定——《民用航空法》；规定了民航局和地区管理局负责组织调查的事故范围——《民用航空器事故和飞行事故征候调查规定》。

民航总局负责组织的调查包括：国务院授权组织调查的特别重大事故；运输飞行重大事故；外国民用航空器在我国境内发生的事故。

地区管理局负责组织的调查包括：运输飞行一般事故；通用航空事故；航空地面事故；事故征候；民航总局授权地区管理局组织调查的事故。

调查的实施：《民用航空器事故和飞行事故征候调查规定》（2007年4月15日开始施行）对事故和事故征候调查中的一些具体问题进行了规定。

调查的机构：民航总局航空事故调查中心、地区管理局的航空安全办公室。

（4）执法政策。

不安全事件的处罚标准：刑事处罚、行政处罚、纪律处分、违章处罚及非故意、后果轻微、主动报告的减免处罚。

刑事处罚主要依据《中华人民共和国刑法修正案（六）》《中华人民共和国民用航空法》。

行政处罚包括国家层面和行业层面。国家层面主要依据《安全生产法》《安全生产违法行为行政处罚办法》《生产安全事故报告和调查处理条例》《〈生产安全事故报告和调查处理条例〉罚款处罚暂行规定》等。行业规章主要依据《大型飞机公共航空运输承运人运行合格审定规则》（CCAR-121部）、《民用机场使用许可规定》（CCAR-139部）、《民用航空器维修单位合格审定规定》（CCAR-145部）、《民用航空器驾驶员、飞行教员和地面教员合格审定规则》（CCAR-61部）、《民用航空器维修人员合格审定的规定》（CCAR-65部）、《民用机场运行安全管理规定》（CCAR-140部）、《民用航空安全信息管理规定》（CCAR-396部）等。

纪律处分主要依据《安全生产领域违法违纪行为政纪处分暂行规定》《安全生产领域违纪行为适用〈中国共产党纪律处分条例〉若干问题的解释》。

（二）国家安全风险管理

1. 对服务提供商安全管理体系（SMS）的安全要求

总体要求：识别安全隐患；确保采取必要的补救措施保持公认的安全绩效；为安全绩效的持续监管和定期评估提供法律保障；以不断完善安全管理体系的整体安全绩效为目标。

关于企事业单位建设SMS的政策：《中国民航安全生产"十一五"规划》《中国民用航空安全管理体系建设总体实施方案》。

航空运营人：《关于航空运营人安全管理体系的要求》。另外，在对121部进行的修订中，也包含了对航空公司实施 SMS 的具体要求。以海南航空公司为试点单位。

机场运营人:《机场安全管理体系建设指南》《民用机场使用许可规定》(CCAR-139)、《民用机场运行安全管理规定》(CCAR-140)。以长沙黄花机场和南京禄口机场列为试点单位。

空管单位:《民航空中交通管理安全管理体系(SMS)建设指导意见》《民航空管安全管理体系建设指导手册》。以普陀山机场空管运行单位、西双版纳机场空管运行单位为试点单位。

培训机构、航空器设计和总装机构：民航局正在研究培训机构、航空器设计和总装机构实施安全管理体系的要求。

2. 对服务提供者可以接受的安全水平的批准

民航局将对各服务提供者可以接受的安全水平达成协议并予以批准。可以接受的安全水平应该与各服务提供者特定的运行范畴以及各服务提供者，为解决安全风险所具备的资源相适应。可接受的安全水平应由多个安全效绩指标和安全效绩目标来组成。

(三) 国家安全保证

1. 安全监管

(1) 航空安全运行监察系统 (图 11-5)。

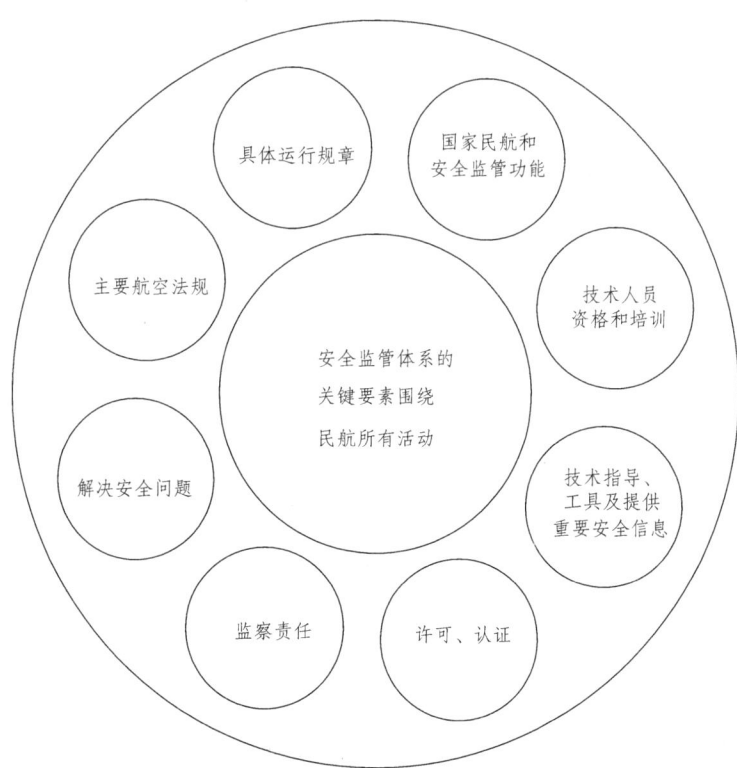

图 11-5 国家安全监管功能

① 运行合格审定。

航空运营人：CCAR121、CCAR91、CCAR135、CCAR129

维修单位：CCAR-145、CCAR-147

机场：CCAR-139、CCAR-137

……

② 日常监察：程序、咨询通告以及运行监察员手册航空安全监督系统。

（2）航空安全监督系统。

它包括航空安全信息系统、安全审计、事故和事故征候调查。

（3）SSP以及可接受安全水平的评审。

每年制定可接受安全水平，对SSP的变化情况及其有效性进行评审。在SSP评审过程中，将对可能影响国家安全纲要以及国家安全水平的有效措施进行评估，在国家范围内共享最佳的实践方法。

2. 安全数据的收集、分析和交换

中国民航科学技术研究院建立航空安全信息分析中心（图11-6），对航空安全信息进行收集、分析和交换，其主要目的与意义在于：

（1）航空安全信息的收集、分析和利用对识别安全隐患、评估安全风险有着巨大的作用。

（2）建设安全信息分析中心的目的就是为了提供政府安全监管的主动措施，为确保我国民航的持续安全起到重要的作用。

（3）《中国民用航空安全规划纲要（2001—2010年）》中就明确提出应建立国家航空安全信息分析中心的工作目标。（原文摘录：建立国家航空安全信息分析中心，培养安全信息分析和研究人员，注重住处研究和评估，提供航空安全趋势分析报告和航空系统缺陷报告，提出改进建议。）

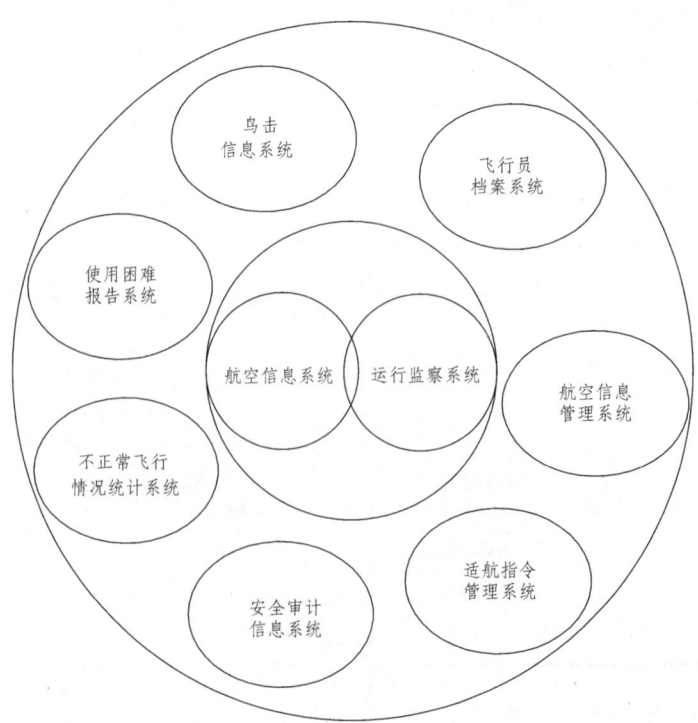

图11-6　企业安全信息共享平台

（4）《中国民航安全生产"十一五"规划（2006—2010年）》规划实施的重大项目之一——安全生产信息化建设工程：建立航空安全综合管理信息系统。（原文摘录：建立航空安全住处分析机构,实现多个数据库之间的综合查询,研究使用先进分析工具,如可视化数据和趋势识别技术,识别潜在的、不明显的危险。)

(5) ICAO 在国家航空安全纲要(SSP)中,也要求其成员国建立安全数据收集、分析和交换的机制,以数据分析为基础对重点安全领域实施监管。(原文摘录:国家的安全保证措施:安全监督;安全数据收集、分析和交流;使用安全数据目标针对重大关注或需要领域的监督。)

航空安全信息分析中心实施方案:信息收集、信息分析、专项研究、实施措施、持续跟踪。

3. 基于安全数据分析的对重大问题和重点领域的监督

不定期发布《航空安全指令》《航空安全通告》和《航空安全信息》,按年度编制和发布《中国民航航空安全报告》。

计划筹建的安全信息分析中心(图 11-7),可完成 SSP 绩效—行业整体安全状态评估,监测系统安全风险,发现重点安全问题,提出安全项目建议。

(四)国家安全促进

1. 内部培训、交流和安全信息的分发

(1)内部训练。
① 建立了民航局及其所属机构员工的发展和训练课程;
② 2006 年成立中国民航安全学院,开展多种在职培训;
③ 编写了安全管理体系相关课程教材,完成了多期 SMS 的民航安全监察员培训;
④ 与国内外多个机构和公司开展合作,提供训练和咨询。
(2)内部交流以及安全信息分发。

| (1) 研究信息分类法,提高信息收集数量和质量;
(2) 研究信息共享平台建议,收集各部门信息;
(3) 收集规章反馈信息,SSP绩效监控信息;
(4) 研究国际航空安全信息的交换和共享 | (1) 研究民航安全信息综合分析方法;
(2) 研究建立民航安全风险监测、预警系统,提供航空安全的趋势分析报告;
(3) 发现迫切需要解决的重大安全问题,并作深入细致的研究 |

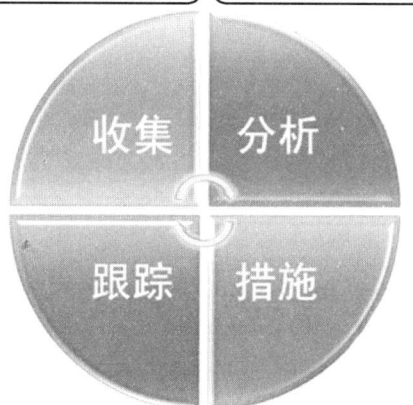

| (1) 持续跟踪民航信息系统的反馈,检查安全体系中的组织保障体系、法规标准体系以及监督检查中的缺陷或漏洞,确保持续安全;
(2) SSP绩效监控;
(3) 国际航空安全信息动 | 实施强制性/建议性措施,完善安全体系中的组织保障体系、法规标准体系以及监督检查 |

图 11-7 航空安全信息分析中心的功能定位

① 每年年初召开"安全工作会议"。
② 航空安全信息系统、飞行人员执照信息系统等。
③ 民航周报、简报,主要包括民航局月度安全运行形势分析会通报;中国民航航空安全报告;飞行事故、地面事故和事故征候统计;中国民航鸟击航空器事件数据分析报告;民用航空飞行事故汇编等。

(3)建立民航局内部沟通 SSP 相关信息的方式和渠道。
① 建立适当的沟通程序,确保局方各部门能够及时了解 SSP 的功能和成果航空安全信息系统、飞行人员执照信息系统等。
② SSP 有关的沟通信息材料(书面材料、会议材料、电子材料等)将下发到局方安全管理人员和监察员,并每年发布"SSP 年度报告"。

2. 外部培训、交流和安全信息的分发

(1)外部训练。
① 中国民航局向企业和其他国家提供航空安全管理援助,开展公开的培训课程;
② 中国民用航空飞行学院向国内外提供民航各类专业人员的训练,并同世界各国的科研机构、航空企业等建立合作和交流关系;
③ 民航科研机构及院校。

(2)外部交流以及安全信息分发。
① 民航局以各种方式与相关单位交流,发布安全信息,如每季度对公众发布"季度民航安全状况";航安办向行业发布月度/年度安全信息分析报告;飞标司定期向行业发布:"适航维修信息"(月度、年度);机场司/安技中心向行业发布年度鸟击分析报告和不定期的分析报告等。
② 发布《中华人民共和国航行资料汇编》。
③《航空安全》等期刊、《航空安全知识》宣传册、安全教育片。
④ 行业年度航空安全研讨会。

(3)建立 SSP 在国内和国际的沟通程序。
① SSP 有关的沟通程序将在 SSP 年度报告中体现,安全信息以及 SSP 功能和成果信息的沟通也将在航空安全信息分析中心平台进行;
② 及时跟踪 ICAO 的最新信息及其他国家 SSP 的进展,确保中国的 SSP 符合 ICAO 的要求并及时通报差异。

五、下一步的工作计划

按照国家航空安全纲要的具体框架要求和实施计划,民航局陆续开展以下工作:
(1)进一步完善对各企事业单位实施 SMS 的要求,为各单位的 SMS 建设提供技术支持和指导,特别是在风险管理、信息收集/分析等方面。
民航局安技中心研究开发了航空公司风险管理系统和民航不安全事件人为因素分析系统。
(2)制定 SMS 审核标准,对各企事业单位 SMS 的实施情况进行审核,以确保各单位按照要求建立 SMS。

局方将按照 ICAO 关于 SMS 的实施要求，以及我国民航的实际情况，针对不同类型、规模的民航企业制定 SMS 审核标准，对我国民航企业的 SMS 实施审核。

（3）制定各企事业单位安全绩效考核标准和办法，逐步加强对各单位安全绩效的管理，基本原则为：① 各企事业单位向局方报告事故、事故征候和其他典型不安全事件（该清单由局方确定）；② 局方根据各单位的事故和事故征候数量来衡量其安全状况，不考虑其他典型不安全事件；③ 局方通过事故、事故征候和其他典型不安全事件来总体把握全行业的安全状况，进而制定针对全行业的安全管理措施。

（4）制定局方的安全绩效考核标准和办法，加强局方的安全管理工作，包括：① 建立安全监管工作绩效考核指标体系，提高安全监管工作的效能；② 制定民航局的绩效考核标准，包括规章的完备性、适宜性等内容。

（5）深入开展安全信息的收集、分析和挖掘工作，因为信息是安全管理的驱动力，应陆续开展以下一些工作：① 建立航空安全信息分析中心；② 建立企业安全信息共享平台；③ 建立运行监察管理系统。

思考题

1. 简述国家航空安全纲要的背景及理论框架。
2. 从规章管理到绩效管理，安全管理思想的转变有什么特点？
3. 国家航空安全纲要与企业 SMS 有什么联系？
4. 国家航空安全纲要与安全监管有什么联系？
5. 我国的国家航空安全纲要的建立及具体实施过程有什么特点？
6. 按照国家航空安全纲要的具体框架要求和实施计划，民航局在此方面的下一步的工作计划有哪些？

第十二章　飞行安全管理

飞行员是保障飞行安全的最后一道屏障。统计表明，60%~80%的飞行事故与机组相关。我国民航1949—1999年50年间共发生运输飞行事故38起，因机组失误操纵导致发生事故的有22起，占57.2%。而1959—1994年，全球商用喷气运输机共发生飞行事故520起，其中因飞行机组失误操纵诱发酿成事故的为319起，占飞行事故的73.7%。飞行员是保证飞行安全的关键。

第一节　我国民航飞行安全面临的主要问题

一、飞行员的行为类型

飞行员的行为类型包括三类，分别为基于技能的行为、基于规则的行为和基于知识的行为。

1. 基于技能的行为

基于技能的行为是指在正常情况下应用已经掌握的常规技能即可完成任务，例如当人工操纵飞机时，经验丰富的飞行员无需将注意力集中在移动侧杆和操纵推力手柄上。这些常规动作已成为自动"程序"，即使飞行员把注意力分配到其他任务也能完成。

2. 基于规则的行为

基于规则的行为是指飞行员必须集中注意力，才能做出决定、找到解决问题的方案。但这种情况是飞行员所熟知的，并且接受过相关训练。因此，一旦识别了情况，飞行员就可以轻松应用解决方案并采取措施。例如，在停机坪上滑行可能因观察到飞机前方移动的车辆而中断，这需要瞬间的注意力，判断情况并对采取的措施做出决定。它有多远，向什么方向活动？飞机有碰撞的风险吗？飞机应减速停止还是继续正常滑行？训练和经验使得人们可以构建规则，知道何时应用这些规则。

3. 基于知识的行为

基于知识的行为是指面临全新的、陌生的情况，没有现成的解决方案，飞行员仅依靠人的知识随机处置；当这种情况出现在复杂系统并有时间压力的情况时，人的认知的分析能力容易被迅速超越，解决问题尤为困难；如果机组面临这种情况，特别是在面临复杂问题或信息不完整时，可以利用试探性的方法作出决策并解决问题，成功的机会取决于机组的相关知识以及CRM训练所获技能的运用；基于知识的错误难以避免和纠正。最简单的办法是预防机组陷入这种境地。例如，1989年苏城DC-10出现非包容性发动机故障，2001年巴格达A300

被导弹击中。这两个涉及液压完全丧失的事例中，机组仅靠发动机动力控制受损飞机完成着陆。在这两个事例中，机组所能依赖的仅仅是当时的推理、实时的测试以及对飞机和飞行的总体知识。

从消耗脑力劳动来看，基于技能的行为要小于基于规则的行为，基于规则的行为要小于基于知识的行为。

二、飞行人员与事故

由于我国民航发展历史短、基础薄，因此面临诸多困难，如：① 随着民航业的快速发展，人力资源短缺问题非常突出，飞行员人才队伍出现结构性短缺，难以在短期内缓解。② 基础设施落后。③ 空域资源紧缺的矛盾日益尖锐，飞行环境日趋复杂。④ 我国民航业总体安全水平还有待提高等问题。

ICAO 和 FAA 等组织通过多起飞行事故分析，总结出飞行员导致事故的一般规律和原因。

1. 飞行员与事故一般原因分析

（1）飞行人员能力不及；
（2）飞行人员非故意违章违纪违反手册和程序；
（3）飞行人员判断错误；
（4）飞行人员准备不充分；
（5）机组配合失误（或称 CRM 失败）；
（6）飞行人员获得信息有误；
（7）飞行人员使用资料有错；
（8）飞行人员疲劳、反应迟钝；
（9）飞行人员心理承受能力弱，遇有紧急情况 产生慌乱；
（10）飞行人员未持续有效监控航空器运行状态；
（11）飞行人员漫不经心、骄傲自满、鲁莽操作；
（12）语言障碍；
（13）飞行人员理论水平差；
（14）航空公司运行组织不力；
（15）教员、学员计划不周密，配合失误；
（16）使用的航空器质量无保证；
（17）航空器运行环境质量差；
（18）未执行复述空管指令规定；
（19）飞行人员执行任务前或途中饮用了任何 含酒精的饮料，或使用了以任何方式影响其官能而不利于安全的任何药品；
（20）飞行人员决策和应变能力差；
（21）飞行人员的专业培训不充分；
（22）飞行人员稳定进近和复飞意识差；
（23）飞行人员对空中交通管制程序、指令、运行环境和限制缺乏理解；

（24）执行国际民航组织的标准用语，准确报告异常情况和应急援助需要存在缺陷；

（25）飞行机组利用危险评估工具或检查单，弄清并减轻危险的意识弱。

2. 飞行员决断或操作错误引发的危险

1959年至1988年喷气机事故的分析，有50%甚至更多的事故是由于操作不当和决断错误。

（1）从危险状态（达到或超过V1速度中断起飞）。

1989年9月，美国航空公司一架B737飞机在积水跑道起飞时，由于方向舵配平失控致使飞机猛向右偏，使用前轮转弯控制不起作用时，在大于V1速度5海里/小时实施中断起飞，飞机冲出跑道损毁，2名乘员死亡。1988年7月，法国航空公司一架B747飞机起飞滑跑至V1+11海里/小时速度时，因看到第4发火警警告而中断起飞，飞机冲出跑道，飞机受损严重，1名旅客受重伤。1997年3月10日，海湾航空公司一架A320飞机，起飞时因遇大侧风无法控制起飞方向，在接近V1速度时中断起飞，飞机侧滑偏出跑道与海堤相撞，飞机严重受损，前起落架被顶进驾驶舱，机长受重伤。1997年7月26日，中国北方航空公司一架MD-82飞机，在大连机场起飞时，由于自动油门在接近V1速度时断开，机组采取了中断起飞的错误决断，且操纵动作迟缓，过早地关闭发动机失去了反推减速的作用而冲出跑道与土坎相撞，发生一般飞行事故。

（2）进近和着陆事故中：飞行机组缺乏位置意识和飞过地形的高度意识，因而导致飞机有控飞行撞地坠毁。

低于天气标准着陆：机组在低于决断高度或最低下降高度没有足够目视参考物时仍继续下降着陆。这是飞行员无视规章的典型事件，极易导致飞行事故。1993年10月26日，东方航空齐鲁公司MD-82在福建义序机场进近，当下降到规定高度未能见跑道时本应复飞，但机长决定继续进近，出云后偏离预定航迹并与跑道带大交叉，当下降到约20米时才决定复飞，但复飞失败而迫降，冲出跑道坠毁。1969年一架伊尔十四飞机在乌鲁木齐机场进近中，因地面刮风砂飞机失去目视跑道，错误地继续进近而在场外坠毁。

（3）错误复飞（go-around）造成危险或潜在危险。

1997年5月8日，南方深圳公司B737飞机，到达深圳机场，天气不好，下大雨，前面一架飞机已经改航备降，该机却勉强进近；在看不清地面的情况下，不果断复飞，结果造成重着陆。在第一次着陆发生三点重着陆跳起的情况下，又错误地采取了复飞决定。当第二次着陆时，因第一次重着陆飞机结构受损导致飞机操纵困难而坠毁。1985年11月19日，一架安24飞机在沈阳东塔机场夜航进近着陆。由于地面烟雾导致飞机进跑道后看不清跑道，错误地继续降低高度而失去了有利的复飞时机。当高度5米决定复飞时，机务学员未将油门及时加满，机长带杆量小，致使飞机复飞中三轮接地而未复飞成功，随后又犯一系列错误导致飞机冲出跑道受损。

（4）重着陆。

1997年5月8日，南方深圳公司B737飞机仪表进近中，因大雨，看不清地面，飞机姿态不对，造成前起落架和主起落架同时接地过载高达2.54g的重着陆，飞机结构性损坏，机身中部地板突起，行李架变形，在错误地复飞后第二次着陆时，因飞机操纵性遭破坏而操纵困难，再次重着陆机身断裂成三段并起火烧毁。1997年东方公司MD-11在北京着陆时发生重着陆，地面机务人员发现起落架舱门附近的机身蒙皮有皱槽，但未引起机组和地面机械人员的高度重视,未进行必需的特定检查工作盲目放行。飞机飞回上海做地面检查时,发现发动机吊挂螺栓有裂纹的危险隐患。

(5) 非计划的着地(触地)——跑道外接地。

1988年8月31日,三叉戟飞机在香港启德机场由海上向31号跑道进近着陆,由于右短五边遭遇大暴雨和下沉气流,飞行员未按仪表指示控制飞行高度,高度太低并带右坡度下滑,结果右外襟翼首先撞掉距跑道头9.15米处的引进灯,接着右起落架撞在跑道头伸向海内的水泥堤坎上,四个轮胎当即爆破,左起落架是在跑道内接地的,但因右起落架损坏,飞机急剧右偏而偏出跑道,机身断为两段,机头部分掉入海中,飞机损毁,人员伤亡。

(6) 冲出或偏出跑道。

1994年7月20日,云南航空公司B737飞机在昆明机场着陆,由于目测高速度快,油门收得缓慢,导致飞机进跑道后长时间平飘,直到进跑道2630米才单轮接地,最后以125海里/小时的速度冲出跑道,撞在道外400米处的机场围栏和土坎上,造成飞机损毁、人员受伤的重大飞行事故。1997年,北方航空公司一架MD-82飞机在大连机场由于中断起飞过程中处置失当,也导致了飞机冲出跑道受损的一般飞行事故。

(7) 明显的非有意减速,造成接近失速或已经失速。

1998年2月7日,中国南方航空公司一架B737飞机执行航班任务在青岛机场着陆时,加入起落航线三边放襟翼15度后,自动有油门信号灯亮并脱开,机组误以为"正常"而在30秒钟内未对飞机姿态监控,速度从163海里/小时急速降至115海里/小时(飞机失速速度为112海里/小时)出现失速抖杆警告,飞行高度从1000英尺下降至436英尺,机组改出后安全着陆。

1998年4月29日,北方航空公司MD-82飞机在武汉空域10200米高度作平飞盘旋飞行时,由于重量重飞机已在接近极限高度飞行,加之错误使用25度大坡度,因发动机已无剩余马力,在自动驾驶控制下,为保持高度,明显减小速度,飞机在3分钟内速度由265海里/小时,迅速降至164海里小时(接近失速速度),机组注意力分配不当未能发现速度锐减险情,结果飞机进入失速状态。由于飞机进入无规则飘摆(最大坡度达74度)和大仰角飘降状态,发动机进气紊乱,使双发瞬间失去推力,飞机由10200米急速掉至3300米。当双发恢复推力后在武汉安全着陆。

(8) 操纵原因造成机载系统告警。

由于机组机动飞行造成机载告警系统告警,如失速(抖杆)告警、超速告警、形态告警(除去告警时机组已判明系故障信号或着陆后立即证明是故障信号等情况)。

(9) 已造成或可能造成严重危险的对飞机及有关系统的非故意错误操纵行为。

1992年7月31日,通用航空公司雅克42飞机在南京机场起飞时,未执行检查单而未调置全动水平尾翼在起飞状态,导致飞机滑跑时抬不起前轮,长时间不能离地而冲出跑道坠毁。机上乘客116人,98人遇难,18人受伤。机组10人,9人遇难,1人受伤。

1992年南方航空公司B737-300飞机在桂林机场进近过程中,由于右发动机自动油门不能随动,致使左右发推力不平衡,飞机产生右滚转,机组未及时发现,反而采取了错误操纵动作;突然向右猛压杆,猛拉机头,导致飞机加速滚转并进入倒飞俯冲状态而撞山失事。机上乘客133人,机组8人,全部遇难。

1997年1月,国际航空公司B747飞机在美国纽约机场着陆时,由于机组判断错误,加错了反推,致使飞机偏出跑道。

1993年7月23日,西北航空公司BAe-146飞机在银川机场起飞时,未检查襟翼指位表,没有发现襟翼未放出,导致飞机起飞滑跑多次擦机尾,飞机始终未离地而冲出跑道坠毁。机上旅客108人,55人遇难,53人受伤。机组4人,1人遇难,3人受伤。襟翼未放出的原因是襟翼手柄虽然放到了24度位,但由于驾驶舱顶板上襟翼系统的4个跳开关处于断开位置,安全通道把控制通道关闭了,因此襟翼根本没转动,襟翼指位为0。

(10)偏离指定航线、飞行高度层或飞行程序这类错误是造成飞机撞山或双机飞行冲突的重要原因。

(11)超飞机性能限制飞行。

(12)超载荷飞行。超载荷飞行是指超过飞机设计限度垂直载荷和侧向载荷的飞行。它会影响飞机的结构,使飞机结构受损。超载荷一般发生在着陆接地瞬间,即通常讲的重着陆。另一类则发生在空中运行阶段,当飞机受控或受外界影响均可使飞机发生超载荷飞行。

第二节 提高飞行安全的措施与建议

一、做好人才队伍规划

专业技术人员是安全生产的主体,是安全生产最根本、最关键、起决定性作用的因素。由于飞行员人才培养不可逆转的市场化导向以及飞行员人才需求的不可替代性,人才供给与人才需求的契合更高度依赖于信息传递的通畅和准确。但是,由于国民经济及民航业发展所发出的飞行专业人才需求信号无可避免的滞后性,也由于人才培养周期的迟延性,在计划因素的制约下,我国飞行专业人才教育培训规模与市场预期不协调的情况无法避免。

目前,无论哪个渠道向运输航空公司供给的专业人才均是"半成品"。比如,运输航空公司所接受的新飞行人才还需经过为期近一年的机型理论学习、模拟机飞行、本场飞行、航线观察等"过桥训练"后,才能正式成长为副驾驶担任生产飞行任务。这种状况,不仅耗费了航空公司的教育培训成本和时间,而且也增加了航空公司的安全压力。

同时,为保障飞行安全,我国民航法规严格控制飞行员的月飞行时数和年飞行时数,也明确提出人机比,如B737系列飞机人机比为5:1;B767等大型飞机人机比为8:1。因此,民航业更加需要根据行业发展速度,做好人才队伍规划,避免出现飞行员队伍结构性短缺现象。只有有足够数量的人才储备,才能从根本上解决飞行员人才队伍稳定问题,也能够防止部分飞行员人员出现"娇骄"作风,影响飞行安全。

在我国目前的航空人才教育培训计划中,政府、培训机构和航空企业所关注的侧重于航线运输人才,通用航空企业的人才教育培训和储备基本处于自生自灭的状态。

我国通用航空人才与运输航空人才的构成同欧美航空强国相比恰呈倒"金字塔"形状。在运输航空大发展的背景下,毫无人才储备的通用航空不仅不能在数量上及时提供人才支持,而且自身的人才需求都捉襟见肘。这种人才等级数量结构的失衡,不仅制约了我国整个民航专业人才教育培养质量的提高，而且也恶化了航线运输人才短缺的局势，进而妨碍了民航业的顺利发展。因此，有必要加强通用航空的发展和建设。

二、严格飞行人员的教育培训

飞行人才是航空运输发展的生力军。航空强国战略的实施、航空安全的保障以及航空运输业的跨越式发展离不开人才支持，特别是飞行人才的支持。鉴于国民经济与民航业良好的发展趋势、全球经济一体化的浩荡进程和新一代民用航空运输系统的宏伟建设，不仅对飞行人才培养提出了量的要求，而且也提出了质的要求。

在航空运输大众化时代，飞行人才教育培训应始终围绕精驾驶技术、善商业经营、强英语能力、会治安管理的总目标展开。教育培训重点放在飞行技能、机舱管理、英语水平、身心素质、航空安全综合管理能力以及航空公司经营管理能力等方面。

严格飞行技术人才教育培训标准，确保培养质量。飞行专业人才培养是一个科技含量高、承受风险高、投入资金高的行业。很多飞行人才教育培训机构都不同程度地存在硬性条件配置缺失的问题，有的没有模拟机，有的没有特情飞机，有的没有高级教练机等。这些问题不解决，必然制约专业人才培养数量的增长和教育培训质量的提升，从而影响民航强国战略的推进。

强化对飞行人员的培训和复训规定，尤其要重视对有关应急预案的定期培训和演练。

在学历层次培养上，主要定位于本科学历层次，兼收少量研究生和专科层次学生。这种状况，不仅与我国其他应用技术型人才培养层次差距较大，而且也制约了航空运输自身的发展。由于缺乏高端专业技术人才，致使民航运行的一些重大课题尤其是飞行技术与航空安全课题没有得到圆满解决，缺少世界级的专家。

三、严格规章标准，明确行业准入制

飞行员人才队伍应明确行业准入制，强调行业适应性，在教育培训过程中应有严格的淘汰机制，注重飞行员核心能力培养和职业规划。

培养过程中，跟踪民航发展趋势，注重知识、技能、团队协作、人为因素、航空安全、英语水平、身心素质等方面的教育培训，如驾驶舱资源管理（CRM）、维修资源管理（MRM）等，提升人员综合素质。

在规章中增加和提高有关培训的要求。增加了飞行人员训练计划小时数，提高了副驾驶转大型和重型飞机的准入条件，增加了转大型或者重型飞机机长的操作航段次数要求，并对本场训练做出了明确规定。

严格飞行人才的选拔机制，适当降低身体素质要求，提高文化素质要求，保持适当停飞率和淘汰率，吸引优秀人才进入飞行行业。

四、重视科技对安全管理的支撑作用

科学技术是第一生产力。民航业是建立在现代科学技术基础上的一个复杂和庞大的航空运输系统，对科学技术的依赖性很大。向科技要安全，以科技促安全，用科技保安全，已经在民航业达成共识。

　　美国航空安全水平之所以位于世界民航的前列，除了得益于其健全的组织体系和全面的管理规章体系外，一些力量雄厚的科研机构也为保障航空安全提供了强有力的技术支撑，其中比较著名的是FAA技术中心和MITRE机构。FAA技术中心位于美国大西洋城，占地面积约30 000亩[①]，有研究人员约3000人，是FAA研发和测试各类航空技术设备的机构。它具有各种高尖端技术实验室和高保真仿真设备，并有由工程、计算机、心理学和管制等方面的专家组成的研究队伍，是世界上最领先的航空技术研发测试机构之一。该技术中心下设空管工程和测试、新航行系统工程和测试、空域系统工程和分析、航空安全研究与开发、航空保安研究与开发、航空系统标准、软件开发等七个主要部门，负责民航领域中概念、设备和程序的研发和测试。

　　MITRE机构成立于1958年，属于公益性非营利机构。根据政府授权开展工作，美国政府为保证其咨询的客观性和独立性，不允许其制造产品和提供日常性服务。目前总人数5000多人，技术人员3500多人，受国防部、FAA以及国税局的领导，其中专为FAA服务的部分为"先进航空系统发展中心（CAASD）"，主要工作范畴为空管、飞行安全、机场、政策法规等，现有技术人员400多人，由FAA每年支持经费8500万美元。航空交通管制未来新技术的预研与开发是MITER公司非常强大的研究领域之一，主要研究包括空域设计、流量管理、飞行冲突（URET）等；飞行安全方面的研究主要包括航空安全管理体系、国家航空计划以及性能研究等。

　　近年来，我国民航也充分利用航空科技，促进民航安全水平的提高。

　　（1）全行业强制推进飞行品质监控工作，全面加强飞行人员技能的监控。

　　飞行品质监控是提高管理水平、保障飞行安全的一项科学、有效的技术手段。主要目的是：及时发现机组操纵、发动机工作状况以及航空器性能等方面存在的问题，分析查找原因，掌握安全动态，采取针对性措施，消除隐患，确保飞行安全。

　　飞行品质监控结果是飞行技术检查、飞机维修、安全评估和不安全事件调查的重要依据。对于所监控到的未构成事故征候的一般性、趋势性飞行超限事件，应本着重在总结经验教训，改进飞行训练，提高飞行技术的原则进行处理。

　　（2）强制要求所有运输飞机安装机载防撞系统（ACAS Ⅱ）和增强型近地警告系统（EGPWS），以及在空管雷达系统中增加最低安全高度告警（MSAW）和短期冲突告警（STCA）等功能。

　　机上的防撞系统，美国航空体系称为空中交通预警和防撞系统（Traffic Alert and Collision Avoidance System，TCAS）欧洲航空体系称为机载防撞系统（Airborne Collision Avoidance System，ACAS）。防撞系统可显示飞机周围的情况，并在需要时提供语音告警，同时帮助驾驶员以适当机动方式躲避危险，这些都有助于避免灾难性事故的发生。

　　从CFIT（受控撞地、可控飞行撞地）说起。CFIT就是在飞行中并不是由于飞机本身的故障或发动机失效等发生的事故，而是由于机组在毫无觉察危险的情况下，操纵飞机撞山、撞地或飞入水中，而造成飞机坠毁或严重损坏和人员伤亡的事故。根据国际民航组织的统计，可控飞行撞地目前已经成为导致商用喷气飞机机体损毁事故和人员死亡事故的元凶。为此，

[①] 1亩≈666.67平方米（m^2）。

民航开始在飞机上安装 GPWS 近地警告系统避免类似事故的发生,增加安全性。1974 年,FAA 开始对在美国空域飞行的航班上的 GPWS 进行强制安装要求。1979 年,国际民航组织推荐使用者安装该设备。此后 CFIT 事故急剧减少。1985 年后,CFIT 事故每年仅发生 1 到 2 次,而强制要求安装前每年发生 7 到 8 次。目前,全球几乎所有的商用喷气飞机均装备 GPWS。

GPWS 由近地警告计算机、警告灯和控制板组成。它的核心是近地警告计算机,一旦发现不安全状态就通过灯光和声音通知驾驶员,直到驾驶员采取措施脱离不安全状态时信号终止。近地警告系统主要把危险状况分为 6 种方式警告:下降速度过大;对于地面的接近速率过大;起飞或复飞爬高时襟翼下放得太小;飞机离地高度不够;机进近时,下滑道向下偏离;风切变。近地警告系统还通过在驾驶舱内的扬声器向驾驶员发出声音报警,警告系统的主指示灯发出报警指令,并在电子飞行仪表系统上显示警告信息。

虽然 GPWS 能有效地减少了事故,但是 CFIT 事故仍然是导致商用喷气飞机事故的主要原因,事故数据显示 GPWS 有需要改进的区域。现行的 GPWS 有以下特点和不足之处:① 不能了解前方的情况。② 虽然可通过对过去的飞行信息进行跟踪和对以后的飞行信息进行预测,以评估前方是否存在危险,使飞机飞向上升坡度很大的地形时,向驾驶员发出告警信号。③ 但如果前方出现突然上升的地形,垂直的峭壁或陡峭的悬崖,则无法及时发出告警信号;存在"无警告"的因素限制:当飞机起落架和襟翼均在着陆形态,并以正常速率下降时,无法提供地形警告。

GPWS 的不足在于,飞向陡峭地形时预警时间不够,以及飞向不是跑道的平地时的告警。这些不足也导致 CFIT 事故仍然不断出现,国际民航组织提出了安装 TAWS 地形提示和警告系统弥补 GPWS 的不足,以避免类似的 CFIT 事故,TAWS 系统在保持原有 GPWS 系统优点的同时,增加了前视地形警戒和地形显示等新功能,能使飞行机组更全面地了解飞机周边的地形态势,从而进一步降低 CFIT 事故的发生率。

(3)加速我国民航雷达管制的实施进程。

(4)积极推进 RNP/RNAV 等新技术的应用。

随着 RNP/RNAV 技术在航空业发达国家尤其是欧美国家逐步由试验性发展到推广应用,RNP/RNAV 技术的优越性已得到了充分的认可。RNP/RNAV 新航行系统,是指基于所需导航性能的区域导航技术,主要利用飞机机载导航设备自身的导航能力引导飞机起降。

五、创新安全管理理念

民航安全管理理念的演变经历了三个阶段:① 在航空发展的早期,安全管理的重点是技术改进;② 自 20 世纪 70 年代中期,解决航空安全问题的主要手段逐渐从技术角度向人为因素转变;③ 进入 20 世纪 90 年代后,人们开始探索从组织的角度来解决安全问题。

长期以来,中国民航系统从"飞飞整整""八该一反对""四严一保证"到"关口前移""事前管理"等,积累了丰富的安全管理经验。近年来,在引入国际上以"风险控制""闭环管理"为核心的先进管理理念的同时,创造性地提出了以"五严"(严在组织领导、严在规章标准、严在监督检查、严在教育培训、严在系统完善)要求为主要内容的系统安全管理理念。目前,系统管理(SMS)理念正在指导全行业的安全管理工作。

第十三章　空管安全管理

虽然由空中交通服务的缺陷引起的航空事故很少，但其后果可能是灾难性的。空中交通服务中的安全需要采用系统的安全管理方法。当前的空中交通服务系统通过如下措施提供多层次的防护机制：

(1) 对管制员适用严格的选拔标准和进行严格的培训；
(2) 清晰地界定操作标准，例如间隔标准；
(3) 严格遵守经过验证的标准操作程序；
(4) 进行重要的国际合作；
(5) 利用科技进步；
(6) 实施连续的评价、监控和改进系统。

在高度动态的情形下，在加快交通流量的同时，保持航空器的安全间隔是一种特殊的挑战。管制员的工作量、交通密度及复杂性越来越多地给航空业带来重大风险。频繁的空中接近和空中危险接近、跑道侵入和由于技术原因失去所需间隔表明，在提供空中交通服务的过程中时刻都有发生事故的可能。随着交通量和复杂性的持续增加，空中交通管制监察员、空中交通管制事件调查员和安全经理，需要更多地了解人的行为能力对空中交通管制人员行为产生的影响。

组织机构的变化正在给空中交通服务的提供带来进一步的挑战。虽然传统上讲国家当局一直负责提供空中交通服务，但是在愈来愈多的国家里，服务的提供正在公司化。其他国家在服务提供方面，正在加入诸如欧洲空中航行安全组织这样的区域性的联合组织。

从管理的角度来看，对机场和空中交通服务单位的安全监督，传统上是通过一个规定的过程来进行的，这个过程包括公布详细的要求，并通过检查来确认是否符合这些要求。这种方法鼓励守规的安全文化，几乎不考虑主动的安全管理。考虑到逐渐增加的空中交通量和居高不下的事故率，人们也在不断地努力通过实施安全管理体系（SMS），其中包括机场和空中交通服务单位的安全管理体系，来提高安全水平。

本章中描述的安全管理方法是基于行业的"最佳做法"。在这些行为中，安全管理长期以来一直是业务工作中的一个必不可少的部分。本章专门涉及空中交通服务，在充分理解其他各章的内容的基础上，将有助于空中交通服务安全管理体系的建立和实施。

第一节　空中交通安全管理各部门的职能

一、ICAO 的要求

1. 国际民航公约的附件 11——《空中交通服务》

国际民航公约的附件 11——《空中交通服务》，要求空中交通服务提供者实施得到认可的安全管理体系，以确保在提供空中交通服务时的安全。这种安全管理体系须确保实际的和潜在的安全危险能够得到识别，必要的补救措施能够得到实施，持续的监控能确保正在达到一个可接受的安全水平。

2. 《空中航行服务程序——空中交通管理》（PANS-ATM，Doc 4444 号文件）

《空中航行服务程序——空中交通管理》（PANS-ATM，Doc 4444 号文件），为空中交通服务的安全管理提供了指导。空中交通服务的安全管理特别应该包括以下内容：

（1）监控整体安全水平和发现任何不利趋势，其中包括：收集和评价与安全相关的数据；审查事故征候和其他有关安全的报告。

（2）对空中交通服务单位的安全审查，其中包括：管理方面的问题；操作和技术方面的问题；执照颁发和培训方面的问题。

（3）对计划实施的空域重组、引进新设备、系统或设施，以及新的或修改的空中交通服务程序进行安全评估。

（4）对是否需要采取增强安全的措施进行识别的机制。

二、空中交通管理局的职能

一个国家需要有一个管理当局来监督执行其有关航空安全的法律和法规。负责空中交通服务安全的管理局的核心职能是：

（1）制定和更新必要的规章；

（2）设定国家安全绩效目标；

（3）对空中交通服务提供者进行监督。

执行安全管理体系所必需的新规章的范围取决于国家现有规章的范围。空中交通管理局所制定的安全目标就是整个空中交通管理系统的安全目标，并且该目标是基于国家制定的安全目标前提下的。

三、安全管理者的职责

空中交通服务单位的安全管理者，最好除安全之外没有别的职责。安全管理者应该是该单位中管理班子的一员，并需要在管理层中有足够高的职位，以便能够与其他高级经理直接交流。空中交通服务单位安全管理者的职权范围内的工作包括：

（1）制定、维持和促进有效的安全管理体系；

（2）监督安全管理体系的运行，并且向首席执行官报告系统的运行情况和效能；

（3）提请高层管理者注意维护或提高安全所需要的任何已经确定的改进措施；

（4）作为同安全管理当局打交道的联系人；

（5）提供关于安全问题的专家建议和协助；

（6）在整个组织内加强对安全管理的意识和理解；

（7）作为主动处理安全问题的联系人。

第二节 空中交通服务安全管理体系

一、安全绩效指标和安全目标的制定

国际民航组织公约附件 11，要求各国建立适用于在其空域和机场提供空中交通服务的可接受的安全水平。为了确定什么是可接受的安全水平，首先必须决定适当的安全绩效指标，然后再确定什么是可接受的结果。选出的安全绩效指标需要适于应用。在空中交通服务的安全管理中可以应用的典型措施包括：

（1）不良事件的最大概率，如空中相撞、失去间隔或跑道侵入；
（2）每 10 000 个航空器起降架次的最大事故征候数量；
（3）每 10 000 次横越大西洋飞行的失去间隔的最大可接受数量；
（4）每 10 000 个航空器起降架次的短期冲突告警（STCA）的最大数量。

因为航空事故很少，所以事故率不是安全绩效的理想指标。它们在全球、区域或国家一级的价值很有限。但是没有事故也许会掩饰系统中的许多"具备事故发生条件"的不安全状况。当将事故率应用于个别机场或飞行情报区（FIR）时，把它作为安全指标的用处甚至更小。例如，对于任何给定的飞行情报区，航行中事故间隔的预计时间可能超过 100 年。因此，事故征候率可能是空中交通服务安全绩效的更有用的指标，例如，报告的空中接近、技术原因引起的失去间隔、交通警戒与避撞系统告警信息、失去雷达覆盖及电源中断。

当设定定量的安全绩效目标时，必须能以定量的形式去测量或评价所达到的安全水平。如果把这类目标用于一个飞行情报区内的过往飞行，或一个机场的仪表进近着陆，那么预期的事故频率会很低，以至于实际事故的数据将不能有效地表明是否正在实现目标。

二、空中交通安全管理的具体方法

如何组织空中交通服务中心或单位开展安全管理工作在很大程度上取决于它们的活动量和活动的复杂性。例如在一个大型的中心，如一个国际机场，空中交通服务活动会分成几块（航路、终点站、到港和离港、塔台、地面等）。安全决策过程的有效性主要取决于如何把所有服务提供者的不同利益整合到一个统一的"系统"中。

中心经理或单位领导单靠自己是不可能执行安全管理体系的。除了其他经理和员工的合作和支持外，中心经理或单位领导可能还将依赖专职的安全经理的指导和协助。在任命安全经理时，管理者必须避免只向安全经理而不是向所有经理和员工委派安全责任的倾向。

（一）风险管理

和在其他航空活动中一样，提供空中交通服务需要利用基于风险的方法进行决策。减少或消除在提供空中交通服务中的风险需要采用风险管理程序。风险管理需要一个识别危险、评估风险并采用可行的措施来控制危险的连贯系统。

国际民航组织的《空中航行服务程序——空中交通管理》（PANS-ATM，Doc4444 号文件），要求事故征候的所有报告或有关空中交通服务设施和系统可用性的报告（如通信、监视和其他对安全重要的系统和设备的故障或退化），必须由适当的空中交通服务当局进行系统的审查，以便发现这些系统运行中可能对安全有不利影响的任何趋势。

（二）事故征候报告系统

作为空中交通服务安全管理体系的一部分，保密的事故征候自愿报告系统为危险识别提供了一种最好的工具。Doc4444号文件要求为空中交通服务人员建立一个正式的事故征候报告系统，以便于搜集关于与空中交通服务的提供相关的、实际的或潜在的安全危险或缺陷的信息。

除了报告事故和事故征候的强制性的国家要求之外，空中交通服务部门可以确定期望员工报告的具有潜在风险的危险或事件的类型。有效的报告系统为员工在不受责备和惩罚的环境中自愿报告他们认为有引发事故可能性的任何情况创造了条件。

（三）应急响应

空中交通服务人员必须准备在紧急的情形下（例如在发生事故、电源或通信出现故障、失去雷达覆盖和保安受到威胁等情况后）继续提供服务，必须建立应急程序，指导在不会进一步损害安全的情况下开展工作。单位做出恰当的响应需要有健全的应急预案（ERP）。

应急预案应该反映管理者和必须执行应急预案的运行人员，特别是管制员之间的通力合作。必须有备份的程序，并要定期检验，以确保不间断地提供服务，从而保持安全、迅速而有秩序的空中交通流动——这也许会在系统降级的情况下进行。例如，如果雷达发生故障，就要改变为程序控制。

（四）安全调查

当发生事故或严重的事故征候时，必须有胜任的调查员来进行调查，以便：
（1）更好地了解导致事故或事故征候的事件；
（2）识别危险并进行风险评估；
（3）提出减少或消除不可接受的风险的建议；
（4）与适当的利益相关者沟通安全信息。

对较小的事故征候进行调查，如失去间隔，可能会得到存在系统危险的证据。为获得最大效能，管理者应该将重点放在确定风险上，而不是找到要惩罚的人。这项工作如何去做，将受到组织的安全文化的影响。调查过程的可信度主要取决于调查员技术上的胜任性和客观性。

（五）安全监督

保持空中交通服务的高标准意味着要有一个方案，对所有管制员和保障人员的活动以及设备的可靠性和性能进行监控和监督。

对空中交通服务提供者的安全监督的目的是确认是否遵守了：
（1）国际民航组织标准和建议措施以及程序；
（2）国家的法律和规章；
（3）国内和国际的最佳做法。

安全监督的方法可以包括对相关组织的安全检查和/或安全审计。安全审计是安全管理体系的核心要素之一。安全监督也应该涉及对重大安全事件的系统审查，而安全监督程序需要标准化并形成文件，以确保在应用中前后一致。

负责此项监督职能的人员需要在安全管理程序方面具有足够的知识，最好还要有实践经验。Doc4444号文件要求对影响人的行为能力的相关程序、做法和因素有充分了解的合格人员定期和系统地对空中交通服务单位进行安全审查。

Doc4444号文件还要求在安全监控方案中使用的数据要在尽量广的范围内收集，因为某些程序或系统中的安全相关后果直到事故征候发生后才会被认识到。因此，审计方案应该包括与空中交通服务系统的所有用户、经营人、机场管理者以及任何签约的服务提供者之间的安全接口。

（六）对变更的管理

空中交通服务的提供是一个动态活动。Doc4444号文件要求对有关重大空域重组、适用于指定空域或机场的空中交通服务程序的重大变更和引进新设备、系统或设施的任何建议都要进行安全评估。重大变更的例子包括：

（1）降低最小间隔标准；

（2）新的操作程序，包括到达和起飞程序（标准仪表进场和标准仪表离场）；

（3）空中交通管制航路结构的重组；

（4）空域扇区的重新划分；

（5）采用新的通信、监视或其他对安全重要的系统和设备，包括那些提供新功能和/或新能力的系统和设备。

简而言之，安全评估需要一个多学科的专家组，系统地识别危险并提出措施，以便减少或消除固有的风险，使其降到可接受的水平。关于进行安全评估的内容在本书第5章内有详细的介绍。

在进行安全评估时需要考虑的因素包括：

（1）航空器型别和性能特征，包括它们的航行能力和性能；

（2）交通密度和分布；

（3）空域的复杂性，空中交通服务的航路结构和空域的分类；

（4）机场布局，包括跑道和滑行道的配置和优先权；

（5）空中与地面的通信能力和使用；

（6）监督和告警系统；

（7）重要的当地地形或天气现象。

（七）变换 ATS 程序

空中交通系统在变更程序期间特别脆弱，不管是修改现有的程序，还是引进新程序。在分析拟议的变更所带来的影响时，要使用风险管理技术。

评估空中交通服务程序的目的是，保证在尽可能合理可行的范围内识别出与航空器控制有关的潜在危险，并且已采取措施去缓解与这些危险有关的重大风险。一般来说，这个风险管理过程包括下列内容：

1. 危险识别

危险识别是一种比较全面的"自上而下"的技术，它把与执行空中交通服务程序相关的活动分解为比较小的部分，并识别它们的可能故障模式及对空中交通服务安全的影响。危险识别技术特别用来识别：

（1）与空中交通服务相关的危险。危险被界定为潜在危害源或有可能导致损失的情形。与基本空中交通服务相关的危险包括：空中相撞、地面上的碰撞、遇到尾流、湍流事件、撞地。

（2）危险情景。危险情景描述考虑中的具体危险。例如，当考虑机场上空的空中相撞危险时，危险情景可能是：起飞与到达航空器之间的空中相撞；平行进近的航空器之间的空中相撞。

（3）诱发事件。诱发事件描述发生危险情景的一般原因。原因可能是偏离航路。例如，起飞航空器与到达航空器之间的空中相撞的危险情景的各种诱发事件，包括航空器违反水平限制或航空器偏离标准仪表离场或标准仪表进场。

（4）危险原因。危险原因描述诱发事件是如何开始的。诱发事件可以由外部影响、人为差错、设备故障或程序设计错误引起，这些原因可以引发导致危险的一连串事件。对于一架偏离标准仪表离场的航空器，原因可能是设备故障，如控制系统故障；也可能是人为差错，如飞行员在飞行管理系统（FMS）中选择了错误的标准仪表离场。

（5）挽救因素。挽救因素描述为防止或降低诱发事件引起危险情景的可能性的可用系统。空中相撞的挽救因素包括提供空中交通管制、使用交通警戒与避撞系统、飞行员"看到并避开"及飞行航迹的几何图形。

（6）挽救因素失效。挽救因素可能未能预防空中相撞。交通警戒与避撞系统这一挽救因素失效可以包括没有为其中一架航空器安装应答器，或者飞行员没有对警报做出反应。

2. 危险分析（包括发生的可能性）

识别出了具体的危险后，可利用几种技术对它们进行定性和定量评估。有些技术在应用中需要专家的专门技能。一般情况下，危险的分析过程包括编制故障表、构建故障树、量化人为差错、设备故障和操作因素的可能性。

（1）故障表。故障表用来记录每个危险情景的危险识别过程结果。危险情景的例子可能是到场航空器未能切入航向信标台方向，而与离场航空器在空中碰撞。这个情景的诱发事件是到场航空器飞入离场航空器的飞行路径。故障表将记录下发生诱发事件的可能原因，包括机载或地面设备故障及飞行员或空中交通管制（如呼号混淆）的人为差错。挽救因素包括现有的或缺失的、旨在减少诱发事件变成危险情景的可能性的防护机制。对每个挽救因素进行调查，弄清它未能阻止事态发展的原因。

（2）故障树。故障表中的信息可以用来构建故障树。故障树的分析程度视情形而定。然而，作为一般指导，简单的悲观模型应该在初始阶段用来确定出现人为差错、设备故障和操作因素的可能性，进而确定操作风险程度。然后，将风险度与安全目标水平的风险标准做比较。如果悲观模型得出的结果比目标标准低，那么不需要进一步分配资源，因为它不会改变风险管理决策。

（3）后果识别和分析。对于与空中交通服务相关的风险评估，损失量通常是以最可能严重的后果将导致的死亡人数来计量的。例如，对空中相撞和飞机撞地的简单分析推定，在飞机空中相撞和大多数飞机撞地的情况下，机上的所有人员都将遇难。

（4）根据风险标准进行评估。风险管理的关键阶段是评估识别出的风险。在出现下述情况时必须进行正式的风险评估：① 与当前操作相比，对空中交通服务程序进行了重大变更；② 与当前操作相比，对用来执行空中交通服务任务的设备进行了重大变更；③ 情况的变化（例如交通量增加和航空器性能不同）表明现有的程序可能已不适用。

表 13-1 列出了对在空中交通服务程序方面发现的危险中隐藏的风险进行评估的几个步骤。

表 13-1　空中交通服务风险评估程序

步骤 1	识别变更是否涉及控制程序的变更、设备的变更，或两者都有
步骤 2	将程序分解成可管理的组成部分。例如控制程序可以分解成： （1）管制移交程序； （2）协调程序； （3）雷达程序； （4）等待程序； （5）速度控制程序； （5）跑道程序。 设备用户程序可以分解成： （1）安装程序； （2）在正常及紧急状况下的运转； （3）在设备出现故障或部分设备出现故障状况下的运转等
步骤 3	识别影响保持安全间隔能力的潜在危险。达到此目的的最好方法是结合步骤 2 中所确定的细项提出问题："什么地方会出错？"和"如果……怎么办？"必须考虑到程序对所有层次的管制员能力和经验的影响
步骤 4	识别危险可能赖以发生的环境或事故征候顺序以及发生的可能性。在考虑到事件发生的可能性及后果后，一些识别出的危险可能因为不切实际而不予考虑。必须记录不予考虑的原因
步骤 5	评估危险的严重性
步骤 6	调查危险和事故征候发生的环境，并找出一旦实施将缓解或消除危险的必要而可取的措施

当管理者在可行的情况下建议制定、验证、修改或引进操作程序时，他们应该：

（1）在引进程序之前使用危险识别、风险评估和风险管理技术；

（2）使用模拟方法制定和评估新的程序；

（3）以易管理的小步伐实施变更，以便获得该程序是适合的信心；

（4）在低交通密度时期开始变更。

空中交通服务程序的风险评估最好由包括下列人员的小组执行：

（1）负责程序设计的人员；

（2）对所要评估的程序领域有当前知识和经验的员工，即系统用户——空中交通服务人员和飞行员，以便从运行的角度评估程序；

（3）工程专家——提供关于设备性能的专家意见；

（4）安全/风险专家——指导方法的应用；

（5）人的因素问题专家。

（八）威胁与差错的管理

威胁与差错管理（TEM）框架有助于从运行的角度理解在动态的、挑战性的操作环境中安全和人的行为能力之间的关系。尽管对操作安全的威胁长期以来一直得到承认，但威胁与差错管理的原则使得人们有可能管理威胁与差错管理框架的三个基本成分：威胁、差错和不良状况。

威胁和差错是日常操作的一个正常部分，为了防止它们转化成不良状况，空中交通管制员必须例行管理这样的威胁和差错。为了保持空中交通管制操作的安全系数，空中交通管制员还必须管理由此类威胁和差错引发的不良状况。这些行动可能为避免出现不安全的结果提供最后的机会。

在威胁与差错管理框架中，威胁本身不是问题，但是如果不适当地管理它就可能发展为问题。不是每个威胁都会导致差错，也不是每个差错都会导致不良状况，但有这种可能性，就应该予以承认。例如，空中交通管制操作室的到访者是一种"威胁"：他们本身的出现并不是危险情况，但是如果到访者与空中交通管制成员交谈或以其他方式分散交通管制员的注意力，就可能导致管制员出差错。认识到这种情况是一种威胁，将使管制员能够相应地管理它，这样就能最大限度地减少或防止任何分心的事情，从而不会降低操作环境下的安全系数。

1. 空中交通管制中的威胁

空中交通管制中的威胁可以分成以下四大类：

（1）对空中交通服务提供者的内部威胁。

① 设备威胁。

设备常常是空中交通管制的威胁源。故障与设计上的折中是管制员在每天的工作中必须在不同程度上进行处理的情况之一。这种类型中的其他威胁包括质量差的无线电通信，以及不能保证总能正常工作的与其他空中交通管制中心的电话连接。如果需要的输入被系统拒绝，管制员必须查明输入为什么没有被接受及如何对其进行补救，这时对自动化系统的输入就可能成为一种威胁。在世界上很多地方，空中交通管制设施缺少适当的设备也是一种威胁。空中交通管制中重大的威胁是与空中交通管制正常操作同步进行的维修工作（计划的或突然的）。此外，维修活动也可能产生只在有关设备下一步投入使用时出现的威胁。

② 工作场所因素。

工作场所因素包括光线、反射、室温、不可调整的座椅、背景噪声等。如果有室内光线对荧屏的反射，那么管制员的工作就会变得更加困难。如果有塔台窗户的内部光线反射，那么塔台管制员在用目视方法获得夜间交通情况时就可能会有困难。高背景噪声级，如来自设备散热所必需的风扇的噪声，会使准确理解发来的无线电信息变得更加困难。同样，对于接收方理解发出的信息也会比较困难。

③ 程序。

程序也会对空中交通管制构成威胁。这不仅适用于处理交通的程序，也适用于内部和外部通信和/或协调的程序。繁杂的或者显然不必要的程序可能会导致走捷径，其目的是协助交通管制，但是可能会产生差错或不良状况。

④ 其他管制员。

来自同一单位的其他管制员也可能是一种威胁。对交通状况提出的解决方案可能不被接受，意图可能被误解或曲解，内部协调可能不充分。其他管制员可能参与闲谈，分散对交通的注意力。单位内的其他管制员处理交通可能比预期的效率低，结果是他们接收不了别的管制员想要交给他们的额外交通量。

（2）对空中交通服务提供者的外部威胁。

① 机场布局及配置。

机场布局及配置可以是空中交通管制操作的一个威胁源。在只有一条短的滑行道将停机坪与跑道中部连接起来的基本机场上，空中交通管制需要安排大部分起飞和到达的飞机在跑道上向回滑行。如果有与跑道平行的滑行道，并且在两端和它们之间有交叉点，那么将不需要航空器在跑道上向回滑行。一些机场的设计和/或使用方式使得靠自己动力滑行的和被牵引的航空器或其他车辆需要频繁地穿过跑道。

② 导航设备的失效。

导航设备意外地变得不能用（例如由于维修原因），可能对空中交通管制造成威胁，因为它们可能引起导航不精确，并影响航空器之间的间隔。在同一跑道的两个方向都有的仪表着陆系统（ILS）是这类威胁的另一个例子。通常只有其中一个仪表着陆系统在使用，所以在跑道改变而且空中交通管制已经批准航空器去截获它的信号时，当前跑道方向上的仪表着陆系统可能尚未被激活。

③ 空域基础设施/设计因素。

空域基础设施/设计是空中交通管制的另一个潜在威胁源。如果机动空间受到限制，那么处理大的交通量就会变得更加困难。不是永久可用的限制区域或危险区域可能是一种威胁，如果向管制员通报该区状态的程序不完善的话，向 A 级空域提供空中交通管制服务所面临的威胁，要比 E 级空域少，因为在 E 级空域可能会有未知的交通，它会妨碍空中交通管制控制的交通。

④ 临近单位。

临近单位的管制员可能忘记协调交通移交。移交的协调可能是正确的，但是执行并不正确。可能没有遵守空域边界。临近中心的管制员可能不接受非标准的移交建议，不得不需要另找一个解决方案。临近中心也许接收不了某个单位想要移交给他们的交通量。不同国家的管制员之间可能有语言障碍。

（3）飞行中的威胁。

① 不熟悉空域或机场的飞行员。

对空中交通管制可能产生威胁。飞行员可能不向空中交通管制报告他们需要做的某些机动动作（例如当避开恶劣天气时），这种情况会对空中交通管制产生威胁。飞行员也许忘记报告通过某一航路点或高度，或他们说做某件事，但后来却没有做。在威胁与差错管理框架中，飞行员的差错对空中交通管制是一种威胁。

② 航空器性能。

管制员熟悉他们管制的大部分型别或种类的航空器的正常性能，但是有时性能也许与预期的不同。一架目的地与起飞点接近的波音 747 飞机将比距目的地遥远的波音 747 飞机的爬升速度快得多，爬升坡度陡得多。它还需要一段较短的起飞滑跑。在起飞后的初始阶段，一些新一代的涡轮螺旋桨航空器在性能上将超过中型喷气航空器。改型航空器的最终进近速度比早期系列的航空器要快得多。

③ 无线电话（R/T）通信。

飞行员的复诵差错对空中交通管制是一种威胁。（同样，管制员的复听差错对飞行员也是一种威胁。）设计无线电话通信程序的目的是发现和纠正这样的差错（从而避免出现威胁），但它实际上并不总是能完好地发挥作用。飞行员与管制员之间的通信可能由于语言问题受到影响。在同一频率上使用两种语言、两个或更多的空中交通管制单位共同使用同一频率也被认为是这种类型的威胁。

④ 交通管制员熟悉其区域内的正常交通流量及在一般情况下如何处理这些交通。

额外的交通，如空中摄影飞行、测绘飞行、校准飞行（导航设备）、跳伞活动、公路交通监视飞行及拖曳旗靶飞行对正常交通的处理是一种威胁。管制员对额外的交通了解得越早，就越有机会适当管理这一威胁。

（4）环境的威胁。

① 天气。

天气也许是对航空各个方面（包括空中交通管制的操作）最常见的威胁种类。通过了解当前天气及至少在管制员当班期间的预报趋势，就会更容易管理这种威胁。例如风向的变化可能涉及变更跑道。交通越繁忙，变更跑道的时间选择就越重要。管制员要制定策略，把这种变更对交通流量造成的影响减到最小。对于航路管制员来说，了解出现重要天气的区域将有助于预见变更航线或绕环飞行的请求。适当了解当地天气现象（例如山岭地区上空的紊流、雾的形式和雷暴的强度）和/或突然的天气变化，如风切变或微型下冲气流，将有助于成功地管理天气威胁。

② 地理环境。

这种类型的威胁包括在管制员的责任区域内的高地形或障碍物。例如不得在低于某一高度下，或在某段时间里飞越的居民区可能构成不那么明显的威胁。由于环境原因，在某些机场，跑道在每天规定的时间里必须进行变更。

我们必须在一系列错综复杂的事物中，管理全部的威胁、差错和不良状况。例如，管制员必须应对不利的气象条件、四面环山的机场、拥挤的空域、航空器故障和空中交通管制室以外的人员（如飞行机组人员、地勤人员或维修人员）犯的错误。威胁与差错管理模型把这些复杂的事物视为威胁，因为它们都有可能降低安全系数，给空中交通管制带来负面影响。

2. 空中交通管制中的差错

差错在此可界定为"导致偏离组织或空中交通管制员的意图或期望的空中交通管制员的行动或不行动"。没有管理和/或管理不当的差错经常导致不良状况的出现。所以，操作环境下的差错往往会减小安全系数并增加出现负面事件的概率。

差错可以是自发的（例如与具体、明显的威胁没有直接联系），与威胁相关联的，或是某个差错链的一部分。差错的例子可以包括：没有发现飞行员的复诵差错；批准航空器或车辆使用已经占用的跑道；在自动系统中选错了功能和数据输入差错。

3. 空中交通管制中的不良状况

不良状况被界定为"非预期的交通状况导致安全系数减小的运行情况"。由无效的威胁和

/或差错管理产生的不良状况会导致影响安全的情况和减小空中交通管制操作中的安全系数。不良状况通常被认为是事故征候或事故前的最后阶段,它必须由空中交通管制员来管理。不良状况的例子包括航空器爬升到或下降到不应该到的另一个水平面上,或航空器转到不应该到的另一个方向。诸如设备故障或飞行机组成员差错事件也能减小空中交通管制操作中的安全系数,但是这些都被认为是威胁。不良状况可以得到有效的管理,恢复安全系数,但空中交通管制员的响应也可能引起额外的差错、事故征候或事故。

不良状况通常是管制员获得的早期威胁或差错没有得到适当的管理的第一个迹象。

4. 应付威胁与差错的对策

作为空中交通管制员正常履行其工作职责的一部分,他们要采取对策,防止威胁、差错和不良状况减小空中交通管制操作中的安全系数。对策的例子通常包括检查单、简令、标准操作程序和个人采用的策略及手段。飞行机组人员投入大量的时间和精力采取对策确保飞行期间的安全系数。在培训和检查期间所做的经验观测表明,多达70%的飞行机组人员的活动可能是与对策相关的活动。在空中交通管制中情况也可能是类似的。

所有对策必然都是需要空中交通管制员动手去做的。然而,空中交通管制员运用的一些处理威胁、差错和不良状况的对策是建立在航空系统提供的"硬"资源上。在空中交通管制员上岗之前,这些资源就已经存在于系统中,因此它们被认为是基于系统的对策。下面是空中交通管制员作为基于系统的对策运用的"硬"资源的例子:① 最低安全高度告警(MSAW);② 短期冲突告警(STCA);③ 标准操作程序(SOP);④ 简令;⑤ 培训等。

其他对策与人对空中交通管制操作安全的贡献有更直接的关系。这些是个人采用的策略与手段,以及个人和团队对策,一般包括通过人的行为能力培训,特别是团队资源管理培训而传授的技术、知识和态度。

不同种类威胁之间的区别对于工作中的管制员来说也许并不重要:一方面,威胁随时存在,每天当班时都需要处理。另一方面,培训经理也许希望在他们单位的培训课程中指出现在正在涉及的是哪一类威胁(尽管在培训中它们很有可能不作为威胁讲述)。一些威胁通常以不那么正式的方式涉及,如在职培训期间作为趣闻提及。

在一个只有基本布局的机场上,飞机需要在跑道上向回滑行,就是一个例子。在该机场工作的管制员都要受过培训(在教室、在模拟器上或在工作中),以使其能够管制该机场的交通,他们将被用来管理该威胁。然而,每架在跑道上向回滑行的航空器对空中交通管制的操作都构成一种威胁,并需要管制员进行管理。

从空中交通管制安全管理人员的角度来看,了解管制员在日常工作中是如何管理这种特殊的威胁是有重要意义的。他们能否在不遇到任何重大问题的情况下管理这种威胁,或者是否管理这种威胁的困难十分普遍以至于无人向上报告?如果是前者,安全管理人员不需要采取具体的行动;如果是后者,安全管理人员很明显需要采取安全管理行动。

(九)常规运行安全调查(NOSS)

直到最近,安全监控都依赖员工来识别系统安全运行的实际或潜在的危险并提交报告。如果不安全的做法已经成为常规操作方法的一部分,那么相关员工就不可能认为这些做法是不安全的了,因此也不会通过安全事件报告系统提交报告。

基于观察的方法提供了额外的不依赖于有关个人收集数据的手段。几家航空公司已经引进了叫作航线运行安全审计（LOSA）的方案来监视常规运行条件下的飞行。

航线运行安全审计是一种已被证实的用来识别危险并为常规的驾驶舱操作制定应对策略的方法。监控的目的是收集有关操作威胁、机组成员差错和其他管理方面的数据。经过航线运行安全审计技术培训的观察员在正常的定期航班上坐在折叠式座椅上观察情况。通过监控正常飞行，能够了解到很多飞行员管理一般威胁、差错和不良状况的成功策略。

航线运行安全审计的经验正在被应用到空中交通管制中。然而，因为空中交通管制操作与飞行运行有很大的不同，因此这种通称为常规运行安全调查（NOSS）的不断演化的方法也会有所不同。正常运行安全调查的意图是为空中交通管制领域提供一种能够获得有关威胁、差错和不良状况的原始数据的方法。结合从常规途径获得的安全数据，对常规运行安全调查数据进行分析应该有可能把安全改进过程的重点放到最需要关注的方面。

常规运行安全调查建立在威胁与差错管理框架上。常规运行安全调查的最简单的形式包括在正常上班时间进行现场随机观察。结合通过其他手段（如事故征候报告方案和事件调查）获得的数据对这些标准数据进行分析，会给空中交通管制的管理者提供一种手段，从而把安全改进过程的重点放在那些对空中交通管制系统的安全系数最有破坏性的威胁上。

常规运行安全调查承认在正常的操作过程中，管制员对每天遇到的威胁、差错和不良状况进行例行管理。他们及时的干预使所需要的安全系数在不安全结果（即出现事故或事故征候）出现之前得以维持。了解管制员如何有效地处理正在演化的情况并制定必要的对策，以保护空中交通服务系统内的防护机制是至关重要的。因为安全管理战略最好是针对系统威胁，而不是个别的差错，所以正常运行安全调查的主要目标必须是识别威胁，而不只是计算差错的数量。

第十四章　机务安全管理

飞行安全一方面依赖于各类以飞行有关的人员的技术水平，另一方面也依赖于航空器的适航性。每年在世界范围内，维修与检查差错被列为导致很多事故和严重事故征候的一个因素。因此，在维护、检查、修理和大修领域的安全管理对飞行安全是至关重要的。维修机构需要遵守与飞行运行同样规范的安全管理方法。在维修中坚持这种做法可能是困难的。维修活动可能由航空公司本身进行，也可能承包给经批准的维修机构。因此，这些维修活动可能在离航空公司总部相当远的地方进行。

导致维修故障的情况可能在最终故障出现之前的很长时间就存在了。例如，未被发现的疲劳裂纹可能需要几年才能发展到失效的程度。不像几乎可实时发现其差错的飞行机组成员，维修人员通常在故障出现前几乎得不到有关其工作的信息反馈。在这段时间间隔内，维修工人可能继续造成同样的潜在的不安全状况。因此，维修领域采用综合的安全防护机制，包括航空器系统的多重管理以加强系统。这些防护机制也包括对维修机构的认证、航空器维修工程师持证上岗、适航管理、详细的标准操作程序、工作单卡、工作检查、下班时的记录和对完成的工作做出的记录。

风险潜在性可能由进行维修时经常所处的环境产生，包括诸如组织问题、工作场所条件和与航空器维修相关的人的行为能力问题等可变因素。维修中可能影响安全的比较显著的问题在本章中有具体的叙述。

就航空器维修而言，术语"安全"通常被认为有两个内涵：一是强调保护航空器维修工程师、设施和设备的行业安全与卫生；二是确保维修工程师为飞行提供适航航空器的过程。尽管两者可能密切相关，但是本章侧重后者，很少涉及职业安全与卫生（OSH）问题。

第一节　维修中的安全管理

考虑到维修工作的性质，航空器维修工程师的工作环境和很多可能影响他们预期行为能力的人的因素问题，需要有一个系统的安全管理方法，即安全管理体系。成功的安全管理体系是建立在如下三个基础之上的：① 针对安全的企业方法；② 有效的方案实施手段；③ 安全监督和方案评估的正式系统。

下面逐一讨论安全管理体系的这些方面。

一、针对安全的企业方法

针对安全的企业方法为组织如何发展安全理念和安全文化确定了大方向。在确定组织希

望对安全管理采取哪种方法时,以下因素可能是重要的:
（1）维修组织的大小（大型经营人往往需要较大的组织机构）；
（2）运行的性质（例如昼夜不停的国际或定期运行与国内或非定期运行）；
（3）组织的地位（例如航空公司的一个部门与独立的企业）；
（4）组织及其劳动力的成熟性（例如企业的稳定性和经验）；
（5）劳资关系（例如近来的历史和复杂性）；
（6）当前的企业文化（与期望的安全文化）；
（7）维修工作的范围（例如日常维护与航空器或主要系统的大修）。

1. 安全方面的组织安排

对于航空器经营人,其安全经理必须在维修安全管理方面有明确规定的职责与报告路线。维修机构也需要一名技术专家与安全经理一道工作。至少,安全经理将需要维修部门的专家建议。公司的安全委员会也应该包括维修部门的代表。对于大型航空公司,可能需要建立一个专门管理维修安全问题的委员会。

2. 维修文件与记录的管理

维修部门主要依靠各种系统来系统地获得、储存和检索安全管理所需的大量信息。例如:
（1）技术图书馆的信息必须随时更新（例如技术指令、型号认证、适航性指示和服务公告）。
（2）必须详细记录维修缺陷和完成的工作。
（3）必须保存性能和系统监视数据以便进行趋势分析。
（4）企业安全政策、目的和目标必须正式形成文件和分发。
（5）必须保持对人员培训、资质和能力等的记录。
（6）必须保持关于部件的历史情况和寿命等信息。

在大型公司,这些信息往往用计算机处理。因此,在一个维修组织中,安全管理体系成功与否将主要取决于其文件和记录管理系统的质量和及时性。

3. 资源分配

没有足够的资源,写在纸上的最好的安全管理体系也毫无用途。为减少由于事故造成的损失,是需要经费的。例如,需要为如下事项分配资源:
（1）由具有专业知识的人员设计和实施维修安全系统；
（2）对所有员工进行安全管理培训；
（3）储存安全数据的信息管理系统和分析这些数据的专业知识。

4. 安全文化

维修组织中不良的安全文化可能导致不安全的工作做法得不到纠正,从而可能产生问题在很长时间里都不会暴露出来的潜在的不安全状况。管理层能否成功地在维修部门营造积极的安全文化,在很大程度上取决于如何处理上述问题以及如何实施安全管理体系。

二、维修中安全管理的主要手段

维修安全管理体系的有效运行建立在基于风险的决策上,这种观念对于维修实践长期以来一直是必不可少的。例如，维修周期是依据系统和部件在该周期内不会失效的概率确定的。部件通常由于其"使用期限已到"要进行更换，即使它们在功能上可能还可用。以知识和经验为基础，可将意外失效的风险降低到可接受的水平。

运行维修安全管理体系的一些主要手段包括：
（1）明确规定并强制实施的标准操作程序；
（2）基于风险的资源分配；
（3）危险和事故征候报告系统；
（4）飞行数据分析方案；
（5）趋势监测与安全分析（包括成本效益分析）；
（6）对与维修相关的事件进行适当的调查；
（7）安全管理方面的培训；
（8）沟通与反馈系统（包括信息交流和安全宣传）。

三、安全监督与方案评价

同任何"体系"一样，需要有信息反馈来确保维修安全管理体系的各个要素按照预期发挥作用。维修机构中要持续保持高的安全标准，就需要定期监督和监控所有维修活动。对员工之间的联系环节而言（例如在维修人员与飞行机组成员之间、不同专业的人员之间或交接班的员工之间）尤为如此，以避免问题"被遗漏"。这些问题可以通过进行定期的安全审计在内的方法来保持安全监督。

在航空业内变化是不可避免的，维修领域也不例外。维修主管可能要求对维修机构内的任何重大变更进行安全评估。可能需要进行安全评估的情况包括：企业合并，引进新机队、设备、系统或设施等。这样，便能查明和校正任何调整的需要。

对维修安全管理体系应该进行定期评估，以便确保达到预期的结果。方案评价应该提供对以下问题的满意答复：
（1）管理者在多大程度上成功地建立了积极的安全文化？
（2）在危险和事故征候报告中反映的趋势是什么（按技术专业、航空器机队等分类）？
（3）危险是否正在被识别和解决？
（4）是否已经为维修安全管理体系提供了充分的资源？

第二节　对在维修中的程序偏离进行管理

维修系统不仅包括在车间工作的航空器维修工程师，还包括参与维修过程的所有其他技术员、工程师、计划者、经理和仓库保管员等。在这样庞大的系统中，维修中的程序偏离和差错是不可避免的，并具有普遍性。

维修的事故和事故征候更有可能是由于人的行为而不是机械故障引起的。它们通常包括偏离规定的程序和做法。甚至机械故障都可以反映出在小缺陷发展到引发故障的程度之前在对其进行观察（或报告）中出现的差错。

维修差错通常是由航空器维修工程师不能控制的因素而造成的，例如：

（1）做工作所需要的信息；

（2）必要的设备和工具；

（3）航空器设计缺陷；

（4）工作或任务要求；

（5）技术知识或技能要求；

（6）影响个人行为能力的因素（即 SHEL 因素）；

（7）环境或工作场所因素；

（8）组织因素，例如企业风气；

（9）领导和监督。

安全的维修组织鼓励对维修差错进行负责的报告，尤其是那些危及适航性的差错，以便采取有效的措施。这就需要一种文化，在这种文化氛围中，当员工认识到差错后能够无顾虑地立即向其主管报告。

现正在为管理航空器维修中程序偏离（和差错）问题开发新的系统。这些系统通常是全面维修安全管理体系的子系统并表现出以下特征：

（1）它们鼓励无拘无束地报告那些本来没有要求报告的事件。

（2）它们为员工提供有关使用维修安全管理体系的目的和程序的培训，包括对部门惩戒政策的明确定义（例如惩戒措施应只适用于粗心大意或有意漠视公布的程序细则的行为）。

（3）它们对报告的差错进行适当的安全调查。

（4）它们在识别出安全缺陷后，寻求采取适当的安全行动。

（5）它们向全体员工提供信息反馈。

（6）它们为趋势分析提供适当的数据。

对维修中程序偏离进行管理的一个手段是由波音公司开发的维修差错决断工具（MEDA）。该决断工具为一线主管（和安全经理）提供了一种系统的方法，用来分析和跟踪导致维修差错的因素并提出差错预防策略。

在维修差错决断工具中有五个基本步骤，即：

（1）事件：在发生事件后，维修组织的职责是选定将要着手调查的导致差错的方面。

（2）决断：在问题得到解决和航空器重新投入使用后，经营人要决断事件是否与维修有关。如果是，经营人使用维修差错决断工具进行调查。

（3）调查：经营人按照结构化的表格（专门为维修差错决断工具设计）进行调查。调查员记录航空器的一般信息、维修和事件发生的时间、促成调查的事件、导致事件的差错、导致差错的因素和可能的预防策略。

（4）预防策略：为了避免或减少以后类似差错出现的可能性，管理者要对预防策略（流程改进）进行审查、确定优先次序，予以实施，然后跟踪检查。

（5）反馈：向维修人员提供信息反馈，使航空器维修工程师知道，已经通过维修差错决断工具运用过程，对维修系统进行了改进。管理者负责确认员工参与的有效性，并通过与他们共享调查结果来证实他们对维修差错决断工具运用过程做出的贡献。

关于 MEDA 的具体介绍在后文有具体的叙述。

第三节　安全管理人员关注的问题

公司安全经理在向高层管理者提供有关安全管理体系中维修部分的合理建议时经常会面临挑战，尤其当安全经理没有航空器维修专业的背景时。一些挑战包括：

（1）了解维修工作环境下的安全管理。

（2）提高自身的信誉，特别是在充分了解有关行业公认的安全工作做法和紧跟航空器维修业最新发展方面（对于安全经理来说，更好地了解航空器维修复杂性的一种方法是向维修经理进行请教并熟悉维修差错决断工具检查单中的各种内容）。

（3）发展并保持与下列人员之间有效的工作关系：① 负责航空器维修和把维修安全纳入公司整个安全管理体系中的经理；② 可能的技术顾问；

（4）在维修人员和参加安全管理体系的其他人员之间建立协作关系。

（5）在飞行运行和维修之间培养一种合作和对各项活动进行日常配合的精神，尤其是在充分报告偏差或实施飞行数据分析系统方面。

（6）对通过各种危险识别手段收集到的安全数据进行及时可靠的分析。

（7）促使维修部门参加和支持公司安全委员会。

安全管理人员在审查维修中安全管理的有效性问题时，还应特别注意以下问题：

（1）维修文件的充分性；

（2）上下级之间以及维修组织内横向间的沟通质量；

（3）影响人的行为能力的环境因素；

（4）培训的质量，包括与工作相关的知识和专门技能；

（5）旨在识别系统危险的差错报告及趋势分析系统；

（6）为减少或消除识别出的安全缺陷，实施任何必要改进措施的手段；

（7）是否存在允许有差错和无惩罚的安全文化。

第四节　影响维修工作的因素

航空器及其部件的维修工作必须在一定的条件下才能进行，因此影响维修工作的因素很多，下面列举了一些影响维修工作条件的典型问题。

一、组织方面

（1）保证按时起飞及昼夜不停运行的时间压力；

（2）航空器老化，需要彻底检查疲劳、腐蚀及总体状况等；

（3）新技术需要新工具、新的工作程序和昂贵的再培训等；

（4）"排故"侧重于按时完成任务（例如在没有确定为什么出现故障——也许是由于差的设计或不正确的组装——的情况下就更换损坏的零件）；

（5）航空公司扩展和合并（例如将具有不同工作做法和不同安全文化的维修部门合并在一起）；
（6）将服务外包给分包商（例如大修和全面检修）；
（7）不知情地引进（低成本、不合规格的）伪造的零件等；
（8）为航空器维修工程师颁发不同类别、不同代、不同型号和不同厂家的航空器的工作执照。

二、工作场地条件

（1）航空器设计从维修的角度考虑不方便用户（例如狭窄的部件检查窗口和不适当的离地高度）；
（2）航空器构型（可能不断改进变化）的控制与维修任务和程序的标准化；
（3）备件、工具和文件等的可获得性（和易取用性）；
（4）随时可获得大量技术信息的需要和保持详细工作记录的必要；
（5）变化不定的环境因素（例如停机坪的条件、技术车间的条件与航空器修理库的条件）；
（6）同时进行的活动和停机坪上的恶劣天气所造成的独特的工作条件；
（7）飞行机组成员在提供及时、准确和易懂的缺陷报告方面的不足。

三、维修中的人为因素

（1）组织方面的问题和工作条件（如上所述）；
（2）环境因素（例如温度、照明和噪声）；
（3）个人因素（例如工作量、身体要求和体力维持）；
（4）工作安排（例如轮班、夜间工作和加班）与充分的休息时间；
（5）标准操作程序的适合性（例如正确性、易懂性和可用性等）；
（6）监督的质量；
（7）正确使用工作卡等（例如工作现场的实际做法是否符合标准操作程序）；
（8）正式培训、在职培训（OJT）、复训和人的因素培训的充分性；
（9）在交接班时工作移交的充分性和记录保持；
（10）枯燥乏味；
（11）文化因素（例如航空器维修工程师的专业技术水平和报告差错和危险的公开性）。

第五节　维修差错决断工具（MEDA）

维修差错决断工具（MEDA）是目前广泛应用在航空器维修工作当中的一种维修管理方法。维修差错决断工具将差错的促成因素及建议的差错预防策略形成文件，并提供结构化框架。而维修差错决断工具以下基本原则为基础：

（1）维修差错不是故意造成的；
（2）大部分维修差错是由于一系列的促成因素导致的；
（3）许多促成因素是经营人工作流程的一部分，因此是可以管理的。

跟踪维修差错的传统方法总是离不开识别由维修差错引起的事件，然后对差错的责任人执行纪律处分。维修差错决断工具方法前进了一大步（不采取惩戒措施，除非是有意违反程序）。在对由于维修差错导致的事件进行调查并确定了差错的责任人后，维修差错决断工具会便于采取如下行动：

（1）确定导致差错的因素；
（2）对差错的责任人（和必要的其他人）进行访谈，以便获得所有相关信息；
（3）找出那些未能阻止差错发生的组织上或系统上的保护屏障（和它们为什么未能起作用的促成因素）；
（4）从差错的责任人（和适宜的其他人）那里收集过程改进意见；
（5）保持维修差错数据库；
（6）分析维修差错的模式；
（7）实施基于差错调查和分析的流程改进；
（8）向受这些过程改进影响的所有员工提供信息反馈。

维修差错决断工具检查单便于访谈的进行（即数据获取）和将数据保存在维修差错的数据库中。为了了解发生维修差错的背景情况，应该在以下十个方面收集数据：

1. 信息

信息包括工作卡、维修程序手册、服务公告、技术指令、零件图解目录和任何其他的书面或计算机化信息。上述这些信息是由内部或制造厂商提供的，被认为是航空器维修工程师完成工作所必需的。

信息有问题或未被使用的一些促成因素包括：
（1）易懂性（包括格式、详细程度、语言的使用、图解的清晰度和完整性）；
（2）可获得性和易取用性；
（3）准确性、有效性和现时性；
（4）相互冲突的信息。

2. 设备/工具

本类包括正确完成维修或检查任务所必需的所有工具和材料。除日常使用的钻子、扳手和螺丝起子等之外，还包括在维修程序中明确的无破坏性测试设备、工作台、试验箱和专用工具。设备/工具影响航空器维修工程师行为能力的一些促成因素包括：

（1）航空器维修工程师使用起来不安全（例如防护装置丢失或不稳定）；
（2）不可靠、已损坏或已磨损；
（3）控制装置或显示器的布局差；
（4）校正错误或不正确的刻度读数；
（5）对工作任务不适用；
（6）得不到；
（7）在预期的环境中不能使用（例如空间限制或存在潮气）；

（8）说明书丢失；
（9）太复杂。

3. 航空器设计/构型/零件

本类包括由于个别航空器的设计或构型给航空器维修工程师维修带来限制的那些方面。另外，它还包括备件被贴错标签或没有货，从而导致使用替代件。这里所涉及的可能导致航空器维修工程师出现差错的促成因素包括：

（1）安装或检验程序复杂；
（2）部件的体积和重量；
（3）无法接近；
（4）构型多变（例如由于同一类型的航空器的不同型号或改装）；
（5）零件无货，或标签贴错；
（6）容易出现安装错误（例如由于反馈不充分或没有定向和流向指示器或连接器相同）。

4. 工作/任务

本类包括所要完成的工作的性质，其中包括构成一项工作的不同任务的组合和顺序。促使在这一方面出现维修差错的一些因素包括：

（1）重复或单调的任务；
（2）复杂的或易混淆的任务（例如程序很长，需要完成多项任务或几项任务同时完成；或需要不寻常的脑力或体力劳动）；
（3）新的或变化的任务；
（4）任务或程序随着航空器型号或维修地点的变化而变。

5. 技术知识/技能

本类包括经营人工作流程知识、航空器系统知识和维修任务知识，以及没有差错地执行指定的任务或子任务所需要的技术技能。影响工作绩效的一些相关促成因素是：

（1）尽管受过培训，技能仍然欠缺；由于一些维修项目需要凭记忆完成而带来的困难，或决策能力差；
（2）由于培训或实践不够，缺乏足够的任务知识；
（3）任务规划不周，导致程序中断，或在可利用的时间里安排了过多的计划任务（例如，未能首先获得所有必要的工具或材料）；
（4）也许由于培训和指导不充分，缺乏足够的经营人工作流程知识（例如没有按时订购必需的零件）；
（5）缺乏足够的航空器系统知识（例如不完善的安装后测试和故障隔离）。

6. 个人因素

本类包括影响个人工作绩效的因人而异的因素，例如那些由个人带到工作中的东西（如人的身体尺寸/力量、健康状况和个人事件）以及那些由人际间或组织因素引发的事情（例如同事的压力、时间限制和工作本身引起的疲劳、工作安排或轮班工作）。维修差错决断工具检查单包括导致维修差错的如下可能因素：

（1）身体健康状况，包括感觉的灵敏度、故有疾病或损伤、慢性疼痛、药物治疗和吸毒或酗酒；

（2）由于任务饱和、工作负荷、轮班安排、睡眠不足或个人因素导致的疲劳；

（3）由于快速工作节奏、所分配工作量的可用资源、赶上航空器登机时间的压力等导致的时间约束；

（4）同事迫使遵循小组的不安全做法，忽视书面信息等；

（5）自满情绪（例如由于对重复性工作的过分熟悉，或危险地认为万无一失或过于自信）；

（6）人的身体尺寸或力量达不到对手臂可及性或力量的要求（例如在有限的空间内）；

（7）个人事件，例如家庭成员的死亡、婚姻问题、财务状况的变化；

（8）在工作场所注意力分散（例如由于动态变化的工作环境的干扰）。

7. 环境/设施

本类包括所有那些不仅能影响航空器维修工程师舒适度的因素，而且还包括可能产生健康或安全问题致使航空器维修工程师注意力分散的因素。维修差错决断工具确定的可能导致维修差错的一些环境因素包括：

（1）影响交流或反馈，影响精力集中等的高噪声级；

（2）影响航空器维修工程师操作零件或设备的能力，或导致身体疲劳的过热温度；

（3）影响触觉或嗅觉的长时间的寒冷；

（4）影响航空器、零件或工具表面，包括书面文件使用的潮湿或下雨；

（5）影响能见度或需要穿上笨重的防护服的降水；

（6）不便阅读说明书或布告、进行目视检查或执行任务的照明不足；

（7）影响听力或交流，或刺激眼睛、耳朵、鼻子或喉咙的风；

（8）造成判读仪表困难或导致手或胳膊疲劳的振动；

（9）影响执行目视检查的能力、影响立足或手握，或减少可用工作空间的清洁度；

（10）影响感觉灵敏度，导致头痛、头昏眼花或其他不舒适，或需要穿戴笨拙的防护服的危险或有毒物质；

（11）没有得到足够保护或进行适当标记的电源；

（12）造成人员不适或疲劳的通风不足；

（13）工作场所太拥挤或组织安排工作不力。

8. 组织因素

本类包括如下因素：与保障组织的内部沟通，在管理者和航空器维修工程师之间建立的信任水平，对管理者所定目标的了解和接受，以及工会活动等。所有这些因素都会影响工作质量，因而也会影响维修差错的范围。下面是维修差错决断工具确定的可能导致维修差错的一些组织因素：

（1）技术部门提供的保障前后不一致，不及时或从其他方面讲质量差；

（2）公司政策不公平，或在应用中前后不一致，在考虑特殊环境时不灵活等；

（3）公司的工作程序，包括标准操作程序不适当，缺乏足够的工作检查，手册过期等；

（4）可能分散精力的工会行动；

（5）引起不确定性、工作地点变更、解雇、降级等的企业变化（例如重组）。

9. 领导与监督

本类与组织因素那一类有紧密联系。尽管主管通常不执行维修任务，但是如果他们在对工作任务进行规划、优先排序和组织方面存在问题，也会导致维修差错。主管和管理者必须对维修工作的发展方向及如何达到该目标有一构想。在日常活动中，他们必须"言行一致"，即他们做的和说的必须一样。如果领导与监督比较薄弱就会产生导致维修差错的工作环境的一些方面包括：

（1）对任务的计划和安排不适当，影响了可获得的圆满完成工作所需的时间和资源；

（2）工作的优先顺序排列不当；

（3）任务的委派或分配不当；

（4）不切实际的看法或期望，导致完成工作的时间不够；

（5）过分的或不适当的监督方式，事后才对航空器维修工程师提出批评或在制定影响他们的决策时不让他们参加；

（6）过多的或没有目标的会议。

10. 沟通

本类涉及阻碍航空器维修工程师及时获得关于维修任务的正确信息的沟通（书面的或口头的）方面的任何故障。下面是维修差错决断工具提供的在员工之间发生沟通故障，进而可能引发潜在维修差错的例子：

（1）部门之间——模糊的或不完整的书面指示、不正确的信息传送途径、个性冲突或没有及时传达信息。

（2）航空器维修工程师之间——根本就没有沟通；由于语言障碍、使用俚语或缩写词等导致传达错误信息；在对理解产生怀疑时没有提出问题；当需要进行变更时没有提出建议。

（3）各班之间——由于口头介绍情况不细（或匆忙）导致交接不清；或没有充分地保持记录（工作板、查讫单等）。

（4）在维修人员和工长之间——在工长未能向维修人员传达重要的信息（包括在一个班开始时没有充分地交代任务或对工作表现没有足够的反馈）时；在维修人员未能向工长报告问题或机会时；或在任务和职责不明确时。

（5）工长和管理者之间——在管理者未能向工长传达重要信息（包括对目标和计划的讨论，以及对所完成的工作的反馈等）时；在工长未能向管理者报告问题或机会时等。

（6）飞行机组成员和维修人员之间——飞行日志书写得含糊不清或不够完整；没有及时通告缺陷；没有使用航空器寻址通信和报告系统（ACARS）/数据链接等。

第十五章　机场安全管理

　　航空器运行的安全、正常和高效最为重要。为此，国际民航组织的附件 14 要求各国为用于国际运营的机场颁发使用许可证，并建议也为公用机场颁发使用许可证。机场使用许可证的颁发过程包括批准/认可概述机场安全管理体系（SMS）的机场手册。尽管航空器在地面运行存在发生灾难性事故的可能性，但是航空器在地面上发生较小事故的可能性却很大，特别是在做回程飞行准备期间。每年地面运行事故都会给航空器经营人带来重大的财务损失。

　　飞行中发生的事故和事故征候通常能够得到很好的报告和调查。但是，地面事故不是总能受到同样的关注。驻在机场的经营人、承租人和服务提供者可能不会向机场管理层报告较小的事故和事故征候。这些较小的事故和事故征候也许是严重事故的滋生地。了解对机场安全产生危险的情况对于有效的安全管理是至关重要的。

　　机场上的安全与飞行安全需要的安全管理方法大致相同。很多不同的活动在机场上集中可产生具有重大事故隐患的特殊环境。必须结合机场运行的总体环境看待地面事件。机场上汇集了各种变化莫测的具有潜在高风险的活动。一些导致这种潜在风险的因素包括：

　　（1）交通量大及各种交通混合在一起（包括国内的和国际的、定期的和不定期的、包机和特殊飞行、商业航空和娱乐航空、固定翼和旋翼等）；

　　（2）航空器在地面上的易损性（活动不便、易毁坏等）；

　　（3）大量的高能源（包括喷流、推进装置、燃料等）；

　　（4）极端天气（温度、风、降水和能见度差）；

　　（5）野生动物（鸟和动物）危险；

　　（6）机场布局（尤其是滑行道路线、拥挤的停机坪区域，以及可能导致跑道侵入的限制视线的建筑物和结构物设计）；

　　（7）缺乏足够的目视助航设备（如标志、标记和灯光）；

　　（8）不遵守规定的程序（尤其是在无管制的机场）；

　　（9）停机坪的车辆；

　　（10）与在对空面上工作的人员传递信息（通信）方面存在问题；

　　（11）跑道的使用（包括多条跑道的同时使用、交叉起飞和优先使用的跑道）；

　　（12）地面和停机坪的管制（有时受到频率拥挤的影响、使用非标准的术语、语言障碍和错误的呼号等）；

　　（13）目视和非目视着陆导航设备不足和不可靠；

　　（14）空域限制（地形、障碍物、噪声抑制要求等）；

　　（15）保安问题；

　　（16）在使用中的机场上的施工活动；

（17）增加容量的程序和使用不是为新一代航空器设计的现有设施。

考虑到机场环境的复杂性，需要有一个系统的安全管理方法，以便协调各种活动，提供安全服务。安全管理体系（SMS）可提供这种协调的方法。在这样做的过程中，提出安全理念和制定保障政策，协调并执行操作程序，系统地监控日常的运作。总之，安全管理体系有助于创造一个有益于安全运行的机场安全文化。

第一节 机场安全管理框架

一、国际民航组织对机场安全管理的要求

关于机场经营人实施安全管理体系的标准和建议措施载于附件 14——《机场》的第 I 卷《机场设计与运行》。第 1 章 1.4 节要求，为获得批准和得到机场使用许可证而提交的机场手册须载有关于机场安全管理体系的细节。

Manual on Certification of Aerodromes（Doc 9774 号文件）附录 I 中包含了应在机场手册中包括的细节。该附录第 5 部分载有机场安全管理体系的必备特征。

Doc 9774 号文件规定，机场经营人的安全管理体系应该包括安全政策、组织的结构、个人和集体的安全事务责任、安全绩效目标的确定以及内部安全审计和审查系统，以确保系统的运行能以一种显然有控的方式进行。

二、国家的责任

执行国际民航组织的规定涉及机场经营人和国家管理机构。越来越多的机场由合股或私营公司运营，不受国家的直接控制。但是，国家作为《芝加哥公约》的签署国要负责执行国际民航组织的标准和建议措施。然而，本手册中描述的安全管理原则只是指导性材料，并不取代遵守国际民航组织标准和建议措施和/或国家规章的义务。

为履行这一职责，国家必须制定必要的法律和管理规定，以便要求机场经营人执行系统的安全管理措施及程序。国家还有必要建立适当的监督机制，以便确保服务提供者遵守这些法律和管理要求，并在运行中保持一个可接受的安全水平。Doc 9774 号文件描述了建立管理框架的要求。

国家需要在民航局内建立一个实体，负责确保有关机场的要求得到贯彻。这个实体（有时称作机场标准和安全司（DASS））的组织结构和人员配置应该适应国家环境和现有民用航空系统的复杂性。Doc 9774 号文件详细地描述了机场标准和安全司的建立及职责。

管理职能和机场运行都在一个机构（例如某一政府部门或一个由国家管理的机构）控制下时，两种职能（即安全监督和服务提供）必须明确区分开，这是非常重要的。

国家的机场安全方案可以被认为具有两个组成部分：安全管理和监督职能（这始终是国家的直接责任）和安全管理部分（它通过机场经营人的安全管理体系来执行）。

国家在履行其管理职责时既可以选择发挥主动作用，即密切地监督机场经营人与安全相

关的活动，也可以选择发挥被动作用，即将更大的责任委派给机场经营人，而国家保留监督责任。一种介于主动和被动两个极端之间的国家管理系统好处颇多，该系统应该：

（1）将机场安全运行的责任在国家和机场经营人之间进行均衡的分配；
（2）能够证明，根据国家的资源在经济上是合理的；
（3）能够使国家对机场经营人活动保持持续的监督与管理，同时又不会不适当地约束机场经营人对组织的指导与控制；
（4）建立和保持国家与机场经营人之间和谐的关系。

第二节　机场安全管理

传统上，机场由国家拥有并运营。随着机场的公司化（或私有化），机场管理由政府官员移交到机场当局或私营实体，这种情况正在日益发生变化。不管机场是由国家管理的，还是由私营实体管理的，安全始终是头等大事。一个强有力的安全管理体系有利于航空器在机场的安全运行。然而，并不是说采纳了安全管理体系，就没有必要遵守附件14第I卷的标准和建议措施及适用的国家规章了。在机场安全管理体系的框架内，机场管理层必须监督所有服务提供者、承租人和承包人等的活动，以确保机场最安全和最有效的运行。

有效的机场安全管理体系始于企业对航空业务的广泛了解。机场管理层必须促进积极的安全文化。这部分地将依赖于：分配给安全管理的资源；到位的反馈机制——以及如何对它们进行日常管理；促进机场运营中的利益相关者共享与安全相关的信息和坚持不懈地谋求改进。

机场安全管理体系仅能为源自机场系统内部的，或机场系统中的某一要素可能起到促动作用的危险提供一种控制手段。举一个后者的例子，机场安全系统不能直接解决由于航空器系统故障而紧急着陆的原因问题。它只能解决在机场上紧急着陆的后果问题。但重要的是，处理紧急情况的机场程序不要加大紧急情况的严重程度。

一、机场经营人的安全管理体系

国家的责任是颁布有关机场的适当法律和管理规定，机场经营人则要负责机场的日常管理。鉴于在机场产生潜在风险的因素的复杂性，机场管理者必须协调不同的利益相关者在机场上的活动——他们的预期和优先事项常常互相冲突。必须促使利益相关者（他们大部分是机场当局以外的各机构的雇员）有共同的着眼点。另外，还必须从航空公司和其他服务提供者那里获得资源承诺。

对于机场安全管理体系，首先要制定相应的安全政策和操作程序。如果利益相关者参与制定这些政策和程序，并且将其包括在诸如租约和经营授权书等相关合同文件中，它们就更可能得到贯彻落实。要想达到安全地面运行所需的理想的标准化和互用性水平，也需要所有利益相关者的大力合作。

必须确保不要把机场经济上赖以生存的商业利益置于运行安全问题之上。例如，增加登机门的数量会增加机场的收益；但也会增加停机坪的拥挤，从而带来附加的安全风险。很多大型机场都有由机场承租人、经营人和服务提供者等的代表组成的强大的用户团体或咨询委员会，他们能协助机场管理者做出有关机场运行的决策。

1. 安全经理和安全委员会

对于大型机场，任命专职的安全经理（SM）是有益处的。然而，安全经理的任命并不能解除机场总经理/经理对实施有效的安全管理应负起的责任。另外，大型机场也许需要设置安全委员会。

机场安全经理将合理地协调机场安全委员会的活动。另外，考虑到需要整合众多的常常相互冲突的利益，可能需要设立几个安全小组委员会。例如，可以组成不同的小组来涉及安全相关的特别领域，如机场保安、停机坪安全、在对空面的车辆运行、除雪和除冰以及跑道侵入等。

2. 安全事件的报告

只有了解危险的存在，才能对它们进行控制。主动识别安全危险的一个强大的工具是安全事件的报告。通过无惩罚的事件报告系统，机场经理可利用在机场得到的各种观点去识别潜在的有可能危及航空器运行安全的情况或环境。

对于机场安全事件的报告方式有两种基本类型，它们是：① 对国家规章要求的事故和事故征候进行的强制性报告；② 对根据强制性报告规定可以不报告的安全事件进行的自愿报告。

机场的所有组织，包括航空器经营人、地面服务机构和其他组织，需要积极地参与事件报告系统。但是，考虑到所涉利益相关者群体的数量，以及他们的不同利益和优先事项，在机场建立并运行一个有效的事件报告系统会是一个相当棘手的事情。此外，其中一些组织如加油公司，可能有自己已经确定的管理运行安全的方法。

在实施事件报告系统中，机场员工、承包人和承租人都应该十分清楚各自的责任：① 应该报告的危险类型；② 报告机制；③ 他们的工作保障；④ 为跟踪调查识别出的危险所采取的行动。

3. 安全监督

考虑到许多不同机构的各种活动，保持机场的高安全标准意味着要制定一个定期的监控和监视方案。在利益相关者之间（例如机场员工与航空公司员工之间，签约的服务提供者之间）的接合部位有推卸责任的倾向，声明"这不是我的问题"。为此，有必要明确界定任务和职责。

为满足日益增长的需求对机场进行扩建，使变化无处不在。新的跑道和滑行道、候机楼、商店和仓库等都可能引入新的安全危险。机场经理可要求对促使机场设施、服务和运行的等级发生重大改变的任何提案进行安全评估。

机场有效的安全管理体系还应该包括一项涵盖在机场进行的所有活动的安全审计方案。这样的安全审查还将包括服务提供者和经营人在停机坪内的活动。充分了解涉及各类员工（如维修人员、行李管理员和车辆操作员）的人的因素问题，有助于洞察安全危险。与类似规模机场的管理者的合作安排，可为进行有效的安全审查和审计提供获得额外专业知识和经验的机会。

4．安全审计

安全审计是一项核心的安全管理活动，为在潜在问题对安全造成影响之前识别它们提供了一个手段。第五章概述了建立安全审计方案的原则和方法。

Manual on Certification of Aerodromes（Doc 9774 号文件）指出，机场经营人应安排对机场安全管理体系进行审计，包括对机场设施和设备进行检查。机场经营人也应该为评价机场用户，包括航空器经营人、地面服务机构及在机场工作的其他机构安排外部审计。这种外部审计应由具有适当资质的安全专家进行。

二、机场应急预案的制定

许多事故都发生在机场或靠近机场的地方，造成机场资源的紧张。及时对航空器紧急情况做出适当的响应是机场管理者面临的最严峻的挑战之一。为确保在这种高度紧张的时刻能够做出适当的响应，建立合理的机场应急预案（AEP）是必要的。国际民航组织附件 14 载有对建立和维持机场应急预案的详细要求。这包括与其他相关机构进行必要协作，满足这种应急需求。预案反映的是机场管理者、常驻的利益相关者及那些不得不执行预案的人员之间的协作努力。接下来将详细说明了机场应急预案的制定。

制定机场应急预案的目的是在最大程度上减少紧急情况所带来的影响，尤其是在挽救生命和维持航空器运行方面。机场应急预案概述了对机场内的不同机构（或服务部门）及周围社区内在紧急情况下能够提供帮助的机构做出的响应进行协调的程序。

1．协同响应

机场应急预案应该概述在机场经营人看来在紧急情况下将积极参加应急行动的机构应做出的响应或参与。这样的机构包括：

（1）机场内。① 救援与消防服务机构；② 医疗服务机构；③ 警察和/或保安服务机构；④ 机场行政管理部门、空中交通服务部门、维修组织和航空器经营人。

（2）机场外。① 警察；② 当地消防部门；③ 医疗服务机构；④ 医院；⑤ 政府当局；⑥ 军队；⑦ 海港巡逻队及海岸警卫队；⑧ 其他相关机构。

2．机场应急演练

机场应急预案为对发生在机场内或机场附近的紧急情况做出协调响应提供了理论上的框架。然而，定期检验对确定预案中是否存在漏洞是很重要的，例如，解决参与者对所确定的程序的可行性存在的误解和对需求不切实际的估计（时间、资源等）。对预案进行检验还能使参与者之间互相认识，熟悉机场设施等，以及了解其他服务如何运作，还可确认至关重要的通信联系。

检验机场应急预案的方法有三种：

（1）全面演练：通过逼真的、全面的模拟，检验所有能力、设施及参与应急响应的机构。这种演练应至少每两年进行一次。

（2）部分演练：有选择性地模拟应急响应职能（例如消防）。这种演练在不进行全面演练的年度里应每年至少进行一次，或根据保持熟练程度的需要适当进行。

（3）桌面演练：这种用于更新程序、检查单、电话号码表等，以及以很少的开支整合应急响应资源的方法应至少每半年协调一次。

而在制定机场应急预案演练计划时需要更多考虑的一些事项：

（1）要在以下方面定期检验机场应急服务人员：应急响应程序、急救等；消防；紧急疏散，包括对相关航空器系统及疏散路线的了解等；

（2）检验通信及出动程序并随时更新；

（3）要很好地了解抢救和救火路线，保持这些路线无障碍并进行定期检查；

（4）选定指挥部，配好设备，并进行测试；

（5）提供临时的太平间设施；

（6）备有（并定期检验）如下程序：人群控制、新闻媒体采访、接待事故遇难者的家属及亲属；

（7）清理航空器的残骸或回收航空器；

（8）为恢复机场的服务及持续运行做好准备等。

三、机场停机坪的安全

发生在停机坪上的事故通常导致较小的损坏，尽管有时也可能导致更为严重的损坏。航空器蒙皮及地面服务设备可能被损坏和/或员工可能受到伤害。有时候，配餐车或地面保养车辆与航空器发生的接触可能造成轻微损坏，这种损坏可能未被注意或未被报告，但可能导致随后的空中紧急情况。

航空器易损坏且维修昂贵。甚至较小的地面操作事故都是代价昂贵的，因为它们可引起航班中断、乘客食宿等间接成本。然而，因为这样的事件不包括在航空事故的定义中，所以航空组织通常从职业健康与安全或环境安全的角度看待它们，不把它们看作是保持安全高效飞行运行的重要方面。在停机坪营造和创建积极的安全文化的理念往往还没有很好地形成。

1. 停机坪事故的原因

尽管许多航空器经营人有其自己内部的事故/事故征候数据库，但是很少有停机坪事故的公共数据源。很多地面事件没有向任何国家当局报告。然而，基于行业经验，能够对停机坪事故的原因做出如下一般性阐述：

（1）规章或标准操作程序（SOP）不充分或没有得到遵守。

（2）纪律差和缺乏监督引起许多事故（尤其是由于车辆速度过快造成的事故）。

（3）设备不正确使用或滥用地面服务设备可导致停机坪事故。

（4）动态环境：持续运动（和混乱）的动态环境甚至对于有经验的人员来说保持情势的

了解都是困难的。

（5）天气限制人的行为能力。

（6）培训与风险暴露。公司通常对需要技能的员工进行充分的培训。然而在停机坪上每天暴露在重大风险中的大量相对来讲无需技能的工人通常很少能接受到安全培训和监督。

（7）人的行为能力。停机坪事故通常涉及人的因素，这些人的因素起因于人的判断错误、视力模糊、紧张、分心、时间（或同事）的压力、自满、无知、疲劳和监视或监督不够。

2. 停机坪的安全管理

停机坪上的工作运行会出现目标经常相互冲突的情景，需要迅速做出风险管理决策。要想在安全要求与为了使航空器迅速做好回程飞行准备以避免航班延误和中断而造成的操作压力之间取得平衡，就需要在二者之间进行权衡。在执行标准操作程序时走捷径有助于准时起飞，通常还不会有负面后果。工人由于没有保持工作的正常运转，可能会受到严厉批评（甚至可能受到处罚）。然而，如果他们所遵循的习惯做法导致了事故的出现，他们也会受到"惩罚"。如何打破这种恶性循环呢？

有效的安全管理体系及相应活动的三个基础在前面已经讨论过了。经过较小的修改，它们就可以用于预防停机坪事故。值得特别考虑的一些因素包括：

（1）结合员工能力进行有组织的培训，包括安全指导、地面保障设备的安全操作、遵守标准操作程序的必要性、技能培训，例如场面信号指挥、季节性技能如除冰。

（2）理解、实践与执行明确实用的标准操作程序。

（3）实施鼓励地面服务人员参与的危险及事故征候报告系统。

（4）对停机坪的意外事故进行适当的调查，尤其是强调人的行为能力方面。

（5）有效地搜集及分析相关的地面安全资料。

（6）为所有停机坪员工培养积极的安全文化，使他们做自己安全记录的"主宰"。

（7）在安全委员会（或许还包括一个单独的地面安全小组委员会）内有地面装卸人员及服务人员代表。

（8）把关于识别出的危险及所采取的减少或消除危险的行动的信息反馈给员工。

（9）持续实施加强安全意识的方案。

（10）监视地面系统安全（通过定期的评估及审计来完成）。

3. 车辆的运行

对停机坪上的航空器进行保养/地面服务需要许多车辆。配餐车、加油车、行李/货物装运设备和清洁车等各种车辆几乎同时聚集到航空器周围，以便赶上计划的回程飞行准备时间。在这种情况下，碰撞的风险时时存在，且造成严重后果的可能性很大。在限制区域内或接近航空器的地区车辆超速是停机坪事故的主要原因。为减少事故风险，需要采用系统的方法组织和控制停机坪上的车辆交通。

停机坪的大部分车辆的操作者不是机场经营人的员工。他们也许为诸如航空公司、加油公司以及配餐和清洁公司等服务提供者工作。他们中的很多人不受机场经营人的管理，然而，他们在停机坪上开车通常都需要机场经营人颁发的某种形式的许可。下面是机场安全委员会和安全经理应该考虑的安全管制车辆的一些方法：

（1）车辆管制计划：这个计划通常由机场经营人制订，并适用于所有停机坪区域和在这些区域运行的车辆。要求所有机场的承租人都了解并遵循该计划。计划中应规定交通流量、车辆运行规则、用于车辆的标志和标记，以及交通管制装置。

（2）车辆运行标准：这些标准是车辆在机场运行的基本"交通规则"——包括速度限制及接近航空器的距离限制、通行权等。通常机场当局根据主要用户的建议，并在他们的协助下制定该标准。

（3）车辆限制：一项基本规则是把停机坪内的车辆数量限制在完成工作所需的最低数量上。每辆车都必须被证实有理由在停机坪上运行。所有车辆都必须是公司所有的，不准有私人车辆。

（4）车辆操作者的培训：停机坪内所有司机在被允许在停机坪内操作车辆之前必须接受培训（也许还要获得资格认证）。培训计划可由机场经营人或由机场的主要承租人按照机场经营人的指导方针执行。

（5）强制执行：对地面车辆的运行和计划成功与否取决于能否执行和遵守运行标准。需要进行密切的监督和监视，以确保停机坪的所有用户都维护所要求的安全标准。这包括对那些不遵守规定的人采取的强制行动。

四、机场安全经理在地面安全中的职责

机场安全经理能为地面安全和运行的有效性做出重大贡献。地面安全要同飞行安全一样采用同样的系统方法并受到同等程度的密切关注。因此，机场预防地面事故的方案应该包括安全管理体系的全部要素（危险及事故征候报告系统、安全委员会、风险管理过程、适当的调查、安全监督等）。成功的机场安全管理体系需要在机场各个不同用户和安全经理之间建立可靠的工作关系。安全经理应该关注在机场的下述领域要有充分的预防地面事故的防护机制：

（1）日常的机场维护（铺筑的和未铺筑的道面、照明、标志和标记等）；
（2）计划的新建筑；
（3）机场和停机坪的检查，包括对外来物损坏的控制；
（4）车辆运行管制；
（5）野生动物危险的控制，尤其是鸟类；
（6）跑道侵入；
（7）除雪和除冰；
（8）事件报告和调查程序；
（9）应急预案的制定；
（10）安全委员会，特别是停机坪安全委员会；
（11）本地的安全信息的沟通。

图 15-1 显示的是安全管理体系在机场的使用以及安全经理在这一过程中的职责。

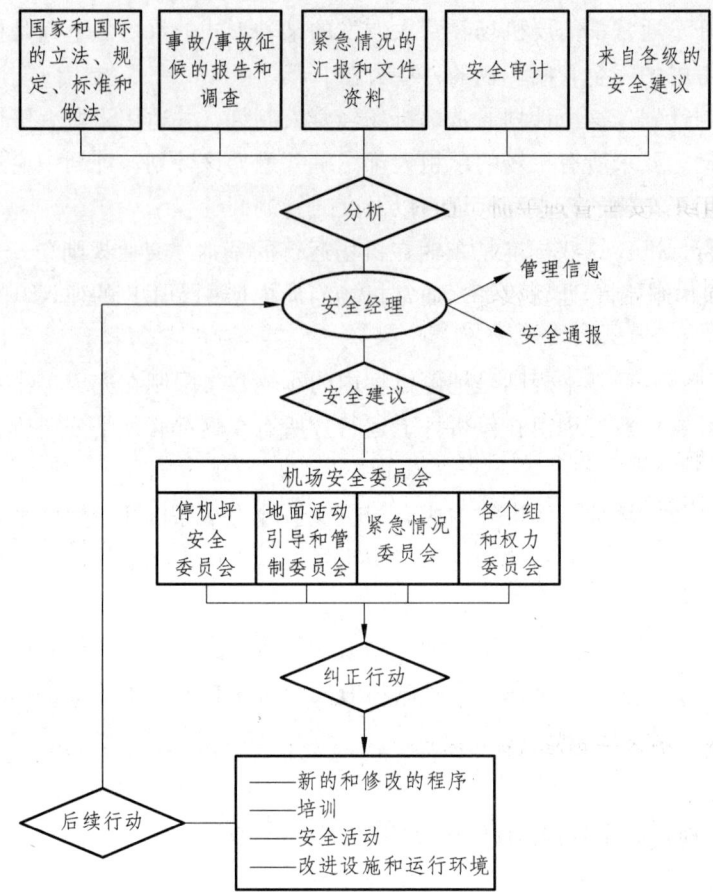

图 15-1 机场安全管理体系示例

参考文献

[1] 国际民航组织. 安全管理手册（DOC9859）.
[2] 汪远辉. 安全系统工程[M]. 天津：天津大学出版社，1999.
[3] 文兴忠，周长春，等. 民航安全文化[M]. 北京：中国民航出版社，2014.
[4] 李继承，等. 民航安全管理体系[M]. 北京：中国民航出版社，2012.
[5] 孙佳，等. 民航安全管理与应急处置[M]. 北京：中国民航出版社，2012.
[6] 李奎，李雪强，等. 航空安全管理[M]. 北京：航空工业出版社，2013.
[7] 杨祖高. 民航法规与实务[M]. 北京：国防工业出版社，2013
[8] 邢爱芬. 民用航空法教程[M]. 北京：中国民航出版社，2007
[9] 侯二秀，顾力刚. 人因失误的管理对策分析[J]. 人类工效学，2004,10（2）：53-55.
[10] 金龙哲，宋存义. 安全科学原理[M]. 北京：化学工业出版社，2004.
[11] 中国民航总局. 民用航空安全评估系统[S]，1997.
[12] 中国民用航空局.《民用机场运行安全管理规定》（CCAR-140）[S].2008.
[13] 刘铁民，等. 安全评价方法应用指南[M]. 北京：化学工业出版社，2005.
[14] 何学秋，等. 安全工程学[M]. 徐州：中国矿业大学出版社，2000.
[15] 张景林，等. 安全系统工程[M]. 北京：煤炭工业出版社，2002.
[16] 罗云，等. 现代安全管理[M]. 北京：化学工业出版社，2004.
[17] 金龙哲. 安全科学原理[M]. 北京：化学工业出版社，2004.
[18] 陈宝智. 系统安全评价与预测[M]. 北京：冶金工业出版社，2005.
[19] 罗云，等. 风险分析与安全评价[M]. 北京：化学工业出版社，2004.
[20] 中国民用航空局. 中国民用航空器适航管理[M]. 北京：中国民航出版社.1994.
[21] 中国民用航空局. 中国民航航空安全报告.
[22] 国际民用航空公约附件6 航空器运行.
[23] 《民用飞机适航管理》编辑委员会. 民用飞机适航管理[M]. 北京：国防工业出版社，1991.
[24] 杨为民.可靠性、维修性和保障性总论[M]. 北京：国防工业出版社.1995.
[25] 罗云. 安全经济学[M]. 北京：化学工业出版社，2004.
[26] 国际民用航空公约附件13 航空器事故和事故征候调查.
[27] GB 14648-93，中华人民共和国民用航空器飞行事故等级[S]. 中国民用航空总局.
[28] GB 18432-2001，中华人民共和国国家标准民用航空地面事故等级[S]. 中国民用航空总局.
[29] 中国民用航空局. 事故汇编.
[30] 中华人民共和国国务院第493号令：《生产安全事故报告和调查处理条例》.
[31] 《安全生产法》.
[32] 《民用航空法》.

[33] 中国民用航空局.CCAR-395.
[34] 中国民用航空局.CCAR-396.
[35] 中国民用航空局.CCAR-121.
[36] 中国民用航空局.CCAR-145.
[37] 中国民用航空局.民用航空器事故征候.
[38] 中国民用航空局.民用航空器事故和事故征候调查程序.
[39] 国际民用航空公约附件 19 安全管理.
[40] 国际民用航空公约附件 18 危险品运输.
[41] 国际民用航空公约附件 17 空防安全.
[42] 周山芙，汪星明，赵苹.管理信息系统[M]. 北京:人民大学出版社，2004.
[43] KOVAL D O, FLOYD H L. Human element factors affecting reliability and safety [J].IEEE Transactions on Industry Applications Publications，1998, 34(2)：410-412.
[44] Warning A. Safety management system [M]. London: Chapman & Hall, 1996.
[45] KIM M C, SEONG P H, HOLLNAGEL E. A probabilistic approach for determining the control mode in CREAM [J]. Reliability Engineering and System Safety, 2006, 91(2):191-199.
[46] FUJITA Y, HOLLNAGEL E. Failure without errors: quantification of context in HRA[J]. Reliability Engineering and System Safety, 2004,83(2):145-151.
[47] LIEW L. Human reliability evaluation for a keyboarding task[D]. Mississippi State University, 1999.
[48] CLEMENS P L. System safety in design practice: two work models compared[J]. Professional Safety, 1999 (11): 33-35.
[49] Transport Canada. The background and basic principle of Safety Management System in Air Canada Airlines[J]. Consultant source of Aviation safety management,2003,(1): 3-5.
[50] 霍志勤，等．近十年中国民航事故及事故征候的统计分析[J]．中国安全科学学报，2006(12).
[51] NOBLE C. The Relationship between Fidelity and Learning in Aviation Training and Assessment. Journal of Air Transportation，2002(3).
[52] 朱启超，等．风险矩阵方法与应用述评[J]．中国工程科学，2003(1).
[53] ADAN M FINKEL.Only the beginning[J]. Risk analysis.Risk assessment research，1994(6).
[54] 高强,朱金富,蓝伯雄. 国内航空公司实施收益管理的博弈分析[J]. 科研管理,2006(11).
[55] Safety is good business[J]. Professional Safety, 2004, 5(5).
[56] How to fix airlines for civil aviation?[J]. CHINA'S FOREIGN TRADE, 2003, 6:22-24.
[57] 何佩，栗牧怀,谢孜楠. 国内航空运输飞行事故经济损失计算方法 ——间接经济损失[J]. AVITAION,2006,4(62):21-23.
[58] QIN HAIQING. SARS has made enormous impact on Chinese aviation industry[J]. CHINA'S FOREING TRANE, June 2003:17-19.
[59] building An Airline,EVA airways and its worldwide aviation services[J]. Globle Aviation.
[60] 孙瑞山，航空安全自愿报告系统[J].中国民用航空，2002(8):42-44.

[61] 孙涛，陈宇. 我国航空安全无惩罚自愿报告系统的建设[J]. 中国民用航空，2005(5)：58-61.

[62] 李淑芳. 民航机务维修生产管理信息系统的设计与实现[D]. 天津：天津大学计算机科学与技术学院，2006(6).

[63] 孟爱民. 航空信息管理(AIM)介绍[J]. 空中交通管制，2007(8)：40-41.

[64] 汪宇红，朱亦文. Access 数据库系统开发从基础到实践[M]. 北京：电子工业出版社，2006.

[65] Cirri, Stephen J. The U.S. Aviation Safety Reporting System [J].World Aviation Congress and Exposition, 1997.

[66] Federal Aviation Administration,Safety Risk Management (8040.4). 1998.